Christoph Neidhart
Ostsee

SERIE PIPER

Zu diesem Buch

Ostsee – ein kleines Meer mit großer Vergangenheit. Seit über tausend Jahren treffen hier die germanische und die slawische Welt aufeinander. Christoph Neidhart hat die nördlichen Küsten ausgiebig bereist und legt ein umfassendes Porträt der Ostsee voller spannender Geschichten und solide recherchierter Historie vor. Er erzählt vom Leben der Fischer auf den Ålandinseln und erklimmt baltische Leuchttürme, frühstückt in Stockholm mit dem Nobelpreisträger Joseph Brodsky, stöbert in Helsinki im Laden eines jüdischen Trödlers und besucht in Tallinn einen der wichtigsten Politiker Estlands. Die Hanse machte die Ostsee zu einem Meer der Gemeinsamkeiten, des Handels, der Begegnungen und Brücken, einem Meer, das seine zehn Anrainerstaaten heute über ein dichtes Netz von Fähren miteinander verbindet. In sehr persönlichen, aus eigenem Erleben hervorgegangenen Skizzen bringt uns der Autor Landschaften und Menschen rund um das »Meer in unserer Mitte« nahe.

Christoph Neidhart, geboren 1954 in Basel, ist Tokio-Korrespondent der Weltwoche, für die er bereits aus Moskau berichtet hat. Er lebt in Tokio und Zürich.

Christoph Neidhart
Ostsee

Das Meer in unserer Mitte

Mit 56 Karten

Ein marebuch

Piper München Zürich

Für meine Eltern, Paul und Ursel

FSC

Dieses Taschenbuch wurde auf FSC-zertifiziertem Papier gedruckt. FSC (Forest Stewardship Council) ist eine nichtstaatliche, gemeinnützige Organisation, die sich für eine ökologische und sozialverantwortliche Nutzung der Wälder unserer Erde einsetzt (vgl. Logo auf der Umschlagrückseite).

Ungekürzte Taschenbuchausgabe
Piper Verlag GmbH, München
Juli 2005

Umschlagkonzept: Büro Hamburg
Umschlaggestaltung: Birgit Kohlhaas
Fotos Umschlagvorderseite: Look (oben) und
age fotostock / mauritius images (unten)
Foto Umschlagrückseite: Xiaohua Chen
Papier: Munken Print von Arctic Paper Munkedals AB, Schweden
Druck und Bindung: Clausen & Bosse, Leck
Printed in Germany ISBN 3-492-24227-8

www.piper.de

Inhalt

1. Der Eisige Vorhang

2. Das Eis bricht

3. Die See der Idyllen

4. Eine See der Ideen

5. Leben und trinken

6. Die Wellen der Macht

1. Der Eisige Vorhang

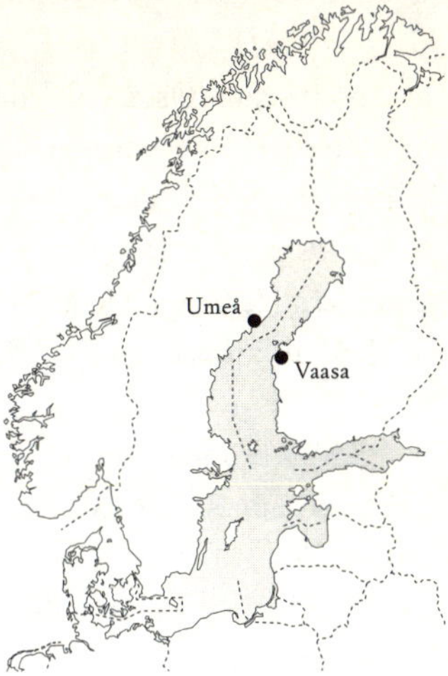

Von Vaasa nach Umeå – die Ostsee, ein Farbenkreis

Unsere Fähre, wuchtig wie ein Häuserblock, gleitet in den Morgen, ins glarende Weiß, lautlos, behäbig, an nackten Felsen vorbei, kleinen Inseln. Der Wind hat die felsigen Höcker blank gefegt, den Schnee vom Granit geputzt. Im Dieslicht huscht in der Ferne ein Skilangläufer davon, auf die Ostsee hinaus, übers Eis; nahe beim Ufer rumpelt ein Auto über die gefrorene Bucht.

Wir fahren von Ost nach West, von Finnland nach Schweden. Oder von Lettland nach Deutschland, von Liepāja/Libau nach Rostock, von Riga nach Travemünde. Und morgen wieder zurück. Ventspils/Windau ist verbunden mit Västervik in Schweden, Liepāja mit Karlshamn, Litauen mit der Insel Gotland. Von Helsinki geht es direkt nach Travemünde, von Sankt Petersburg nach Stockholm und nach Deutschland. Über ein Dutzend Schiffe legen heute täglich von Tallinn, deutsch Reval, nach Helsinki ab.

Bis 1991 fuhr nur ein einziges.

Die Eisenbahnfähre zwischen Sassnitz auf Rügen und Trelleborg in Schweden, die *Königslinie*, nahm ihren Betrieb 1948, drei Jahre nach Kriegsende, schon wieder auf; damals zwischen der DDR und Schweden.

Gdańsk, oder Danzig, verband bereits eine Fähre mit Finnland, als Polen noch hinter dem Eisernen Vorhang lag. Doch dies waren Ausnahmen: Während des Kalten Krieges gab es kaum Fährverbindungen zwischen dem politischen Osten und dem Westen, derweil zwischen Schweden und Finnland und von der Bundesrepublik nach Skandinavien immer schnellere, größere und immer mehr Fähren verkehrten.

Die Ostsee war lange ein Eisiger Vorhang. Geschlossen. Heute überspannt ein Netz von wieder erstandenen Verbindungen das kleine Meer im Norden Europas.

Das Schiff brummt zufrieden, durch das Kaffee-Geschnatter sind die Motoren kaum zu hören. Das Eis knackt, bricht; die Trümmer häufen sich am Bug auf; er teilt sie, schneidet durch die weiße Wüste. Wo das Eis schneefrei ist, glitzern die Risse, durch die das Wasser quillt und zu Eisdiamanten gefriert.

Es gibt kein Außen mehr. Für ein paar Stunden reduziert die Welt sich auf die eisige Landschaft, auf die Tektonik der Eisplatten, ihre Verwerfungen, Spalten und Trümmer.

Eine Überfahrt macht faul, ist friedlich und ereignislos; eine Zeit zu träumen.

Bis es zu rumoren beginnt. Die Eingeweide der Fähre raunen, poltern, hämmern. Es zischt, rauscht. Ein Erdbeben, ein Schiffbeben. Vor uns wölbt die Eisfläche sich leicht, als hole sie Luft. Bäumt sich auf - und bricht dann knallend.

Die Motoren heulen auf. Doch die *Fennia* wird langsamer, leiser, stockt. Verstummt. Wir stecken fest. Die Stille der Eiswüste vor den Fenstern ist nun auch im Schiffsinneren zu vernehmen, trotz der Bingo-Stimmen und der seichten Musik.

Das Geplapper verliert sich. Wir steigen auf Deck, in die beißende Kälte. Auf ihrer Fahrt von Vaasa nach Umeå über den Kvarken, die Enge im Bottnischen Meer, ist die Fähre im Packeis stecken geblieben. Unsere Blicke schweifen über die Reling, ins grelle Licht. Bilder steigen auf, lösen sich aus dem weißen Nichts: Bilder von einem Meer, dessen Anrainer verwandt sind, oft verwandter, als sie möchten.

Vexierbilder: Marienkirchen und Strandkiefern, Wacholderwälder, helle Nächte. Und Tage, an denen es nie Tag wird, kalte Herbstnässe, Pilze, Beeren, Heringe und gebrannte Wässer, Milch. Und Eisangler.

Der Blick in die Ferne überwindet die Zeit, es ist ein Blick zurück nach vorn, auf Getrenntes, das mit dem Kollaps der Sowjetmacht die Chance erhielt, zusammenzuwachsen zu *einem* Ostseeraum.

Leichtsinnig spannt dieser Blick den Bogen vom Jahr 1991, dem Jahr null der neuen Ostsee, zurück in die Geschichte. Und in die Zukunft über die Vereinigung der Ostseeländer unter dem Dach der Europäischen Union hinaus.

Geschichte ist eine Konstruktion, auch an der Ostsee. Gerade hier. Während eines Jahrhunderts wurden die Unterschiede betont, die Ähnlichkeiten totgeschwiegen. Nun beschwören die Sonntagsredner, vom schwedischen Ministerpräsidenten bis zu den Werbe-Abteilungen der Reedereien, die Hanse als mittelalterliche Metapher für ein Meer der Gemeinsamkeit.

In der Tat, die Küsten sehen sich ähnlich, die Städte spiegeln sich; als Filmkulissen sind sie ohne weiteres austauschbar: *Gorky Park* wurde in Helsinki gedreht, die *Buddenbrooks* in Danzig.

Die Ostsee ist ein kleines Meer, ein Brackwasser der Nordsee. Ein zahmes Meer, meist. Nun wird sie zum *Mare nostrum* der Europäischen Union, zum *Mare clausum*, einem Binnenmeer unter einheitlicher Jurisdiktion.

Einst suchten die Dänen sie zu beherrschen, dann die Hanse.

Im sechzehnten Jahrhundert vereinigte das polnisch-litauische Commonwealth ihre südöstliche Küstenlinie, vermochte sich indes nicht als Seemacht zu etablieren.

Nach dem Dreißigjährigen Krieg war die Ostsee dabei, zu einem *Mare nostrum* Schwedens zu werden, einem *Mare clausum lutheranum.* Dem stellte sich das Zarenreich entgegen, das seinerseits nach dem *Mare Balticum* griff. Und von Süden her Preußen.

Seit den Napoleonischen Kriegen teilten sich Russland, Preußen und Schweden seine Küsten. Dazu Dänemark am Sund, der Meerenge zur Nordsee. Und die kleinen Herzogtümer im äußersten Südwesten, Schleswig und Holstein. Doch die gingen bald im Deutschen Reich auf.

Nach dem Ersten Weltkrieg schnellte die Zahl der Anrainer auf neun – Schweden, Russland, Deutschland, Dänemark, später Finnland,

Estland, Lettland und Litauen, die bei Kriegsende die Unabhängigkeit erlangten, sowie das nach 123 Jahren wieder erstandene Polen. Außerdem die Freie Stadt Danzig.

Die Ostsee der Zwischenkriegszeit war offen.

Zwanzig Jahre später teilten Hitler und Stalin sie unter sich auf. Die Zeit der kleinen Staaten in Europa sei vorbei, befand Wjatscheslaw Molotow, der sowjetische Außenminister.

Nachdem Deutschland die Sowjetunion angegriffen hatte, war die Ostsee vorübergehend ein *Mare clausum* Nazideutschlands. Schweden, neutral und in den Krieg nicht verwickelt, ließ Hitler gewähren. Es hatte keine Wahl und erlaubte ihm gar, über die *Königslinie* zwischen Sassnitz und Trelleborg seine Truppen in Norwegen zu versorgen.

Der Zusammenbruch der Hitlerei verhalf den Sowjets mit der *Pax Sovietica* zur Dominanz über die Ostsee. Die DDR reichte bis an die Stadtgrenze von Lübeck, Finnland musste Moskau vertraglich Freundschaft konzedieren. Die baltischen Staaten gehörten nun zum Sowjetreich, Königsberg wurde zu Kaliningrad und damit zur Militärbasis. Im Norden Skandinaviens standen sich Nato- und Sowjettruppen gegenüber; auf der Ostsee belauerten sich die Flotten. So schloss sich der Eisige Vorhang.

Während vier Jahrzehnten bildete die Ostsee für alle Seiten das Ende der eigenen Welt: unüberwindlich für die einen, das Ende des Interesses für die anderen. Man sah selten zur anderen Seite; und wenn, dann durch die Brille der Ideologie: Man hatte Rechnungen zu begleichen, Vorurteile zu bestätigen. Oder man projizierte Wünsche. Weltanschauungen und Wirtschaftsformen prallten aufeinander, die Ostsee war Großgrenze, Aufmarschgebiet und potenzieller Kriegsschauplatz.

Auf der *Fennia* ist es still, die Sonne glart. Der Bug der Fähre steckt im Eis, in einer erstarrten Woge, aufgeworfen von Wind und Strömung. Geschichtet.

Blieben wir lange genug stecken, würden sich die weißen Massen auf der Luvseite anstauen und allmählich aufhäufen; sie würden sich übereinander schieben, immer weiter die Schiffswand hinauf. Die Fähre bekäme Schlagseite, bis die Eismassen, einer Wasserwelle in Zeitlupe gleich, die Fähre überschwappten, langsam und vermutlich geräuschlos. Nur ein Knacken wäre zuweilen zu hören, ab und zu ein Knallen, und das Ächzen der Spanten. Wir würden unter der Kraft dieser gigantischen, unendlich verlangsamten Welle kentern und vom Eis zugedeckt.

Schwimmenden Hotels von der Größe der *Fennia* passiert dies heute kaum mehr. Doch noch im Winter 1942 konnte die *Drotten*, ein stattliches Fährboot, unterwegs zwischen Nynäshamn und Gotland, erst im letzten Moment gerettet werden. Den Passagieren drohte allerdings keine Gefahr, sie waren einfach von Bord gegangen und hatten auf dem Eis auf Hilfe gewartet.

1991 schmolz der Eisige Vorhang, gleichsam über Nacht. Die Ostsee markierte nicht länger die Bruchlinie zwischen den Blöcken. Die Großgrenze verschwand.

Die Ostsee vereinigt heute den Norden und Nordosten Europas. Sie ist, am andern Ende des europäischen Kontinents gelegen, der kleine Bruder des Mittelmeeres. Wie dieses seit Urzeiten ein Ost-West-Handelsweg, öffnet auch sie sich über einen Isthmus zum Atlantik. Und doch ist die Ostsee ganz anders:

Während dem Mittelmeer als Wiege der westlichen Zivilisation gehuldigt wurde, galt der dünn besiedelte Norden den Mitteleuropäern als kalt, karg, sonnen- und glücklos. Und oft rückständig. Die zentraleuropäische Historiographie zeichnet die Bewohner dieses Raums, zumal die frühen Siedler, die Wikinger, Goten, Esten und Finnen, als Rabauken; als geschichtslose Völker, die den Hochkulturen im Süden Europas nichts entgegenzusetzen hatten und Schweineschmalz statt Olivenöl, Bier und Met statt Wein konsumierten.

Goethe reiste nach Italien; das deutsche Bürgertum bald hinterher. Zu den Schauplätzen der Antike, der Klassik. Zum Latein. An der Ostsee dagegen redete man Platt: ein Biedermeier-Meer, mit Rügen als dessen Insel Elba. Seit dem neunzehnten Jahrhundert die Sommerfrischen der Bürger, bald der Kleinbürger: Erich Kästner und Hans Fallada. Und dann die FDGB-Erholungsheime.

Fand das 1897 in einem russischen Gefängnis entstandene Lied *Brüder, zur Sonne, zur Freiheit* an der Ostsee so viel Anklang, haben der Norden und Osten sich so leicht für Utopien erwärmt, weil seine Sommer so kurz sind, seine Winter böse und die Sonne meist blass? An der Ostsee muss man seine schöne Welt selber bauen, hier hat man keine Olivenhaine und Rebberge vor der Tür.

Im achtzehnten Jahrhundert, als sich das zentraleuropäische Vorurteil, die Menschen im Norden seien Barbaren, langsam von Norden nach Osten verschob, als die gefürchteten Schweden sich auf ihre Stammlande zurückzogen, begann dieser Osten, Russland, über das man zuvor wenig gewusst hatte, schrittweise, aber stetig nach Westen vorzurücken, an die Ostseeküste, nach Polen und am Ende des Zweiten Weltkriegs bis vor Travemünde.

Dieser Osten roch nach Kernseife, Mottenkugeln und Kohl. Wer in den fünfziger oder sechziger Jahren im Westen aufgewachsen ist, erlebte die DDR bis in ihre letzten Tage als Wiedersehen, Wiederfühlen und Wiederriechen der eigenen Kindheit.

Inzwischen hat das östliche Deutschland seine DDR-Vergangenheit weitgehend getilgt. Jedenfalls an der Oberfläche. Doch muss man zwischen Trave und Oder nicht lange suchen. VEB hier, VEB dort; zuweilen fragen wir uns, ob die Schriften nicht sogar renoviert werden: zur VEB Nostalgie. *VEB Kombinat Getreidewirtschaft* kündigt ein leer stehender Speicher von 1862 im alten Hafen von Wismar an. Die mag der Sanierer erhalten wollen, der hier Raum für Zahnarztpraxen, Lofts, Event-Läden und Boutiquen schafft.

Auch in Polen, Litauen, Lettland und Estland ist das Alte nie weit, und doch stets verdeckt von den Insignien des Westens. Man will werden wie dieser, aber doch anders sein. Wenn das nur gelingt.

Die Motoren der *Fennia* brummen wieder, die Fähre erzittert. Sie wird lauter. Aber noch kommt sie nicht in Bewegung. Vor dem inneren Auge steigen Backsteintürme auf, Gotik im gleißenden Nebel. Die Bilder schieben sich übereinander, setzen sich zu einer alle Ostseestädte umfassenden Metropole zusammen, mit gotischen Türmen, barocken Fassaden, Speicherhäusern am Hafen und einem großen Marktplatz.

Im Wasser – oder im Eis – spiegeln sich die Stadtschönheiten, Stockholms Türme, die einen an Riga denken lassen. Oder jene Rigas, die an Stralsund erinnern. Stralsund an Lübeck oder Helsingör. Kopenhagen und Lübeck sind im Weichbild von Gdańsk zu erahnen, Wismar in Tallinn oder Visby, zumal die Packhäuser mit ihren Speichern unter dem Giebel. Und die engen Traufgassen dazwischen.

Kalmar wirkt da und dort fast polnisch, gemahnt aber auch an Narwa. Wo viel Barock erhalten ist, schweift ein Gedanke nach Vilnius/Wilna. Das Zentrum von Helsinki zitiert Sankt Petersburg, einst Finnlands imperiale Hauptstadt und Helsinkis große Schwester.

Weniger noch als die Architektur kennt die Natur keine Staatsgrenzen, sie kümmert sich nicht um Politik, Systeme und Ideologien. Im Gegenteil, in Sperrzonen bleibt sie ungestört.

Gewiss gibt es Unterschiede, gen Norden hin wird die Ostsee karger; immer karger. Die schilf- und grasbewachsenen Küsten weichen den nackten runden, vom Gletschereis abgeschliffenen Felsrücken, aus deren Ritzen bloß ein paar Gräser dringen, dazu knorrige Kiefern und allerhand Gestrüpp. Auch der Wald ist überall Ostseewald, meist Mischwald, reich an Pilzen und Beeren. An windigen Stellen und weiter nördlich dominiert die Birke, Kiefern gibt es überall. Im Herbst zischelt das Laub; man watet durch Gold, sucht Pilze bis zum ersten Schnee. Pflückt den Sanddorn, der die Dünen zum orangefarbigen Glühen bringt.

Die Sommer werden kürzer, aber umso heller, je weiter man nach Norden kommt. Ein Frühjahr gibt es kaum. Gleichwohl stellt sich die Ostsee dem botanischen Laien als ein zusammenhängender Vegetationsraum dar, im Süden reicher, weiter im Norden für den Anbau gewisser Getreidesorten, von Kartoffeln und Obst sowie für Viehwirtschaft gerade noch gut genug.

Pommern, Polen, die Ukraine und Ostpreußen versorgten Europa über Jahrhunderte mit Weizen. Darauf gründete der Wohlstand der Hafenstädte, besonders der Danzigs.

Im Sommer wogen rund um die Ostsee die Kornfelder, als setzten sie die Bewegung der Wellen fort. Auch entlang der deutschen Küste. Im Baltikum kräuseln sie gelb im Wind. Weiter nördlich, in Finnlands Österbotten, ist es der Roggen.

Im Herbst dann wölben sich die pommerschen Getreidefelder als graubraune Flächen zum Strand hin, warten auf den Winter. Der verdeckt - wenn er denn ein rechter Winter ist - die Unterschiede erst recht.

Die Landwirtschaften waren nie so verschieden, dass dies am Kulturland ohne weiteres abzulesen wäre. Gewiss, hier Reetdächer, Landsitze und Alleen, dort, in Schweden, kleine einsame Höfe, deren Äcker oft nur noch als Wiesen genutzt werden, auf denen bleiche Charolais-Kühe weiden, eine Rasse, die erst mit der EU nach Skandinavien kam.

Entlang der deutschen Küste und im Baltikum verfallen Großställe, oft in der Nähe alter Herrschaftshäuser. Oder Fisch-Kolchosen. Viele ehemalige Kollektiv-Betriebe stehen leer.

Wenn wir an der Ostsee von «Süden» und «Norden», «Ost» und «West» reden, so meinen wir nicht die Breitengrade: Am Ostufer reicht der Süden weiter nach Norden als im Westen. Die Vegetation ist reicher, kontinentaler. Die estnische Küste gehört klimatisch eher zum Süden, die nur sechzig Kilometer weiter nördlich gelegene Küste Finnlands indes zum Norden.

Stellt man sich einen Bogen von Bornholm über Gotland nach Ösel, oder Saaremaa, als Trennlinie vor, so beginnt nordwestlich davon der Norden.

Man kann diese Linie im Südwesten bis an die Mündung der Trave und im Nordosten bis nach Viborg verlängern und müsste Skåne vielleicht dem Süden zuschlagen. Dann trennt sie den Norden der Ostsee vom Süden.

Und nicht nur klimatisch, die Linie hatte auch politisch ihre Bedeutung. Sie trennt Einflusssphären: Schon das erste Großreich, Dänemark, beanspruchte die südliche Ostsee bis nach Estland, einschließlich Skånes. Geblieben davon ist die dänische Hoheit über Bornholm.

Die Ostsee ist eine Stadtlandschaft, bis heute: Ihre Zentren sind alte Städte, Knotenpunkte, Häfen und Marktorte, die meisten im Mittelalter gegründet. Wenn vielen heute ein jüngerer Hafen vorgelagert ist, Travemünde vor Lübeck, Warnemünde vor Rostock, Swinemünde vor Stettin, dann wegen der geringen Wassertiefen.

Es galt früh Stadtrecht an der Ostsee, meist das Lübische. Das prägte die Städte. Sie ließen sich von kollektiven Gremien regieren, genossen Privilegien wie Zollfreiheit. Sie schlossen sich zu einem Städtebund zusammen, der Hanse. Ihr gehörten auch Städte im Landesinnern an, Nowgorod und Dorpat/Tartu, zum Beispiel, oder Dortmund.

Die alten Bischofssitze Lund und Uppsala wuchsen zu Universitätsstädten heran.

Nur Sankt Petersburg und Helsinki sind als Städte jung, und natürlich die Sommerfrischen. Groß sind diese alten Zentren europäischer Urbanität indessen nicht - oder nicht mehr: In der Geschichte waren einige durchaus bedeutend. Allerdings keine Weltstädte, auch Sankt Petersburg nicht, trotz seiner fünf Millionen Einwohner. Auch Warschau und Berlin nicht, wenn man sie, die der See den Rücken zuwenden, denn überhaupt zur Ostsee rechnen will.

Eher sind sie behäbige, zuweilen schrullige Stadt-Individuen, die sich so leicht nicht beeindrucken lassen. Alte Schönheiten, die vieles mitgemacht haben: Aufstieg und Boom, innere Konflikte, Seuchen, Raubbau und Krieg, und immer wieder kosmetische Operationen.

Die Städte um die Ostsee sind Diven, die sich im Winter zieren und ganz in Weiß hüllen. Im Sommer dagegen räkeln sie sich in der tief stehenden Sonne bis spät in den Abend, suchen den begehrlichen Blick. Und putzen ihre zwei, vier und acht Jahrhunderte alten Reize heraus.

Zwischen den Städten ist die Küste dünn besiedelt, wie überhaupt der ganze Raum. Und also oft unverbaut. Nur da und dort steigt schwarzer Rauch aus Schloten auf - jüngst wieder weniger: im Osten, weil die Fabriken geschlossen werden, im Westen, weil man dort rationalisiert.

Allmählich setzt sich um das gemäß einer Studie der Universität Helsinki «am stärksten verunreinigte aller Meere» sogar etwas Umweltschutz durch. Gewarnt wird schon lange, die Ostsee ersticke. Sie ist ein Stickstoff- und Phosphormeer, mit einem Quecksilbersee auf ihrem Grund. Und jeden Sommer wuchern die Blaualgen, immer wieder gibt es Giftalgenalarm.

Die Motoren der *Fennia* brummen wieder, nun gleichmäßiger, der Schiffskörper erzittert nur leicht. Die Fähre kommt in Bewegung, setzt zurück: hundert Meter, zweihundert. Dann nimmt sie Fahrt weg, bis sie wieder steht. Sie dreht etwas nach Norden ab, holt zu einem neuen Anlauf aus; so soll sie die Eisaufwerfung umfahren. Die Motoren würgen, der Rumpf erzittert; wir werden wieder gebremst. Die Fahrt lässt nach, stockt. Die *Fennia* kämpft, das Schiff scheint sich aufzubäumen. Dann seufzt das stählerne Ungetüm erleichtert. Wir sind durch. Fast pünktlich gleitet die Fähre von Vaasa in den Hafen von Umeå, trotz des Eises.

Die Menschen an der Ostsee passen zu ihrem Meer. Manchmal linkisch, oft scheu, bodenständig und patriotisch, skeptisch, sind sie dem Brillieren eher abgeneigt, besonders dem eigenen. Sie sind nicht allzu gesprächig, aber anständig – und ein bisschen moralisch.

Natürlich gibt es Ausnahmen.

Viele Ostseemenschen ziehen sich gerne ins Private zurück; oder in die Natur, mit der sie anscheinend leichter kommunizieren als mit Menschen. Manch einer von ihnen gibt sich zurückhaltend – und weiß oft doch besser Bescheid. Vielleicht haben die Menschen an der Ostsee über die Jahrhunderte auch einfach ein Zuviel an Geschichte erlebt.

Ihre Sprachen gehören vier verschiedenen Familien an, der slawischen, der germanisch-nordischen, der baltischen und der finnisch-ugrischen, die nicht zu den indogermanischen Sprachen gehört. Die meisten Sprachen, die rund um die Ostsee gesprochen werden, unterteilen sich zudem in Dialekte. Die Sprachen der Ostseeanrainer sind Randsprachen, mit Ausnahme des Deutschen und Russischen, von deren Sprachgebieten wiederum nur ein Rand der Ostsee zugewandt ist.

Über die Jahrhunderte war die Verkehrssprache Deutsch, Niederdeutsch. Heute behilft man sich mit Englisch. Von den kleineren Sprachen sind manche völlig oder doch fast gänzlich verschwunden: Kurisch, Pruzzisch, Livisch, Ischorisch, Wotisch.

In den achtziger Jahren träumten die Intellektuellen Mitteleuropas davon, eine Brücke zwischen den Blöcken zu schaffen, deren Pfeiler Warschau, Prag und Budapest bilden sollten. Sie sahen sich als die Vermittler, Zwischeneuropäer: Jazz-Liebhaber mit schlechten Zähnen, wie jemand sie nannte, oder kleine Leute mit Sinn für Ironie. Melancholische Humanisten mit Plattfüßen, wie der Schweizer Autor Blaise Cendrars sie einmal genannt hat. Schwejks, die sich klein machten und über sich selbst lachten oder ins höhnische Gelächter der mächtigen Nachbarn einstimmten, sich dabei aber stets ein Hintertürchen offen hielten.

Mitteleuropäer sind gezwungenermaßen polyglott; sie können nicht erwarten, dass man ihre Sprache spricht. Sie suchen die Verständigung und den Kompromiss. Das sind ihre einzigen Chancen, nicht unterzugehen. Sie halten sich lieber abseits. Oder sie verdrehen das Tollpatschige in Charme, das Stutzige in Schläue.

Während der Erstarrung Europas schöpften Mitteleuropas Intellektuelle Hoffnung auf eine Mittlerrolle, weil es zu Hoffnung sonst keinen Anlass gab. Und sie hatten ja Recht: Eines der vielen Mitteleuropa-Konzepte – es geht auf Metternich zurück – sah den Kontinent in drei Teile geteilt: in den Osten, in dem der Zar freie Hand hatte; den Westen, der seine Probleme selber lösen sollte; und den Rest als Mitte. Der Wiener Kongress fasste diese Mitte zur österreichisch-ungarischen Doppelmonarchie zusammen. Sie bildete einen geographisch nicht genau bestimmten Keil zwischen dem «zivilisierten Westen» und dem Russischen Reich, zwischen dem westlichen Christentum und dem Byzantinismus, zwischen der Welt des Bilderverbots und der bilderhuldigenden Welt.

In dieser Mitte rieben sich die Kulturen, woraus stets Neues entstand.

Im Norden, jenseits des Einflussgebietes der Habsburgermonarchie, fällt dieser Raum mit jenem der deutschen Ost- und Nordsiedlungen zusammen – neben Tallinn/Reval, Riga und Danzig wurde auch Stockholm von Deutschen gegründet. Auch in Kalmar, Turku/Åbo und Sankt Petersburg gaben deutsche Kolonien den Ton an. Dabei bildeten die Deutschen stets bloß Minderheiten, je weiter nach Norden und Osten, umso geringer ihr Anteil an der Bevölkerung.

Wirtschaftlich lag diese Mitte Europas an der Peripherie, im letzten Halbjahrhundert besonders.

Indes hatte der Liberale Friedrich List schon im neunzehnten Jahrhundert gefordert, Mitteleuropa sei zu einem «mitteleuropäischen Zollverein» zusammenzufassen – unter deutscher Führung, verstand sich. Der Theologe, Sozialreformer und Politiker Friedrich Naumann, der den Begriff Mitteleuropa im Jahre 1915 popularisierte, konstruierte eine deutsche Mitteleuropa-Kontinuität seit dem zwölften Jahrhundert. Um sich gegen Hitlers «Drang nach Osten» abzugrenzen, zog man es in Warschau, Prag und Budapest und auch in Wien vor, mit dem österreichischen Historiker Oskar Halecki von einem *Ost*-Mitteleuropa zu sprechen. Sein polonozentrisches Konzept eines Zwischeneuropa der Kleinen grenzte die deutschen Staatsgebiete aus. Berlin lag demnach nicht in Mitteleuropa.

Seiner Grenzen war dieses Zwischeneuropa sich nie sicher. Die kleinen Völker konnten keine territorialen Rechte geltend machen; zu ihrer nationalstaatlichen Identität kamen sie erst im zwanzigsten Jahrhundert – oder erlangten sie wieder, wie im Falle Polens. Sie bildeten eine Schicksalsgemeinschaft, die als Pufferzone diente, geographisch am westlichen Rand des Ostens, kulturell an der Peripherie des Westens.

Wer Böhmen beherrsche, hatte Bismarck einst gemeint, beherrsche den ganzen europäischen Kontinent. In diesem Sinne ist die Ostsee ein Böhmen des Nordens.

Nach dem Ersten Weltkrieg kehrte Europa, trotz des Untergangs der Donau-Monarchie, zum Mitteleuropa-Konzept zurück. Nun bestand der Keil aus unabhängigen Staaten, zu denen an der Ostsee das wieder erstandene Polen und die nun unabhängigen Länder Litauen, Lettland, Estland und Finnland gehörten. Aus dieser Zeit stammt auch das Wort vom «Baltikum».

Auch während des Kalten Krieges, nun als Teil der sowjetischen Einflusssphäre, diente Ostmitteleuropa als Puffer, kulturell und politisch, wirtschaftlich und strategisch,vor allem aber nach innen wie nach außen: Denn in Moskaus so genannten Satellitenstaaten war alles etwas milder, die Repression und die Gleichschaltung, die Militarisierung und der Mangel.

Die Träume der Intellektuellen in Warschau, Krakau, Prag und Budapest waren somit durchaus begründet.

In Vilnius, Riga und Tallinn dagegen hockten die Sowjetfunktionäre; Moskau hatte Litauen, Lettland und Estland geschluckt. Nur Finnland war es gelungen, zwischen den Blöcken unabhängig zu bleiben. Es musste sich lediglich etwas Zurückhaltung auferlegen; Finnlandisierung nannte der Westen dies abschätzig.

Den baltischen Republiken gab erst der Niedergang der UdSSR zunächst etwas Handlungsspielraum zurück, und dann schließlich die Unabhängigkeit.

Damit kann die Ostsee heute jene Brückenfunktion zwischen West und Ost zurückgewinnen, die sie bereits tausend Jahre innehatte. Die Neuordnung Europas hat Estland, Lettland, Litauen und natürlich auch Polen weiter nach Westen gerückt, die westlichen Anrainer der Ostsee dagegen – Finnland, Schweden, Dänemark und den Norden der Bundesrepublik – nach Osten geöffnet. Der Ostseeraum ist zum nördlichen Mittel- oder Zwischeneuropa geworden, von dem die Prager Intellektuellen einst träumten.

Die Stockholmer Zeitschrift *Moderna Tider* sprach einst vom «braven Soldaten Svensk». Sind die Schweden Mitteleuropäer, so sind auch die Menschen im Baltikum Mitteleuropäer und ebenso die andern Ostseevölker. Vielleicht sogar die besseren Mitteleuropäer als die k.u.k. Erben: mit weniger Hang zum Biedermeier, nicht gar so selbstironisch und morbid, sondern bodenständiger, geradliniger, tapferer und schweigsamer. Bescheidenheit ist ihre oberste Tugend. Die Menschen an der Ostsee sind Städter, keine Großstädter. Fischer, nicht Fischerei-Arbeiter – wo es denn noch Fische gibt. Kleine Bauern. Und immer mehr von ihnen arbeiten als Krankenpfleger, Steuerberater und als Beamte – vor allem als Beamte.

Bis 1988 war der Ostseeraum erstarrt; 1991 brach das Eis, und alles geriet in Bewegung. An der Ostsee geschah Geschichte, die ganze Welt blickte plötzlich nach Vilnius, Riga, Tallinn, Sankt Petersburg. Inzwischen finden die Nachrichten wieder anderswo statt. Das ist gut so: Wenn die große Welt die kleine Ostsee vergisst, dann kann es an ihren Gestaden so schlecht nicht gehen.

Mitteleuropäisch bleibt die Ostsee allemal: polyglott und ein wenig bedeutungslos; sie kann es sich leisten, ein wenig kleinbürgerlich und selbstbezogen zu sein. Die meisten Menschen an der Ostsee wollen zum Mittelstand gehören: jene, die sich danach noch strecken müssen, wie auch jene, die dafür eigentlich zu wohlhabend sind.

Wie die Landschaften, so sind auch ihre Künstler: kantig, sperrig, düster oder sachlich, melancholisch und ernst, oft mit langem Atem und dennoch lakonisch. Und oft einander verwandt. Artistische Zuckerbäcker sind selten.

Die Historien der Ostseeländer weisen verwunderliche Parallelen auf, auch wenn sie oft zeitverschoben sind. Der zweimalige Griff Sowjetrusslands nach Westen erinnert an die schwedischen Eroberungen des siebzehnten Jahrhunderts. Damals war Schweden ein hungriges, wenig entwickeltes, karges, aber rohstoffreiches nordisches Imperium, das sich zu modernisieren suchte: Seine Armeen brandschatzten und plünderten Kontinentaleuropa. Zu ihrer reichen Beute gehörten vor allem auch Kulturgüter, an denen ihnen mangelte: Kaiser Rudolfs Prager Bücherschatz sollte zum Grundstock der Universitätsbibliothek von Uppsala werden. Analog stapeln sich im Keller der Eremitage in Sankt Petersburg noch immer Werke aus deutschen Museen. Schweden im siebzehnten und Sowjetrussland im zwanzigsten Jahrhundert konnten sich den Frieden nicht leisten; dafür waren sie zu schwach. Also rüsteten sie auf.

Rund um die Ostsee erwachten etwa zur gleichen Zeit die Nationalbewegungen.

Zuweilen verliefen die Parallelen gegeneinander, gleichsam als Wettlauf: Nach der Jahrtausendwende trieben Missionare das Christentum sowohl von Osten – byzantinisch – als auch von Westen – römisch – gen Norden. Livland war bereits christlich, als die Dänen und Deutschritter kamen, doch hatte es das falsche Christentum angenommen, jenes der Byzantiner, deren Handelsinteressen denen der Westeuropäer zuwiderliefen. Heinrich der Lette (1187–1259) hält den oströmischen Missionaren in seiner Chronik vor, mehr am Tribut interessiert zu sein als an der Mission. Der Deutsche Orden erklärte die Völker daher zu Heiden – oder allenfalls zu schlechten Christen - und hämmerte ihnen den rechten Glauben ein. Archäologische Funde belegen, dass der christliche Glaube auch nach Mittelschweden zuerst von Osten kam.

Schon in diesem ersten Ost-West-Konflikt schoben die Kolonisatoren den Glauben vor, um ihre Hegemonie-Ansprüche zu verbrämen. Im zwanzigsten Jahrhundert schließlich suchten Deutschland und Russland sich die Mitte Europas und den Ostseeraum einzuverleiben, auch diesmal unter einer vorgeblichen Mission: Das deutsche Volk sollte Ostmitteleuropa zivilisieren und germanisieren; seine Propaganda behauptete eine Kontinuität von den Karolingern über das Heilige Römische Reich Deutscher Nation bis zur Machtergreifung Hitlers. Derweil sandte Moskau die Heilsbotschaft des Kommunismus nach Ostmitteleuropa.

Nach dem Zusammenbruch des Hitler-Regimes wurde die Nato geformt; sie schob den Sowjets den Riegel vor, der sie auf dem Marsch nach Westen aufhalten sollte: Kapitalismus versus Sozialismus hieß das, oder Freie Welt contra Totalitarismus, dabei ging es primär doch nur um Machtbereiche. An der Ostsee bekannten sich zeitweise alle Ufer zum Sozialismus oder zu seiner sozialdemokratischen Spielart. Die Basis der Ideologie, auf welche sich die verschiedenen Systeme stützten, war identisch, «nur» die Interpretation verschieden. Wie einst beim Ost- und Westchristentum.

Die Ostsee ist ein Farbenkreis: Die jeweiligen Nachbarn sehen sich besonders ähnlich; oft ähnlicher, als ihnen lieb wäre. Dreht man am Rad, wird aus Schweden Finnland, aus Finnland Russland, aus Russland Lettland ... aus Deutschland Dänemark, aus Dänemark Schweden. Aus Finnen Esten, aus Esten Letten, aus Polen Deutsche. Die Finnen wirken russischer als die Schweden, die Schweden finnischer als die Dänen, die Dänen schwedischer als die Deutschen oder umgekehrt die Deutschen dänischer als die Polen.

Die *Fennia* legt an, die Passagiere drängen zum Ausgang. Es gibt keine Passkontrollen, zwischen Schweden und Finnland schon lange nicht mehr; zwischen Deutschland und Skandinavien jetzt auch nicht mehr, und auf den Fährverbindungen über die alte Block-Grenze ist die Abfertigung erleichtert worden. Europa wächst im Ostseeraum besonders sichtbar zusammen, denn hier nimmt die Vision eines geeinten, friedlichen, die Umwelt schonenden Nordens, die die Politiker so gerne beschwören, in den Verbindungen über das Wasser Gestalt an. Indes stellte, trotz staatlicher Zuschüsse, *Silja Line*, die Eignerfirma der *Fennia*, den Betrieb zwischen Vaasa in Österbotten und Umeå in Västerbotten im Jahr 2000 ein.

Die *Fennia* wurde verkauft.

Weil auf solchen Großfähren, den «Autobahnen» über die Ostsee, wenn sie zwischen EU-Ländern verkehren, Alkohol nicht mehr zollfrei verkauft werden darf, hat sich das Passagieraufkommen über das Bottnische Meer auf jene Leute reduziert, die wirklich von Finnland nach Schweden oder von Schweden nach Finnland wollten. Und nicht bloß exterritorial saufen. Ihre Zahl ist eher gering. Nur der Güterverkehr wird immer dichter.

Mittlerweile hat eine neue Reederei die Verbindung mit einem schwimmenden Spielcasino wieder aufgenommen. Sie will den Leuten das Geld mit Black Jack und Roulette aus den Taschen ziehen und zugleich den Fährbetrieb gewährleisten, der ihr die Staatszuschüsse sichert. Die alte *Fennia* hat heute einen neuen Anstrich und fährt unter neuem Namen. Sie heißt jetzt *Casino Express.*

Taxis warten am Kai, der bekannt ist, weil hier im Frühjahr und Herbst viele Zugvögel einen Zwischenhalt machen. Es ist kälter als in Vaasa. Ein Bus bringt uns durch den Wald, am Uni-Krankenhaus vorbei nach Umeå, in die kleine große Welt der Metropole Västerbottens.

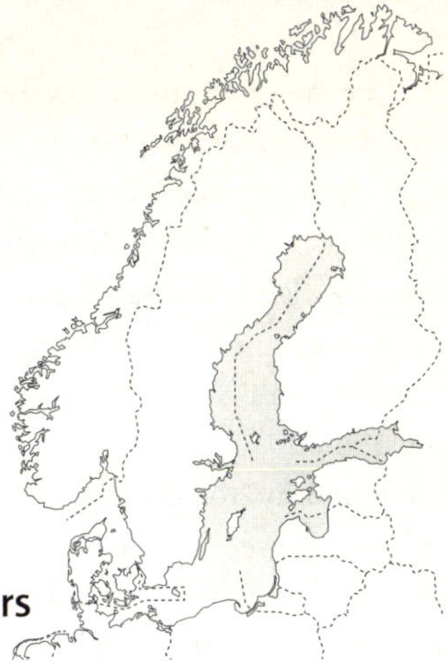

Die See an sich – ein hydroglaziologischer Exkurs

Erdgeschichtlich ist die Ostsee ein Kind, meteorologisch eine launische Jungfer.

Geht im Herbst ein steifer Nordwind, wühlt sie sich plötzlich auf. Und wechselt dann das Wetter, bringt eine Störung Westwindstürme vom Atlantik, dann schieben sich ihre Wasser nach Osten, stauen die Newa auf: Bis diese Sankt Petersburg überschwemmt, die ganze Stadt.

Besonders deutlich erkennt man die Launen der Ostsee aus der Vogelschau – oder als Segler. Nur bleiben die Segler zu Hause, wenn die Jungfer ihre Launen hat. Oder fröstelt. Dann wagen sich nur die Eissegler auf ihre kalte, oft brüchige Haut.

Wie Zugvögel in den Norden sind wir schon oft über die Ostsee geflogen, zu zweit, zu fünft mit Kindern, oder allein; von Hamburg oder Kopenhagen nach Tallinn, Helsinki oder Sankt Petersburg: übers Wasser den tausendjährigen Handelswegen entlang – von der Lübecker Bucht im Südwesten zur Newamündung im Nordosten oder über Rügen, Gotland und Ösel. Von Stockholm nach Turku oder von Riga nach Stockholm zurück. Vor allem im Winter.

Anfang Januar ist das Bottnische Meer, das Schweden und Finnland trennt und fast bis an den Polarkreis reicht – eine deutlich abgegrenzte Bucht –, oft schon gefroren. Zuweilen ist Åland dann mit dem schwedischen Festland über eine Eisbrücke verbunden. Und die finnische Seite ist bereits vereist.

Eine andere Eisfront arbeitet sich dann aus der Rigaer Bucht nordwestwärts, eine dritte aus der Danziger, die Petersburger Kanäle vereisen, die Newa, die Küsten Südfinnlands und Estlands; auch zwischen den dänischen Inseln bildet sich Eis, zwischen Öland und dem schwedischen Festland. Und natürlich auf den Haffs, hinter den Nehrungen. Bis aus der Luft nur noch Spuren im Schnee zu sehen sind; Schifffahrtsrinnen, die von Eisbrechern freigehalten werden.

Öko- und hydrologisch setzen sich neben dem Bottnischen Meerbusen auch die Rigaer und die Danziger Bucht von der eigentlichen Ostsee ab, diesem jungen, flachen Meer, das biologisch eher arm ist: Bloß ein paar Dutzend Fischarten sind hier heimisch. Wegen des geringen Salzgehaltes, der zudem schwankt, wandern aus der Nordsee oder dem Atlantik keine neuen Arten ein. Süßwasserarten dagegen ist es, außer in geschützten Buchten, in der Ostsee zu salzig. Dafür pendeln die Lachse und einige Lachsartige wie der Stint von den Flüssen ins Meer.

In «guten» Jahren vereist die Ostsee gänzlich, in «normalen» Wintern zu siebzig Prozent. Aber was ist heutzutage ein normaler Winter? Mehrere Faktoren begünstigen die Vereisung: ihre Fläche – mit bloß etwa 400 000 Quadratkilometern ist die Ostsee ein sehr kleines Meer –, die geringe Tiefe, das fast völlige Fehlen von Gezeiten, die schlechte Sauerstoffsättigung – das Wasser wälzt sich nur mäßig um – und der geringe Salzgehalt.

Die Ostsee entstand am Ende der Weichsel-Eiszeit vor etwa 13 000 Jahren aus einem Schmelzwassersee. Dieser reichte vom heutigen Ladogasee bis Bornholm. Trotz der erdgeschichtlichen Jugend der Ostsee ist ihr geologischer Untergrund sehr alt. Das Gebiet war einst überzogen von subtropischem Wald. Davon zeugt der Bernstein, die Harztränen der Urwaldbäume, das Gold der Ostsee.

Dann schob sich von Norden her der Gletscher über Skandinavien. Er blieb 100 000 Jahre bestehen. Als das Eis zurückzuweichen begann, staute sich das Schmelzwasser zu einem Gletschersee. Bis dieser am Westrand der Gletscherzunge – im heutigen Mittelschweden – die Moräne zum Atlantik durchbrach. So entstand vor gut 10 000 Jahren das so genannte Yoldiameer, benannt nach einer versteinerten Schnecke aus jener Epoche.

Mit einer Eisstärke von bis zu einem Kilometer hatte der Gletscher mit unheimlichem Gewicht auf Skandinavien gelastet. Als das Eis sich zurückzog, begann sich der Fels zu heben. Bis die Landmasse den Abfluss des Yoldiameeres in den Skagerrak wieder schloss: Damit war die Ostsee wieder ein Binnensee, Ancylussee genannt. Doch stieg dessen Spiegel weiter. Vor rund 7 500 Jahren überschwemmte sein Wasser den heutigen Öresund. So öffnete die Ostsee ihren jetzigen Durchbruch zum Atlantik und wurde zum Brackwassersee der Nordsee, zum so genannten Litorinameer, dessen Küstenlinie bereits etwa der der heutigen Ostsee entsprach.

Die skandinavische Granitplatte, befreit vom enormen Gewicht, hob und hebt sich weiter an: Inseln stiegen und steigen aus dem Wasser, Dagö zum Beispiel vor etwa 5 000 Jahren. Die Zahl der estnischen Inseln nimmt jährlich zu, vor fünfzig Jahren waren es etwa 800, heute sind es 1 500. Am stärksten hebt sich der Boden im Norden des Bottnischen Meeres. Finnland gewinnt der Ostsee jährlich mehrere Quadratkilometer Land ab, ganz ohne menschliches Zutun. Manch alter Hafen Österbottens liegt heute weit hinter der Küstenlinie – auf dem Trockenen oder an irgendeinem Rinnsal.

Der Charakter eines Meeres verdichtet sich in seinen Inseln. In der Ostsee finden sich zwei Typen: mächtige Sedimentbrocken aus Kreide und Mergel, die einige Dutzend Meter aus dem Wasser ragen. Das sind die großen Inseln, Gotland und Öland, zu Schweden gehörig; die estnischen Inseln Dagö und Ösel, oder Hiiumaa und Saaremaa, dazu das deutsche Rügen. Die meisten dieser Sedimentinseln liegen im Süden der Ostsee. Bornholm bildet als Ursteingehöcker eine geologische Ausnahme.

Geologisch gehören zu den großen Inseln auch die Halbinseln und Landzungen, die Kurische und die Frische Nehrung, die Halbinsel Hela, Usedom, der Darß: Sie schirmen die Haffs, Lagunen und Küstenseen gegen die offene See ab und bilden eigene Biotope.

Weiter nördlich herrscht ein anderer Inseltyp vor: die Schären. Viele tausend kleine kristalline Granitfelsen entlang der schwedischen und finnischen Küste und um Åland, wo sie eine Insel-Brücke zum finnischen Festland bilden. Über 20 000 solcher Höcker ragen allein im Turkuer Schärengarten aus dem Wasser. Im Zusammenspiel mit der Seenlandschaft hinter der Küste hat man aus der Luft den Eindruck, die Gegend sei überschwemmt. Eine Küstenlinie ist kaum auszumachen - im Winter, wenn Schnee liegt und die Buchten gefroren und verschneit sind, schon gar nicht.

Die Rinn- und Moränenseen der Masuren im Süden, trotz anderen geologischen Untergrunds, und auch in Mecklenburg und Pommern wirken wie bescheidenere Verwandte der finnischen und schwedischen Gewässer.

Ein Meer braucht Zuflüsse; sein Einzugsraum wird gerne definiert als das Gebiet, das diese entwässern. In der Tat fallen die Wasserscheiden des Ostseegebiets - mit der Ausnahme von Deutschland und Russland - recht gut mit den Grenzen der Ostseestaaten zusammen.

Die Ostsee speist sich zur Hälfte mit ozeanischem Wasser, das durch den Sund aus der Nordsee einfließt, ferner über den Regen, mithin nur zu einem geringen Teil aus größeren Flüssen. Die sind an der Ostsee ohnehin selten; sie existieren nur im Süden und Osten. Mächtigen Wasserstraßen, Wegen zum Meer, wie sie zur Vorstellung einer See-Welt gehören, entsprechen nur Oder, Weichsel, Düna und Newa.

In Norden dagegen, zumal in Schweden, eilen die Bäche parallel, quer zur Küstenlinie, sprudeln direkt aufs Meer zu: Als hätte der Gletscher sich eben erst zurückgezogen. Diese Gebirgsbäche sind jung, jünger als die Ostsee: Erst musste das Gefälle entstehen. In Västerbotten haben sie die typischen Längstäler in die Moränen gefressen. Ihretwegen orientierten sich die wenigen Siedlungen einst nur zur See oder bergwärts - nicht zum Nachbardorf im nächsten Tal. Die Leute von Västerbotten lebten in naturgegebener Isolation.

2. Das Eis bricht

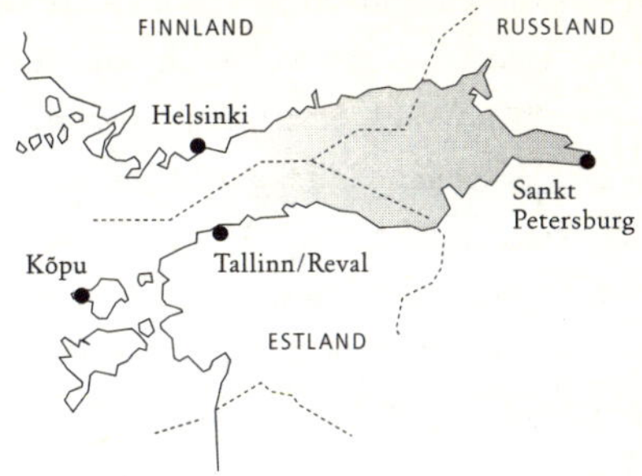

Kõpu – der Blick zurück vom Leuchtturm

Die Treppe ist steil und eng; es riecht nach Moder. Wir klettern auf den Leuchtturm von Kõpu. Schwitzen. Am Horizont zieht ein Containerschiff vorbei, in der Gegenrichtung ein Tanker. Der Blick reicht weit an diesem Sommertag, nach Süden, Westen und Norden über die See. Im Osten liegt ein Wald. Es ist still. Wir schreiben das Jahr 1993, die estnische Insel Hiiumaa/Dagö ist Ausländern wieder zugänglich, nach einem halben Jahrhundert. Wir gehören zu den Ersten, die gekommen sind.

Ohne die singende Revolution der Esten, sagen wir uns, wären wir nicht hier. Fünf Jahre ist es her, seit sie sangen. Wie Oskar Matzerath einst, der vom Danziger Stockturm aus die Scheiben des Stadttheaters zersang. 1991 wehte das Echo des Gesanges der Esten den Eisigen Vorhang auf. Uns brachte es nach Estland und nach Dagö, immer wieder. Und Dagö zusammen mit dem ganzen Land ins europäische Haus. Erst in den Europarat und nun in die EU.

Ein Leuchtturm weist die Richtung. Entdeckt man sein Licht in der Nacht, war es stets schon da, hat gerade schon geblinkt.

Der Leuchtturm von Kõpu geleitet die Schiffe seit 400 Jahren in den Golf von Finnland. Schon die Hanse hatte einen Turm gefordert. Denn der Neckmansgrund, die Gewässer vor Dagö, sind tückisch.

Wer von Südwest – von Dänemark, Deutschland, Polen – nach Nordost – Tallinn, Helsinki, Sankt Petersburg – fährt, dreht bei Kõpu nach

Osten ab. Der Schiffsverkehr hier ist so dicht, dass die Fahrtrichtungen vorgeschrieben sind. Nördlich der Mittellinie westwärts, im Süden nach Osten. Rechtsverkehr, wie im Straßenverkehr. Der weiße, klobige Turm ragt aus dem Wald, trotzt den Wettern. Der Leuchtturm von Kõpu sei ein Ort der Melancholie, der kalten Einsamkeit, befand 1838 der französische Russland-Reisende Marquis Astolphe de Custine.

So, wie man den Turm schon von weitem sehen kann, so sieht man vom Turm aus auch weit. Weit hinaus in die Welt, die den Esten so lange verboten war. Auch in die Geschichte.

Zumal von dieser Mitte der Ostsee aus, an der imaginären Trennlinie zwischen Süd und Nord, politisch zwischen Ost und West.

Auf Dagö hatten die Menschen schon Schwedisch gesprochen, bevor die Insel 1563 dem Schwedischen Reich zugeschlagen wurde. Und auch nach ihrer Inkorporierung ins Zarenreich 1710 blieben sie dieser Sprache treu. Erst mit dem Zweiten Weltkrieg endete die Geschichte des schwedischsprachigen Dagö.

1951 räumten die Sowjets die Insel und erklärten sie zur Sperrzone. Wie alle estnischen Inseln. Sie bauten Verteidigungsanlagen und Raketensilos, beschlagnahmten alle Boote, verboten Privatpersonen die Fischerei und riegelten die Strände ab. Selbst Sowjetbürger mussten fortan eine spezielle Bewilligung vorzeigen, wenn sie die estnischen Inseln besuchen wollten.

Ohne die singende Revolution der Esten könnten wir jetzt nicht um die Inseln radeln – zwar verfolgt von Mückenschwärmen, dafür fast ohne Autoverkehr – und könnten nicht täglich aufs Neue Zitronenfalter und Pfauenaugen, Eisvögel, Spechte, Schwalben und Rehe entdecken.

Wir kommen bei einem Bauern unter und schlafen in einer Hütte im Stroh. Die Dorfläden bieten eine eigentümliche Mischung von Dauerwaren *à la communiste*, lokalen Produkten und den Importartikeln der neuen Ökonomie: Schokoriegel, Fruchtsäfte, Kaugummi. Und für uns Radler sogar isotonische Getränke.

Gesungen haben die Esten immer, auch zur Sowjetzeit. Privat auch jene Lieder, die die Sowjetzensur bannte. Sagen sie jetzt. In Tallinn bauten sie sich zum Singen eigens ein Stadion. Als sie dort 1988, zu Johanni, dem Mittsommerfest, ihre verbotene Hymne sangen, klafften Risse im Eisigen Vorhang. Erstmals waren die verbotenen Töne im Frühjahr zuvor erklungen. Sie kamen mit den ersten Schwalben, dem estnischen Nationalvogel. Und mit ihnen tauchte die estnische Trikolore auf, schwarz-blau-weiß. Erst wurde die Flagge vorsichtig auf einem Studentenfest in Tartu geschwenkt, dann, schon selbstbewusster, auf einer spontanen Demo, einem singenden Umzug, der die Trikolore durch die Stadt begleitete. Immer mehr Esten zeigten Fahne, und die Miliz sah tatenlos zu.

Wenige Jahre zuvor war öffentliches Flagge-Zeigen noch mit Gefängnis bestraft worden, so genannte Zusammenrottungen waren auseinander getrieben worden, wenn nötig auch mit Gewalt. Nach der Kundgebung in Tartu bestellte der Chef-Propagandist der KPdSU in Tallinn, Juri Skljarow, lediglich den Leiter der halboffiziellen *Gesellschaft für Denkmalschutz,* Trivimi Velliste, zu sich: Die estnische Flagge gehöre ins Museum, rügte er. Dort dürfe sie gezeigt werden, auf der Straße nicht.

Darauf gab Velliste zu bedenken, dass die lange Schlange, die dann vor dem Museum zu erwarten sei, den Verkehr behindern würde.

Die Diktatur des Proletariats war müde geworden.

Zu Mittsommer fand im Sing-Stadion vor Tallinn ein Rockkonzert statt. Um Mitternacht war offiziell Schluss. Aber die Leute machten einfach weiter, im Juni wird es in Estland nicht dunkel. Anstelle von Randale und Sauferei herrschte eine getragene Feierlichkeit, und viele schwangen estnische Fahnen. Kaufen konnte man sie noch nicht: Die Menschen hatten sie sich selbst geschneidert. Zwei Jungs auf Motorrädern ratterten mit improvisierten Trikoloren ums Stadion. Dann sangen alle zusammen die verbotene estnische Nationalhymne. Der Bann war gebrochen.

Die Fahnen tauchten im Straßenbild auf, täglich mehr, dazu Banderolen, Abzeichen und Aufkleber. Als sängen auch die Augen. Und bald das ganze Land. Eine Symbol-Seligkeit ergriff Estland; man begann, von einer eigenen Zeitzone, wirtschaftlicher Selbstbestimmung und von der Schaffung eines estnischen Olympischen Komitees zu reden.

Derweil bildeten einige Schriftsteller ein Komitee: Sie bereiteten die Gründung einer Volksfront vor; die die Euphorie in politische Realität ummünzen sollte.

Damals konnte sich niemand vorstellen, dass Estland binnen dreier Jahre zu einem unabhängigen Land werden würde; aber auch nicht, wie weit der Weg nach Europa sein, welche Schwierigkeiten und Entbehrungen er mit sich bringen würde.

Wir radeln zurück, lassen den Leuchtturm von Kõpu hinter uns. Die Straßenkiesel werden größer, spitzer, die Mücken aggressiver. Wieder platzt ein Reifen. Wir mögen nicht mehr und versuchen uns als Anhalter. Ein Viehtransporter nimmt uns mit zum Hafen von Sõru. Wir erkundigen uns nach einer Überfahrt nach Ösel.

Ein stämmiger Blondschopf willigt ein. «Mein Großvater war Seemann», erzählt er uns. «Aber ich hatte bis vor kurzem vom Meer keine Ahnung.» Obwohl er in Sõru groß geworden sei. Wir steigen in sein kleines Motorboot. Künftig wolle er einen Fährbetrieb aufziehen, einen alten Kutter habe er schon gefunden, schreit er gegen den Motorenlärm an. Und der Hafen werde renoviert werden. Von der alten Mole sind nur noch verwitterte Pfähle im Wasser zu sehen. Nach der Okkupation hatten die Sowjets die Anlage zerstört, mit Stacheldraht umzäunt und Wachttürme aufgestellt. Nicht einmal baden sei erlaubt gewesen.

Noch wird improvisiert: Die Küstenwache hilft beim Verladen unserer Fahrräder, und zur Sicherheit gibt der Offizier unserem blonden Skipper sein Funkgerät mit.

Vor dem Krieg war Estland eine beliebte Sommerfrische, die Küstenstädtchen Haapsalu und Pärnu, deutsch Hapsal und Pernau, und besonders Kuressaare, die Kreisstadt auf Ösel, deutsch Arensburg, einst Bischofssitz. Dann versanken die Inseln im Dornröschenschlaf. Inzwischen versetzt einen das Kurhaus von Arensburg in die dreißiger Jahre zurück, oder in einen Film. Und in den Kirchen wird wieder gepredigt.

In der Sowjetzeit arbeitete unser Skipper als Lkw-Fahrer. Jetzt verwandelt er sich eiligst in einen Dagöer Küstenschweden zurück. Früher habe man gesagt, es gebe drei große Seefahrernationen: England, Dagö und Ösel. So solle es nun wieder werden. Er singt in den Wind. Derweil schwappen die Wellen bedrohlich am Bordwändchen hoch.

Ösel rückt näher. Ein Hafenfeuer ist nicht zu sehen, nicht einmal ein Steg. Auch der Skipper weiß nicht weiter. Schließlich klettern wir irgendwo auf die Steine und wuchten unsere Fahrräder ans Ufer. Wir fänden die Straße schon, ruft unser Bootsmann uns nach.

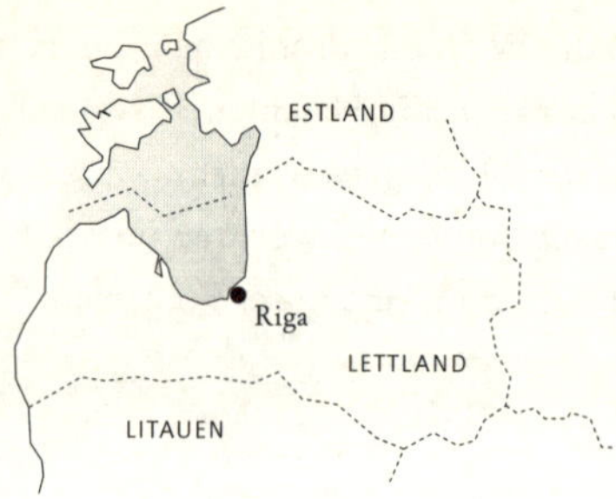

Riga – das letzte Gefecht

Im Januar 1991 stapelten sich im Dom zu Riga neben dem Opferstock von 1755 Gasmasken und Helme; Tragen standen bereit. Manche Kirchenbänke bildeten Dreiecke, andere waren zu Notliegen zusammengeschoben. An den Säulen klebten Zettel, die den Weg wiesen zu den verschiedenen Abteilungen im Mittel- und im linken Seitenschiff. Die Kathedrale war zu einem Krankenhaus umfunktioniert worden. Die Dreiecke aus Kirchbänken bildeten die Behandlungsräume, in der Taufkapelle befand sich der improvisierte Operationssaal mit mehreren Chirurgieplätzen. Im Autoklav lagen die Instrumente, auf dem Taufstein OP-Besteck und sterile Tücher, Medikamente und Spritzen. Und jede Abteilung hatte ein Feldtelefon. Anschläge forderten Medizinstudenten auf, sich zum Sanitätsdienst zu melden. Und alle zur Blutspende. An der Triage-Stelle beim Eingang ließ sich jemand eine Schnittverletzung verbinden. Ansonsten war es ruhig in dieser Samstagnacht. Das improvisierte Lazarett harrte der Verwundeten, die da kommen würden.

An einer Wand der Kathedrale lehnte der goldene Hahn der Turmspitze, im Ruhestand sozusagen; daneben die Wappen der Gildenmeister. Bei den Gräbern quäkte ein Fernseher. Ein Pfleger sah Nachrichten. Unter dem Barockaltar – der nicht zur kargen Gotik des Domes passt – strickte eine ältere Schwester mit Häubchen, ihre Kollegin las. In den Reihen saßen Menschen, viele hielten sich kleine Radios ans Ohr. Andere aßen Labskaus, tranken Tee oder warteten einfach, dösten.

Die Altstadt von Riga war verrammelt. Traktoren, Erntemaschinen, Lkws versperrten den Zugang. Aus der Jacobi-Kirche beim Parlament wuchs ein eiligst hochgezogenes Stück Mauer. Im Plenarsaal tagte die Saeima rund um die Uhr. Zwischen den barocken Fassaden wärmten die Menschen sich an Lagerfeuern, die ganze Nacht über. Feldküchen verteilten Suppe, Brot und Tee, Fleisch und frische Semmeln. Die Leute schienen ständig zu essen: Sprotten, Hering, Hähnchen, Eier, Wurst; alles, woran es in jenem Winter mangelte. Und sie bekamen alles geschenkt. Die Schulhäuser dienten als Massenlager; überall brannten Kerzen. Lettland war bereit, sich zu verteidigen.

Der Eingang zum Gebäude des lettischen Rundfunks war vermauert und mit Stacheldraht gesichert. In den Fenstern standen Lautsprecheranlagen, die das Radioprogramm – Nachrichten, Interviews, Reden, Pressekonferenzen, Debatten aus dem Plenarsaal – durch die Gassen der Altstadt plärrten.

Im Mittelalter musste jedes Gebäude in Riga auf die eigene Verteidigung eingerichtet sein, ganz besonders der 1211 gestiftete Dom. Nun, fast acht Jahrhunderte später, wurde diese Wehrbereitschaft plötzlich gebraucht.

In der Nacht auf den 13. Januar 1991 hatten sowjetische Panzer einer Spezialeinheit im benachbarten Litauen am Fernsehturm von Wilna Stellung bezogen. Dabei waren dreizehn unbewaffnete Zivilisten ums Leben gekommen und Hunderte verletzt worden. Derweil hielten die vom Volk gewählten Deputierten und viele freiwillige Kämpfer für die Unabhängigkeit Litauens das dortige Parlament besetzt. Sie warnten, sie hätten die Hydranten im Innern des Hauses an Benzintanks angeschlossen. Im Falle eines Angriffes würden sie den Bau in die Luft jagen.

Moskaus Attacke gegen Litauen sollte die Unabhängigkeitsbewegung der drei baltischen Sowjetrepubliken stoppen; nachdem Gorbatschows Drohen mit dem Ausnahmezustand nichts gebracht hatte, nun eben mit Gewalt. Die Generäle hatten Gorbatschow eine «schnelle, saubere Lösung» versprochen. Sie wollten erst die Unabhängigkeitsregierungen stürzen, denen der Kreml-Chef vorwarf, hinter ihrer «Maske der Demokratie» seine Perestroika zu sabotieren. Dann sollten kremltreue Quislinge die Macht übernehmen, so das Skript. In der Tat hatte sich kurz vor dem Angriff auf den Wilnaer Fernsehturm eine obskure Bande kommunistischer Marionetten zur litauischen Regierung erklärt.

Doch der Kreml hatte nicht mit der Entschlossenheit des litauischen Volkes gerechnet; auch Gorbatschow nicht, ausgerechnet er nicht, der sich so volksverbunden gegeben hatte. Unbewaffnet stellten sich die Demonstranten den Panzern in den Weg.

Nach dem Blutvergießen in Wilna schien der Coup in Litauen gescheitert – der Kreml wagte keine weiteren Attacken; stattdessen versuchte Moskau es im scheinbar weniger standhaften Lettland. Erst wollte man die Bevölkerung verunsichern, dann mit «chirurgischen Aktionen» Schlüsselpositionen besetzen, das Pressehaus, das Rundfunkgebäude, das Parlament. Das dadurch entstehende Chaos sollte die Menschen in allen Sowjetrepubliken in die Einsicht zwingen, dass die Volksfront-Regierungen nicht in der Lage seien, die Republiken zu führen und die Ordnung aufrechtzuerhalten. Auch in Lettland stand ein kremltreues *Nationales Rettungskomitee* bereit, geführt vom früheren Rigaer Bürgermeister Alfrēds Rubiks. War die Unabhängigkeitsregierung erst gestürzt, so das sowjetische Skript für Lettland, sollten Nadelstich-Aktionen gegen einzelne Institutionen, eine Ausgangssperre und ein paar Verhaftungen für Ruhe sorgen. Und trotz der Pleite des Sowjetstaates plante der Kreml – zumindest kurzfristig –, die Löhne anzuheben und Versorgungsengpässe zu beheben.

Doch schon am Morgen nach dem Angriff auf den Fernsehturm der Nachbarrepublik waren unzählige Menschen zum lettischen Parlament in Riga geströmt. Sie kamen spontan, unorganisiert, willens, einen menschlichen Schutzschild gegen Moskaus Panzer zu bilden. Erst im Laufe jenes Sonntags im Januar begann die Volksfront, die Leute zu organisieren. Sie postierte Wachen vor den wichtigsten Gebäuden, vor allem vor dem Parlament. Während der folgenden Tage verrammelten Bauern alle Eingänge zur mittelalterlichen Altstadt mit Landmaschinen.

Vereinzelt hörten wir in jenen Januarnächten auch die Lieder noch, die Lettland im vorvergangenen Sommer aus der Sowjet-Betäubung geweckt hatten und deren Sänger die Volksfront gegründet hatten. Doch den meisten war das Singen spätestens auf den Wagenburgen vergangen. Wie lange schien jener Oktober 1988 zurückzuliegen, an dem sich im *Haus der politischen Bildung* zu Riga tausend frisch gekürte Delegierte zur Gründung der Volksfront getroffen hatten. Zwei Tage debattierten sie bis in den Morgen, forderten eine lettische Staatsbürgerschaft, einzelne sogar die sofortige, bedingungslose Unabhängigkeit von Moskau. Jeder durfte reden, die Diskutanten lauschten einer Predigt von Pfarrer Modris Plāte, wählten einen Vorstand und sangen immer wieder. Ganz Lettland verfolgte den Verlauf des Kongresses an den Rundfunk- und Fernsehgeräten. Man lachte sogar: als sich spät am Sonntagabend – die Arbeit war getan, das Programm der *Tautas Fronte*, der Volksfront, Punkt um Punkt verabschiedet, der feierliche Ernst wich einer zufriedenen Erleichterung, man wartete auf die Wahlresultate – breitspurig und schwer, steif und gemessen, gespielt greisenhaft ein junger Mann aufs Podium wuchtete: «Liebe Genossen ...» Er starrte in den Saal, stieß keuchend senile Laute aus. «Liebe Genossen ...» Die Delegierten stutzten, es wurde still: Wer war das? Was sagte er? «Liebe Genossen, äh, hm ...» Und plötzlich lachten einige los. Sie hatten das Stammeln erkannt, sprangen spontan auf und verfielen in rhythmisches Klatschen, wenn der Redner eine seiner langen Hechelpausen machte. Mit väterlicher Geste dämpfte er die Begeisterung, mümmelte weiter. Ein Kellner brachte ihm ein Glas Wasser. Bald jubelte der ganze Saal dem Breschnew-Parodisten zu: Der Schauspieler Guntars Āboliņš imitierte den Tattergreis, der in den letzten Jahren seiner Regentschaft keine ganzen Sätze mehr zustande gebracht hatte – während die Geschicke des Landes, ja jene der ganzen Welt von ihm abgehangen hatten. Die eben noch würdig angespannten Delegierten spielten mit, parodierten einen sowjetischen Parteitag. Zum Schluss überreichte ein Trachtenkind dem falschen Generalsekretär ein Blümchen und machte einen Knicks. Der Saal brüllte – dann fasste man sich wieder und kehrte zur sachlichen Feierlichkeit zurück. Doch das Gelächter über den falschen Breschnew hatte das Ende des Sowjetkommunismus in Lettland eindrücklicher markiert als alle Resolutionen und das noch ungewohnte basisdemokratische Prozedere.

Im Herbst 1988 herrschte in der DDR und in Prag noch Friedhofsruhe, in Moskau war die Miliz auf große Demonstrationen überhaupt nicht vorbereitet. Der Westen schwärmte für Gorbatschow, der das Sowjetsystem schon richten würde. Nur die Polen hatten bereits Erfahrungen mit Ungehorsam, ziviler Rebellion und abweichenden Meinungen, mit Institutionen, die der Staat nicht direkt kontrollierte. Im Sommer 1988 hatte sich die Bewegung Solidarność wieder offener zu regen begonnen.

Den Esten, Letten und Litauern ist es deshalb nicht zu verdenken, wenn sie darauf bestehen, der Impuls zum gewaltlosen Sturz des Sowjetkommunismus sei von ihnen ausgegangen. Sie nahmen Gorbatschow als Erste beim Wort, mehr als ihm lieb war. Von den Initianten der Montagsdemos in Leipzig – oder an der Ostsee: Rostock – ein Jahr später hörte man in Riga immer wieder, die Menschen in der DDR hätten von Lettland gelernt.

Vom Stolz der singenden Revolutionäre rettete sich freilich so wenig auf die Barrikaden hinüber wie vom Gelächter: Im Januar 1991 herrschte eine grimmige Entschlossenheit, Todesmut, ein Gefühl des Märtyrerhaften; und zugleich Katzenjammer. War der Versuch schon gescheitert, Lettland aus den Klauen des Sowjetsystems zu lösen, es als selbständiges Land wieder zu erwecken und in die europäische Staatengemeinschaft zu integrieren?

Diese war abgelenkt, als die Letten um Hilfe riefen; selbst an der Gegenküste: Wenige Tage zuvor war der erste Golfkrieg ausgebrochen. Auf den Bildschirmen im Westen fanden «intelligente Bomben» ihren Weg in die Haustüren von Bagdad. Die Weltöffentlichkeit war gebannt: Das hatte man noch nie gesehen. Die Kreml-Führung indes suchte den Nachrichten-Schatten dieses ersten High-Tech-Krieges zu nutzen, um ein Fait accompli zu schaffen, das den kleinen Völkern im Baltikum das Rückgrat brechen sollte.

Riga war stets mächtig und stets gefährdet, war es doch immer zu groß, zu weltläufig für seine Lage am Rand des jeweiligen Reiches, dem es gerade angehörte. Erst recht ist Riga zu groß für das Land, dessen Hauptstadt es heute ist, zu groß für das flache, gewellte, karg besiedelte Hinterland: Kurland im Südwesten, der Düna und der Küste entlang, Lettgallen im Osten und im Norden Teile Livlands. Schon die Namen evozieren Bilder von Pferdefuhrwerken, Ochsen, die einen Pflug über den Acker ziehen, und Fischern, die am Strand alte Netze knüpfen; von Seemännern, die ihr Garn spinnen. Bilder der Stille und darüber ein weiter Himmel, über den schnelle Wolken ziehen. Erinnerungen an vergessene Sprachen: Kurisch und Livisch.

Heute findet man in Livland eher *Rimi*-Supermärkte als Ackerochsen, stößt eher auf leer stehende Häuser denn auf alte Sprachen, und ohnehin nennt die Gegend niemand mehr Livland.

Riga ist eine Metropole, wenngleich nur eine baltische. Eine kleine Großstadt. Schon in den letzten Tagen der Sowjetzeit hatte die Stadt viele Gesichter und diverse Meinungen. Sie war – ungewöhnlich für eine Stadt der UdSSR – ein Ort des Austauschs, ein bisschen wenigstens, die Heimat einer jugendlichen Subkultur und künstlerischen Avantgarde. Ihre Urbanität ist rund um die Ostsee nur jener von Stockholm, Kopenhagen und Sankt Petersburg vergleichbar.

Die Bedeutung der 1201 an der Dünamündung von Bischof Albert gegründeten Stadt fußte auf ihrer Randlage – nach allen Seiten. Sie war ein Brückenkopf, ein Handelsplatz, der den Osten, sogar den Orient mit Lübeck, Dänemark und London verband. Die Ware kam auf Flusskähnen aus dem Inneren Russlands; in Riga wurde sie auf Koggen umgeschlagen. Bis ins neunzehnte Jahrhundert vor allem Flachs und Hanf, dazu Honig, Getreide und Holz, besonders Schiffsmasten. Erst im Zuge der Industrialisierung wurde die Stadt auch zum Produktionsstandort, anfänglich für Textilien, später Chemie und Maschinenbau. Das rückte Riga gleichsam von der Ostsee ab und band die Metropole enger ins Russische Reich ein.

Rigas Lage an der Schnittstelle von West und Ost weckte von Anfang an Begehrlichkeiten. Zur Verteidigung der neu erworbenen Kolonien und zur Missionierung Livlands rief Bischof Albert daher schon 1204 den Schwertbrüderorden ins Leben, der auch Kaufleuten offen stand. Zudem verlieh er Riga das Stadtrecht von Visby. Der Dom diente, wie die Marienkirchen in den anderen Hansestädten, als Rückzugsort, Lager für wertvolle Handelsgüter und als Schatzkammer.

Riga entstand, wie später Sankt Petersburg, aus einer Kolonie im gegnerischen Hinterland. Es lag so weit entfernt vom eigenen Kernland, dass es militärisch kaum gesichert werden konnte. Wie in Tallinn und später in Sankt Petersburg herrschte im neu gegründeten Riga ein Gemisch der Sprachen und Völker. Es gab Deutsche und «Undeutsche», wie die Unfreien, die Letten genannt wurden. Zumeist Bürger und Kaufleute, dominierten die Deutschen - ein Stand, mehr als eine Ethnie - die Stadt bis ins zwanzigste Jahrhundert. Die Letten - die einst als Bauern auf die Märkte kamen, als Mägde und Kutscher hier Arbeit fanden; später als Ladenbesitzer, Handwerker - wanderten erst in der zweiten Hälfte des neunzehnten Jahrhunderts vermehrt in die Stadt; daraus entstand eine urbane lettische Gesellschaftsschicht. Die Russen und die vielfach Russisch sprechenden Juden bildeten gewichtige Minderheiten, dazu kamen einige alte Schweden-Familien, Polen, Ukrainer, Weißrussen, Armenier und eine einflussreiche Kolonie englischer Kaufleute, die bis in das späte neunzehnte Jahrhundert hinein die Stadt mitprägte.

Im alten Riga lebten die Nationen miteinander, oder eher nebeneinander: Man war polyglott, gut nachbarlich; persönliche Beziehungen gab es indes kaum. Die Deutschen kauften deutsch, die Letten lettisch, sie hatten je eigene Schulen. Soziale Mobilität setzte sprachliche Mobilität voraus. Wer in eine höhere Klasse aufzusteigen hoffte, ging zuerst zu deren Sprache über: meist Deutsch. Die nächste Generation vollzog dann den Wechsel der Nationalität. Nur Bürger von deutschem Stand konnten hoch hinaus. Undeutsche hatten keinen Zugang zur Großen Gilde, die die Geschicke der Stadt mitbestimmte.

Hitler und Stalin zertrampelten das multinationale, polyglotte Europa: Sie entmischten den Kontinent und teilten ihn auf. Das Baltikum fiel an Stalin. Zuvor holte Hitler die so genannten Volksdeutschen «heim ins Reich». Er siedelte sie im heute polnischen Warthegau mit dem Zentrum Posen an, von wo sie zu Kriegsende erneut vertrieben wurden. Die Alliierten vollendeten diese Entmischung. Esten, Letten und Litauer wurden zu Hunderttausenden nach Sibirien verschleppt. Der Westen beeilte sich, die drei kleinen Völker zu vergessen. Sie wurden zu «weißen Flecken» in unseren Schulatlanten: nur Umrisse, dazu ein paar Städte mit altertümlich klingenden Namen.

Niemand wusste, was an der Gegenküste geschah, und niemand wollte es wissen. Unsere Eltern vergaßen bald, welches baltische Land das nördliche war, welches in der Mitte und welches im Süden lag.

Das sowjetische Lettland, wie auch alle anderen Republiken der Sowjetunion, übernahm die alte, gleichsam feudale Klassentrennung nach Nationalitäten, die im Osten Europas üblich war: Die staatlichen Institutionen der UdSSR – andere gab es nicht – wurden von Russen geleitet. Oder von einem Letten, der in Russland aufgewachsen war und dem man zusätzlich noch einen russischen Aufpasser zur Seite stellte. Manche Letten und Juden verbesserten ihre Aufstiegschancen, indem sie ihre amtliche Nationalität wechselten und zu «Russen» wurden – was nur möglich war, wenn man die richtigen Freunde hatte.

In den Januarnächten 1991 – die ersten waren noch mild gewesen, doch zum Wochenende hin kehrte die grimmige Ostseekälte zurück – verkehrte sich die «nationale» Hierarchie. Der Wind drehte, und manche Wetterfahnen mit ihm. Plötzlich musste jeder Farbe bekennen.

Formaljuristisch hätte es die Sowjetrepublik Lettland nie gegeben, argumentierten die radikalsten Letten. Ihr Land war seit dem Ende des Zweiten Weltkriegs besetzt. Völkerrechtlich gesehen traf dies zwar zu – spielte aber keine Rolle.

Diejenigen, die in den Nächten auf den Barrikaden hockten, kümmerten sich ohnehin nicht um Paragraphen. Sie wussten intuitiv, was Recht war und was Unrecht, wähnten eine moralische Legitimität auf ihrer Seite. Die Stimmung um die Lagerfeuer wurde, trotz Ermüdung, von Tag zu Tag feierlicher, auch munterer, die Verpflegung reichhaltiger. Die Schatten der Protestierenden tanzten über die alten Fassaden. In der winterlichen Dunkelheit zelebrierten sie Lettlands Auferstehung aus der Nacht der Angst und Repression. Mit einem bitterernsten Karneval trotzte das Land der totalitären Macht, gemeinsam und für alle sichtbar, spürbar, hörbar. Der Kreml wagte nicht, in das dergestalt befestigte Riga einzumarschieren. Sowjetische Militärs waren in der Hauptstadt in jenen Tagen nicht zu sehen, und die lettische Miliz ließ keinen Zweifel an ihrer Loyalität aufkommen.

Gorbatschow hatte mit seinem Versuch, die Unabhängigkeitsbewegung zu stoppen, Lettland zu seinem neuen Gründungsmythos verholfen.

Dass die Barrikaden keine Panzer aufhalten würden, war allen klar. Sie sollten die gewählte lettische Regierung gegen Terrorangriffe schützen, erklärte die Saeima. Allerdings wurde nicht gesagt, wer die Terroristen waren. An den Lagerfeuern klang es ganz anders: Die Welt sollte sehen, dass die Letten sich wehrten – bis zum Tode. Dass sie nicht einverstanden waren mit dem Putsch, den Moskau für Lettland geplant hatte.

Aber es blieb ruhig. Am Sonntag gingen viele der Freiheitskämpfer müde nach Hause. Nach einer Woche in der feuchten Kälte hatte sich in der Stadt eine gereizte Langeweile breit gemacht, man hatte genug gefroren für Lettland. Es passierte ja doch nichts. Die Belagerung der Stadt war zum Alltag geworden, selbst für Lettlands Politiker. Sie empfingen Gäste. Der Marschall des demokratisch gewählten polnischen Sejm, Andrzej Stelmachowski, war zu einem improvisierten Staatsbesuch ins verrammelte Riga geeilt; Boris Jelzin war gekommen, damals Präsident der Russischen Föderation und Gorbatschows schärfster Kritiker. Und der Außenminister von Island, der – als einziger westlicher Politiker – versprach, dass sein Land die baltischen Staaten diplomatisch anerkennen werde.

Unter diesem Schein von Normalität lagen die Nerven blank. Es war fast zu still. Und der Westen hielt sich bedeckt. Gewiss stellten sich die hohen Besucher den Sowjetpanzern symbolisch in den Weg, vor allem Jelzin, dessen Russland in seinen Augen ebenso sehr Opfer der KPdSU war wie die baltischen Republiken. Jelzin wusste: Wenn die Beton-Fraktion im Kreml sich im Baltikum durchsetzte, würde sie die Reformen auch in Russland abwürgen – und damit sein Projekt. Zumal die Attacke gegen Litauen allen, die daran zweifelten, bestätigte, dass Gorbatschow vom Experiment der Öffnung abgerückt war. Jelzin hatte das Lager gewechselt. Nur: Wer war er nun in Gorbatschows Augen? Ein Störenfried. Und der isländische Außenminister? Unwichtig. Wichtig waren die USA: Von dort schien Präsident Bush seinem Kumpel im Kreml grünes Licht zu «sanftem Zwang» signalisiert zu haben.

Kurz nach neun Uhr krachten Schüsse an jenem Sonntagabend. Ich hatte gerade meine Reportage von der grimmigen Widerstands-Idylle beendet. Erst Einzelschüsse, dann Serienfeuer. Wir wagten uns auf die Straße, bezogen hinter dem Planetarium Stellung, der einstigen russisch-orthodoxen Kathedrale.

Leuchtspurmunition zerschnitt den Nachthimmel, schlug in einem klassizistischen Bau jenseits des Parks ein. Das Innenministerium. Von dort stiegen rote Signalraketen auf, aus den Fenstern heraus wurde das Feuer erwidert. Einige hundert Menschen duckten sich beim Denkmal des lettischen Nationaldichters Jānis Rainis im Dunkeln, nur einen Block von der Schießerei entfernt. Es war Krieg – wir aber standen mit vielen Letten im Dunkel des Parks, nur halbwegs in Deckung hinter dem Rainis-Denkmal, und hielten Maulaffen feil, als würde lediglich ein Film gedreht. «Bastarde, Bastarde!», schrien die Letten. Wut und Neugierde waren stärker als die Angst; der Angriff, mit dem alle gerechnet hatten, schien plötzlich surreal, man hatte sich an die Altstadt als friedliche Wagenburg gewöhnt, das war schon Normalität.

Aus einem Lautsprecher dröhnte es auf Russisch: «Hier spricht 24-03, wir tun Ihnen nichts. Hier spricht 24-03, kommen Sie raus …»

Wir wussten nicht, wer 24-03 war. Niemand wusste es.

Erst später sollten wir erfahren, dass die Angreifer kurz zuvor, nur wenige Meter vom Rainis-Denkmal, einen Jungen und zwei lettische Polizisten erschossen hatten.

Ein Kameramann und sein Kollege seien tot, rief jemand in der Menge: Andris Slapiņš, der Kameramann des bekannten Dokumentarfilmers Juris Podnieks, und Gvido Zvaigzne, wie wir erst am nächsten Morgen erfuhren. Die beiden waren herangestürmt, um den Schlag gegen die ausharrenden Letten zu filmen. Als sie ihre Kamera auf ein Opfer richteten, schossen die Angreifer auf das Filmteam. Andris Slapiņš wurde als Erster getroffen. «Filme mich», soll er seinem Regisseur zugerufen haben, «sie haben mich ins Herz getroffen». Dann starb er, noch auf der Esplanade.

Er hat nie erfahren, dass seine Frau schwanger war.

Wir jedoch wähnten uns – im Dunkeln, nur wenige Schritte von diesem Geschehen – trügerisch sicher. Wir rannten durch den Kleinkrieg, als spazierten wir durch die Geschichte. Erst lange nach Mitternacht, die Schießerei war inzwischen abgeflaut, als wir noch einmal in die Altstadt wollten, zum Parlament, stob auf dem Freiheits-Boulevard, der damals noch Lenin-Straße hieß, ein weißer Wolga auf uns zu. Ein Krieger lehnte aus dem Fenster, richtete seine Kalaschnikow auf uns, brüllte. Wir warfen uns zu Boden, er ballerte in den Nachthimmel.

Verwirren, einschüchtern, und dann das Chaos nutzen – mit uns schien das Skript des Kreml aufzugehen. Wir flohen in unser Hotel. Viele Letten hingegen harrten aus.

Wer den Befehl zum Angriff auf das Innenministerium gab, wird man wohl nie erfahren. Die Rigaer Einheit der Sondertruppe OMON war bekannt für ihre Haudegen; auf ähnliche Weise hatte sie einige Tage zuvor das Rigaer Pressehaus und die Polizeischule eingenommen. Die Staatsterroristen waren gezielt scharf gemacht worden. Ihre Kommandanten hatten sie monatelang nicht aus den Baracken gelassen und ihnen eingehämmert, die «lettischen Nationalisten» trachteten nach ihrem Leben und könnten jederzeit angreifen.

Rundfunk und Fernsehen warnten die Bevölkerung, nicht auf die Straße zu gehen. Die Schulen wurden für den nächsten Tag geschlossen. Auf den Barrikaden meinten die Menschen düster, dies sei erst der Anfang gewesen.

Es war der Anfang vom Ende, der Wendepunkt. Der Kreml begriff in jenen Januarnächten, dass er die baltischen Völker nur mit Blutbädern in die Knie zwingen konnte. Das mochte Gorbatschow nicht riskieren. Er sehnte sich nach der Anerkennung durch seine Kollegen im Westen.

In den folgenden Wochen trugen die Letten ihre Barrikaden allmählich ab. Nur die Schlüsselgebäude wurden weiterhin gesichert, vor allem das Parlament. Wie in Litauen und Estland auch. Das Feldlazarett im Dom – die feste Burg – war nicht zum Einsatz gekommen. Zwei Monate später stimmten alle drei baltischen Staaten dafür, sich von der Sowjetunion zu lösen.

Auch in Moskau zog die Krise im Baltikum eine Wende nach sich. Im Herbst zuvor hatte sich das Gleichgewicht der Macht zugunsten der Reaktionäre verschoben, die Demokraten verloren an Einfluss. Gorbatschow umgab sich mehr und mehr mit Hardlinern. Und wurde zusehends einsamer. Auf das Massaker von Wilna reagierte er mit Ausflüchten: Er habe geschlafen; die Verantwortung für die Angriffe in Lettland schob er den örtlichen Kommandanten in die Schuhe.

Doch nun wendete sich das Blatt. Zwei Monate später, am 28. März, rollten Panzer auf Moskaus Straßen, um eine Demo zu verhindern. Die Armee riegelte die Innenstadt mit acht Sperrgürteln ab. Gorbatschow saß im Kreml verschanzt, isoliert vom Land, das er noch zu regieren glaubte. Die Demonstranten jedoch trotzten auf dem Gartenring seinem Verbot. Zum ersten Mal fühlte man auch in Moskau, dass das Volk Macht hätte – wenn es nur wollte. Ein bisschen wie zuvor in Riga. Gorbatschow, von allen verlassen, war zur Geisel seiner Helfer geworden, gleichsam gefangen in seiner eigenen Festung.

Wilna und Riga wurden zu Vorbildern, deren Lektion die reformwilligen Moskauer beherzigten. Ihre Stunde schlug, als Gorbatschows vertrauteste Mitarbeiter im August gegen ihren Chef putschten. In Moskau versperrte eine Menschenkette den Zugang zum Weißen Haus, dem Sitz der russischen Regierung, in Sankt Petersburg pilgerten Hunderttausende auf den Schlossplatz: Gegen Panzer würden sie nicht ankommen, aber in Riga und Wilna hatte der symbolische Widerstand genügt.

In Moskau schließlich auch: Binnen dreier Tage scheiterte der Putsch der Kommunisten; Russland öffnete sich, die baltischen Staaten erhielten ihre Unabhängigkeit zurück. Nach einem halben Jahrhundert der Isolation konnten sie sich wieder nach Westen orientieren, der Ostsee zu. Dem Westmeer, wie die Esten sagen.

Seither besinnen sich die Menschen im Baltikum auf ihre alte Stellung zwischen den Welten; wenngleich sie dem neuen Russland gegenüber noch misstrauen.

Sie singen wieder, obwohl es wenig zu jubilieren gibt. Im Dom zu Riga schmettert die Gemeinde «Ein feste Burg ist unser Gott ...» auf Lettisch, fast jeden Sonntag. Während der Sowjetzeit ein Museum, ist die Kathedrale an die lettisch-lutherische Kirchgemeinde zurückgegangen, der sie gehörte, seit das Ulmanis-Regime die deutsche Gemeinde 1930 enteignet hatte.

Zuvor war sie ein baltisch-deutsches Gotteshaus, eine Schwesterkirche all jener Marienkirchen rund um die Ostsee. Und somit eine Wehrkirche – wie zuletzt im Januar 1991.

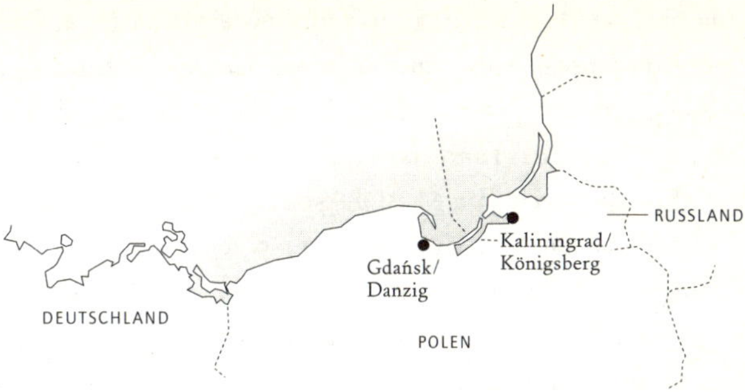

Die ersten Risse – das rote Gdańsk

Mai, August, Dezember, März, Oktober. Die Esten und Letten haben die Fronten der im Kalten Krieg erstarrten Ostseewelt zersungen. Doch die Tauwetter begannen früher: in Gdańsk/Danzig, mit Streiks und Arbeiterprotesten: im Mai 1988, im August 1980, im Dezember 1970, im März 1968, im Oktober 1956.

Wer in der Stadt an der Weichselmündung aufgewachsen ist, rechnet sich einem der Monate zu, die für fünf politische Generationen stehen; und deren Tauwetter, ihren Hoffnungen und deren Ende.

Der Polnische Oktober 1956 stoppte den Stalinismus und die Kollektivierung der Landwirtschaft. Die Oktober-Generation war intellektuell und existenzialistisch; sie glaubte an einen Sozialismus – bis zum März 1968. Dieser März begann als Revolte der Studenten, die intellektuelle Freiheit forderten; das Regime reagierte mit einer antisemitischen Kampagne. Im Dezember 1970 wehrten sich die Werftarbeiter mit Streiks gegen Preiserhöhungen. Die Partei ließ knüppeln und schießen, sie stopfte den Protestierenden das Maul, erst mit Gewalt und bald auch mit Konsumgütern. 1970 verlor der Sozialismus in Gdańsk seine Glaubwürdigkeit. Im August 1980 gärte es wieder; die unabhängige Gewerkschaft Solidarność entstand, Lech Wałesa, populistisch, zuweilen nationalistisch und katholisch und schon seit 1970 dabei, rutschte in die Rolle des Streikführers. Aus Solidarność wurde eine landesweite Opposition, die das Regime irgendwann vom Sockel zu reißen drohte; der eigentlich machtlose Wałesa wuchs zur einflussreichsten Figur Polens heran. Um sie zu stoppen, verhängte Wojciech Jaruzelski, ein adliger General und linientreuer Kommunist, im Dezember 1981 das Kriegsrecht. Es wurde kalt in Polen, das Land erstarrte. Solidarność verschwand im Untergrund.

Erst die Streiks im Mai 1988 spülten die Oppositionsbewegung an die Oberfläche zurück. Im Sommer 1989 geriet sie unverhofft in die Regierungsverantwortung. Die hatte sie zwar mit den Kommunisten zu teilen, dennoch bedeutete ihre Einbindung in die Regierung das Ende des sowjetisierten Polen.

Das Ende des Sozialismus in Polen nahm dort seinen Anfang, wo die von Moskau befohlene Ideologie einst ihren fruchtbarsten Boden gefunden hatte: in Gdańsk und in den andern Städten, die von den Deutschen geräumt worden waren, Stettin und Breslau.

Wenn man nach 1945 irgendwo in Polen bereit war, sich auf eine neue Gesellschaftsordnung einzulassen, dann in Gdańsk. Die dort frisch Angesiedelten kamen aus allen Richtungen, vor allem aus dem verarmten Osten. Sie waren jung, tatkräftig, hatten überlebt; aber auch alles verloren. Sie sehnten sich nach einem Anfang, nach Fortschritt, Aufbau und Moderne. Bis in ihr Bauerntum, so Carl Jacob Burckhardt, der Völkerbund-Vertreter in Danzig von 1937 bis 1939, seien die Polen «ein Volk von Edelleuten, die imstande waren, ihre Sache auf nichts zu stellen und alles auf die Karte der Ehre zu setzen».

Danzig verwandelte sich jäh in Gdańsk. Aber nicht reibungslos. Nachzulesen ist die Metamorphose, die die zerstörte Stadt nach 1945 durchmachte, in den Büchern der polnischen Schriftsteller Pawel Huelle und Stefan Chwin, die in der Fluchtlinie von Günter Grass' *Danziger Trilogie* ihrer Stadt ein Denkmal für die frühe Nachkriegszeit schufen.

Mit Danzig ging die alte Ostsee-Ordnung unter, die Versailles-Ostsee. Und mit ihr die deutsche Sprache. Die Geschichte verdichtete sich in Danzig nicht erst seit 1939. Versailles hatte Ostpreußen 1919 zur fernen Exklave des Deutschen Reiches gemacht und Danzig zu einem neutralen Stadtstaat unter der Protektion des Völkerbundes. Diese Ordnung musste am Streit um die einst reiche, größte Hafenstadt der Ostsee zerbrechen.

Als Freie Stadt vermochte Danzig nicht zu überleben, vor allem, weil weder Warschau noch Berlin sie als solche überleben lassen wollten. Warschau suchte Danzig wirtschaftlich zu isolieren, Berlin fütterte die Stadt mit Hilfslieferungen und Nazipropaganda. 1932 waren zwanzig Prozent der Danziger arbeitslos. Und weit mehr braun.

Ihre «altpreußischen Traditionen», zu denen Carl Jacob Burckhardt auch «die Sympathie für Russland» zählt, gingen im Volksdeutschen auf – oder unter. Eine Hansestadt war Danzig seit bald drei Jahrhunderten nicht mehr. Dafür ein «Schulbeispiel abstrakter Konstruktionen», so Burckhardt.

Eines könne er schon heute sagen, bellte der Danziger Gauleiter Albert Foster 1936, nämlich «dass der Völkerbund hier in Danzig untergehen wird». Drei Jahre später brach auf der Westerplatte vor dem Hafen der Zweite Weltkrieg los. Die *Schleswig-Holstein*, ein deutsches Linienschiff, beschoss das polnische Munitionsdepot. «Seit 5 Uhr 45 wird zurückgeschossen», log Hitler aus den Volksempfängern, «und von jetzt ab wird Bombe mit Bombe vergolten.» Sechs Jahre später machten sich in der zerstörten, von ihren deutschen Bewohnern in aller Eile verlassenen Stadt Zuwanderer aus dem Osten Polens an den Aufbau ihrer neuen Gesellschaft. Sie zogen in leer stehende Häuser, stiegen in gemachte Betten, belebten, was die Deutschen zurückgelassen hatten. Manche lasen sogar ihre Bücher.

Sie änderten die Orts- und Straßennamen: Langfuhr war schon immer Wrzeszcz, doch nun galt nur noch der polnische Name. Die Friedrichsallee wurde zur Wojska Polskiego, die alte Achse der Dreistadt, von Danzig über Oliwa und Sopot nach Gdynia, unter den Preußen einfach Hauptstraße genannt, verwandelte sich aus einer Adolf-Hitler-Straße in die Aleja Grundwaldzka. Die Nummerierung dagegen war neutral, sie konnte bleiben: So wurde aus der Lessingstraße 17 eine Ulica Grottgera 17. Zurück blieben an dieser Adresse auch die Schränke, Kommoden, das Geschirr, die Handtücher und Tischdecken: In Stefan Chwins Roman *Tod in Danzig* flieht die Familie Wallmann aus der Lessingstraße 17. Dafür gelangt eine polnische Umsiedlerfamilie aus dem Lager in die Wohnung. Im Schrank finden die Neusiedler die frisch gebügelte Bettwäsche der Wallmanns. Sie zögern, kochen die deutschen Laken aus. Der Vater feuert mit dem *Völkischen Beobachter* an, den er in der Wohnung fand. Dann schlafen sie in den deutschen Betten.

Mit Gdańsk ist Danzig aus seinen Trümmern wieder auferstanden; die Stadt erhielt etwas von ihrer ehemaligen Urbanität zurück und sogar ein Stück von ihrer mittelalterlichen Pracht. Dem Langen Markt, den Gassen um die Marienkirche, den alten Speichern an der Mottlau und den Bürgerhäusern in der Frauengasse – oder Mariacka; heute darf man wieder Frauengasse sagen – mit ihren Beischlägen haftet der Zauber vergangener Größe an und die Erinnerung an den Reichtum einer weltläufigen Hafenstadt. Dabei entstand die «Altstadt» von Gdańsk erst in den sechziger Jahren nach alten Fotos, Skizzen und Plänen wieder: Alte Türstürze und Dachreiter, die aus den Trümmern des zerbombten Danzig geborgen worden waren, baute man wieder ein.

Die berühmte Orgel von Oliwa wurde wieder gespielt, die Marienkirche erhielt ihren alten Glanz zurück. Und zur Stunde null der Ostseewelt war man gerade dabei, ihre astronomische Uhr zu renovieren, die man mit ihren Gegenstücken in Rostock und Lund vergleichen können wollte. Gdańsk statt Danzig: eine Idylle nach den Jahren der Hitlerei, des Krieges und des Stalinismus.

In den siebziger Jahren suchten wir, eine Ausgabe der *Blechtrommel* in der Hand, den Stockturm und die Polnische Post. Damals gab es noch keine Danziger Literaturführer für Gdańsk. Wir versuchten, uns vorzustellen, wo Mama mit Jan Bronski verschwand, bevor die beiden – nach ihrem Stündchen – im Café Wielki ihren Mokka tranken. Bevor Mama den kleinen Oskar wieder abholte. Dann wollten wir an den Strand von Brösen, polnisch Brzeźno, zur Brausepulver-Szene: nach dem Pferdekopf suchen, aus dem sich ein Aal winden würde. Stattdessen landeten wir in Sopot auf der Mole.

Gdańsk war grau, staubig, verrußt, und schien uns leblos. Überall war Unmut zu spüren. Parteichef Edward Gierek war es zwar gelungen, das Volk nach 1970 mit kleinen Geschenken – Pkws, mehr Fleisch – ruhig zu stellen. Doch der Preis für das bisschen Wohlstand war eine hohe Verschuldung. Polen stagnierte. Und gegen die Öde halfen weder die Plakatkunst noch ein bisschen Jazz.

Die Diktatur hatte die Vorzeichen gewechselt. Die Leute begannen sich zu wehren; mit nichts in der Hand, bloß Ideen im Kopf – und einem Papst in Rom – widersetzten sich die Polen von Gdańsk 1980 dem oktroyierten System. Selbst Kriegsrecht und Internierungen vermochten sie auf die Dauer nicht aufzuhalten.

Im Sommer 1988 fuhren wir jeweils am Donnerstag von Warschau nach Gdańsk. In der Sakristei der Brigitten-Kirche sprach Lech Wałesa zu den paar Ausländern in Polen, die sich für die Weltpresse hielten: Für sie war auch die kleinste Kundgebung eine dringliche Nachricht, so selten waren Demos noch. Jeder Polizeieinsatz konnte die zwischenstaatlichen Beziehungen zu den USA gefährden.

Ungehobelt, aber selbstbewusst saß Wałesa an einem kleinen Tisch, ein Elektriker in Strickjacke. Schlau und mürrisch referierte er über Fleischpreise, Streiks, Gorbatschow, Mrs. Thatcher und Vizepräsident Bush, als der gerade einmal in Polen amerikanischen Wahlkampf machte. Zuweilen schaute Henryk Jankowski in der Pressekonferenz vorbei, sein Beichtvater und Hintermann. Die polnischen Medien blieben außen vor: offiziell gab es die Gespräche gar nicht. Was Wałesa sagte, erfuhren die Polen von der *BBC*, der *Voice of America* und von *Radio Free Europe.* Und aus den Dementis der Regierung; ihrem Sprecher Jerzy Urban gehörten die Dienstage, an denen er, ohne Wałesa oder Solidarność zu nennen, deren Argumente zerpflückte; freundlich, arrogant und zuweilen spöttisch.

In diesem Dialog der Gehörlosen hatten die einen die Moral, die andern die Macht.

Nach Wałesas Pressekonferenz gingen wir zu Schopenhauers Geburtshaus, setzten uns in der Heiliggeistgasse auf einen Beischlag, den für Danzig typischen breiten Aufgang zu den Patrizierhäusern, die den Gassen etwas Südländisches verleihen. Auch diese Beischläge waren neu. 1868 waren viele dem Bau der Kanalisation gewichen. Erst die Polen gaben Gdańsk diese charakteristischen Freitreppen mit Vorplatz beim

Wiederaufbau schließlich zurück, die in die einst repräsentativen Eingangs- und Wohnhallen der Kaufleute führten. Wir waren gewiss nicht die Einzigen, denen Oskars Danzig auch damals noch wirklicher schien als jenes Polen, von dem Wałesa redete: Die Fassaden aus dem Roman waren greifbar; Solidarność hatte nur Worte.

Indes schien das Regime in Warschau an seine eigene Macht auch nicht mehr zu glauben. Die Opposition jedoch, obwohl der Sympathie der meisten Polen sicher, konnte sich noch gar nicht vorstellen, einmal Mitverantwortung zu übernehmen.

Es konnte nicht einfach so weitergehen, aber der Status quo war gemütlich. Man musste keine Angst mehr haben, es war wohlig lau geworden im Kalten Krieg. Und das Neue verunsicherte einen noch nicht.

Aus dem Baltikum drang derweil das Singen der Esten herüber.

Im Herbst und Winter trafen sich in Warschau die Vertreter beider Seiten an einem Runden Tisch, die müde Regierung und die Idealisten von der Opposition. Über das Ziel, so hieß es, herrsche Übereinstimmung, Polen sollte sich wandeln: in eine parlamentarische Demokratie mit freiem Markt. Doch auf einen gemeinsamen Weg konnte man sich nicht einigen: Beide Seiten taten so, als könnten sie den Übergang alleine bewerkstelligen - als brauchten sie die andere nur als Sündenbock.

Im Laufe jenes Winters baute man ein Kartenhaus der Koexistenz. Statt dieses in den ersten halbdemokratischen Wahlen im Juni 1989 zu bestätigen, riss den Polen die Geduld. Sie banden Solidarność in die Verantwortung und schickten die Kommunisten in den Ruhestand.

Einige Jahre später - Wałesa hatte seine Strickjacke abgelegt und zwängte sich als Präsident inzwischen in schwarze Anzüge, während Jerzy Urban ein Satire-Magazin verlegte - jammerten die Leute wieder über die Lebensmittelpreise und bestellten ehemalige Kommunisten in die Regierung. Wenn die Macht zum zweiten Mal abgewählt wird, heißt es, ist die Demokratie stabilisiert.

Polen hatte sich neuen Ideen geöffnet, Investitionen und Supermärkten; und Gdańsk vor allem den Touristen. Aus der Stadt der Pfeffersäcke, einer deutschen Hafenstadt der Niederländer, Schotten und Polen, dem

Ort urbaner Aufbrüche, ist ein Museum der barocken Urbanität geworden, begehbare Geschichte, von Polen betrieben, von deutschen und andern Urlaubern besucht, mit Eisdielen, Straßencafés und Souvenirläden.

Selbst die jüngste Geschichte der Stadt ist bereits Erinnerung – und in Eisen gegossen, gebannt mit dem Denkmal für die Opfer von 1970 vor der einstigen Lenin-Werft.

In Gdańsk hatte sich dem Stalinismus keine Tradition in den Weg gestellt, die Kommunisten traten in ein Vakuum; Zentralismus und die Freundschaft mit der Sowjetunion gehörten einfach dazu. Ohnehin hing Polens Existenz vom Wohlwollen der Sieger ab. Und die Kommunisten bauten Häuser, Schulen, siedelten Betriebe an, gaben sogar die polnischen Klassiker heraus.

Zugleich schlossen sie die Grenzen: Deshalb erkannten die Polen nur langsam, dass die Zivilisation anderswo nach dem Krieg einen Sprung machte, gerade in Westdeutschland, beim so genannten Klassenfeind.

Indes ließ sich Gdańsk – als neue Seehauptstadt Polens – nicht völlig vom Ausland isolieren; als junge Stadt war sie überdies ungeduldig: Die wenigen Kontakte am Hafen genügten, die Unzufriedenheit zu schüren. Auch in Gdańsk wehte der Wind von der See, wie schon in Danzig. Die Seeleute brachten Geschichten vom Wohlstand mit und – wie einst – Waren von der Gegenküste, Kaugummi und Legosteine, Nylonstrümpfe und Kugelschreiber, Schallplatten.

1956 erlitt der Kommunismus den ersten Rückschlag. Polen wechselte auf den «polnischen Weg». Die Kollektivierung der Landwirtschaft wurde rückgängig gemacht. 1970 schwelte es in Szcecin/Stettin, der anderen großen, einst deutschen Hafenstadt. Arbeiter hatten das Gebäude der Arbeiterpartei in Brand gesteckt, um sich gegen die Polizeidiktatur aufzulehnen. Die Partei antwortete mit Schießbefehlen; in Gdańsk kamen etwa dreißig Menschen um. Dass die Führer von Polens Arbeiterpartei auf polnische Arbeiter schießen ließen, führte selbst im roten Gdańsk zum Bruch: Die Werftarbeiter fühlten sich verraten von der Partei, die behauptete, in ihrem Namen zu regieren. Fortan galt die Seehauptstadt Polens als «Hauptstadt der polnischen Opposition».

Die siebziger Jahre endeten mit Lebensmittelknappheit und Engpässen: Die Schlangen wurden länger, die Arbeiter unruhiger; die Preise drohten wieder zu steigen. Und 1978 war Karol Wojtyła Papst geworden. Seine Reise in die Heimat im Juni 1979 geriet zum Triumph des anderen Polen.

Im August 1980 kam es auf der Lenin-Werft zu Solidaritätsstreiks für eine entlassene Kranführerin. Die Unruhe breitete sich aus, wuchs an, andere Betriebe folgten. Delegationen reisten nach Gdańsk - wo Wałesa sich auf einen Kompromiss einließ, um den Streik zu beenden. Stattdessen wurde bald überall gestreikt. Es ging nicht mehr um Löhne, Arbeitszeit und freie Gewerkschaften, sondern um eine freie Presse und kulturelle Freiheiten – Solidarność veranstaltete Vorträge zur Geschichte Polens, über Piłsudski, Poesie-Abende, zeigte verbotene Filme –, es ging um Moral, Kirche und Polentum, um Authentizität, mithin um die nationale Erneuerung. Derweil faselte die Arbeiterpartei, die sich demokratisch, sozialistisch und patriotisch nannte, noch immer von Antifaschismus und US-Imperialismus. Nur hörte keiner mehr hin.

Plötzlich gab es in Polen eine Bewegung, die glaubwürdig demokratisch, patriotisch und auf ihre Weise sozialistisch zu handeln versprach.

Es folgten sechzehn Monate des Feilschens. Bis General Jaruzelski, seit Februar 1981 Premier und ab Mitte Oktober Parteichef, am 13. Dezember 1981 das Kriegsrecht verhängte: das kleinere Übel, wie er behauptete. Sonst wären sowjetische Truppen in Polen einmarschiert. Moskau hatte gedroht, gewiss; einen Einmarsch jedoch ausgeschlossen. Der Kreml wollte bloß die Furcht der Polen schüren, sie abschrecken. Das wusste Jaruzelski – und auch der CIA, den der adlige General mit der Verhängung des Kriegsrechts ebenfalls überraschte.

Über seine Motive schweigt er, zuweilen äußerst beredt. Er mag sich als neuen Marschall Piłsudski gesehen haben, als Vater von Polens neuerlicher Unabhängigkeit. Piłsudski, 1918 der erste Staatschef des wieder erstehenden Polen und von 1926 bis 1935 dessen autokratischer Führer, galt, seit er im Grenzkrieg 1920 das bolschewistische Russland besiegt hatte, als Retter der Nation. Er war ein gewiefter Taktiker und Trickser – der übrigens von Deutschlands Gnaden, ähnlich wie Lenin, aus dem «Exil», aus einer Gefängniszelle auf dem Magdeburger Schloss, per Zug nach Polen gebracht worden war.

Jaruzelski, wie Piłsudski von minderem Adel, wollte aus den Traumata der polnischen Geschichte seine Lehren gezogen haben, zumal aus dem Scheitern des Aufstands von 1830, als die Intellektuellen sich nicht mit dem Möglichen zufrieden gegeben hatten. Dafür büßten die Polen mit Jahrzehnten russischen Terrors, mit Unterdrückung und Russifizierung.

Polen ist Zwischeneuropa. Es steckt wie kein anderes Land in der Klemme zwischen West und Ost: Hatte es sich, in der Union mit Litauen, einst noch von Riga bis ans Schwarze Meer erstreckt, so verschwand es 1795 gänzlich von der Landkarte, aufgeteilt zwischen Russland, Preußen und der Habsburgermonarchie. 1918 erstand es wieder, verschwand 1939 erneut und wurde nach dem Zweiten Weltkrieg nach Westen verschoben. Jürgen von Alten spricht vom Albtraum, «gleichsam ein Staat auf Rädern zu sein». Als Keil zwischen rivalisierenden Nachbarn konnte sich Polen seiner Grenzen und seiner Existenz nie ganz sicher sein. Dass Polen in seiner Geschichte nicht immer Seezugang hatte, trug noch zur Vorstellung bei, es sei eingezwängt in seiner mitteleuropäischen Zwischenlage.

Die Hafenstädte entlang der Ostseeküste, Danzig zuvörderst, dazu Kolberg und Elbing, wo über Jahrhunderte Getreide verschifft wurde, waren mehrsprachig, multiethnisch; das Niederdeutsche dominierte. In diesen Städten bildeten die Polen eine Minderheit. Ohnehin beheimatete ihr Staat viele Nationalitäten: Litauer, Juden, Ukrainer, Deutsche, Weißrussen, Karäer, Holländer, Schweden, Schotten, Italiener.

Erst das 1918 wieder erstandene Polen bemühte sich um Nationalstaatlichkeit. Und mehr noch, wenngleich verkappt, das sozialistische und «internationalistische» Nachkriegspolen. Einige tausend Juden waren da schon zu viele «Fremde». Das kommunistische Regime, dem sie als Sündenböcke wie gerufen kamen, trat 1968 eine Welle antisemitischer Propaganda los. «Unpolnische» Namen kamen in Verruf: Wer «Danzig» sagte, war ein Revisionist.

Wenn das sozialistische und unterschwellig nationalistische Nachkriegspolen viele Bürgerhäuser des alten Danzig gleichwohl wieder aufbaute, so zur Erinnerung an eine Zeit, die nie wiederkehren sollte, an zu Ende gegangene Geschichte. Allerdings dienten die deutschen Fassaden und damit das Ostsee-europäische Gesicht der Stadt gewiss auch zur Aneignung dieser Geschichte, zu ihrer Polonisierung gleichsam. Übrigens ein Gesicht mit Zahnlücken: Die Wohnhöfe und Hinterhäuser wurden nicht wieder aufgebaut, hinter den neu-alten Häuserzeilen im mittelalterlichen Stadtkern liegen daher heute Gärten, Höfe und Spielplätze – wie in einer Vorstadt. Die Fassaden sind Kulisse: zur Inszenierung von Urbanität, die es in Wahrheit nicht mehr gibt.

Das Regime versuchte, die deutsche Vergangenheit streng von der polnischen zu trennen. Doch selbst ein Eisiger Vorhang schließt nicht lückenlos: Das Andere, Verbotene drang an den Rändern Polens durch die Ritzen, von Anfang an. In seinen Wilna-Romanen träumt Tadeusz Konwicki dem verlorenen Osten nach, jener untergegangenen Vielvölker-Welt, die nach 1945 der Sowjetunion einverleibt wurde.

In den Köpfen war Polen wieder zu einem Zwischeneuropa geworden, bevor das Eis zu schmelzen begann: Die Phantasie überwand Mauer, Eis und Stacheldraht. In deutschen und polnischen Büchern blieben die verlorenen Landstriche und Städte erhalten; die literarischen Bilder von Pommern, Danzig und der Weichselmündung sind so kraftvoll und lebendig, als seien sie aus eigener Erinnerung heraus entstanden.

Noch hat das neue Polen sich nur wenig zur Ostsee hin geöffnet, noch ist es sich seiner baltischen Mittellage kaum bewusst: Solidarnośćs Blick war stets nach Prag, Budapest und Wien gerichtet. Und nach Bonn, Paris und Washington. Inzwischen starrt das Land vor allem nach Brüssel, fordernd und ein wenig ängstlich.

Die Bedeutung der Ostsee für seine Entwicklung hat Polen noch nicht erkannt. Seine Seehauptstadt bleibt vorerst ein Museum, als Kapitale von Solidarność und als ehemalige Hansestadt. Gdańsk läuft Gefahr, für sein Spiel mit der eigenen Vergangenheit den Preis des Einfrierens in der Geschichte zu bezahlen.

Damals, als wir zu Wałesas illegalen Pressekonferenzen fuhren, suchten wir nach Zeugnissen der Vergangenheit. Beim *Retman* am Milchkannentor, einem der ersten privaten Lokale, hingen Kleiderbügel von *Israelski*, von *A. Lichtfett Nachfolger*, *Holzmarkt* und vom *Bekleidungshaus London*; in einem Hinterhaus bei der Frauengasse fanden wir drei Jahrhunderte alte Stiche. Davon muss es noch viele geben: Die Patrizier der goldenen Zeit waren Sammler; einige Bürger waren für ihre Bibliotheken berühmt; andere ließen sich für ihre Musik- und physikalischen Instrumente, Spieluhren und exotischen Tierpräparate eigens Kabinette einrichten. Und in den Häusern einfacherer Bürger wurde der Lebensstil der Pfeffersäcke nachgeahmt: mit Fayencen, Nippes aus Glas oder mit Hirschköpfen.

Die Nostalgie ist zu einem Geschäft geworden; Gdańsk dessen Hauptstadt. Ein Ort der Konstruktion von Geschichte: der Hanse, des Preußentums und Mitteleuropas, der verstohlenen Erinnerung an die heimelige Biederkeit der Nazis. An das braune Schaudern, die rote Wut und das Happy End mit Wałesa.

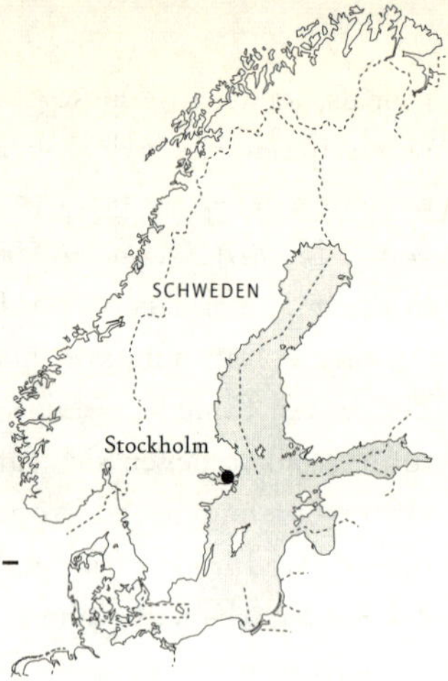

Kinderhelm und Klassenkampf – der schwedische Papastaat

Schweden zur Zeitenwende im Baltikum: Fahrradhelm und Kindersitz, Krippenplätze für alle und Cello-Unterricht noch in den abgelegensten Dörfern Lapplands. In Stockholm tragen selbst die Taxifahrer Krawatten, reden wie Volksschullehrer und bringen einem das Gepäck vor die Tür.

Während sich in Polen, im Baltikum, in der DDR und Russland die Zeit beschleunigte, ging in Skandinavien die Geschichte zu Ende. Die Sozialdemokraten waren gerade dabei, ihrer besten aller Welten den letzten Schliff zu verleihen, führten den Kinderhelm und den Mutterschaftsurlaub für Papa ein. In den Autofabriken organisierten die Arbeiter ihre Schichten selber. Es gab kein soziales Oben und Unten mehr. Und noch keine Ausländer; lediglich ein paar «eingewanderte Mitbürger». Sogar das Drogenproblem schien gelöst.

Auf der Landkarte waren an Schwedens Rändern, am Bottnischen Meer etwa, urbane Tupfer aufgetaucht. Stille Nester wie Umeå, Skellefteå und Luleå mauserten sich zu munteren Kleinstädten. Noch hielt sich das Familiäre der Provinz; aber die neuen Fußgängerpassagen – leise Echos aus den Metropolen des neunzehnten Jahrhunderts – schufen Raum für einen nahezu städtischen Austausch, für Jazz und Foto-Ausstellungen in geheizten Straßencafés, während draußen zwanzig Grad Frost herrschten. In der Provinz wurde jetzt die urbane Anonymität nachgespielt, die in Schweden zuvor nur in Stockholm zu erfahren gewesen war. Das Publikum lieferten die Hochschulen, die neu gegründet wurden und massiv ausgebaut.

Schweden glitt unbeschwert durch die Jahreszeiten, ruhig, pünktlich, zuverlässig. Winterreifen, Sommerreifen; das Land glich einer Arche der Menschlichkeit in einer widrigen Welt. Die Zeitungen empörten sich auf ihren Titelseiten über Unfälle auf Spielplätzen. Ein kleiner Junge, der sich beim Spielen mit seinem Helmriemen erhängte, war eine größere Nachricht als die Kriege draußen in der Welt. Warentests machten Schlagzeilen: «Bei Zahnbürsten ist die teuerste nicht die beste!»

Die Schweden liebten ihren Papastaat, von dem sie sich behütet, umsorgt, ja in ihm aufgehoben wussten; die Medien kaprizierten sich auf Mängelrügen, um der weiteren Perfektionierung des schwedischen Modells willen. Wie der Volvo war der Fahrradhelm ein Symbol geworden: sportlich, sicher – schwedisch. Eltern, die ihre Kinder ohne aufs Rad steigen ließen, riskierten, vom Sozialamt abgemahnt zu werden. Die Frauen zogen geschlechtsparitätisch in die Regierung. Die Väter schoben Kinderwagen durch die Parks. Schwedens Männer begannen, sich ihre Haare zu luftigen Frisuren legen zu lassen. Wie Popstars. Die ganze Nation war eine Familie, in der jeder auf seine Weise genau das sein durfte: ein bisschen Star. Der Staat verteilte den Wohlstand, nahm sich der Schwachen an, versprach allen eine Wohnung und regelmäßig Urlaub – und sei es in Ferienheimen, denen ein Ruch von Edel-DDR anhaftete. Während sich für die Schweden die Welt draußen in wenigergut und böse teilte, gelangte die eigene Utopie im Volksheim zur Vollendung. Man bekannte sich zum Sozialismus, das fiel in Schweden leicht. Hier war die Ästhetik des Klassenkampfes nur noch Ästhetik. Den Kollektivismus für die andern verkehrten die Schweden in einen Individualismus für alle. Und ahnten keinen Unterschied.

Bis zum 28. Februar 1986: Schweden war noch in den Winterferien. In Dalarna bereitete man sich auf den Vaasa-Lauf vor, die Urlaubsgäste in anderen Skiorten packten ihre Sachen, um in den Alltag zurückzukehren. Stockholm war leer und nass an diesem Freitagabend. Gegen Mitternacht krachten auf dem Sveavägen vor einem Pinsel- und Papiergeschäft zwei Schüsse; ein Taxifahrer sah einen Mann zusammensinken: Olof Palme, den Premierminister Schwedens, den übergroßen Landesvater. Er war mit seiner Frau Lisbet auf dem Heimweg vom Kino gewesen.

Der Mord zog einen großen Riss in die Mauer des Volksheims, den ersten. Schweden erwachte am nächsten Morgen in einer neuen Wirklichkeit: Für einige Tage wichen die Fahrradhelme, Kindersitze und Krippenplätze von den Titelseiten, die Angst vor Salmonellen schien plötzlich kleinmütig.

Die Täter schienen überall, die Polizei suchte unter Stockholms Kurden. Dann rückten der CIA, der südafrikanische Geheimdienst oder Israels Mossad ins Visier der Medien, das Böse war eben doch das Andere, das die Utopie nicht dulden wollte. Hobbydetektive verdächtigten eine Gruppe schwedischer Offiziere, einige gar Leute aus dem Führungskreis von Palmes sozialdemokratischer Partei.

Der Vaasa-Lauf fand trotzdem statt, Bengt Hassis gewann mit einem bis heute ungebrochenen Rekord. Er schaffte die neunzig Kilometer von Sälen nach Mora in weniger als vier Stunden, 3:48:55. Zu Ehren Gustav Wasas, des späteren Königs, der im Winter 1521 auf Skiern vor den Dänen floh und damit den Grundstein zur Großmacht Schweden legte. Viele Läufer mögen beim Gleiten durch die schwedischen Wälder noch heute jene Welt suchen, die eindeutige Ranglisten schafft, die Ereignisse in einen Rahmen fasst, Geschichten abschließt. Die für den Westen heile Welt des Kalten Krieges. Doch diese Welt ist in Schweden am 28. Februar 1986 untergegangen.

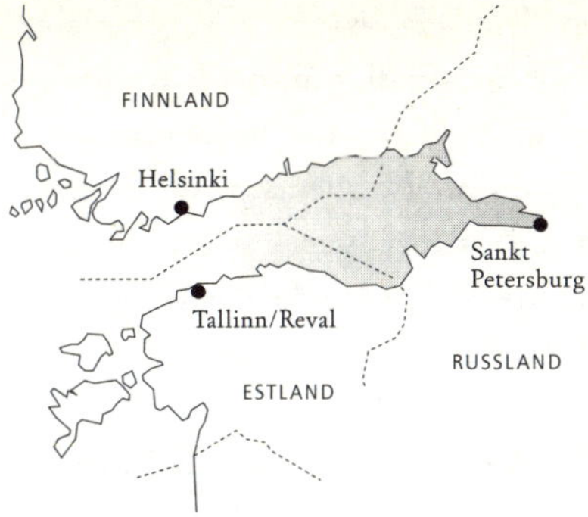

Herr Kafka – ein Mitteleuropäer in Helsinki

«Schlussverkauf» verkündete ein handgeschriebener Zettel im Fenster, und zwischen einem Fleischthermometer, Bierkrügen und Schuhen erläuterte ein Schild in Schwedisch und Finnisch: «Der Laden wird wegen Krankheit aufgelöst».

Kafkas Lavka – Lädchen, das Finnische hat das Wort dem Russischen entlehnt – in der Südstadt von Helsinki, oder Helsingfors, hier wird bis heute viel Schwedisch gesprochen, war eine Institution. Jeder kannte den Trödler von der Botsmannsgasse.

Jetzt lag Herr Kafka im Krankenhaus, mehrfach operiert an Lunge und Magen. Sein Laden blieb geschlossen, der Ausverkauf immer wieder aufgeschoben. Hinter der vergitterten Glastür stapelte sich die Post auf dem Boden, ein Steuerbescheid, Telefonrechnungen, Werbung. Wer noch Rechnungen bekommt, der ist noch nicht ganz vergessen. Auch Herr Kafka nicht. Irgendein Amt schien zu glauben, er kehre zurück. Derweil legte sich Staub auf die Matrjoschkas, Feuerzeuge, Holzlöffel und Goldketten im Fenster seines Ladens.

Auf dem Firmenschild im Fenster stand S. Kafka, im Telefonbuch unter der Nummer des Ladens F. Kafka. Wir wissen bis heute nicht, welcher Buchstabe stimmte. Aber wir neigen zu F. Dabei hätte Herr Kafka, auch wenn er nicht Kafka geheißen hätte, als einer der Letzten jene Welt verkörpert, für die der Name Kafka steht.

Er gehörte der kleinen, schrumpfenden jüdischen Gemeinde von Helsinki an. Seine Frau hatte das KZ überlebt. Das Protokoll der Wannsee-Konferenz zur «Endlösung der europäischen Judenfrage» sah 2 300 Juden aus Finnland zur Vernichtung in Majdanek vor. Doch Finnland, trotz seiner Allianz mit Nazideutschland, weigerte sich zu kooperieren. Und unterhielt in seiner Armee stattdessen eine Feldsynagoge und bot jüdischen Soldaten eine koschere Feldküche.

Herr Kafkas erste Sprache war Schwedisch – Finnlandschwedisch, die Sprache der bürgerlichen Ober- und Händlerschicht, für die sich viele der deutsch-, jiddisch- oder russischsprachigen Juden Finnlands entschieden, als sie, meist von Viborg, nach Helsinki kamen.

Die ersten Juden, die sich im neunzehnten Jahrhundert in Helsinki niedergelassen hatten, waren ausgemusterte Kantonisten der zaristischen Armee, arme Leute. Juden finnischer Muttersprache gab es damals nicht. Dennoch wechselte die Schule der jüdischen Gemeinde 1932 vom Schwedischen zu Finnisch, als Konzession an die Sprachmehrheit. Und als Treuebeweis zu Finnland.

Das Finnlandschwedische, nörgeln die Finnen, klinge blasiert und meist zu laut. Außerdem äußerten Finnlandschweden stets *Meinungen*, spotten viele finnische Finnen. Das Finnische und das Englische drängen das Finnlandschwedische zurück. Herr Kafka war somit mehrfach in der Minderheit: Er war kein Finne, kein Schwede, kein Ausländer, sondern ein Mitteleuropäer mit einer komplexen Identität: ein Ostsee-Europäer.

Dieses Erbe ist in Helsinki lebendiger als andernorts. Viele Menschen sind zwei- oder mehrsprachig: In der Innenstadt ist Englisch und seit 1991 auch immer mehr Russisch zu hören. In den Buchhandlungen und Volksbibliotheken stehen Bücher in allen Sprachen nebeneinander; geordnet nach Autor und Gebiet.

Herr Kafka war Trödler. Er verkaufte Ramsch. Doch ein Ramscher war er nicht. Gläser und Holzgeschirr, abgetragene Klamotten, alte mechanische Schreibmaschinen und falsches Familiensilber findet man auch auf dem Russenmarkt von Helsinki. Und in den vielen Secondhandläden. Doch dort wird der Trödel auf Wühltischen angeboten. Den Russenmarkt gibt es erst seit 1993, als Finnland in der Folge des Kollapses der

Sowjetunion von einer Rezession erfasst wurde. Seitdem bieten immer mehr Händler Müll als Trödel an.

Herr Kafka war schon lange vor Finnlands Boom-Jahren im Geschäft. Er gab den Dingen ihre Würde zurück, soweit das eben ging. In seinem Laden trug jeder Gegenstand eine sauber beschriebene Etikette, mit Laufnummer, Ankaufdatum und - in zittrigen Lettern, auf Finnisch - einer Warenbezeichnung. Seinen Kunden half Herr Kafka in schäbige alte Lumpen, die er dann mit einer Geste zum Gehrock, zum Wintermantel machte. Am Ende wies er auf den großen Spiegel in seinem Laden und sagte «zwanzig Mark» - Finnmark. Manch ein Abgerissener schritt in neu-alten Klamotten gestärkt von dannen. Kleider machen Leute - Namen ohnehin: Hätte Herr Kafka nicht Kafka geheißen, wir hätten seinen Laden nie entdeckt.

3. Die See der Idyllen

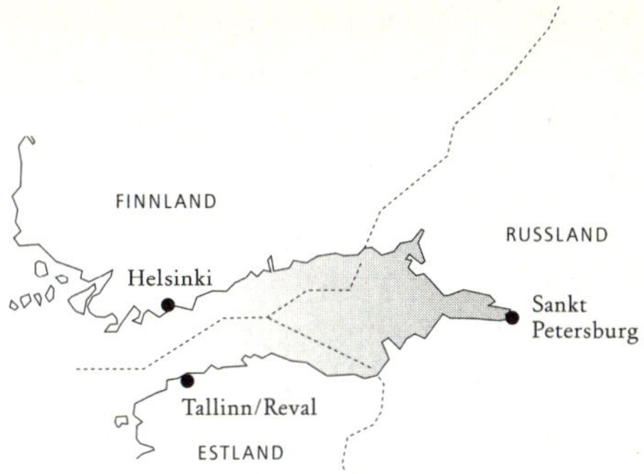

Sankt Petersburg – Packeis und Sonnenhunger

Sie tauchen auf, wenn im Eis die erste Spalte klafft, stehen nur mit Badehosen bekleidet an der Mauer. Einige schon im März, wenn das Eis der Newa knackt; bis der Fluss im Sonnenlicht allmählich in Bewegung gerät. Wenn das Packeis kommt, werden es immer mehr. Sie lehnen sich an die Mauer, denn zum Sitzen wäre es zu kalt. Dort standen sie schon zur Sowjetzeit und blinzelten in die blasse Frühjahrssonne. Eine Reihe weißer Körper, schwer, oft schwartig. Hungrig nach ein bisschen Wärme: die Sonnenbader von der Peter-und-Pauls-Festung in Sankt Petersburg.

Noch wenige Wochen zuvor hatten einige Schwimmer auf der Ostseite der Festung einen schwarzen Wasserstreifen ins Eis geschlagen: zehn Züge flussaufwärts, zehn flussabwärts, noch einmal, und rasch wieder raus aus der eisigen Brühe.

Im Hintergrund fließt der Stadtverkehr über die Troitsky-Brücke. Abtrocknen an der Mauer, Unterhemd, Hemd, Hose liegen ordentlich zusammengefaltet im Schnee. Schuhe, Mantel, Pelzmütze auf, das Handtuch in die Mappe, noch ein paar Takte plaudern: Dann bis morgen wieder.

Südwestlich der Festung, nicht weit von den Sonnenbadern entfernt, hocken noch die Eisangler über ihren Löchern, einige in kleinen Zelten aus Plastikplanen, die als Windschutz dienen, den das fahle Sonnenlicht durchdringt. Den Eisanglern geht es nicht nur um die Fische. Das Eis ist für viele russische Männer ein Refugium. Oft haben sie keine Arbeit, oder keinen Grund hinzugehen; zu Hause werden sie von ihren Frauen in den engen Wohnungen bloß geduldet. Also stehlen sie sich nach draußen, aufs Eis. Dort mampfen sie Trockenfisch und trinken, um sich ein bisschen aufzuwärmen.

Draußen, auf der Petersburger Bucht, vor Primorsk, bei Repino oder auf dem Ladogasee, sitzen sie noch, wenn die Sonnenbader schon an der Festung lehnen. Einige selbst dann noch, wenn die Eisdecke reißt: Jedes Jahr retten Armeehubschrauber Eisangler, die einige Schlucke zu lange ausgeharrt haben, von treibenden Eisschollen.

Die Menschen im Norden sind genügsam und beharrlich: Sobald es hier ein kleines bisschen Sonne gibt, lassen sie die Hüllen fallen. Genügsam waren gerade die Russen. Bis vor einigen Jahren die Glücklicheren unter ihnen die Öffnung des Landes mit einem Versprechen für sofortige Befriedigung aller Bedürfnisse zu verwechseln begannen. Die Neuen Russen fliegen zu Ostern nach Ibiza und im Mai, vom Tag der Arbeit bis zum Tag des Sieges, mit dem sie am 9. Mai die Bezwingung Hitler-Deutschlands feiern, nach Antalya in die Türkei.

In Sankt Petersburg steht die Sonne jetzt über der Isaak-Kathedrale, ihre Strahlen brechen durch ein Eckfenster der Eremitage, kitzeln die Schlossbrücke, streichen über die Hafenkräne und an der Börse entlang. Schöner als hier sei es nirgendwo, meinen viele Petersburger. Zufriedenheit gehört zur Sommerfrische, und auch Genügsamkeit, gerade an der Ostsee: in Jūrmala vor den Toren Rigas, wo Baden lange verboten war, in Palanga, auf der Kurischen Nehrung, in Pommern und Mecklenburg, auf Fehmarn, auf Loland, in Ystad und Simrishamn, in den Schären, auf den Inseln – und in Sankt Petersburg, wo es für viele Menschen nichts Wunderbareres gibt als die blasse, kaum wärmende Sonne, die sich im Eis der Newa spiegelt.

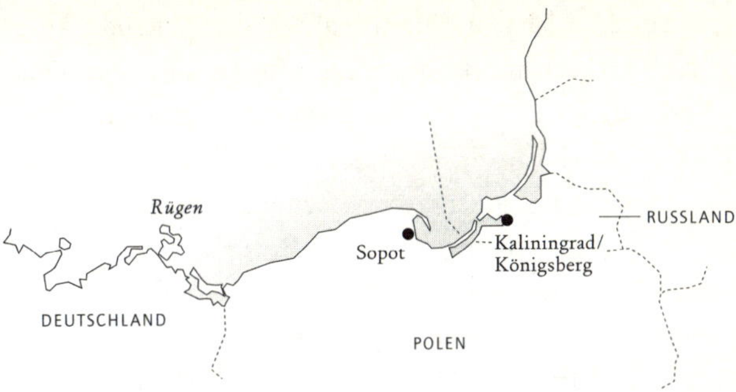

Badekarren und Strandkorb – von Sopot nach Rügen

Ein Abend im August bei Sopot: Der Sommer ist vorbei, ehe er begonnen hat. Der Seesteg ragt wie eine leuchtend weiße Brücke weit hinaus ins Meer. Hier flanieren Ausflügler, bleiben am Geländer stehen, schauen den Anglern zu. Unter die polnischen Stimmen mischen sich deutsche und ungarische, dazu Russisch und Schwedisch, das Kreischen der Möwen und eine schrille italienische Frauenstimme.

Über den kaschubischen Wäldern steigen Gewitterwolken auf. Der Streifen Himmel unter ihnen verfärbt sich rosa, das Wasser spielt mit allen Tönen Grün. Winde säuseln, von nirgendwo nach nirgendwo. Stieben plötzlich von allen Seiten. Den Urlaubern verspricht der sich ankündigende Sturm Abwechslung. Erfrischung. Je heftiger das Schauspiel, umso besser die Unterhaltung. In der Wandelhalle an der Mole wird man sich vor der Naturgewalt in Sicherheit bringen, in den Straßencafés und im Foyer des *Grand Hotels*. Im Casino. Die kaschubischen Bauern dagegen fürchten um ihre Ernte, die reif in den Feldern steht.

Die Ostsee ist das Meer der Sommerfrische, Badeferien sagt man besser nicht. Sie war es einst und ist es für jene, die nicht nach Mallorca fahren, wieder geworden. Den Ostdeutschen war sie schon immer Adria, den Schweden und Finnen Wochenend- und Segelmeer, Heimgewässer, den Esten und Letten das Tor zum Westen. Großbürger wie die Eltern Thomas Manns blieben die ganze Saison – übersommerten hier.

Sie lädt auch zum Kurzurlaub: Im Frühjahr, oder kurz bevor es Herbst wird, fährt man noch für einige Tage an die See, mietet einen Strandkorb, dreht ihn mit der Sonne. Wenn sie scheint. Oder weg vom Wind. Und wagt sich noch ein letztes Mal ins Wasser. Dann gibt es Kaffee und Kuchen. Und abends Eisbein. Grünkohl. Matjes, Aal. Labskaus. Oder in Pommern Borschtsch, Suppe aus Roter Beete; und, wenn es kälter wird, Bigoš, das polnische Sauerkraut- oder Weißkraut-Gulasch, je nach Region. Esst jeden abend Bigoš, hat man uns geraten, dann esst ihr jeden Abend günstig und jeden Abend etwas anderes.

Die Ostsee ist eine See der Bescheidenheit, lange schon gewesen. Zumal sie immer kleiner wird, die Gegenküste näher rückt, erreichbarer wird. Sie gehört, trotz Kaiserbädern und Heiligendamm, den kleinen Leuten. Und macht irgendwie auch jene klein, die mit großem Hubraum aus Berlin oder Hamburg heranbrettern. Denn das Wetter schert sich nicht um Statussymbole.

Baden konnten wir in Sopot bei unserem Besuch im Spätsommer nicht – wie in den vorangegangenen Jahren schon öfter. Es roch ein wenig nach Öl, und: Ist das Verwesung? Es roch, als hätte die Brandung einen verfaulenden Pferdekopf an Land gespült, aus dem schon Aale kriechen. Der Pferdekopf aus der *Blechtrommel* will uns nicht mehr aus dem Kopf. Und dann stellen wir uns vor, wie es wohl wäre, sich gegenseitig Brausepulver aus den Händen zu lecken.

Aber diese Geschichte gehört nach Danzig, zum Proletarier-Seesteg von Brösen, nicht nach Sopot, dem mondänen Seebad mit dem kubistisch anmutenden Leuchtfeuer, das bis zum Zweiten Weltkrieg den besseren deutschen Danzigern gehörte. Vom Strand ging man damals in die Waldoper und hörte Richard Wagner – etwa den *Fliegenden Holländer*, den er nach einer stürmischen Fahrt über die Ostsee schrieb. Dem einstigen Rigaer Musikdirektor – er hatte das von Königsberg erhoffte Angebot nicht erhalten, nahm deshalb mit Riga vorlieb – widmete die Waldoper jährlich ein Festival.

In dieser Stadt, in der «viel Fraktur geredet» wurde, nannte man Sopot das «zweite Bayreuth». Wagner über alles. Der braune Bürgermeister Hermann Rauschning ließ Hitler in seinen Interviews von Wagner schwärmen und bekennen, dass der Meister ihn sehr beeinflusst habe. Damit beförderte er das Bild vom Führer als fanatischem Wagnerianer, besonders auch im Ausland. Allerdings hatte Rauschning die Interviews frei erfunden.

Auf dem Weg zur Waldoper kommen wir an einer Gedenktafel für Klaus Kinski vorbei. Kinski wurde in Sopot geboren, emigrierte aber schon als Kind und kehrte nie zurück. Gleichwohl gedenkt Sopot seiner, gegen erbitterte Proteste der Kirche und polnisch-nationaler Gruppen, die sich an seinem Lebensstil stoßen. Man kann sich seine Söhne nicht aussuchen. Stolz ist man allemal. Und wenn der Name Kinski ein paar Touristen aus Deutschland anzieht, hat sich das Gedenken schon gelohnt.

Prominenter steht Adam Mickiewicz (1798–1855) da, Polens Nationalpoet. Er hat den verschwundenen Staat beschworen und mit seinem Messianismus das Polentum beflügelt. Die drei Teilungen Polens bezeichnete er als das unheilige Gegenteil der Dreifaltigkeit. Die antichristliche Dreieinigkeit gleichsam.

Mickiewicz wird auch von den Litauern vereinnahmt. In Vilnius verehrt ein Denkmal ihn als Adomas Mickevicius; einige seiner Schriften gehörten im neunzehnten Jahrhundert zum Fundament der litauischen Nationalbewegung. Das unterstrich Vilnius im Dezember 1998 mit einer Briefmarke zu Mickiewicz' 200. Geburtstag. Der Dichter selbst, bestenfalls ein «Rand-Pole», hat sich einst als «wilden Litauer» bezeichnet und sich damit als mythisch und ursprünglich dargestellt, ganz im Sinne der Romantik. Sein Litauen war der archaische Schatten Polens.

Kein Gegensatz, sondern Metamorphosen eines lebendigen Ganzen.

Mickiewicz war ein Mitteleuropäer, eher heimatlos als national: Nach Warschau oder Krakau reiste er nie. Dafür steht er heute in Lemberg auf dem Sockel: von den Polen, den Nazis, den Sowjets und nun auch den Ukrainern verehrt, oder zumindest toleriert. Sankt Petersburg gedenkt seiner mit einer Tafel am Haus, in dem er lebte, ebenso Paris. Welcher andere Dichter wird von all diesen Regimen gleichermaßen geehrt? Sogar die Weißrussen erheben einen berechtigten Anspruch auf ihn. In Polen gehört er den Polen, zumal er in *Pan Tadeusz* einst voraussah: «Die Stadt Danzig wird einst wieder unser.»

Nach Sopot freilich kam er erst spät: 1955, als Lückenbüßer. Gdańsk war schon seit zehn Jahren wieder polnisch, als Mickiewicz einen Nazikämpfer ablöste, der vom Sockel gestoßen wurde. Damit war Platz für ein neues Denkmal. Warum nicht Mickiewicz? Der Sockel ist der gleiche geblieben, nur die Ehre wurde transferiert.

Über dem Park und der Waldoper türmen sich die Wolken schwarz; ein fernes Grollen rollt heran. Es dunkelt. Dann öffnet der Himmel seine Schleusen. An diesem Abend fällt die Oper aus.

Sopot nennt sich heute «die Sommerhauptstadt Polens»; und es gibt Leute in Sopot, die behaupten, das Kuren an der See habe hier seine Wurzeln. Dem ist allerdings nicht so: Schon im siebzehnten Jahrhundert empfahl der englische Geistliche Robert Burton, Autor der *Anatomie der Melancholie*, die Seeluft gegen die Schwermut. Bald danach erfasste die Meereslust den britischen Adel.

An der Weichselmündung führte ein französischer Militärarzt das Heilbaden ein: Jean-Georges Haffner, der mit den napoleonischen Armeen gekommen war. Und blieb. 1815 eröffnete auf sein Betreiben das erste Badehaus am Poggenpfuhl. 1822 wurde Sopot gegründet, es folgte die Pferdebahn von Danzig, und 1824 weihte man das Kurhaus ein. Die Fischer aus den benachbarten Dörfern waren gehalten, sich ordentlich zu kleiden, wenn sie sich in die Nähe des königlich preußischen Seebades begaben; besser, sie gingen gar nicht hin, um die Augen der Herrschaften nicht zu beleidigen..

Bis ins neunzehnte Jahrhundert sagten sich an der Ostsee-Küste wie hier bei Sopot Hase und Igel gute Nacht. Die Bewohner – Fischer, Strandbeuter und Bauern – galten als Hinterwäldler und Tölpel. Wer von der See lebte, kehrte der Binnenwelt den Rücken. Was die See ihnen bedeutete, behielten die Küstenbewohner für sich. Über Strandgut und Fischgründe sprach man nicht.

Die große Welt fand in den Städten statt, die gernegroße auf den Landsitzen. Die See dagegen war gefährlich, unberechenbar; Sturmfluten und Havarien forderten Opfer. Die Küste war der Rand der Zivilisation. Die See diente der Fischerei, dem Handel und dem Reisen; nach Norden und Osten. Darunter verstand man stets auch: in die Rückständigkeit. Wenn der junge Adel und bald auch die Bürgerssöhne reisten, dann nach Italien. Doch Ärzten, die auf die Heilkraft der Seeluft hinwiesen, Herrscher, die an der Küste Residenzen unterhielten, Dörfer, die neue Einnahmen brauchten und neue Verkehrsmittel, halfen, die Sommerfrische an der See als standesgemäßen Zeitvertreib durchzusetzen. Die Fürstenhöfe begannen, sich sommers an die Küste zu begeben: Wer dazugehörte oder dazugehören wollte, musste mit. Im Seebad war man unter sich, grenzte sich ab, wollte aber unterhalten werden: mit Tafelmusik, Thé dansant, Pferden und Amüsements, Konversation und Geselligkeit. Und schon bald spielten in den neuen Kurhäusern die ersten Kurorchester auf. Das Baden war zunächst weniger wichtig; solange man sich dabei nicht zeigen durfte, erst recht.

Mit den Herrschaften kamen auch die Künstler, sie folgten ihren Mäzenen. Im siebzehnten Jahrhundert hatte man die See noch beiläufig gemalt, als Hintergrund für Schiffsbilder: Ölschwarten für Bootsbauer, -eigner und Kaufleute. Das achtzehnte bildete die Gewässer naturalistischer ab. Erst die Romantik begann, die See als Spiegel von Stimmungen, Ängsten und Sehnsüchten darzustellen. Die neuen Seestege boten sich als Beobachtungsposten geradezu an.

Die Romantiker, allen voran Caspar David Friedrich, schufen mit ihren allegorischen Gemälden eine neue Ästhetik der Natur, die das Publikum bald zu lesen lernte. Friedrich projizierte große Gefühle in die Küstenlandschaft, ein Hollywood des neunzehnten Jahrhunderts, führte den Betrachter seiner Werke zu den Stubbenkammer-Kreidefelsen auf der Halbinsel Jasmund und noch weiter hinaus.

Die Romantiker entdeckten auch die Menschen, die am Wasser lebten, bevor die Welt zum Bade kam. Sie porträtierten Fischer, Strandgutjäger, Sammler, Ackermänner und -frauen in ihren schäbigen Dörfern.

Gestrandete Wracks waren ihnen Metaphern der Endlichkeit. Schiffbruch inszenierten sie als grauslich-schönen Albtraum – der für viele durchaus Realität war: die Schiffsangst war die damalige Form der heutigen Angst vorm Fliegen. Viele hatten auf See Verwandte und Freunde verloren. Die gemalten «Reportagen» von Havarien, die der aufgewühlten See Gefühle aufsetzten, spielten mit realen Ängsten. Die Romantiker malten Seeschlachten und Badeszenen, Allegorien der Unschuld und Reinheit. Oder sie malten Schiffswracks, die im Sand versanken. Kunsthistoriker deuten diese als Sinnbilder für den Wunsch nach einem individuellen Grab; oder erkennen darin das Schmachten eines Liebespaares, das gemeinsam in den Fluten versinken möchte.

Dieser Feier des Schaurig-Schönen mochte die Literatur nicht hintanstehen: Friedrich Spielhagen, der Autor der *Sturmflut*, kam, wie er schrieb, «in Verlegenheit», als er den «schicklichen Ausdruck finden» sollte «für das Unendliche, das ich dem Meer schulde». Er fand die Sinnbilder seiner Seelenlandschaft auf Rügen, entdeckte im schlechten Wetter Reflexionen seiner inneren Konflikte, zumal im Herbst, dessen «Beleuchtungen, die, wie an dem Mittelmeere, jeder Beschreibung spotten, und selbst diese noch übertreffen in dem unendlichen Reichtum, vor allem in der Zartheit der Farben ...» Kein Wunder, dass Spielhagens Leser diesen Zauber selber sehen wollten. Sie kamen, und kamen bald in Massen.

Zu Beginn seiner Entdeckung war der Strand vor allem eine medizinische Angelegenheit. Und Männersache. Es badete bloß das starke Geschlecht, allerdings auch nur für wenige Minuten. Erst später wagten es auch die Frauen, von den Männern getrennt, aber mit männlicher Hilfe: Ein amtlich geprüfter Bademeister tauchte sie ins kalte Wasser.

Bald wurde die Heilkraft des Badens zum Vorwand: Die Badeorte luden zu edleren Vergnügen. Das Bürgertum kopierte die Divertissements des Adels Casinos, Pferderennen, Kurkonzerte. Und die Kurhäuser boten Raum, Status zu markieren.

Irgendwann kamen dann die Familien mit und verbrachten die Vormittage im sonnenwarmen Sand, «während droben die Kurkapelle ihr

Morgenprogramm erledigte», wie es in den *Buddenbrooks* heißt. «Damen mit blauen Schutzpincenez und Leihbibliotheksbänden, Herren in hellen Anzügen, die müßig mit ihren Spazierstöcken Figuren in den Sand zeichneten, gebräunte Kinder mit großen Strohhüten auf den Köpfen, die schaufelten, sich wälzten, nach Wasser gruben, mit Holzformen Kuchen buken, Tunnels bohrten, mit bloßen Beinen in die niedrigen Wellen hineinwateten und Schiffe schwimmen ließen.» Alles ist «frei und leicht geordnet, ein wunderbar müßiges und pflegsames Wohlleben, das ungestört und kummerlos verging». Und selbst der Weg war leicht zu finden: «Nach Travemünde geht es immer geradeaus, mit der Fähre übers Wasser und dann wieder geradeaus ...»

Das Strandleben blieb lange privat. Der Strandkorb schirmte die fremden Blicke ab, «dieses Liegen und Ruhen zu Füßen des Sitzkorbes, dieses zärtliche und träumerische Spielen mit dem weichen Sande, der nicht beschmutzt, dieses mühe- und schmerzlose Schweifen und Sichverlieren der Augen über die grüne und blaue Unendlichkeit hin». Dann ein Spaziergang «bis zum Möwenstein oder zum Seetempel». Thomas Mann schwärmt von einer tiefen Wunschlosigkeit, die ihn als Kind während der Sommerferien in Travemünde erfüllt habe.

So ähnlich mag es auch in Sopot gewesen sein.

An der deutschen Ostseeküste kamen die Mecklenburger zuerst aufs Baden, die sonst eher als langsam und schwerfällig gelten. Der Herzog von Mecklenburg-Schwerin, Friedrich Franz I., wagte sich schon 1793 ins Seewasser, ganz in der Nähe seiner Sommerresidenz Bad Doberan, einer Heilquelle. Sein Leibarzt Samuel Gottlieb Vogel hatte Ihro Majestät Seeluft, Meerwasser, Ruhe und Natur verschrieben. Und der Hof ging nolens volens mit.

Auf des Arztes Betreiben stiftete der Herzog dort, wo er erstmals ins Wasser gestiegen war, sein Seebad: Heiligendamm. Diese Tat fand bald Nachahmer, und weitere Bäder folgten: Boltenhagen, Warnemünde, Heringsdorf. Und eben Sopot.

Fern von den Krankheitskeimen der Stadt sollte der Kurgast reine Luft atmen, sich dem Schock wiederholten Untertauchens hingeben, dazu mit Leibesübungen den «Tonus» erhöhen; überhaupt, sich von der Unendlichkeit des Meeres überwältigen lassen. Auf unschickliche Vergnügungen verzichte er dann gerne. Am Strand, zitiert der Historiker Alain Corbin einen Docteur Le Coeur, kehre der Mensch zu seinen unschuldigen Neigungen zurück. Das Meer wecke das Gewissen, der Skeptizismus breche zusammen: das Baden als Fortsetzung der Romantik als Ideologie.

Auf das Baden im zweirädrigen Badekarren, das zunächst nur wenige Minuten dauerte, folgte das rituelle Fleischbürsten. Dann hielt die Badefrau einem die gewärmten Badetücher und Wolldecken hin. Zum Umkleiden dienten Zelte oder Badehütten.

Der Herzog beeilte sich, dem Badeort eine stattliche Umgebung zu verleihen. Er ließ Villen und ein Palais bauen. 1816 eröffnete das Kurhaus von Heiligendamm, ein antiker Tempel mit dorischen Säulen, als «Empfangs-, Gesellschafts-, Tanz- und Speisehaus». Das Seebaden lindere Müdigkeit, Rheuma, Melancholie und andere Beschwerden, hieß es. Derweil kurierte der Herzog mit dem Bade-Unternehmen seinen schwindsüchtigen Staatshaushalt.

Der Strand von Heiligendamm ist kiesig, ganz im Gegensatz zum feinen Sand an Pommerns Küsten. Daran störten sich die Gäste, zu denen die Zarenfamilie gehörte und später Mussolini, freilich nicht: Sie badeten nicht im Meer; man pumpte Seewasser in ihre Badehäuser, heizte es.

Heiligendamm ist während unseres Besuches eine Großbaustelle. Auf der Seebrücke knattern die Flaggen aller zehn Ostseestaaten, aber der Zugang ist vergittert. Friedrich Franz I. hatte einst verlangt, «eine Verletzung der Naturschönheiten» müsse vermieden werden. Jetzt wird die *Weiße Stadt am Meer* komplett saniert.

Wie einst die herzogliche Schatulle, so soll Heiligendamm heute einen rheinischen Generalunternehmer kurieren, der große Töne spuckt: Der Rohbau des *Grand Hotels* preist sich als «künftige Nummer eins in Deutschland». Dereinst werden sich hier wieder Kaiser, Könige, Hochadel und Diplomaten verlustieren – Fußball-Kaiser, Immobilien-Könige, der Finanzadel und all die Fliegen, die der Glanz des Geldes anzieht. «Wir machen Eigentümer», preisen sich die Bauherren. Ihr Heiligendamm ist eine «Legende mit Zukunft». Am Kurhaus glänzen die Lettern HEIC TE LAETITIA INVITAT POST BALNEA SANUM bereits wieder, «hier lädt dich die Freude nach gesundendem Bade».

Zu DDR-Zeiten beherbergten die klassizistischen Bauten eine Kurklinik, das Haus *Schwan* hieß nach Rosa Luxemburg, das Haus *Anker* gedachte Karl Liebknechts, das Haus *Seestern* Walter Rathenaus; obwohl der Putz blättert, sind die Namen noch zu erahnen.

Nur um die verwunschene Waldkapelle in Backstein-Neogotik scheinen die Sanierer sich nicht zu kümmern.

Aller fürstlichen Historie zum Trotz passt die neue Großspurigkeit kaum an die Ostsee. Selbst in Sankt Petersburg wirkt der Prunk aufgesetzt. Die antikisierende Architektur behauptet Abkunft, Würde und eine Geschichte, die es so nie gab. Russlands «Fenster zum Westen» sollte diesem Westen zeigen, wie zivilisiert und edel Russland wirklich war, oder werden würde – und war doch bloß Fassade.

Auf dem Deich, eine halbe Stunde Spaziergang ostwärts, stoßen wir bei Börgerende auf einen rostenden DDR-Grenzturm. «Halt», dröhnt es durch unsere Erinnerung, «stehen bleiben!» Erst jetzt fällt uns auf, wie wenig an der Ostsee von der jüngsten deutschen Geschichte noch zu sehen ist: Die DDR wurde ins Landesinnere zurückgedrängt. Und in kleine Nester wie Börgerende. Doch auch hier hat man große Pläne: ein *Development* mit Erlebnisbad und Muster-Bauernhof.

Hinter den Klippen von Nienhagen, noch etwas weiter östlich, hat man die DDR einfach umgestülpt: Aus einer NVA-Anlage wird ein *Technopark*, eingezäunt wie ein militärisch zu schützendes Objekt. Die Anlage wirkt fremd, gespenstisch. Mecklenburgs «Silicon Steilküste».

Ein steiler Pfad führt hinunter zum Wasser, wo der Sanddorn leuchtet und der Strandhafer sich im Wind wiegt. Entlang der steinigen Küste spazieren wir zurück nach Heiligendamm. In den Klippen wächst Ginster, unten das Salzkraut. Kein Mensch weit und breit, nur das Wasser: Schon das ist gut gegen Müdigkeit und Melancholie. Und nach jeder Welle klackert der Kies, als würde er applaudieren.

Unweit von Heiligendamm liegt Kühlungsborn, welch ein Name für ein Seebad. Zu DDR-Zeiten auf Massenabfertigung getrimmt, schleust der Ort nun massenhaft Individualisten durch seine Unterhaltungsmühlen; «niveauvoll», wie es heißt. An nummerierten Dünenaufgängen verkünden Tafeln, was wo geht – mit Kurkarte! – und was wo nicht: Hunde, Ballspiele und die urdeutsche Kultur des FKK.

Man geht den eingezäunten Aufgang hoch, mietet sich tage- oder wochenweise einen Strandkorb, eine Sitz-Ferienwohnung im Sand, mit Gitterzaun, Klapptisch, Fußbank; und im Sockel ein Kasten für den Sonnenhut. Man schmiert sich Nivea ins Gesicht; die Kinder packen ihre Sandschaufeln und Eimer aus. Irgendwann, das ist noch nicht lange her, kamen die Surfboards dazu.

Von Kühlungsborn soll auch die Möblierung des Strandes ausgegangen sein – andere Quellen sagen Warnemünde. Der Rostocker Hof-Korbmacher Wilhelm Bartelmann flocht 1882 den ersten Sitzkorb. Und traf damit den Geschmack seiner Zeit. Bald vertrieb er Tausende entlang der gesamten Ostseeküste, zu deren Wahrzeichen sie geworden sind.

Was der gewitzte Rostocker Korbmacher damals mit seinen geflochtenen Sesseln tat, tun ihm in ihren großen Gesten nun die Bauunternehmer nach: Sie klotzen den Strand voll, freilich nicht mit Sesseln, die man wegräumen kann, sondern mit Ferienstädten hinter den Dünen, in Wittenbeck und auf dem Wustrow etwa, die Nehrung vor Rerik. Und sogar auf Rügen. Dahinter, auf der grünen Wiese, ziehen sie Einkaufszentren hoch.

Vielleicht war Graal-Müritz einst, was Kühlungsborn nun wieder wird: eine Urlaubsmaschine für «anständige» Leute. Östlich von Rostock gelegen, sind in dem verschlafenen Nest im Wald auf einigen Straßenschildern noch die fetten DDR-Lettern zu sehen – eine Erinnerung an jene scheinbar fernste Vergangenheit, die doch nur dreizehn Jahre zurückliegt. Und offenbar noch weiterlebt: Am Seesteg lädt ein Aushang Jugendweiheteilnehmer zum Tanzkurs ein. Anmeldungen werden nur paarweise angenommen. Jugendweihe? Ja, die gibt es hier noch.

In Graal-Müritz begegneten sich Hans Fallada, Franz Kafka, Robert

Musil und Erich Kästner. Ich stelle sie mir auf der Seebrücke vor: Dort, der Blasse, das ist der Kafka. Und da schlendert das Jungchen Kästner. Sie hätten hier aneinander vorbeipromenieren können – jedenfalls fast. Was bedeuten ein paar Jährchen Abstand aus der Distanz fast eines ganzen Jahrhunderts? 1906 lernte Musil in Graal-Müritz seine Frau Martha kennen. Kästner, noch ein Junge, sah hier das erste Mal den Horizont, das war im Sommer 1914. Als der Erste Weltkrieg ausbrach, musste Muttchen den Urlaub abbrechen. Kafka probierte 1923 während der Sommerfrische eine kleine Liebe; sie sollte seine letzte sein. Graal-Müritz erinnert an ihn mit einem Franz-Kafka-Weg.

Überhaupt die Straßen: Eine heißt nach August Bebel, eine andere nach dem fiktiven Onkel Bräsig aus Fritz Reuters Roman *Abenteuer des Entspekters Bräsig*. Erich Kästner und Hans Fallada ehrt man, indem man Wege nach ihnen benannte. Nur von Rosa Luxemburg nahmen die Graal-Müritzer Abstand. Leider. 1993 benannten sie die Rosa-Luxemburg-Straße um, aus «wirtschaftlichen Erwägungen», wie eine Tafel freimütig bedauert. «Zur Seebrücke» heißt sie nun. Gleichsam zur Entschuldigung enthüllte man 1998 an ihrer ehemaligen Straße eine Büste Rosa Luxemburgs.

Unweit davon entsteht die Eigentums-Wohnanlage *Ostseeblick* im «bundesweit anerkannten Bioklima mit großer klimatischer Heilwirkung». Dazu ein *Aquadrom*, ein *Badeparadies* mit *Wellness-Bereich*, siebenhundert Quadratmeter Wasserfläche gleich hinter den Dünen, «perfekt eingepasst» in «Norddeutschlands größten Wald». «Perfekt eingepasst» – es klingt wie eine Satire, doch die Investoren meinen es ernst.

Eines Abends, es ist inzwischen Herbst, fahren wir über den Damm nach Rügen. Hinter den Türmen von Stralsund glüht der Himmel, das Wasser leuchtet. Wir erkennen Stockholm, Gdańsk, Riga, Tallinn, Lübeck und Kopenhagen in der Silhouette der Stadt und wissen wieder, was uns an der Ostseewelt so fasziniert.

Wir fahren eine dicht bewaldete Allee entlang, eine pommersche Kathedrale der Natur, bis eine andere weiße Stadt im letzten Abendlicht erstrahlt: Putbus. Ein Säulen-Theater, gleichsam ein Abklatsch von Heiligendamm, ein leises Echo von Sankt Petersburg. Die Pracht säumt den *Circus*, ein viel zu weitläufig angelegtes Rasenrondell; dazu Denkmäler, ein Park mit Affenhaus, Schwanenteich, Hirschgarten und Schlosskirche. Und zum Greifswalder Bodden hin das Badehaus mit Säulenfront. Auch Putbus entstand aus einem Fürstentraum, den Graf Wilhelm Malte I. einst träumte. Mit Zeitungsannoncen suchte er Bewohner für seine Retortenstadt und Handwerker: «Es können jedoch nur Personen unterhandelt werden, die ordentliche Beweise eines ordentlichen und stillen Betragens beybringen.» Gemeldet hatte sich drauf niemand. Heute verkauft sich die «letzte Residenz-Gründung in Europa» von 1810 als Kultur- und Festival-Stadt.

Wo Wilhelm Maltes erster Badekarren stand, ist Binz gewachsen, Rügens Rimini. «'n totales Urlauberkaff», heißt es bei der Schriftstellerin Christa Moog, «ein FDGB-Heim am andern, da kriegste was im Kopf, wenn du das siehst.» Und dann findet sie es dennoch schön, «die Strandkörbe fast alle offen ... Ohne Gitter, die man erst aufbrechen muß.»

Auf dem Tempelberg darüber ein Jagdschloss, erbaut von Karl Friedrich Schinkel. Eigentlich von dessen Schüler Johann Gottfried Steinmeyer, aber Schinkel macht sich eben besser. Vom Schlossturm aus kann in diesen Zeiten der Demokratie jeder hergelaufene Tourist Wilhelm Maltes Wälder überblicken; dazu in Sassnitz die einfahrenden Fähren aus Schweden und Bornholm. So hatte Wilhelm Malte das gewiss nicht gemeint. Binz: «Rügens Rimini», so wie sich Heringsdorf «Nizza der Ostsee» nennt? Müsste Rimini sich dann den Beinamen «Binz der Adria» geben? Nizza das «Heringsdorf der Côte d'Azur»? Und die Pilze in Maltes Wäldern sind das Fleisch der Armen.

Binz ist eine Kurstadt, mit riesigen Sanatorien – Kuren ist in Deutschland ein Menschenrecht –, einem *Kempinski*, einem *Vier Jahreszeiten*, dann dem *Seehotel*, *Strandhotel*, *Hotel am Meer*, Pensionen; auch an vielen Bäckereien und Handwerksbetrieben sind Schilder angebracht: «Zimmer frei» oder «Ferienwohnung». Die Kurgäste defilieren träge die Strandpromenade auf und ab, ab und auf. Das soll gut sein gegen die Melancholie? Uns holt sie ein, die Schwermut, wenn wir sehen, wie hier gekurt wird.

Schließlich essen wir in der Strandhalle Birnen-Sellerie-Suppe und Gans. Das an eine Reithalle erinnernde Holzgebäude wirbt mit «*fein*-bürgerlicher Küche, *klein*-bürgerlichen Preisen und *groß*-bürgerlichen Portionen». Abgesehen davon, dass großbürgerliche Portionen eher klein wären, kann man Binz, Sellin, die Kaiserbäder, den Timmendorfer Strand, all die kleinmondänen deutschen Ostseebäder kaum besser charakterisieren: Man will mehr, als man zahlen will. Nizza an der Ostsee eben. Mehr Schein als Sein. Soziales *Upgrading* als Schlechtwetter-Bonus?

Die Ostdeutschen benehmen sich zu artig, sind zu fein angezogen, die Wessis tragen gutes Tuch, das Understatement behauptet, aber die teure Marke doch verrät, Armani-Jeans und ein Ralph-Lauren-T-Shirt zum Beispiel, «casual wear» mit dem immanenten Widerspruch falscher Bescheidenheit. Die Sprachen der Mode zwischen Ost und West sind noch verschieden, die Inhalte bereits die gleichen.

An einem Villenrohbau, dem letzten Neubau an der Strandpromenade, steht: «Wer jetzt nicht kauft, wird lange warten.»

Wenn, wie wir behaupten, die Küsten rund um die Ostsee miteinander verwandt sind, dann stimmt das für die Natur eher als für den touristischen Zivilisationssturm der deutschen Spätmoderne.

Ursprünglich waren die Küstenorte schwer zugänglich, isoliert, versteckt hinter den Wäldern voller Pilze, Eicheln, Buchnüsse und Wildschweine. Zum Teil gibt es sie noch, die kleinen Nester, aus denen auch die DDR nicht ganz getilgt worden ist. Und es gibt Hiddensee. Auf dem schmalen Inselstreifen wird kaum gebaut: Hiddensee hat sich etwas Unberührtheit erhalten. Erst war es nur DDR-Kadern zugänglich, nun lässt es keine Autos zu – dafür radeln Dreierkolonnen über die Plattenwege auf dem Deich nach Neuendorf und zurück nach Vitte.

Und im Schilf kann man Freizeit-Ornithologen beim «sinnvoll Ferien machen» beobachten.

Zu den Privilegierten gehörten neben den verdienten Genossen die Künstler; schon lange vor der DDR-Zeit war Hiddensee eine Künstlerkolonie: Brecht, Kafka, Kandinsky, Morgenstern, Ringelnatz, Zuckmayer, George Grosz und Asta Nielsen. Billy Wilder und Sigmund Freud.

Und Gerhart Hauptmann, über den Katia Mann in ihren *Ungeschriebenen Memoiren* sagte: «Nun war er aber dermaßen eindeutiger König, daß für uns dort wenig Aufmerksamkeit abfiel.» Ihr Thomas hatte «mit den übrigen Gästen im Speisesaal zu essen» und bekam «sehr mäßiges Essen, wohingegen Hauptmann köstliche Speisen auf die Zimmer hinaufgetragen wurden. Das Ganze war etwas verdrießlich.»

Auch Hiddensee – das «Capri von Pommern» – gehört mit seiner Naturschönheit heute zum «Produkt Ostsee». Die Massen in Binz absolvieren hier mit einem Tagesausflug den Programmpunkt «Weltabgeschiedenheit und Verlassenheit».

Wer weiter hinausgeht, dorthin, wo der Wald bis an die Küste reicht, sei es auf Hiddensee, auf Rügen oder irgendwo im Sand, auf dem Priwall, der Landzunge am östlichen Ufer der Trave, die einst vom Grenzzaun in eine westdeutsche und ostdeutsche Hälfte gespalten wurde, auf Usedom, selbst unweit von Ahlbeck, fast am Zaun, der die polnische Grenze markiert, der kann der Brandung lauschen, den Brachvögeln, den Wasser- und Strandläufern zuschauen. In die Dämmerung sehen, bis der Lichtfaden zwischen Wasser und Himmel verschwimmt.

Und in der Ferne zuckt der Lichtstrahl eines Leuchtturms. Noch ist es ein Leichtes, unberührte Orte zu finden; dort, wo der Wald bis zum Kies reicht und die Ostsee sich nicht an Rimini, Nizza oder Capri misst.

Strandläufer zur falschen Zeit – die Kurische Nehrung

Dezember 1991: Schnee knirscht unter unseren Sohlen, der Winter hat sich früh über Litauen gelegt. Die Altstadt von Klaipéda ist menschenleer, nur Ännchen harrt auf ihrem Sockel aus, den Kopf geneigt, ein Sträußchen in der Hand. Der Brunnentrog zu ihren Füßen ist vereist. Ännchen von Tharau, das Brunnen-Mädchen, steht in ihrer Schürze da, fast verlegen ob der Aufmerksamkeit, die ihr zuteil wird; artig. Als knickse sie gleich.

Ännchen von Tharau
Mein Reichtum. Mein Gut
Du meine Seele mein
Fleisch und mein Blut

steht auf dem Sockel. Eine Bronzeplatte erinnert an Simon Dach, den 1605 in Memel geborenen Dichter dieser Hochzeitszeilen, die auf immer ins deutsche Liedgut eingegangen sind. Barocklyrik war Gebrauchslyrik, Simon Dach verfasste seine Gedichte für den Tag. Er hielt wenig von ihnen, sammelte sie nicht, viele waren Auftragsarbeiten. Vielleicht haben seine Oden zwischen Lebensfreude und Todesbangen gerade deswegen die Jahrhunderte überdauert. Das Private ist läppisch, der Mensch eitel, die Schöpfung überwältigend, das Wesentliche anderswo.

Dach gehörte, mit dem Komponisten und Dichter Heinrich Albert, dem das Ännchen lange zugeschrieben wurde, zum Königsberger Dichterkreis, der die *Musicalische Kürbs-Hütte* herausbrachte. Martin Opitz schrieb in Danzig, Gryphius ging dort zur Schule: Die deutsche Barocklyrik, das Singen von Vergeblichkeit und Weltgenuss war an den südöstlichen Gestaden der Ostsee zu Hause.

Ännchens Brunnen steht auf dem Theaterplatz von Klaipéda, wie die Stadt Memel heute litauisch heißt. 1252 als «Neu-Dortmund» vom livländischen Orden gegründet, gehörte sie zu Ostpreußen, bis das neu erstandene Litauen sich 1923 das im Vertrag von Versailles aus dem Deutschen Reich herausgelöste Memelgebiet – das heutige Kleinlitauen – einverleibte: für anderthalb Jahrzehnte.

Eine Woche nach seinem Einmarsch in Prag zwang Hitler die Litauer zum freiwilligen Verzicht auf den Landstreifen am Kurischen Haff: Die Juden flohen nach Kaunas. Am 23. März 1939 verkündete der Führer den jubelnden Grenzland-Deutschen vom Balkon des Stadttheaters, unter dem Ännchen steht, Memels Heimkehr ins Deutsche Reich. Und damit dessen Untergang. Mitteleuropa verschwand Stück für Stück von der Landkarte.

Memel, oder eher Klaipéda, bis zum Kollaps der Sowjetmacht eine geschlossene Stadt, gehörte zu jenen fremdvertrauten Namen, die für das Unerreichbare standen, so, wie auch die Kurische Nehrung. Objekte einer mitteleuropäischen Nostalgie, Orte eines vielsprachigen Europa, das es so, wie man es sich am Ende des zwanzigsten Jahrhunderts vorstellte, vielleicht gar nie gegeben hatte. Traumstädte: Klaipéda wie Kronstadt in Siebenbürgen, Czernowitz, Lemberg. Und in Ostpreußen Insterburg, Tilsit und natürlich Königsberg.

Derweil sehnten sich die Bürger dieser Städte, deren Gegenwart eher ein Albtraum war, nach der weiten Welt, die ihnen verschlossen blieb. Während wir im Westen mit der Vergangenheit flirteten, hatten sie Fernweh nach einer Zukunft.

Unsere Schweizer Eltern reagierten mit Spott und Ablehnung, als sie Klaipédas deutschen Namen hörten. Ob wir ein Deutschland über alles wollten? Von der Maas bis an die Memel? Für sie hatte der Name «Memel» nichts Nostalgisches. Doch wenn man schon keine Zeitreisen machen kann, so wollten wir doch die Orte besuchen, die für jene Zeit standen, in der Europa – in unserer Vorstellung – noch ganz war, seine Unschuld noch nicht verloren hatte. Jenes Europa, in dem das Deutsche Lingua franca war, bevor die Nazis es ihm austrieben.

Mit der deutschen Sprache mussten ihre Dichter verschwinden; also auch das 1912 errichtete Ännchen. Die heutige Brunnenfigur steht erst seit 1989 wieder auf dem Sockel, gestiftet von einem Heimwehverein für die Wiederherstellung von Geschichte im Baltikum – einem *deutschen* Heimwehverein.

Die Überfahrt von Klaipéda auf die Nehrung dauerte nur ein paar Minuten; die Ausfahrt des Haffs ist mit Hafenanlagen verbaut. Die Fähre ist klein, bietet Platz für nur wenige Autos. Auf der einhundert Kilometer langen Sichel aus Sand, die bis nach Cranz reicht, heute Zelenogradsk, dreißig Kilometer vor Königsberg, oder Kaliningrad, wohnte 1991 kaum mehr jemand. Oder noch nicht wieder. Litauen hatte seine Hälfte der Nehrung geöffnet, die Kaliningrader Seite sollte noch einige Jahre Sperrzone bleiben.

Winter und Meer; Sand, Wind und knorriges Gehölz; im Spülsaum ist kaum zu erkennen, wo das Wasser in Schnee übergeht. Und hinter den Wellen, auf den verschneiten Dünen, bilden sich Rippelmarken auf den Schneewellen, als kräusle der Wind die Oberfläche auch hier. Eine steife Brise pfeift, stiebt uns den Schnee ins Gesicht. Strandhafer und Meersenf tragen Raureif, die Disteln sind zu Eisblumen erstarrt, das Salzkraut duckt sich. Wir finden sogar Bernstein im Schnee, und über allem eine leere Weite.

Wir möchten zum Baden wiederkommen; oder zum Eislaufen, wenn das Haff denn gefroren ist: zur Winterfrische.

Bis Nidden – oder Nida – könnte ein Strandläufer gehen, die halbe Landbrücke nach Kaliningrad, fünfzig Kilometer, bis zum russischen Grenzzaun. Bis man von weitem den Leuchtturm sieht. Bis zum Sommerhaus von Thomas Mann, inzwischen ein Zentrum für Kulturaustausch. Gesprochen davon hat man in Klaipéda früher schon, voller Nostalgie und Sehnsucht nach einer anderen Zukunft.

Einst rollten die Dünen wie Wellen über die Nehrung, als Wanderdünen zehn Meter im Jahr. Sie begruben Dörfer unter sich; Alt-Negel,

Alt-Kunzen, Neustadt, Predin, Kurwaiten ... Bis man begann, Kiefern und Birken zu pflanzen. Auch das Wurzelwerk von Quendel, Thymian und Tausendgüldenkraut fixiert den Sand. Als halte es die Zeit fest.

Nach 1945 hatten die Sowjets Ostpreußen zu einem Aufmarschgebiet gemacht und in den Stillstand gezwungen. Nur an der Zunahme des überall verstreuten Militärmülls war der Fortgang der Zeit zu erkennen, und am Verfall der alten Bauten, ihrer Überwucherung. Jüngst erwacht aus diesem Albtraum, hat die Nehrung noch keine Gegenwart – auf der Kaliningrader Seite erst recht nicht.

Wir waten im Schneegestöber durch den Treibsand, die Brandung rauscht, und der Himmel senkt sich auf die Wellen; wir verlieren die Orientierung. Drohen aus der Zeit zu fallen.

Zurück in Klaipéda, erfahren wir aus dem Radio, dass Boris Jelzin, Leonid Krawtschuk, der ukrainische Präsident, und der Weißrusse Stanislaw Schuschkewitsch die Sowjetunion aufgelöst haben; die Entscheidung sei in einem schneebedeckten Waldhaus in Bjeloweschskaja Puschtscha nahe der polnischen Grenze gefallen. Nicht weit von hier, fast an der Ostsee. Wir brechen unsere kurze Winterfrische ab und eilen nach Moskau. Die Zeit beschleunigt sich, die Zukunft beginnt.

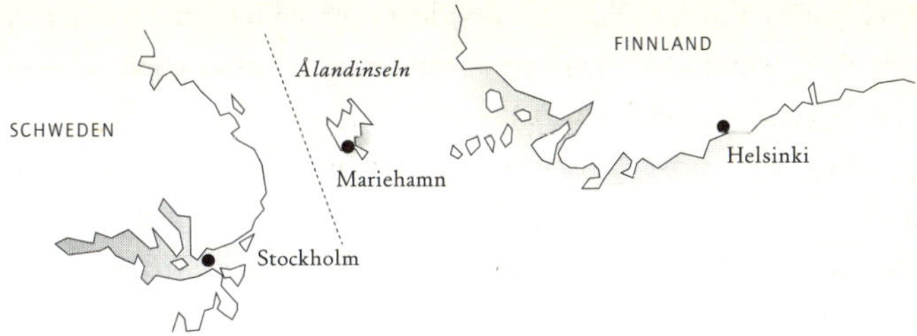

Lachs für Touristen – das Paradies im Schneetreiben

Über dem Schilf hängt Rauch, der aus einem steinernen Quader aufsteigt und sich im Schneetreiben verfängt. Der Wind ist viel zu steif, als dass man aufs Eis hinauskönnte. Der åländische Berufsfischer Hasse nutzt das Hudelwetter, um die Fänge der letzten Wochen zu verarbeiten. Im Ofen unten am Wasser räuchert er Felchen, Lachs und Lachsrollen. Wird das Wetter noch rauer, bleibt er im Kühlhaus, um Lachse zu pökeln und Strömlinge einzulegen. Der kurze Sommer kommt bald, und mit ihm die Touristen und das Geschäft.

Der Eiswind kriecht unter unsere Kleider, der Rauch brennt mir in den Augen. An den Rosten voller Fisch, die Hasse ohne Handschuhe aus dem Ofen holt, kann man sich leicht die Finger versengen. Hasse öffnet und schließt die Blechtür des Ofens, hoppelt in seiner steifen Hose hin und her.

Mit Fischen allein verdiene man heute kein Geld mehr, jedenfalls nicht genug, murrt der Vierzigjährige und stemmt einen weiteren Rost auf den Holzbock. Die Zahl der Berufsfischer auf Åland nehme daher beständig ab. «Keiner will mehr, es ist allen zu anstrengend», schnieft er. «Und denen wäre es am liebsten, wenn alle aufhörten.» Hasse legt die frisch geräucherten Felchen in die Salzlake. Denen?

«Der Landschaftsregierung. Dann bekämen die Seehunde alles.» Wie in Norwegen und Kanada glauben auch auf Åland die Fischer, die Seehunde seien der Grund für die Überfischung – die es in der Ostsee jedoch gar nicht gäbe. Zuweilen finde er mit seinem Bruder Leif vier Heringe im Netz, aber neunzig abgefressene Heringsköpfe, die die Seehunde verschmähen.

Leif fischte einst Dorsch, aber der ist aus der Ostsee fast verschwunden. Hasse hatte ein kleines Lachsboot. Dann spannten die beiden zusammen, kauften einen Elfmeterkutter. Der Lachs war knapp und die Preise hoch. Inzwischen gibt es wieder mehr, dazu Zuchtlachs; die Preise sind gefallen. Zudem wurde der Lachs mit Quoten belegt. Den beiden Brüdern stehen gut 2 300 Stück zu. Aber ausgerechnet im Mai, in der besten Zeit, sperrt Finnland die Lachsfischerei. Damit er nach Lappland wandern kann, «für die Touristen». Auf der schwedischen Seite gilt das Verbot nicht, nur «ein paar Meilen von hier». Das erbost die Berufsfischer auf Åland besonders.

Leifs und Hasses Vater fischte einst nur Lachs. Die Verarbeitung besorgten andere. Die Söhne hingegen unterhalten inzwischen mehrere Boote: Ihr Jahr gliedert sich nach Lachs, Felchen, Barsch und Strömling, dem Ostseehering. Damit stoppeln sie sich ein Auskommen zusammen: Sie räuchern Lachs und Felchen, legen Heringe ein und backen åländisches Schwarzbrot, alles von Hand. Dafür haben sie sich ein Fischhaus gebaut, mit Kühlraum, Waschküche und Laden, nach EU-Norm und mit EU-Geld. Wer den Fisch selbst verarbeitet, kann ihn bis zum vierfachen Preis verkaufen.

Der Wind treibt die Schneeflocken vom Bonäsfjärd zum Bootshaus. Und reißt sie mit dem Rauch wieder hoch. Einzelne Flocken fallen auf die heißen Fische und verdampfen.

Der Familienbetrieb läuft nicht schlecht, das Jammern gehört zum Gewerbe. Ende Februar fliegt Hasse mit Frau und Kindern auf die Kanarischen Inseln, im Frühjahr dann für eine Woche nach Zypern. Jedes Jahr. Aber: «Das sind die einzigen Ferien, die wir uns gönnen.»

Im Sommer machen radelnde Städter in Bonäs Halt. Sie verpflegen sich im EU-finanzierten Laden, naturnah. Die Segler reisen von Hafen zu Hafen, kaufen auf den Märkten ein. Und aus all den Sommerhäusern auf den Schären kommen Urlauber zum Einkaufen, auf der Suche nach dem Ursprünglichen.

Hasse und seine Frau fahren auf die Märkte von Mariehamn, Turku, Helsinki und Stockholm. «Inzwischen wissen wir, was wo gefragt ist»: in Schweden geräucherter Hering, in Finnland saurer. Hasse und Leif haben sich mit ihren Familien in Nischen eingerichtet: Der Tourismus hat sie an den Rand gedrängt, sichert ihnen aber auch ein Auskommen. Ihr Gewerbe ist eine Insel zwischen Heimatschutz und industrialisierter Fischerei. Wie viele andere Åländer bedienen sie die Sehnsucht der Stadtmenschen nach Authentizität, im Urlaub und auf dem Teller.

Nicht alle finden eine solche Nische: Die Gemüsebauern auf den kleinen Inseln geben auf, sie halten dem Preisdruck der EU-Konkurrenz nicht stand. Gemüse kaufen die Touristen im Supermarkt. Auch die Giftalgen, die in warmen Sommern die Schären verseuchen - immer mehr, nicht zuletzt der vielen Lachszuchten wegen -, zeigen, wie schmal der Grat ist zwischen Gewinn und Zerstörung.

Doch noch ist Åland ein sanftes Ferienparadies.

Es sind die Sommerfrischler und Naturfreunde, denen viele Åländer ihren Wohlstand verdanken. Zugleich dringen diese immer tiefer ins Inselleben ein.

Die Flocken werden größer, das Schneetreiben wird dichter, verschluckt die Bäume, den Bootssteg und die Sommerhäuschen auf den Felsen. Alles löst sich in Weiß auf. Aber der Sommer kommt bald. Und mit ihm die Kunden.

Palmen in Österbotten – die Südsee im Norden

Ein Märzabend in Vaasa, das Stadttheater spielt Gogols *Revisor.* Auf dem Marktplatz friert das Schmelzwasser zu Spiegeln. Die Schneehügel zu Füßen der finnischen Freiheitsstatue, Überreste von Eisskulpturen, sinken täglich mehr in sich zusammen. Vaasa diente während des finnischen Bürgerkriegs von 1918 bis 1919 als Hauptstadt der Weißen, des bürgerlichen Finnland. Die Freihheitsstatue wurde 1938 errichtet, zwanzig Jahre nachdem General Carl Gustaf Mannerheim hier seine Jäger versammelt hatte. Da war Finnlands Selbständigkeit bereits wieder in Gefahr. Und Mannerheim, der finnlandschwedische Adlige, russische General und spätere finnische Präsident, mit siebzig noch einmal gerufen.

Lange hat man gestritten, ob die Statue von Yrjö Liipola zum Bau eines unterirdischen Parkhauses für einige Zeit demontiert werden dürfe. Die Denkmalpflege reagierte zunächst ungehalten: Das komme nicht infrage. Die Freiheitsstatue gehöre Finnland, nicht der Stadt Vaasa. Aber die Autofahrer haben schließlich doch gesiegt.

Ein paar Leute warten auf den Bus. Auf der Esplanade fahren Jugendliche ihre Karossen spazieren, der Kiosk ist noch offen.

Das schwedische Theater spielt Strindbergs *Vater,* für die Kleinen den *Nalle Puh,* wie *Winnie-the-Pooh* in Skandinavien heißt. Das finnische Theater gibt Ibsens *Stützen der Gesellschaft.* Die Kleinstadt Vaasa hat sogar eine Oper, die zuweilen in der Eishalle auftritt.

Doch was tut man in Vaasa, wenn man nicht ins Theater mag, keine

Lust hat fernzusehen und auch nicht essen gehen will? Man geht in die Tropen.

Wir waten durch den Altschnee, über den Kasernenplatz - die Garnison ist aufgelöst, in ihren Räumen haben sich Künstler eingerichtet - und eine Landbrücke, am Fischerhafen vorbei auf die Halbinsel Richtung Fährhafen. Nach dem Stadtbrand 1852 verlegten die Stadtväter Vaasa um sieben Kilometer, um der Stadt einen besseren Seezugang zu sichern. Inzwischen liegt der Hafen wieder weiter draußen; das Land steigt aus der See.

Nach etwa zehn Minuten erreichen wir *Tropiclandia*: Palmen und ein Plastikaffe empfangen uns in einer warmen, feuchten Welt. Wasserrutschen, eine Wasserwand, Wasserfälle, Massagedüsen, eine Luke, durch die man in einen nur wenige Quadratmeter großen Freiluftpool schwimmen kann, Türkenbad, Sauna und künstliche Sonnen für die bleiche Haut.

Die Kinder quietschen, rennen zu ihren Müttern und wieder davon. Die sitzen im Bikini an der Cocktail-Bar, trinken süße Fruchtgemische. Vitamine! Weil Finnland nun mal nicht in der Südsee liegt, hat Vaasa sich die Südsee auf ein paar Hektar einfach nachgebaut.

Irgendwann, in den achtziger Jahren, traten Finnland und Schweden, die in den Anfängen des internationalen Schwimmsports bereits olympische Medaillen gewonnen hatten, wieder als Schwimm-Nationen hervor. Die Schwimmer aus den Winterländern machten den Sonnenkindern aus Kalifornien und Australien und den Retorten-Athleten aus den Ländern des Staatssports plötzlich wieder Titel streitig.

Zuvor hatte in Finnland die Leichtathletik den Sport dominiert, vor allem auf den Dörfern: Laufen und Speerwerfen, Rudern und im Winter Langlauf und Skispringen auf selbst gebauten Schanzen. Geschwommen wurde lediglich während der wenigen Sommerwochen.

Bis die Bauunternehmer in den siebziger Jahren - Stadtverwaltungen, Bibliotheken, Schulen und Wohnungen waren in ausreichendem Maß gebaut - nach neuen Aufträgen Ausschau hielten. Damals entstanden Mehrzweckhallen und Hallenbäder, die Kommunen hatten noch Geld genug. So wurde Schwimmen zum Wintersport. Statt zum Skispringen oder -langlaufen in die Kälte brachten die Lehrer ihre Schützlinge nun in geheizte Bäder.

Heute verfügt Helsinki - mit der Olympia-Anlage von 1952 - nicht nur über das schönste Freiluft-Schwimmstadion der Welt, sondern auch über Hallenbäder, die ihresgleichen suchen: eines davon unterirdisch in den Fels gehauen. Indes weicht das Sportschwimmen immer mehr dem Badeplantsch und -plausch. Dafür baut man Beton-, Glas- und Chlor-Mallorcas, nicht nur in Vaasa, auch in Oulu und in Espoo. Das Baden als Geschäftsidee: Was Friedrich Franz I. von Mecklenburg-Schwerin einst ersann, führt Finnland heute fort.

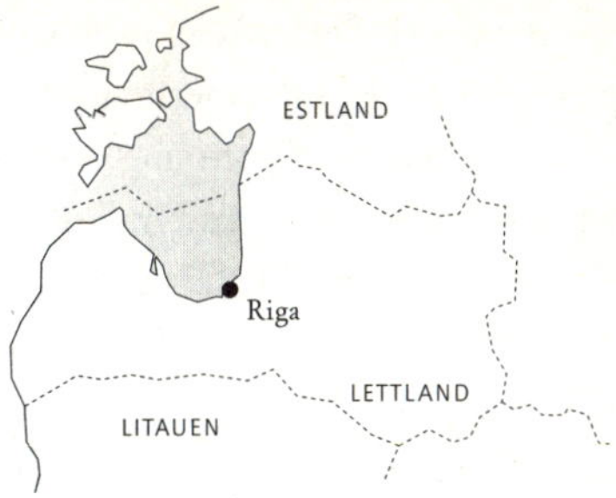

Singen für Lettland – Bierfiedler und Stadtmusikanten

Rigas junge Rapper haben ihre Studios mittlerweile in Berlin; schon seit 1990, als sie in Lettland ihre ersten Konzerte für die Unabhängigkeit gaben. Die estnischen Chöre touren um die ganze Welt.

Neue Musik erfreut sich an der Ostsee eines Zuspruchs wie nirgends sonst. Wo gibt es vergleichbar viele Komponisten neuer E-Musik wie in Polen, Litauen, Lettland, Estland und Finnland: Arvo Pärt, Esa-Pekka Salonen, Krzysztof Penderecki …

Jüngst erfasste eine Schlager-Begeisterung die östliche Ostsee. Als die Vertreter der europäischen Länder beim Grand Prix Eurovision in Tallinn um die Wette sangen, fieberte ganz Estland mit. Und beinahe hätte man den Vorjahressieg wiederholt. Stattdessen gewann Lettland.

«Wir sind wieder da»: Was den Finnen zu Beginn der Nachkriegszeit die Triumphe bei den Miss-World-Wahlen und die Leistungen ihrer Sportler waren, das verschafften sich die Esten und Letten mit dem Gewinn des Europäischen Schlager-Wettbewerbs – und in der Folge mit der Pflicht, den nächsten Wettbewerb auszutragen.

Musiker – und ihr Schaffen – haben erst seit dem neunzehnten Jahrhundert eine nationale Zugehörigkeit. Zuvor waren sie über Jahrhunderte fahrende Spielleute und Ratsmusiker, die – wie Handwerker – in jeder Stadt an der Ostsee arbeiten konnten; sie blieben einige Jahre und zogen dann weiter. Dazu mussten sie eine Lehre als Musicus abgeschlossen haben und die verschiedenen Instrumente beherrschen, auch die Orgel; der Kirchendienst und das Kantoren-Amt gehörten mit zu ihren Aufgaben. Sobald sie ihren Gesellenbrief in der Tasche hatten, gingen sie auf die Walz, meist auf dem Seeweg.

Vor allem die Städte im Baltikum, Riga, Tartu/Dorpat und Tallinn/Reval, zogen viele wandernde Musiker an. Manche blieben dort Jahre. Der Wechsel von einer Stadt in die andere fiel umso leichter, als alle Ostseestädte ihr Musik- und Kirchenleben nach dem gleichen Muster organisierten. Und die Sprache war ohnehin Deutsch.

Städtische Musiker gehörten zur privilegierten Klasse, als Kantoren und Organisten, Stadtpfeifer und Ratsgeiger genossen sie eine angesehene Bestallung. Die Stadttrompeter waren oft ausgemusterte Militärbläser.

Riga war unter den Musikanten besonders populär: eine Stadt, geprägt von Bürgersinn, Tüchtigkeit und Frömmigkeit. Hier blühte europäisches Musikleben. Bis zur Mitte des achtzehnten Jahrhunderts fanden die Konzerte meist in den privaten Räumen des Adels statt. Musiziert wurde in «jeder angesehenen Familie», wie wir vom 1754 in Regensburg geborenen Johann Christoph Kaffka wissen.

Kaffka, ein Sänger, Geiger und Komponist, arbeitete in Regensburg, Prag, Nürnberg, Stuttgart, Frankfurt am Main, Leipzig, Dresden, Berlin, Brünn, Breslau, Riga, Dessau, Sankt Petersburg, Stockholm, Kopenhagen und Graz. Er war auch Buchhändler, Journalist, Redakteur, dazu Regisseur und Schauspieler. Über Riga schrieb er: «Ich fand hier unter einem wackern Völkchen den Gegensatz alles dessen, was ich bisher gesehen hatte: ausgezeichnete Sitten, Gastfreiheit, Wohlhabenheit, Freimütigkeit, Redlichkeit und Wahrheit, diese schönen Züge, die den Karakter der Liefländer und vorzüglich der Rigaer so hervorstechend machen, fand ich noch nie beisammen.»

Künstler und Denker wie der aus Königsberg stammende Buchhändler und Verleger Johann Friedrich Hartknoch, der sich als Mittler zwischen Ost und West verstand, machten Riga zu einem Zentrum europäischen Geisteslebens. Hartknoch verlegte nicht nur die Werke Herders und Kants, sondern auch Komponisten wie Carl Philipp Emanuel Bach, Johann Christian Bach und Joseph Haydn.

«Riga ist vor vielen Städten so glücklich, in einem höheren Grade sich derjenigen Kultur zu freuen, welche eine allgemeine Humanität in dem Karakter der Individuen und ganzen Gesellschaften erzeugt», schrieb Kaffka, wie wir einer Studie von Jānis Torgans entnehmen. Andererseits wachten die Gilden eifersüchtig darüber, dass die städtischen Musiker auf den Hochzeiten des Gesindels nicht dieselben Stücke spielten wie auf den Feiern edler Bürger.

In der Epoche der Romantik verlor das Stadtmusikantentum an Bedeutung. Aus dem handwerklichen Musizieren wurden ästhetische Exerzitien und die Ausübenden zu Künstlern. Damals entstand die Sänger-Bewegung des baltischen Raums. Beeinflusst von der Internationale der fahrenden Musikanten, der letzten Generation, mithin vom deutschen Liedgut, adaptierten die Emanzipationsbewegungen das Singen bald als Ausdruck nationaler Eigenart.

Gesungen hat man in Estland und auch in Lettland schon vor der Christianisierung. Auf den Dörfern wurde mit Drehleiern, Strohfiedeln, Trummscheiten und Sackpfeifen musiziert; «kunstlos einstimmig», wie die Gebildeten in den Städten verächtlich bemerkten und ihren Hoftrompetern das Zusammenspiel mit diesen «Bierfiedlern» und «Böhmhasen» strikt untersagten.

Während Elias Lönnrot in Karelien und Friedrich Reinhold Kreutzwald in Estland bereits Mitte des neunzehnten Jahrhunderts dörfliche Liedtexte sammelten, begannen die Musiker erst im zwanzigsten Jahrhundert, deren Melodien zu rekonstruieren; allen voran der Este Veljo Tormis, der die vielleicht ursprünglichste Musik der Ostsee in neue, verschlankte Chormusik setzt, vorchristliche Lieder, die das tägliche Leben und die Arbeit begleiten, als Liebeslieder, Wiegenlieder oder das Lied einer Tochter, die in eine Ehe gezwungen wird. Dabei ist erstaunlich, welch starkes Bild der Frauen diese Gesänge evozieren – im Gegensatz zum romantischen Liedgut.

Wie einst im Barock geriet Riga auch in der Sowjetzeit in die Rolle eines musikalischen Zentrums am Rand, zum Mittler zwischen West und Ost. Im Untergrund wurde eine vom Westen beeinflusste Rock- und Jazz-Szene geduldet, die der KGB anderswo in der UdSSR verfolgte.

Die Nationalität der Musiker spielte in der Illegalität keine Rolle; man stand zusammen gegen die repressive Macht.

Aber das ist Geschichte: 1990 rappten die jungen Rigaer für Lettland; und 2003 trällern die Schlager-Sternchen aus ganz Europa in Riga für ihre Länder um die Wette.

4. Eine See der Ideen

Das Büchermeer – Poesie und Aufklärung

Ob Ideen eine Heimat haben? Einen Geburtsort haben die meisten – und mehr noch eine Geburtszeit. Andere lagen plötzlich in der Luft, tauchten an verschiedenen Orten auf.

Einmal in die Welt gesetzt, verbreiten sich Ideen wie Nebel. Davon gibt es an der Ostsee genug. Sie dringen ein, setzen sich fest. Oder sie verflüchtigen sich bald wieder. Die Ostsee ist die Wiege vieler Ideen, auch einiger, die dem zwanzigsten Jahrhundert die Richtung gaben. Und solcher, die in die Irre führten, ins Unglück.

Nicht alle diese Ideen sind an der Ostsee entstanden, aber viele haben sich hier entfaltet, den Dialog von Küste zu Küste verstärkt – und manchmal verzerrt: der Sozialismus, der Wohlfahrtsstaat, die Wagnerei, auch der Faschismus, die politische Romantik und also die Idee vom ethnisch homogenen Nationalstaat, die Aufklärung, jedenfalls die deutschsprachige, die Reformation und in Polen die Gegenreformation und – schon als der Deutsche Orden die Ostsee «aufsegelte» – die Vermählung von Fortschritt, Glaube und Geschäft.

Frauenrechte, Rassen-Theorie, die Volksbildungs-, Arbeitersport- und die Abstinenz-Bewegung haben Wurzeln an der Ostsee. Manche Ideen haben sich eingenistet, ausgebreitet, bis sich ihre Ursprünge verlieren, sich in Charakteristika verwandeln: die Gleichberechtigung etwa, eine «typisch skandinavische» Eigenschaft. Eine düstere Poetik des Fatalismus ist an der Ostsee zu Hause, die Schwermut und das Grübeln, oft in dicke Romane gepackt. Arbeiterliteratur, auch ein leises Erzählen und eine fühlige Herbstlaub-Poesie an der Grenze zum Kitsch. Gelegentlich auch die Leichtigkeit von Menschen, die alles schon verloren haben. Und das intelligente Plaudern in Prosa.

Wo, wenn nicht an der Ostsee, wären Henrik Ibsen und August Strindberg, Edvard Munch und Anders Zorn, Edvard Grieg und Jean Sibelius denkbar? Hans Christian Andersen und Søren Kierkegaard. Jaan Kross und Per Olov Enquist. Lönnrot und Kreutzwald, Mickiewicz und Puschkin. Dostojewskij und Lenin. Thomas Mann, Günter Grass und Kjell Westö. Gunnar Björling und Paavo Haavikko, die beiden Modernisten, der eine Finnlandschwede, der andere Finne.

Auch den Wissenschaften bot die Ostsee einen Nährboden: der Mathematik, der Physik, Alchemie und besonders der Astronomie: Tycho Brahe, Nikolaus Kopernikus, der Danziger Astronom Johannes Hevelius beobachteten die Sterne in den langen Nächten an den Ufern der Ostsee.

Und die Systematisierung: Carl von Linné, der Pastorensohn aus der småländischen Provinz, brachte eine strenge Ordnung in die Natur. Seine Taxonomie der Pflanzen gilt bis heute, und auch die Zoologie stützt sich auf sein binomiales System. Ein Jahrhundert später, an der Gegenküste, tat es ihm Dmitrij Mendelejew nach: Mit dem Periodensystem der Elemente entdeckte er die Grundordnung der anorganischen Chemie.

Die Vernunft promovierte in Königsberg, von dort strahlte sie aus. Finnland war eine Wiege der Gleichberechtigung: Bereits 1906, als erstes Land in Europa, gewährte es den Frauen das Wahlrecht. In Sankt Petersburg siegte der Bolschewismus, in Schweden der Wohlfahrtsstaat. Er machte die Political Correctness zum neuen kategorischen Imperativ.

Manche Ideen sind vergessen, andere nie bekannt geworden: Wer weiß noch, wofür Emanuel von Swedenborg stand; wer die Guttempler sind – die es durchaus noch gibt – und die Zinzendorfer oder Herrnhuter, die sich im baltischen Raum über das Ende der Sowjetzeit hielten, vereinzelt vielleicht bis heute?

Die Arbeitersport-Bewegung, an der Ostsee entstanden, ist verschwunden, auch die Abstinenz-Bewegung stirbt ab. Die Bewegungen überhaupt. Wofür standen die organisierten Naturfreunde einst, über ihre Liebe zur Natur hinaus?

Im Norden erwuchsen Ideen leicht zu Bewegungen und zu Lehren. Der Wagnerismus, ein seltsames Ideen-Chamäleon vom Ende des neunzehnten Jahrhunderts, bedeutete in Wien musikalische Avantgarde; in Paris stand der Begriff für eine ästhetische Strömung. Wer in Italien Wagnerianer war, war damit Antiverdianer, in England und den USA war der Wagnerismus christlich, sozialreformerisch, er ebnete dem Spiritualismus den Weg. In Deutschland dagegen - und im Baltikum, dessen Oberschicht noch Deutsch sprach, sowie auch in Schweden - stand Wagner für eine konservative, wilhelminische, antisemitische Haltung, für eine Art Prä-Nazismus. Eine Bewegung, der auch die Bolschewiki folgten; ihre Führer waren fanatische Wagnerianer. Sie formten ihre Propaganda und die Schöpfungs-Legende ihrer Sowjetunion entlang der Prinzipien des Meisters aus Deutschland.

Selbst wenn Ideen keine Heimat hätten; einige prägten den Ostseeraum, brachten ihn zum Blühen oder brachten Zerstörung. Ist es die Landschaft, die Ideen erzeugt? Düstere Visionen, wie kalte Nebel im Herbst. Sie entsteigen den Klüften dieser engen Weite, einer kalten einsamen Welt. Das Jante-Gesetz. Oder die esoterische Skepsis Johann Georg Hamanns, des Anti-Aufklärers.

Viele Hirnnebel sind der Ostsee entstiegen. Einige haben alle eingelullt: auch jene, die das selbst nicht wahrhaben mochten. Und jene, die sich dagegen wehrten. Wo außer in Skandinavien gibt es die Berufsbezeichnung des Debattörs: ein Schriftsteller, der sich zu allem äußert, regelmäßig? Die großen Zeitungen bieten ihm mit Debatten-Seiten ein tägliches Forum. Oder jene des Ideen-Historikers? Gewiss, Isaiah Berlin sah sich als solcher; aber war nicht gerade er - in Riga geboren, während der Revolutionsjahre als Junge in Petrograd - ein Kind der Ostsee? Und mehr noch die Denker, die er interpretierte.

Ob Ideen eine Heimat haben? Sie haben eine Form: Wörter, Sätze, Sprache. Damit werden sie festgehalten, verbreitet, einst auf Papier, heute oft elektronisch. Es gibt Orte, an denen sie eine Ruhestätte finden, auch die vergessenen: die Bibliotheken. Und Stätten, an denen man ihrer gedenken soll – oder ihrer Urheber: Denkmäler.

Die Ostsee ist reich an Denkmälern und Bibliotheken. Nicht nur die Universitätsbibliotheken von Lund, Uppsala, Helsinki, Tartu. Oder Alvar Aaltos berühmte Bibliothek von Viborg, die nun vor dem Verfall gerettet werden soll; die Publitschnaja in Sankt Petersburg. Vor allem in die Volksbüchereien der Kleinstädte zieht es einen immer wieder; auch auf den Inseln: Sie sind hell, großzügig, gut sortiert.

Manche Ideen werden verschickt. Oder reisen per Bahn, mit dem Schiff. Lenin kehrte mit einer Ideologie – und einem Konzept zur Weltherrschaft – im Frühjahr 1917 im «versiegelten» Eisenbahnwagen nach Russland zurück. Ein halbes Jahr später schloss er Russlands Grenzen. Und monopolisierte die Wahrheit. Seine Sowjetunion zog einen Zaun, der unerwünschten Ideen die Einreise versperrte.

In der Gegenrichtung begann das Regime, seine Ideen nach Westen zu tuten; eine Lehre, die es selbst nicht glaubte.

Die Ostsee hat als Aufmarschgebiet für Ideologien gedient, als deren unsicheres Vorfeld. Es sind heiße Kämpfe, die man im kühlen Norden ausgefochten hat. Und zuweilen heute noch.

Nur streitet man nicht mehr mit Gewalt, sondern mit dem Feuer des Arguments.

Die Ostsee ist eine See der starken Überzeugungen.

Ideen, gute wie böse, leuchten einer Gesellschaft den Weg, wie Leuchtfeuer. Und oft vernebeln sie die Absicht ihrer Propheten. Einige strahlen diffus und währen lange, andere blitzen kurz und grell auf, kommen und verschwinden; und niemand vermöchte ihre Nachhaltigkeit zu ermessen.

Ob Ideen eine Heimat haben? Einige haben Wurzeln geschlagen, sich als Genius Loci an der Ostsee festgesetzt. Gehalten hat sich letztlich keine, auch nicht jene vom sozialdemokratischen Papastaat. Als hätten Ideen nicht nur eine Geburtszeit, sondern auch ein Verfallsdatum, nach dessen Ablauf sie Ruhe finden in den prächtigen Bibliotheken.

Rom und Byzanz – der lange Kalte Krieg

«Herr, hilf, dass die Politik wieder klüger wird in der Suche nach Entspannung und Verständigung! Erlöse uns vom Krieg», betet der Pastor in der Rostocker Marienkirche. Die Touristen aus Leipzig bestaunen die astronomische Uhr, schaudern wohlig, als sie hören, dass der Uhrmacher Hans Düringer 1472 geblendet worden war, damit er nach der Danziger Kunstuhr und der Rostocker keine weiteren Wunderwerke schaffe. Und so gibt es heute nur im schwedischen Lund eine ähnliche Uhr. Die Besucher zeigen sich die Tierkreiszeichen, lesen den Sonnenaufgang ab, die Tageslängen, Osterdaten, versuchen, den Wochentag ihrer Geburt – «noch vor dem Krieg» – zu eruieren, und geraten sich über die Mondphasen in die Haare. Dann mahnt eine Stimme aus einem Lautsprecher zur Einkehr: «Eine Atempause für die Seele, mitten in der Rostocker City.»

«Wir beten für den Frieden zwischen Parteien und Völkern, wir beten für den Frieden in den wirtschaftlichen Konkurrenzkämpfen, wir beten für den gesellschaftlichen Frieden in Deutschland.»

Draußen auf dem Neuen Markt vor der Kirche verkaufen derweil junge Vietnamesen Gemüse an deutsche Kunden. Ein paar Autominuten von hier, im Stadtteil Lichtenhagen, warfen bald nach der Öffnung junge Rostocker Brandsätze auf ein Ausländerwohnheim. Die Polizei schaute zu, die Anwohner auch. Die Täter sind bekannt. Doch während der Pastor in der Marienkirche für den sozialen Frieden betet, werden die Verfahren eingestellt: Das Delikt des Landfriedensbruchs ist verjährt, die Anklage wegen Mordversuchs neun Jahre lang verschleppt worden.

«Erlöse uns von dem Bösen!«

Die jüngste Lehre – neben der Entstaatlichung, was eher der Demontage einer Ideologie gleichkommt –, die sich zaghaft über den Ostseeraum auszubreiten versucht, ist zugleich die älteste: die Botschaft vom Christentum.

Der Stalinismus hat den Menschen in den Stammlanden der Reformation den Glauben gründlich ausgetrieben. Doch nun kommen sie wieder in die Nikolai-, Jacobi- und Marienkirchen. Deren 800 Jahre alte Backsteingotik erstrahlt in neuem Glanz.

Zuerst musste der Staat der Kirche freilich viele Gotteshäuser zurückgeben, die als Möbellager, Kunsthallen, Museen genutzt worden waren. Die deutsch-lutherische Petri-Kirche von Sankt Petersburg am Newskij-Prospekt war gar zu einem Schwimmbad umgebaut worden.

Die russisch-orthodoxe Kirche – die während der Sowjetzeit mit dem KGB kollaborierte – war durchsetzt mit Priestern, die dem Herrn und dem Kreml gleichermaßen dienten. Sie saniert sich auf ihre eigene Art: Sie ist zu einem großen Wodka- und Zigarettendealer geworden. Vielleicht eine durchaus zeitgemäße russische Staatskirche.

Allenthalben bitten die Pastoren zum Friedensgebet. Wer mag, darf auch eine Kerze anzünden. Sie bemühen sich um eine «kreative Gottesdienstgestaltung» und «zeitgemäße Formen». Oder bieten einen Multipack wie in Rostock: Zur Architektur-Führung geben sie den Touristen ein Gebet mit auf den Weg.

In der südschwedischen Uni- und Bischofsstadt Lund macht der Pastor gleich beides. Weil eine Fremdenführerin der Kathedrale einen Schwächeanfall erlitt, betete er, nachdem der Krankenwagen abgefahren war, und erklärte die astronomische Uhr dann eben selbst: in Schwedisch, makellosem Dänisch, in Deutsch und in Englisch.

«Zeitgemäße» Andachtsfeiern erlebten wir auch in Kalmar, Uppsala, im finnischen Porvoo – Borgå – und in Tallinn: hie historische Kostüme, dort Rockmusik.

In Polen schlüpfte die Kirche 1980 in die Rolle der nationalen Opposition. Seit dem Sturz der Kommunisten handelt sie als Staatskirche, auch wenn das «internationalistische» Rom Landeskirchen eigentlich nicht vorsah. Doch mit dem Papst aus den eigenen Reihen, der überdies die Umwälzungen im sowjetisch beherrschten Europa anstoßen half, ist Polens Kirche nicht fehlbar.

Polen ist, mit Litauen, die katholische Ausnahme am *Mare lutheranum.* Allerdings war auch Polen lutherisch, wenngleich nur ein halbes Jahrhundert, vor allem aber religionstolerant: Sigismund III. Wasa, der schwedische Thronfolger, der Polen regierte, schlug sich auf die Seite der Gegenreformation.

In Litauen engagierte sich die katholische Kirche, wie in Polen, für die nationale Erweckung. 1989 machte die entstehende Sajudis-Bewegung, die spätere Volksfront, den Gediminas-Platz vor der Kathedrale von Vilnius – seit Stalin Litauens Gemäldegalerie – zu ihrem Treffpunkt, an dem in jenem Sommer Aktivisten zelteten, debattierten und mit einem Hungerstreik für die Freilassung politischer Gefangener stritten.

Und bei ihrem frei stehenden Glockenturm sammelten Studenten drei Jahre nach Tschernobyl Unterschriften gegen Ignalina, das Atomkraftwerk im Nordosten Litauens. Grün und ehrlich, gewaltlos und gottesfürchtig: Die Entsowjetisierung sollte die Gesellschaft reinigen – und die Nation. Sauberes Wasser für reine Seelen, und an die Stelle der von Lenin gepredigten Gleichheit aller trat die Nächstenliebe.

Nicht weniger eng wurden Demokratie und Moral, Nation und Christenpflicht in den lutherischen Nachbarrepubliken Estland und Lettland verknüpft. Wer von der Kirche zur Eigenverantwortung erzogen wird, muss auch für die Nation Verantwortung übernehmen dürfen. Mit dem *Leben des Balthasar Rüssow,* seinem Opus magnum, vereinigte der estnische Schriftsteller Jaan Kross die nationale mit der religiösen Emanzipation; er verankert sie in seinem historischen Roman in der Person des Revaler Heiliggeistkirchen-Pastors. Kross unterstreicht Rüssows estnische Abkunft, er lässt den Verfasser der *Chronica der Prouintz Lyfflandt* auch Estnisch, in der Sprache der «Undeutschen», oder Grauen, predigen. Der Gelehrte aus dem sechzehnten Jahrhundert stand damit, am Ende des zwanzigsten Jahrhunderts, plötzlich für die estnische Nationsidee aus dem neunzehnten. Kross' Werke evozieren eine Kontinuität des Kampfes der estnischen Bauern gegen ihre deutschen, russischen und schwedischen Unterdrücker, der 1920 mit Estlands Staatswerdung gewonnen wurde. Und im Widerstand gegen die sowjetische Repression nach dem Zweiten Weltkrieg eine tragische Neuauflage erlebte.

Auf der gegenüberliegenden Seite des Finnischen Meerbusens, in Porvoo, dringen an einem eisig kalten Dreikönigstag glockenhelle Stimmen aus der Domkirche. In wallenden, erdfarbenen Gewändern probt ein Sänger-Ensemble ein Herodes-Spiel, das im zwölften Jahrhundert in Frankreich entstand. Der Text ist lateinisch, die Melodie setzt sich aus Naturakkorden zusammen. Wir bleiben stehen, bleiben bis zur Aufführung abends.

Die meisten Finnen gehen bloß noch zu Weihnachten, Ostern, zur Taufe, Hochzeit und zu Beerdigungen zur Kirche; die Finnländer, die schwedischsprachigen Finnen, kaum öfter. Dennoch identifiziert sich eine große Mehrheit in Finnland bis heute als «Lutheraner» – und lässt sich auch von der protestantischen Ethik leiten. Wiewohl sie Gott nicht mehr fürchten.

Im Dom zu Porvoo steht Alexander I. neben dem Christbaum; der russische Zar, der die Finnen an dieser Stelle zu einer eigenen Nation erklärte und in den Kreis seiner Völker aufnahm, nachdem er 1809 Gustav IV. Adolf diesen östlichen Teil seines Reiches abgenommen hatte, bis dahin ein integraler Teil Schwedens. Damit hat Alexander I. die Voraussetzung für Finnlands Eigenstaatlichkeit geschaffen, zu der es – wäre es nicht als Großherzogtum von Schweden abgetrennt worden – kaum gekommen wäre.

In den Gesängen von der Geburt Christi klingt im Dom zu Porvoo somit auch die Geburt Finnlands mit.

Der lutherische Gott des Nordens war kein lieber Vater. Noch zur Mitte des zwanzigsten Jahrhunderts ist er ein gestrenger, ja böser Gott, der droht und straft. Und sein Sohn hat für die Menschenkinder keine Zeit.

Die romantische Revolte gegen die gelehrsame Vernunft hatte sich mehr und mehr in ein schwärmerisches Bild vom Einssein mit Gott verkehrt, das nur durch Askese, Disziplin und skrupellose Selbstprüfung erreicht werden konnte und das selbst dann eine unverdiente göttliche Gnade war. Der Mensch war schlecht; verderbt, nie in der Lage, vor Gott zu bestehen.

In Rostock dagegen, zu Beginn des einundzwanzigsten Jahrhunderts, ist Gott ein lieber, wenngleich eher machtloser älterer Herr; einer, der sich um Hilfe bitten lässt, aber auch nicht viel machen kann. Ein verarmter Mäzen, alter Prinzipal, müde geworden. «Herr, hilf uns, die Kirche deines Friedens zu sein», betet der Pastor in der Marienkirche.

Überzeugt klingt das nicht. Diesmal sagt er nicht «wieder».

Die Kirche als Kraft des Völkerfriedens und -ausgleichs, das ist neu für die Ostsee: Gebaut wurden die Marienkirchen als Bollwerke der Deutschritter, als Wehrburgen und Kaufmannskirchen, in denen die Hanse ihre Handelsschätze geschützt lagern konnte. Und als Demonstration ihrer Potenz als Kolonialmacht: Die Türme der Marienkirchen waren als Seezeichen eingetragen; gewiss nicht bloß zur Navigationshilfe.

Im Krieg waren die Kirchen überdies Partei, auch im Zweiten Weltkrieg noch: Gott kämpfte auf allen Seiten.

Die Ostsee ist tausend Jahre Schauplatz im europäischen Wettstreit zwischen Ost und West gewesen: Verkürzt man den Begriff des «Kalten Krieges» auf einen Kampf der Ideologien, den unblutigen Streit um die Köpfe – oder Seelen – des nördlichen Europa, so kann man die Ostsee als Schauplatz eines Kalten Krieges verstehen, der – oft unterbrochen von heißen Kriegen – seit dem elften Jahrhundert germanische und slawische Welt zusammenstoßen ließ, das römische und das byzantinische Christentum. Ein Wettlauf um die Seelen des Nordens – und einst um die Pelze, die man diesen Seelen abluchsen konnte. Dabei ging es durchaus um Vorherrschaft, und mehr noch darum, sich die Völker im Nordosten wirtschaftlich verfügbar zu machen: um eine Kolonisierung. Das tat der Deutsche Orden, indem er die kolonisierten Völker in die religiöse Willfährigkeit zwang. Es war Gottes Wille, was die neuen Herren von den geknechteten indigenen Völkern wollten: hatten Herr und Knecht dann denselben Gott, so wusste der Herr auch, was dem Knecht frommte.

Obwohl sich die hansischen Neusiedler, zumal in Schweden, assimilierten, bildeten deutsche Universitäten, vor allem Rostock und Greifswald, ihre Geistlichen aus. Sie beeinflussten den Glauben an der Ostsee weit über den Niedergang der Hanse hinaus.

Ob die Esten, Letten, Liven noch «Ungläubige» waren, als die Kreuzritter sie um 1200 zum Christentum bekehrten, wie es die Geschichtsschreibung, zumal die deutschsprachige, behauptet hat, und nicht «Falschgläubige», byzantinische Christen, wird heute bezweifelt. Immerhin wendete sich der Kampf der Kreuzritter auch im Süden gegen Konstantinopel.

Bodenfunde und spracharchäologische Forschungen ergeben, in Estland, aber auch in Schweden hätte die Ostkirche bereits Fuß gefasst, bevor die deutschen Missionare in den nördlichen Ostseeraum kamen; und aus England nach Schweden. Grabriten, Runeninschriften in Uppland und auf Gotland – sie reden von der «Gottesmutter» statt von Maria – und Kreuze aus dem elften Jahrhundert scheinen byzantinischen Ursprungs zu sein, die Etymologie des Kirchenvokabulars deutet in die gleiche Richtung. Möglicherweise brachten schwedische Wikinger den Glauben aus Russland zurück; zwei schwedische Könige hatten sich von Byzanz taufen lassen.

Um 1050 soll sich ein gewisser Osmund, ein Günstling von König Emund dem Älteren in Sigtuna, erst im Erzbistum Hamburg-Bremen und später in Rom um die Weihe zum Bischof bemüht haben – vergeblich: Deshalb wandte er sich nach «Polaniae» – Polen oder Kiew –, wo man ihn zum Priester segnete. Sein König Emund war verschwägert mit dem Kiewer Großfürsten Jaroslaw, mit dem er versucht haben soll, eine von Rom und Konstantinopel unabhängige Kirche zu gründen.

Der finnische Historiker Matti Klinge hält es gar für denkbar, dass der erste Kreuzzug gegen jene Esten gerichtet war, die 1187 Sigtuna plünderten, das politische Zentrum des damaligen Schweden. Er fragt, ob dies die Spaltung in einen nordwestlichen, finnisch-schwedischen, und einen südöstlichen, estnisch-finnischen, Teil eines zuvor einheitlich estnisch-finnischen Reiches auslöste.

Einem Aufruf des Papstes folgend, unterwarfen die Kreuzritter, zusammen mit dem eigens dafür gegründeten Schwertbrüderorden, 1208 die erbittert kämpfenden Liven und 1228 die Esten. Sie verleibten das Marienland – wie der Deutsche Orden das nördliche Baltikum nach seiner Schutzpatronin nannte – dem Heiligen Römischen Reich ein. Erst die Nowgoroder, geführt von Alexander Newskij, stellten sich den vordringenden Deutschen und Schweden in den Weg. Als Folge der Kriege 1240–1242 kam die Grenze zwischen dem Ostchristentum und der römisch-germanischen Welt ungefähr dorthin zu liegen, wo Estland heute wieder auf Russland trifft: mitten durch den Peipussee. Als Konfessionsgrenze behielt sie ihre Bedeutung über die Annexion des Baltikums durch das Zarenreich im achtzehnten Jahrhundert hinaus.

Mit der Reformation wurde die Ostsee zum *Mare lutheranum.* Im Dreißigjährigen Krieg stilisierte sich der schwedische König Gustav II. Adolf Wasa zum Retter der Ostseewelt für die «protestantische Idee». Er zog gegen seinen katholischen Vetter, den Polenkönig, zu Felde und warf die «raumfremden» katholischen Habsburger von der Ostsee zurück.

Der westöstliche Grabenkampf gegen die Orthodoxie ging gleichwohl weiter: Gustav Adolf versuchte, den neu erworbenen Ostseeprovinzen protestantisch-schwedische Kirchenstrukturen aufzuzwingen. Per Brahe, sein Vertreter in Finnland, trieb die Einrichtung von Schulen voran. 1617 beschwerte er sich in Stockholm, man hätte weise, vernünftige Lehrer schicken sollen, um die Menschen im rechten Weg zu unterweisen. Stattdessen sende Stockholm Leute, die mehr zerstörten als aufbauten und meistens in Bierkneipen hockten und rauchten. 1628 ließ Brahe in Stockholm einen finnischsprachigen, in kyrillischer Schrift abgefassten Katechismus drucken, um das Volk «vom falschen Glauben» abzubringen.

Nach der Eingliederung der Ostseeprovinzen ins Zarenreich im achtzehnten Jahrhundert gewann die Orthodoxie an Boden zurück. Dazu wurde auch die Geschichte rekonstruiert. Auf der nun «kaiserlichen» Universität Dorpat – Tartu – erinnerte man sich plötzlich, dass sich, wo die deutschbaltische, vom Schwedenkönig Gustav II. Adolf 1632 gestiftete und bereits 1656 suspendierte Hochschule stand, einst eine Bastion der Kiewer Rus befunden hatte: Jurjew. 1893 bis 1918 kehrte die Stadt und vor allem ihre Universität mit der theologischen Fakultät offiziell zu diesem «alten» russischen Namen zurück.

Seit Peter dem Großen waren, nach dem lutherischen Modell, die Zaren auch Oberhaupt der orthodoxen Kirche. 1832 unterstellte Nikolai I. sich auch die Lutheraner seines Reiches, wobei er den Ostseeprovinzen eine gewisse Religionsautonomie gewährte.

Als die Orthodoxie um 1840 immer mehr Zulauf erfuhr – viele estnische und lettische Bauern suchten sich durch die Konversion ihren deutschen Herren zu entziehen, zu denen auch die Pastoren gehörten; zudem hofften sie, für den Wechsel von der Kirche Land zu bekommen –, verbot der Innenminister, der berüchtigte Alexander Graf von Benckendorff, dem orthodoxen Bischof von Riga, weitere Konvertiten in seine Kirche aufzunehmen.

Die orthodoxe Kirche war die tolerante Kirche, jedenfalls im neunzehnten Jahrhundert. Wer in Estland über die Konfessionsgrenze hinweg heiraten wollte, musste konvertieren. Die lutherischen Priester weigerten sich, Brautleute andern Glaubens zu vermählen. So entstanden die estnischsprachigen orthodoxen Gemeinden.

Anderthalb Jahrhunderte später erlaubte dies dem Moskauer Patriarchat im postsowjetischen Estland, einen Kirchenstreit vom Zaune zu brechen. Nach dem Kollaps der Sowjetunion hatte sich die estnisch-orthodoxe Kirche 1993 als autonome Kirche dem Patriarchen von Konstantinopel unterstellt, unter dessen Schirmherrschaft sie sich schon zwischen den beiden Weltkriegen befand. Mit Moskau wollte sie nichts mehr zu tun haben. Die Patriarchen hätten zugeschaut, so eine ihrer Begründungen, wie Stalin den Metropoliten von Tallinn vertrieben und manchen Geistlichen ermordet hätte.

Der Moskauer Patriarch Alexej II. dagegen beansprucht die Orthodoxie Estlands für seine Jurisdiktion; und er greift nach ihrem Vermögen. Die Kirchgemeinden in Estland sind entlang ihrer ethnischen Zugehörigkeit gespalten. Die Estlandrussen wollen zu Moskau gehören, die orthodoxen Esten zu Konstantinopel.

So stießen und stoßen drei christliche Glaubenstraditionen – orthodox, katholisch und seit der Reformation vor allem lutherisch – im Nordosten Europas als Volkskirchen aufeinander. Der Ostseeraum war und ist die Arena des Wettstreits um die Seelen. Und implizit um die Seele Nordosteuropas.

In diesem Raum, in dem Lehren zusammenstoßen, können die Religionen freilich auch verschwimmen.

Finnland anerkennt die orthodoxe Kirche seit 1918 als zweite Landeskirche, seine Karelier beten nach der Liturgie der Ostkirche. Der russischen Diktion hat sich die finnische Orthodoxie indes schon 1923 entzogen. Um die Gemeinsamkeit mit der lutherischen Landeskirche Finnlands als *finnische* Kirche zu betonen, legt sie ihr Osterdatum, im Gegensatz zu den andern orthodoxen Kirchen, auf jenes des lutherischen Kalenders.

Die skandinavischen Landeskirchen verabschiedeten 1992 in Porvoo eine Erklärung, in der sie sich gegenseitig und die evangelischen Kirchen des Baltikums anerkennen, ihre bischöflichen Ämter gegenseitig achten und sich zum diakonischen Austausch verpflichten. Finnlands Kirche ist besonders in Estland engagiert, und die schwedische hilft der lettischen beim Wiederaufbau. Auch die orthodoxe Kirche gewinnt am Ostufer des Baltischen Meeres allenthalben Pfründen zurück; und weiß oft nicht, wie sie ihre neu-alten Besitzungen nutzen soll, so wie Konewez auf einer Insel im Ladogasee zum Beispiel.

Die russische Armee hat die Ruinen dieses 600 Jahre alten, der Gottesmutter geweihten Klosters der russisch-orthodoxen Kirche überlassen.

Konewez, das bis 1939 zu Finnisch-Karelien gehörte – und das Kloster damit zur finnisch-orthodoxen Kirche –, war im Winterkrieg von seinen Mönchen verlassen worden. Die Sowjetarmee richtete in den heiligen Mauern ein Zentrum zur Torpedoforschung und -entwicklung ein. Ikonostase, Möbel und Kunstschätze wurden zerstört. Das Kreuz baumelte vom Glockenturm; die Soldaten hatten den Versuch, es mit einem Traktor herunterzureißen, irgendwann aufgegeben.

1991 übernahm das Bistum Petersburg den Trümmerhaufen: bröckelnde Mauern und lecke Dächer, Müll, Torpedoschrott, kaputte Dieselgeneratoren, Gasflaschen, Reste des giftigen Raketentreibstoffs. Ein

Pater zog mit einigen Mönchen ein. Die kamen nicht, um Gott zu suchen, sondern um der feindlichen Welt zu entfliehen. Drogenabhängige, Trinker und Männer, die nach ihrem Militärdienst nicht in die russische Gesellschaft zurückfanden. Die neuen Bewohner mussten das Klosterleben erst lernen. Und das Überleben auch. Der Versuch, im Kloster eine Käserei einzurichten, schlug spektakulär fehl. Niemand mochte ernsthaft arbeiten. Finnische Gönner schenkten den neuen Mönchen zwar eine komplette Hotelküche, aber es gab keinen Strom.

Nach Jahren ist das Nötigste mittlerweile restauriert. Das *A cappella-Konewez-Quartett*, zwei Tenöre, ein Bass und ein Bariton, ersingen auf Konzerttourneen weltweit Geld für das Kloster. Und wenn ein instand gesetztes Kloster wie Konewez Platz für zwanzig Menschen bietet, die sonst keinen Unterschlupf finden, dann hat die Renovierung sich gelohnt.

Dem Mitmenschen dienen; zu praktischen, ökumenischen Kirchen werden, das wollen zumal die lutherischen Kirchen an der Ostsee – zu Kirchen des Friedens, deren Barmherzigkeit über Grenzen hinausreicht; nicht bloß über die Landesgrenzen, auch über konfessionelle, soziale und ethnische.

Als Kirche den Ausgleich suchen: Das ist – in der Geschichte des Ostseeraums – durchaus ein Novum. So ist die älteste Lehre, die sich einst mit Zwang über die ganze Ostsee legte, die jüngste. Und vermutlich die einzige, die das Überleben der Institution Kirche garantiert.

Sozialismus von allen Seiten – das rote Meer

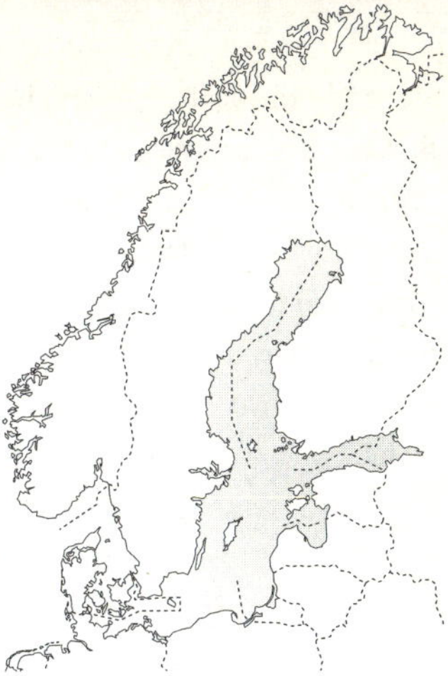

Keine Ideologie hat das vergangene Jahrhundert so geprägt wie der Sozialismus. Zuzeiten waren alle Ufer der Ostsee rot; Schweden wurde zum Synonym für die sozialdemokratische Staatsform, und von Viborg bis Wismar existierte der Realsozialismus.

In Nora ist Schweden am schwedischsten. Bergbau und Sprengstoff haben dem Städtchen einst Wohlstand gebracht. Hier war *Nitro Nobel* zu Hause, die Dynamitfabrik des Nobelpreisstifters. Ein Ableger ist noch immer präsent. Im Sommer klappern Touristen die alten Eisenhütten ab, bestaunen kleine alte Hochöfen und riesige Wasserräder, die die Hämmer der Schmieden antrieben, technische Wunder der Vormoderne.

Als ich Nora an einem Vorfrühlingstag besuchte, döst das Städtchen. Wald und Wasser, eine schwedische Idylle – in der es keine Arbeit gibt; die meisten Industriebetriebe von Nora sind verschwunden. Wie vielerorts in Schweden.

Arm sind die Menschen gleichwohl nicht, materiell leiden sie keine Not. Die Sozialdemokratie garantiert allen eine «angemessene Lebensführung»; der schwedische Staat zahlt Arbeitslosengeld, Wohngeld, Kindergeld, Krankengeld, Frührente und Sozialbeiträge. «Angemessen» kann bedeuten, dass der Sozialdienst Fahrstunden finanziert, in manchen Fällen gar ein Auto. Oder er bewilligt dem Kind einer allein erziehenden Mutter ein neues Mountainbike.

Trotz massiver Kürzungen des Sozialbudgets unterstützt Schweden mehr als die Hälfte seiner Bevölkerung in irgendeiner Form. Manche Bürger von der Wiege bis ins Grab. Das Gesetz beauftragt die Sozialbehörden, Menschen, die «aus physischen, psychischen oder andern Gründen auf wesentliche Schwierigkeiten in ihrer Lebensführung stoßen, die Möglichkeit zu verschaffen, am Leben der sozialen Gemeinschaft teilzunehmen und zu leben wie andere». Aus der Pflicht zur Arbeit wurde einst ein Recht auf Arbeit, und nun ein Anspruch auf Versorgung.

Die sowjetische Variante des Sozialismus hat sich als Organisationsform einer Gesellschaft inzwischen von selbst erledigt. Die skandinavischen Länder dagegen versuchen, das schwedische Modell zu erhalten, wenngleich ausgehöhlt. Die bisherige Großzügigkeit können sie sich nicht mehr leisten; sie stützte sich auf eine junge Bevölkerung und baute auf ein rasches Wirtschaftswachstum.

Auch Schweden knausert zusehends mit seinen Almosen, allerdings ohne das Prinzip umzustoßen, wonach der Staat all jenen unter die Arme greift, die Arbeitslosigkeit, Unfall, Krankheit, Behinderung oder Armut trifft. Oder die einfach älter werden, Mütter sind, die ein Kind alleine erziehen - sie sind eine wichtige Wählergruppe - oder einfach nicht mehr mögen.

Für Tage Erlander, Schwedens Premier von 1946 bis 1969, der, engagiert wie kein anderer, das schwedische Modell von oben implementierte, galt eine einfach Formel: Je mehr Staat, desto mehr Solidarität. Dieser Formel sind seine Nachfolger treu geblieben. Sie reden von der Gesellschaft, meinen aber den Staat; ein kleiner, aber wesentlicher Unterschied. So ist Schwedens Bürokratie weit schneller gewachsen als seine Wirtschaft; die Gesellschaft dagegen zeigt Zeichen des Zerfalls.

Die Sozialwissenschaft fragt nun, ob das schwedische Modell seinen Bürgern, auch den Benachteiligten, tatsächlich hilft, den Alltag erfolgreich zu meistern. Oder ob der sich ausdehnende Staat nicht immer mehr in die Leben der Menschen eindringt. Und die Privatsphäre kolonisiert, wie der Philosoph Jürgen Habermas sagt.

In einem Reihenhaus in Nora, draußen scheint eine bleiche Märzsonne, trifft sich die Vereinigung *Unsere Sache*; eine Gruppe von Menschen, deren Leben vom Staat umgestülpt wurde, vorgeblich zu ihrem eigenen Besten. Die Stimmung ist heiter, man kennt sich, umarmt sich, lacht. Es gibt Kaffee und Kuchen. Doch der Schein trügt. *Unsere Sache* ist eine Schicksalsgemeinschaft. Der in Nora besonders aggressive Sozialdienst hat diesen Leuten die Kinder weggenommen: wegen angeblichen Inzests oder Misshandlung. Der Verdacht eines Sozialhelfers genügt zum Kidnapping von Amtes wegen, oft ohne Vorwarnung, manchmal mit Polizei-Einsatz. Lässt sich ein Vorwurf nicht bestätigen, wird er umformuliert. Zuweilen legen die Behörden kleinen Kindern Anschuldigungen gegen ihre Eltern in den Mund.

Unsere Sache hat versucht, die schwedische Presse zu mobilisieren. Aber die Öffentlichkeit wandte sich ab. Es muss ja was dran sein. Zumal Eltern, denen ein Kind weggenommen worden ist, sich kaum kühl und rational verhalten.

Für die «Socionomen» dagegen, wie sich die Sozialhelfer selber nennen, wächst die Herausforderung: Je weniger Belege sie haben und je störrischer die Eltern reagieren, desto unerlässlicher die Intervention. Im Rücken die Staatsmacht und einen Wust flexibler Paragraphen – «ungebührliche Ausbeutung, mangelnde Fürsorge, zersetzendes Verhalten oder andere Zustände im Elternhaus, die ein erkennbares Risiko für die Gesundheit oder Entwicklung des Kindes darstellen» –, spielen sie die Eltern an die Wand.

Nicht alle natürlich. Doch eine Untersuchung konkreter Fälle bezichtigt den Sozialdienst, anstatt seinen Klienten – den Eltern – zu helfen, sie mit vagen Vorwürfen, Einschüchterungen, perfiden Provokationen, Manipulation und mit der Unterdrückung von Fakten auszutricksen. Vor allem der Vorwurf sexuellen Missbrauchs entpuppt sich oft als konstruiert, stellte eine Untersuchung der Hochschule Örebro fest.

Gegen Eltern, die beim Sozialdienst angezeigt werden, von wem auch immer, gilt – im Gegensatz zum Strafrecht – die Schuldvermutung. Selbst wer die Anschuldigungen zu widerlegen vermag, ist gezeichnet: Ein Dossier ist angelegt worden, es geht durch die Mühlen und wird immer dicker. Die Richter neigen zur Kungelei mit den «Socionomen», zu beiderseitigem Karrierenutzen.

Es gibt nichts, was sich nicht gegen Eltern verwenden lässt. Die Leute von *Unsere Sache* zeigen mir Dossiers: In einem steht, das Kind werde vernachlässigt, da es keine Süßigkeiten bekomme; in einem andern wird den Eltern vorgeworfen, sie stopften ihr Kind mit Zuckerzeug voll. Als ein Kind schmutzig zur Schule kam, hieß es, die Mutter liebe es zu wenig; sind die Kinder jedoch sauber, dann gelten die Eltern als überprotektiv. Auch Arbeitslosigkeit ist gelegentlich ein Verwahrungsgrund.

Die Kinder werden «platziert», etwa 4 000 neue Fälle jährlich, oft absichtlich weit entfernt vom Wohnort der Eltern. Insgesamt 14 000 Kinder leben meist in Pflegefamilien, welche dafür Honorar und Unterhalt kassieren. Besuchen dürfen die Eltern ihre Kinder einmal monatlich für zwei Stunden, oft nur unter Beobachtung. Die Beziehung des Kindes zu seinen biologischen Eltern wird damit systematisch zerstört. Dabei will ein Kind seine Eltern doch lieben, selbst wenn sie ein bisschen komisch sind, meint eine der Mütter in der Küche in Nora.

Doch der Sozialdienst nimmt die so genannten «Separations-Schäden» in Kauf, und auch, dass viele der vom Staat zusammengeführten Retorten-Familien zerbrechen, bevor die Pfleglinge erwachsen sind. Dann werden sie eben umplatziert.

Ein Stockholmer Anwalt und Menschenrechtler macht den Hang des Marxismus verantwortlich, alles rational erklären und steuern zu wollen: selbst das menschliche Verhalten, Beziehungen und die Entwicklung der Kinder. Zudem sei eine gewaltige Verwahrungsbürokratie herangewachsen, die sich beschäftigen müsse. Und bestätigen.

Die meisten Schweden wollen von solcher Kritik nichts hören; auch die Medien nicht, solange sie keine sozialpornographische Inzest-Geschichte daraus konstruieren können. Unter Führung der Sozialdemokraten, die Schweden seit 1933 fast ununterbrochen regieren, hat sich das Land vom ärmlichen Agrarstaat zu einer modernen Industriegesellschaft entwickelt, die nun auf dem Weg ins postindustrielle Zeitalter ist. Besonders deutlich wird das in der Provinz; im Norden, in Umeå zum Beispiel, der Stadt der Birken: Volvo baut dort Lkws, IT- und Bio-Tech-Firmen haben sich angesiedelt, und im Winter knattern Schneescooter durch den Wald.

Noch vor zwei Generationen arbeiteten dort die Männer im Sommer im Hafen, im Winter im Wald; die Frauen kümmerten sich auf dem Hof um die Kühe, das reichte gerade zum Überleben.

Heute gibt es in Umeå alles, was es auch in Stockholm gibt, und mehr: die Natur des Nordens, günstigere Wohnungen und niedrigere Preise bei gleichen Löhnen. Umeå unterhält ein Sinfonie-Orchester; und die Oper gibt Leoš Janáčeks *Das schlaue Füchslein*, nicht eben Hausmannskost.

Die *Norrlands-Opera* ist ein Resultat des schwedischen Modells, das Gleichheit nicht nur zwischen Bürgern, sondern auch zwischen Regionen postuliert und großes Gewicht auf Bildung legt. Die Bürger auf dem Land sollen die gleichen Kulturerlebnisse wie die Stockholmer haben, die Oper zum Beispiel. Dabei muss in einem Städtchen wie Umeå ein Bedürfnis nach Oper erst geweckt werden – vom Staat.

Mehr noch als die Provinzstädtchen haben sich die Söhne und Töchter des Landes neu orientiert, eine «Klassenreise» gemacht, wie man den sozialen Aufstieg in Schweden nennt. Aus Kleinbürger- und Arbeiterfamilien sind vor allem Angehörige der Nachkriegsgeneration in die Elite des Landes aufgestiegen; ihre Lebensgrundlage und ihr Status haben sich völlig verändert. Zu diesen Klassenreisenden gehören auch die jüngsten sozialdemokratischen Premierminister Ingvar Carlsson und Göran Persson.

Als Aufsteiger fühlen sie sich dem Staat zu Dankbarkeit und Treue verpflichtet.

Dem hält der Schriftsteller Per Olov Enquist entgegen, auch er ein Klassenreisender, im nördlichen Västerbotten in ärmlichen Verhältnissen aufgewachsen, ein engagierter Verfechter des schwedischen Modells: Dankbarkeit dem Staat gegenüber sei unangebracht. Die Bürger hätten sich diesen Staat ja schließlich selbst geschaffen. Mit dem Ziel, Almosen und Barmherzigkeit überflüssig zu machen. In Enquists kleinem Dorf von etwa siebzig Einwohnern sagte seine Mutter stets: «Der Staat, das sind wir.» Er habe nie «etwas genommen», sondern stets bloß seine Rechte wahrgenommen, so Enquist.

Der Staat, das sind wir. Das stimmt in Schweden auf ganz besondere Art: Fast zwei Drittel der Arbeitnehmer sind Staatsangestellte, das sind mehr als die Hälfte der Wähler. Wer würde am Ast sägen, auf dem er sitzt? Oder sie sitzt: Es wählen mehr Frauen als Männer sozialdemokratisch. Also wählt die schwedische Mehrheit sich selbst, den Status quo, selbst gegen besseres Wissen. Und die Partei hält an ihrer Klassenkampf-Rhetorik fest, obwohl sie erkannt hat, dass das System dringend umgebaut werden muss.

Der Staat, das sind wir. In den Ohren der Eltern, die sich in der Küche in Nora versammelt haben, klingt das zynisch. Einer der Väter wandte sich einst selbst an den Sozialdienst, weil er, dauerkrankgeschrieben, mit seinen Schulden nicht zurechtkam. Statt zu helfen, bezichtigte ihn der Sozialhelfer des Alkoholismus. Als sich das nicht halten ließ, wurde daraus Kindesmisshandlung, aus der Kindesmisshandlung Inzest. Diesen Vorwurf ließ das Sozialamt auch wieder fallen. Das Landgericht Göta ging darauf freilich nicht ein; es befand, das Elternpaar sei einfach nicht fähig, Kinder großzuziehen. Entlastungszeugen wurden keine gehört. Die drei Kinder blieben verwahrt. Dabei hätten der stille Vater und seine etwas derbe Frau alle Zeit für ihre Kinder: Auch sie ist arbeitsunfähig, wegen eines Knieschadens frühpensioniert.

So war der Wohlfahrtsstaat nicht gemeint: Seinen Vätern, dem Regierungschef Per Albin Hansson und dem Sozialminister Gustav Möller, hatte vorgeschwebt, das dörfliche Gemeinschaftsgefühl auf das urbaner – und somit anonymer – werdende Schweden zu übertragen. Noch um 1900 lebten die Schweden mehrheitlich als Kleinstbauern in abgelegenen, in sich geschlossenen Gemeinden. Die Jungen versorgten die Alten – das Gesetz verpflichtete sie dazu –, das Dorf seine Kranken, Witwen, Waisen. Wer eine persönliche Katastrophe erlitt, dem half man, bis er sich selber helfen konnte. Nach der Massenarbeitslosigkeit in den dreißiger Jahren sollte dieses Solidarmodell für Notfälle auf die städtisch-industrielle Gesellschaft übertragen werden.

1937 unterzeichneten die Gewerkschaften in Saltsjöbaden jenes Abkommen zum Arbeitsfrieden, das das schwedische Modell erst ermöglichte.

1946 setzten die Sozialdemokraten den Grundsatz durch, der Staat müsse alle gleich behandeln, unabhängig von Einkommen und sozialer Position. Wie beim allgemeinen Wahlrecht. Die Kinderbeiträge folgten 1948 und die allgemeinen, freien Schulmahlzeiten.

Der Staat übernahm die Rolle der Dorfgemeinschaft. Selektive Beiträge hätten, so glaubte der «Sozial-Gustav», wie Möller genannt wurde, die Empfänger stigmatisiert.

Um zu unterstreichen, dass es nicht um Almosen geht, sondern um Rechte für alle, sollten die Leistungen für alle kosten- und bedingungslos sein. Deren Nutznießer würden, unter der sozialen Kontrolle des Dorfes, ohnehin nicht mehr Hilfe in Anspruch nehmen, als sie zur Selbsthilfe brauchten. Alles andere hätte sie das Gesicht verlieren lassen.

Zudem hofften gerade die «Klassenreisenden», das Wohlfahrtsmodell helfe ihnen, etwas von der Nestwärme ihrer Heimat in die kalte, anonyme Moderne hinüberzuretten. Ihr Gleichheitsideal meinte nie bloß Rechts- oder Chancengleichheit und materiellen Ausgleich, sondern auch Geborgenheit – wie auf dem Dorf.

Die Sozialdemokratie ist ihre Heimat.

Dass eine solche Gemeinschaft Leute nur begrenzt tolerieren kann, die nicht konform sind, will man in Schweden nicht hören. Von schwedischen Außenseitern schon gar nicht. Zumal man stolz auf die Toleranz *innerhalb gewisser Grenzen* verweist und Außenseiter vorzeigt, Einwanderer zum Beispiel, die «es geschafft haben». Wer sich jenseits dieser Grenzen bewegt, gehört nicht zu «uns» – oder benötigt unsere Hilfe, um «zu uns» zurückzufinden.

Indes verwechseln in der Anonymität der Vorstädte immer mehr Schweden das Hilfsangebot der Gemeinschaft mit einem Selbstbedienungsladen, dessen Vergütungen – ihre Rechte – sie einklagen. «Immer mehr, nie genug!», schrieb der Sozialwissenschaftler Anders Isaksson über diese Haltung.

Das schwedische Modell überlebt vielleicht noch einige Jahre, eine Zukunft hat es in der urbanisierten anonymen Welt nicht. Still und leise haben die Sozialdemokraten das Ziel ihrer Politik, die Schaffung eines «Demokratischen Sozialismus», inzwischen aus ihrem Parteiprogramm gestrichen. Sie verwalten den Status quo, mithin ihren eigenen Niedergang. Und hoffen auf ein Wunder, das ihnen erlaubt, ihre veralteten Ideen zu verwerfen, die Macht aber zu behalten.

Der Weg von Nora nach Stockholm zurück führt uns erst mit dem Linienbus nach Örebro, dann mit dem Zug nach Halsberg. Dort steigen wir auf den Intercity um. Der Bus war fast leer, auch im Zug sitzen nur wenige Reisende. Nora erhielt bereits 1856 eine Bahnverbindung nach Örebro, seiner Gruben wegen. Ohne Eisenbahn wäre Schwedens rasante Industrialisierung nicht möglich gewesen, also auch die Modernisierung der Gesellschaft nicht.

So könnte man sagen, dass der Sozialismus mit der Bahn nach Schweden kam. 1966 stellte die Bahn nicht nur den Personenverkehr nach Nora ein, sondern auch die meisten andern Provinzlinien. 1978 verschwand der Güterverkehr. Heute tuckert, von Mittsommer bis August, ein Museumsbähnchen mit Touristen von Örebro nach Nora. Die schwedische Staatsbahn verbindet nur noch die Ballungszentren. Und es scheint fast, als kämen die Segnungen des Sozialstaats nicht mehr dorthin, wo auch die Bahn nicht mehr hinfährt.

Die große Sozialistische Revolution hätte in vielen Ländern ausbrechen können: in England, Deutschland oder Ungarn zum Beispiel; Russland gehörte nicht dazu. Es war, trotz rasanter Industrialisierung seiner Zentren, vor allem Sankt Petersburgs, ein rückständiges Agrarreich, zudem vom Krieg versehrt. Folgen wir Marx, so fehlte hier die Basis für einen Aufstand der Arbeiterklasse. Gewiss, Petersburg – oder Petrograd seit 1914 – war eine Großstadt mit viel Industrie, doch selbst hier gab es mehr Straßenhändler als Arbeiter, mehr Lumpen als Proletarier. Lenin folgte, bewusst oder aus Opportunismus, in seiner Politik eher Bakunin, den er einen «Feind des Marxismus» genannt hatte, als seiner eigenen Theorie. Bakunin hielt den Aufstand der Massen am ehesten in einer primitiven, rückständigen Gesellschaft für möglich, in der die Mehrheit nichts zu verlieren hatte und der Kapitalismus schwach war.

Auch nach Russland kam der Sozialismus per Bahn. Ein Sozialismus ganz anderer Art freilich; keine offene Gesellschaft der Selbstverwirklicher wie in Skandinavien; eine totalitäre Despotie der Gleichschaltung, von außen importiert und einer Gesellschaft im Aufbruch aufgepfropft. Anders als in Schweden war der Sozialismus in Russland nie ein Ideengebäude, in das sich eine Mehrheit der Bevölkerung eingefügt hätte, sondern bloß Fassade und Propaganda, das Gleichheitsgebot ein Vorwand zur Enteignung.

Während in Schweden - und auch in andern Demokratien an der Ostsee - die Sozialdemokraten der ersten Generationen ihrer Überzeugung folgten, um eine bessere Welt aufzubauen, nutzten jene, die im Herbst 1917 in Russland putschten, die Lehre von der gerechteren Welt als Deckmantel für ihren Griff nach der Macht. Viele, die sozialistische, sozialdemokratische oder liberale Ideen geäußert hatten, wurden nach Sibirien verbannt, hingerichtet oder gingen in die Emigration.

Als es in Petrograd schon brodelte und die provisorische Regierung an die Macht kam, saß Lenin noch mit seinem gefälschten bulgarischen Pass in Zürich an der Spiegelgasse, wo er auf das Ende des Kapitalismus wartete. Abends traf er sich mit seinen Genossen zu konspirativen Debatten im Hinterzimmer einer Kneipe an der Kegelbahn, oder er fuhr in den Jura, um die Uhrenarbeiter zu agitieren. Hätte das Deutsche Reich ihn nicht für seine Zwecke eingesetzt, Lenin wäre ein Traktätchen-Schreiber und Kaffeehaus-Politiker geblieben, der aus Zürich hysterische Telegramme nach Russland sandte.

Ende Februar stürzte in Petrograd der Zar, Mitte März erschien die erste Ausgabe der *Prawda*. Derweil grübelte Lenin in Zürich, wie er - nach zwanzig Jahren Exil - nach Russland zurückgelangen könnte, und schrieb *Briefe aus der Ferne*, in denen er sich auf die Organisationsfrage konzentrierte; etwa von Volksmilizen.

Zwei Schweizer Sozialisten verhandelten in seinem Namen mit dem deutschen Gesandten über ein Transitvisum nach Schweden. Der Botschafter versprach, den Tross - Lenin, seine Frau Nadjeschda Krupskaja und 28 weitere «Internationalisten» - ohne Pass- und Gepäckkontrolle durchzulassen, unbesehen ihrer Weltanschauung. Versiegelt war der Eisenbahnwagen nicht, doch durfte ihn ohne Erlaubnis des Schweizer

Begleiters niemand verlassen oder betreten. Offiziell erwartete die Reichsregierung, die Bolschewiki würden sich für die Freilassung deutscher Kriegsgefangener einsetzen. Inoffiziell spekulierte sie, Lenin würde Russland von innen zusätzlich schwächen. Was den Druck von der deutschen Ostfront genommen hätte.

Die Reisegesellschaft traf sich am 27. März im Berner Volkshaus, die Sinowjews, Karl Radek, als «Russe» verkleidet, Charitonow und Lenins Freundin Inessa Armand.

Lenin zog sich mürrisch in ein Abteil zurück. Die wahrscheinlich folgenreichste Ostsee-Reise der Geschichte begann in der Schweiz, führte über Berlin, Stralsund und Rügen auf die Fähre der *Königslinie.* Von Sassnitz ging es nach Trelleborg, Malmö.

Lenin hatte in einem blauen Heft den Entwurf zu *Staat und Revolution* dabei, den Aufruf zum Sturz der Staatsmaschinerie. Die bürgerliche russische Republik – gerade einen Monat alt – sterbe ab; die «kleinbürgerlichen Demokraten» seien machtlos und die Bourgeoisie noch nicht stark genug, das Proletariat zu besiegen. Der «Maximalist» Lenin denunzierte den Parlamentarismus. Er sah die Gelegenheit gekommen, nach der Macht zu greifen: erst in Russland, dann in Europa.

Churchill sollte später sagen, das Kaiserreich habe Lenin als Pestbazille nach Russland zurückgeschafft.

Von Malmö ging es mit dem Nachtzug nach Stockholm. Dort bescherte der sozialistische Bürgermeister Carl Lindhagen den Genossen einen artigen Empfang; das rote Banner forderte den Acht-Stunden-Arbeitstag – auf Russisch. Das verstand man in Schweden unter Sozialismus.

Von Stockholm ging es weiter nach Norden, durch Västerbotten. In Haparanda stieg die Gruppe auf Pferdeschlitten um, die sie über den schwedisch-finnischen Grenzfluss Torniojoki brachten, damals noch die Grenze des Russischen Reichs. Es war die Nacht zum orthodoxen Ostersonntag. Von Tornio aus ging es mit dem Nachtzug südwärts. Lenin soll launisch auf Ordnung gepocht haben; das Rauchen im Zug verbot er. Als man kurz nach zehn Uhr abends am 16. April in Petrograd ankam, kletterte er vor dem Finnländischen Bahnhof auf einen gepanzerten Wagen und sprach zur Menge. Da steht er heute noch, oder seit 1926 wieder, in Bronze. Der Bahnhofsplatz war damals klein, nicht breiter als eine Straße. Es bedurfte nicht vieler Zuhörer für eine Menschenmenge. Außerdem wurde Freibier ausgeschenkt; dafür hörte man sich auch eine Rede an.

Die Reise von Finnland nach Petrograd war auch eine Reise in die Moderne. Helsinki war eine kleine, arme Stadt. Es hatte zwar den von Carl Ludvig Engel erbauten Senatsplatz – ein Echo von Petrograd – und bürgerliche Neubauviertel vorzuweisen, bestand aber größtenteils aus einstöckigen schäbigen Holzkaten. Petrograd dagegen gehörte zu den pulsierenden Metropolen Europas; eine Stadt, die in Mode war, obendrein.

Dem deutschen Kaiserreich soll Lenins Ostsee-Reise 50 Millionen Mark wert gewesen sein. Die Provisorische Regierung gab sich jedoch unbeeindruckt. Im August 1917 ging Lenin nach Finnland zurück, rasiert, mit Perücke, als Heizer verkleidet, zusammen mit Sinowjew. In einer Feldhütte, als Landarbeiter verkleidet, schrieb er *Staat und Revolution* nieder. Die Sache der Bolschewiki schien gescheitert. Im Oktober, nach dem alten Kalender, wagte er sich nach Petrograd zurück, versteckte sich aber auf der Viborger Seite. Dort blieb er in Deckung und wagte sich erst auf die Straße, als die Milizen der Bolschewiki bereits begonnen hatten, die Schlüsselstellen der Stadt zu besetzen, meist kampflos, ohne Lenins Befehl. Der «Revolutionsführer» kam zu spät zu seiner eigenen Revolution.

In der Nacht schlich er sich, mit einer Bandage, als hätte er Zahnschmerzen, und mit einer Perücke, die ihm ständig verrutschte, von der Viborger Seite zum Smolny, damals eine Mädchenschule. Beim Taurischen Palais wäre er um ein Haar verhaftet worden. Den Rest der Nacht verschlief er in einem Hinterzimmer des Smolny. Am nächsten Morgen erklärte sein Allunions-Sowjet die Provisorische Regierung für abgesetzt, Lenin erließ das Dekret Nummer 1 gegen den Landbesitz. Die Bolschewiki begannen, Häuser zu beschlagnahmen, Menschen zu verhaften, zu morden, zu enteignen. Im Namen des Staates, zum Nutzen des Volkes.

So kam der Sozialismus nach Russland: durch die Hintertür, verkleidet und mit Zahnschmerzen. Bald wurde er mit Gewalt durchgesetzt.

Der Terror dauerte vier Jahrzehnte, danach waren die Sowjetregierungen zwar noch repressiv, aber kaum mehr mörderisch.

Bis zum Ende duldeten sie keine sozialen Strukturen jenseits der staatlichen, keine Meinungs- und keine Wirtschaftsfreiheit. Bald gab es nur noch wenige Menschen, die Ideen äußerten. Die Mehrheit bildeten Duckmäuser und Anpasser, die keine Entscheidungen trafen und nicht auffallen wollten: die *Homini sovietici.*

Wir fahren mit der Bahn auf Lenins Spuren von Helsinki nach Sankt Petersburg. Wir hatten die Wahl zwischen dem frühen finnischen *Sibelius* oder dem russischen *Repin*, der am Abend fährt. Viel schneller als zu Lenins Zeiten sind die Züge noch heute nicht, zumal sie in Vainikkala und Viborg zur Grenzkontrolle länger stehen bleiben.

In Finnland liegt im April noch Schnee, auf den Bahnsteigen warten die Leute dick vermummt. Die Landschaft ist auch hinter der Grenze dieselbe, aber die Wartenden wirken dumpfer, stoischer, als wäre es hier noch kälter. Zur Zeit Lenins reichte Finnland bis vor die Tore Sankt Petersburgs.

Wir rattern an Baumateriallagern vorbei, verfallenen Katen. Neben den Geleisen liegt Schrott. An Bootsstegen sind kleine, vereiste Ruderkähne festgemacht. Russland ist noch lange nicht saniert. Das vermag auch die dicke Schneedecke nicht zu verbergen.

Drei Jahrzehnte nach Lenin fuhr der finnische Präsident Urho Kekkonen die Strecke regelmäßig: nach Moskau und in die Stadt, die inzwischen Lenins Namen trug. Als Advokat des Ausgleichs in einer Zeit, in der man sich gegenseitig Ideologien um die Ohren schlug. Als erster Politiker, der, jenseits der Ideologien, als kruder Pragmatiker für eine Ostsee arbeitete, die beide Seiten einschloss: West und Ost. Ein Nordosteuropa.

Einmal brachte Kekkonen eine alte Dampflok mit, als Staatsgeschenk: das Gefährt, auf dem Lenin den Heizer gemimt hatte. Heute ist sie in einem Glaskasten am Bahnsteig des Finnländischen Bahnhofs zu besichtigen. Die Dampflok, deren Zeitalter vergangen ist, erinnert an den Sozialismus; auch er ein Museumsstück.

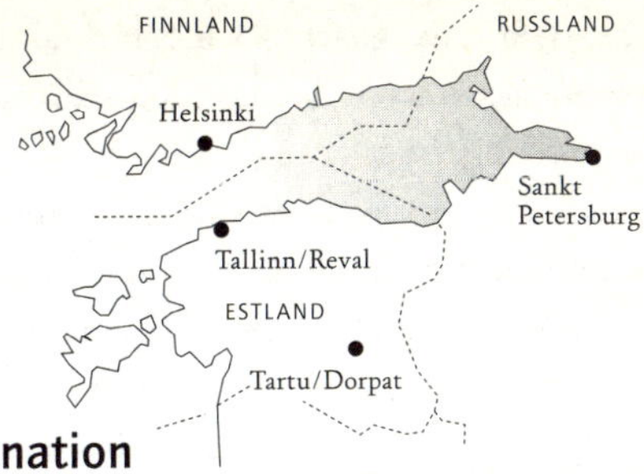

Das Bad der Nationen – Blutsbande und Willensnation

Der Bücherhacker: links von ihm ein Stapel intakter Bücher, rechts ein Haufen zerfetzter Bände. In der Mitte der Richtblock. Mechanisch fährt sein Beil auf die Bücher nieder, wieder und wieder, Tag für Tag. 1948, vier Jahre nach der Besetzung durch die Sowjets, im Vorhaus der Universitätsbibliothek von Tartu, vernichtet der Bücherhacker estnische Bücher und andere, die dem Sowjetsystem nicht passen. Die Studenten müssen täglich an der Bücher-Hinrichtungsstätte vorbei.

Mindestens vier Millionen estnischsprachige Bücher gingen damals verloren. Pro Kopf wohl mehr als in irgendeinem andern Land. Im GULag sollen estnische Häftlinge sich die Frage, warum sie verschleppt worden waren, gegenseitig oft nur mit dem Namen eines Schriftstellers beantwortet haben.

Dennoch sagen viele Esten, ihre Nation hätte die fast fünf Jahrzehnte sowjetischer Besetzung und Russifizierung überstanden, weil sie in der Sprache ein Exil gefunden haben. Sie sind in die Dichtung emigriert, in ihre Romane und in ihr Liedgut.

Eingezwängt zwischen den eng beieinander stehenden Bänken des Rathauses von Tartu, oder Dorpat, erinnerte sich Jaan Kross, einer der größten Schriftsteller Estlands, an den Bücherhacker. Die Stadt feierte seinen Geburtstag. Die Feier, wie viele zu Beginn der neunziger Jahre, galt eher der Erweckung der Esten aus dem Sowjetdämmer als dem Jubilar.

Estland suchte sein wieder erwachendes Nationalgefühl zu festigen.

Nirgends war die Idee von der Sprachnation als Gemeinschaft so tief verankert; die Vorstellung vom eigenen Charakter, von der eigenen Stimme, dem unvergleichlichen Schicksal. Ein Konzept von Volksgeist und Nationalcharakter, das aus Deutschland, vor allem aus Ostpreußen, ins Baltikum gelangt war.

Herder sah eine friedliche Koexistenz aller Nationen kommen, großer Familien. Je kleinteiliger und vielfältiger, umso besser. Die Sozialisten – die Modernisierer per se – hielten dies für eine reaktionäre bürgerliche Ideologie, die, so glaubten sie, verschwinden würde, wie die andere große Irrationalität auch, die Religion. Indes hat die nationale Idee, vielleicht mehr noch als der Sozialismus, weltweit das zwanzigste Jahrhundert geprägt. Bis hin zum Paradoxon des Sowjetnationalismus. Auf allen Kontinenten haben Sprach- und Kulturgemeinschaften kulturelle Selbstbestimmung gefordert, Selbstverwaltung und Unabhängigkeit.

Sie sind – zur Selbstvergewisserung – zu alten, vergessenen Traditionen zurückgekehrt oder haben eigens neue erfunden. Nationalismus ist stets auch ein Aufschrei der Unterdrückten – oder vermeintlich Unterdrückten – nach Anerkennung. Er geht auf eine Wunde zurück, eine Verletzung: und sei es ein bloßes Verächtlichmachen, beispielsweise als «geschichtslose Völker», als die die Finnen und Esten behandelt wurden.

Völker, die sich zur Wehr setzen, indem sie auf ihre Eigenheiten pochen, ein eigenes Haus fordern, wähnen sich unverstanden oder zumindest marginalisiert. Sie sind davon besessen, anderen Nationen Zugeständnisse ihrer Gleichwertigkeit abzuringen. Sie fragen: Sind wir ihnen in unserem Anderssein nicht bereits fast ebenbürtig? Dann haben wir doch alles, es ganz zu werden, sobald man aufhört, uns daran zu hindern.

Oder auch: Wir waren euch ebenbürtig, bevor die Unterdrücker kamen. Im Falle der Esten war das der Deutsche Orden im dreizehnten Jahrhundert, die Schweden im sechzehnten, die Russen zu Beginn des achtzehnten Jahrhunderts und noch einmal, als Sowjets im Zweiten Weltkrieg. Wobei die Schweden im heutigen Estland als gutwillige Zivilisatoren gesehen werden, ihr Gustav II. Adolf als Universitätsstifter.

Durch die finnische, aber auch die estnische Geschichtsschreibung geistert ein Ostsee-Finnisches Großreich, eine finnisch-ugrische, mithin estnisch-finnische Seemacht, die von den Ufern des Mälaren westlich des heutigen Stockholm über den Südwesten des heutigen Finnland und die Insel Ösel bis nach Narwa und Karelien reichte. Sie beherrschte die nördliche Ostsee, den Golf von Finnland, und soll in kürzester Frist hundert Wikingerschiffe mit 5 000 Kriegern bemannt haben können. Ihre Gemeinden sollen sich jährlich zu einem Gerichtshof getroffen haben, beispielsweise in Harjumaa, der Gegend um das heutige Tallinn, was als frühe Staatsform gedeutet werden kann.

In seiner livländischen Chronik berichtet Heinrich der Lette (1187–1259) von Esten, die an der Küste Schwedens um ein Lagerfeuer sangen. Auch Olaus Magnus erwähnt in seiner großen Studie des Nordens, die Vorfahren des finnischen Volkes hätten Schiffe gebaut, «die so stark und beständig sind, wenn nicht besser als jene der Venetianer mit ihren imponierenden Fähigkeiten auf diesem Gebiet». Der schwedische Priester im römischen Exil – der letzte katholische Erzbischof seines Landes – verstand seine Aufgabe durchaus als Ehrenrettung des Nordens. Er lässt beispielsweise keinen Zweifel daran, dass «die nordischen Frauen schöner und fruchtbarer sind als ihre Schwestern im Süden, diese eitlen Modesklavinnen mit zu viel Schminke».

Kein Wunder, dass Olaus Magnus' Werk im Zeitalter des Nationalismus, um 1900, wieder entdeckt und erstmals ins Schwedische übertragen wurde.

Magnus' Beispiel nimmt vorweg, wie die Romantik später das Ursprünglichere zum Edleren stilisieren sollte, die Armut als Reinheit neu definierte, das Fehlen von Bildung als unverdorbene Naturnähe, die Wortkargheit zu Weisheit und das harte Arbeiten – aus Not – als höchste Tugend.

Viele Esten sind Primordialisten, die nationale Zugehörigkeit ist für sie ein Netz von Verwandtschaftsbanden. Zumindest dachten sie in den Jahren der Unabhängigkeitsbewegung fast alle so. Das Nationale ist angeboren, vererbt – eine Frage des Blutes. Die Sprache, bis ins neunzehnte Jahrhundert die Sprache der Bauern, ist das verbindende Element.

Wer in die Stadt zog und zu ein bisschen Wohlstand kam, hörte auf, Este zu sein: Er nahm allmählich das Niederdeutsche an, das im frühen achtzehnten Jahrhundert vom Hochdeutschen abgelöst wurde. Schließlich verwandelte er sich in einen «Deutschen». Das machte Estnisch umso reiner. Deutschsprachige Pfarrer wie Otto Wilhelm Masing begannen, die Bauernsprache zu dokumentieren, um die Esten unterrichten zu können – wozu sie deren Sprache beherrschen sollten, wie Johann Heinrich Rosenplänter schrieb, Masings Kollege. Eigentlich wollten die beiden die Esten zu besseren Christen machen. Aber dann konzentrierten sie sich ganz auf die Erforschung der estnischen Sprache.

Andererseits sind dies auch die Jahre der Inneren Christianisierung der Esten. Die zugereisten Herrnhuter Missionare setzten sich von den örtlichen deutschbaltischen Pastoren ab, die mit dem Adel verbandelt waren. Sie gewannen das Vertrauen der Esten und Letten und bildeten mit ihnen evangelische Gemeinden jenseits des deutschbaltischen Zugriffs.

Die Suche nach den Bauernsprachen lag, überall in Europa, als Revolte gegen die aufgeklärte Vernunft in der Luft, als ein «Zurück zum Ursprünglichen».

In der *Gelehrten Estnischen Gesellschaft* in Tartu begannen Friedrich Robert Faehlmann und Friedrich Reinhold Kreutzwald, das Estnische nach 1838 zur Literatursprache zu machen, die Esten damit zur ebenbürtigen Nation. Heute versuchen estnische Philologen die Anfänge literarischen Schaffens der Esten ins sechzehnte Jahrhundert vorzuverlegen. Schon die damaligen Literaten, Johan Kroell, der um 1535 an der Übersetzung und Publikation eines Lutherischen Katechismus beteiligt war, und Balthasar Rüssow, der Verfasser der niederdeutschen *Chronica der Prouintz Lyfflandt* (1578), waren gebürtige Esten, ihren unestnischen Namen zum Trotz. Geschrieben haben sie allerdings nicht auf Estnisch.

Eine nationale Schwärmerei dies alles; auch die Frage, ob zwei Gelehrte nun Esten waren oder nicht – wie weit lässt sich das Konstrukt der Nation auf das sechzehnte Jahrhundert projizieren? –, ist ein Phänomen der Romantik. Wenn Estland 1988 gleichwohl vom nationalen Fieber erfasst wurde, wie Lettland und Litauen auch, so erklärt sich dies mit der sowjetischen Nationalitätenpolitik. Entgegen der Propaganda vom Internationalismus bestimmte die ethnische Zugehörigkeit das Schicksal eines Sowjetbürgers; nationale Stereotypien waren offizielle Politik; es gab mehr und weniger privilegierte Nationen. Als wäre man im Denken des neunzehnten Jahrhunderts stecken geblieben.

Die Äußerung nationaler Regungen hingegen wurde unterdrückt.

1990, als man wieder Este sein durfte und stolz darauf, ging das Verlangen nach Erkennung des Eigenen so weit, dass estnische Philologen forderten, aus dem Westen ins damals noch sowjetische Estland importierte Pornofilme seien nicht nur russisch zu synchronisieren, sondern zumindest auch mit estnischen Untertiteln zu versehen. Andernfalls würde sich die Vulgärsprache zu sehr mit Russizismen durchsetzen.

Doch zum Entsetzen der estnischen Elite ist genau das passiert.

Denn bis zu ihrem Ende war die Sowjetunion ein wichtiger Garant für die Reinheit der Umgangssprache der Esten gewesen: Qualität als Protest.

Die sprachliche Emanzipation der Finnen, der Brudernation auf der anderen Seite des schmalen Meerbusens, verlief oft parallel zu jener Estlands; beide Länder haben sich gegenseitig beeinflusst. Dabei betonen die Esten heute gerne ihre historisch größere Nähe zum europäischen Geistesleben.

Während die Esten, unter dem Einfluss der deutschen Romantik, ähnlich wie die Letten, Polen, die Slawophilen in Russland und die Deutschen für ihre Nation schmachteten, war die finnische Fennophilie - oder Fennomanie, wie die Bewegung auch genannt wurde - ein «pragmatischer Nationalismus» und eher dem «Skandinavismus» verwandt; Schellings Romantik fasste in Finnland kaum Fuß.

Die Grenze zwischen romantischem und pragmatischem Nationalismus verlief somit quer durch die Ostsee, vom Südwesten bis zum karelischen Isthmus; nordwestlich dieser Linie war man pragmatisch. Und sie verlief mitten durch die literarischen Salons von Sankt Petersburg, wo Slawophile und Westler über den richtigen Weg zur russischen Seele stritten.

Das moderne Finnland ist eine von seinen Vätern im neunzehnten Jahrhundert sorgsam geformte Willensnation. Im Gegensatz zu den Esten, die ihre Nation bis heute als ethnisch homogen sehen, anerkennt die finnische Geschichtsschreibung längst, dass Finnland keine ethnische Gemeinschaft ist, sondern das Resultat der geschickten Politik einer Elite, die nicht nach Schweden zurückkonnte, aber auch nicht im Zarenreich aufgehen wollte.

Bis zum Jahre 1809 waren Schweden und Finnland keine Begriffe, die sich klar voneinander abgrenzen ließen. Das heutige Finnland war lange Zeit ein integraler Teil Schwedens. Entlang seiner Küste sprach man Schwedisch, und im Land galt das schwedische Gesetz, auch nach der Inkorporierung als Großherzogtum ins Zarenreich. Andererseits lebten in Västerbotten und sogar in Värmland und Dalarna, also tief im heutigen Zentralschweden, finnischsprachige Stämme. Nach einem in Finnland populären Mythos stehen die drei Kronen, Schwedens Wappen seit dem dreizehnten Jahrhundert, für drei Reiche, von denen eines der Südwesten des heutigen Finnland ist. Noch um 1800 – als man bereits ahnte, dass Schweden seine Provinzen am Ostufer des Bottnischen Meeres an Russland werde abtreten müssen – schrieb Henrik Gabriel Porthan, der Bibliothekar und königliche Kanzleirat an der Akademie in Åbo, in seiner Chronik über die Finnen entlang der Küste als gewöhnliche Schweden.

Bei den Finnen im Landesinneren beobachtete Porthan eine «ganz eigene Lebensweise», zu der auch die Sauna gehörte. Er sah in ihnen Rückständige, die in Rauchkaten hausten und Borkenschuhe trugen, ein «wirklich exotischer Stamm». Porthan bewunderte die Schönheit ihrer Frauen und stellte eine «merkwürdige Gleichheit» mit den Männern fest. Er war überzeugt, diese Finnen und die kleinen Völker, die mit ihnen verwandt waren, würden sich bald «zivilisieren» und eine Gesellschaftsordnung auf der Grundlage von Gesetzen annehmen. Sie würden ihre Landwirtschaft rationalisieren, in Handel und Industrie expandieren und ihr Lern- und Bildungsniveau verbessern. Dazu gehörte aus Porthans Sicht, dass sie die schwedische Sprache lernten. «Die Kultur soll über die Barbarei siegen, und sogar die Einwohner in den ‹oberen› Landesteilen sollen normale Einwohner des Schwedischen Reiches werden.»

Im Jahr 1809 änderte sich alles: Schweden musste Finnland dem Zarenreich überlassen, zur Kompensation durfte es das bis dahin dänische

Norwegen annektieren. Alexander I. gewährte dem neuen Großherzogtum Finnland Autonomie, er beließ ihm das Schwedische als Amtssprache und seine Gesetze. Das Finnische wurde erst 1866 als zweite Amtssprache zugelassen.

Wirtschaftlich profitierte das Großherzogtum von seiner neuen Anbindung an Russland; Sankt Petersburg war der größte Markt der Ostseeregion. Auch die baltischen Städte öffneten sich den Finnen. Und die Lösung von Schweden befreite Österbotten von den Restriktionen, denen die kleinen Werften unterworfen gewesen waren, damit sie nicht in Konkurrenz zu Stockholm traten. In Finnlands Städten sprachen die Menschen zu jener Zeit Schwedisch und Deutsch. In Viborg – das schon ein halbes Jahrhundert früher zum Zarenreich gekommen war – auch Russisch. Die bedeutendste Schule Finnlands war das deutsche Gymnasium in Viborg, eingerichtet zur Ausbildung von Beamten. Hier, wie auch an der Universität Åbo, studierten früh auch Bauernsöhne.

Schwedischsprachige Intellektuelle, Schriftsteller, Journalisten wie Johan Ludvig Runeberg und Johan Vilhelm Snellman setzten Porthans Erkundung der finnischen Waldleute fort. Runeberg schaffte ein Idealbild des Finnen; er erfand den Bauern Paavo, für den Armut eine Tugend ist, und begründete mit seinem *Fähnrich Stahl*-Zyklus die finnische Nationallyrik – auf Schwedisch. Selbst Aleksis Kivi, der mit den *Sieben Brüdern* (1870) den ersten Roman auf Finnisch schrieb, war auf Schwedisch erzogen worden. Finnland, aus dem Schwedischen Reich gefallen – und ein Zurück gab es nicht –, suchte nach einer nationalen Identität.

Seine Emanzipation begann auf Schwedisch. Doch das schien politisch unklug: Sankt Petersburg hätte eine engere Anlehnung an die schwedische Kultur als Revisionismus verstehen können. Deutsch, als Lingua franca, wäre eine Alternative gewesen. Und natürlich hätte Finnland sich der russischen Kultur assimilieren können. Doch daran dachte in Finnland kaum jemand. So kam Finnland auf das Finnische, gleichsam als kleinsten gemeinsamen Nenner. Die Gebildeten, Beamten und wenige Adlige, vor allem im Osten Finnlands, fennoisierten ihre Namen; sie konvertierten zum Finnischen, allen voran die politischen Liberalen, die sich davon mehr Spielraum versprachen.

In Karelien sammelte der Arzt Elias Lönnrot alte Gesänge und Sagen, die er zum *Kalevala* zusammensetzte, das bald zum finnischem Nationalepos werden sollte.

Nach dem Vorbild der *Gelehrten Estnischen Gesellschaft* in Tartu/Dorpat entstand in Viborg die Finnische Literaturgesellschaft, die auch Bauern und Handwerkern offen stand. Und auch Frauen. Letzteres ging auf den russischen Einfluss in «Altfinnland» zurück. Hier genoss die Frauen-Bildung seit Katharina II. einen besonderen Stellenwert.

1850 erging ein Verbot, politische Literatur auf Finnisch zu publizieren. Also veröffentlichte man eine Geometrie auf Finnisch.

In jenen Jahren fassten Philologen mit klassischer Bildung das Finnische - keine indogermanische Sprache - in eine vom Lateinischen geprägte indoeuropäische Systematik. Der Historiker Matti Klinge bezeichnet das moderne Finnisch daher als eine «semi-indogermanische» Sprache.

DNA-Studien weisen nach, dass das finnische Volk zu drei Vierteln auf germanische Stämme zurückgeht, also auf Schweden und Deutsche - und dass von einer «finnischen Ethnie» somit wenig geblieben ist.

Lönnrots Muttersprache war Schwedisch. In ihren Anfängen waren die nationalen Erweckungs-Bewegungen kleine Unternehmungen, Familien- und Freundesangelegenheiten von Literati, von denen manche im herderschen Sinn gar nicht zur Sprachnation gehörten. Oder sie fanden in den Salons statt.

Das Bild der Waldfinnen, die saunen, saufen und schweigen, ist reine Tourismuswerbung, vergleichbar den deutschen Lederhosen-Bayern. Eine Art Orientalismus, den die Finnen zuweilen selbst pflegen, vor allem ihre Künstler, der Filmer Aki Kaurismäki etwa. Dabei war Finnlands Nationalismus in seinen Wurzeln eine rationale Strategie, mit der sich die Bewohner des östlichen Teils des Schwedischen Reiches sowohl von den Russen als auch von den Reichsschweden abgrenzten.

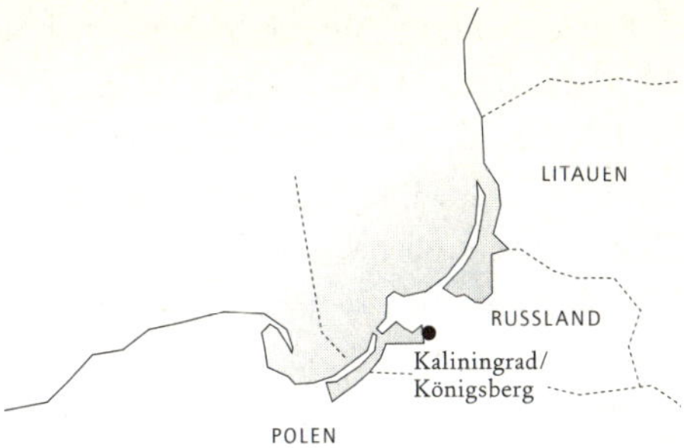

Über die Ufer der Vernunft – Johann Georg Hamanns Stadt

Wo liegt Königsberg, heute Kaliningrad, die alte Universitätsstadt und Ostseemetropole? Und wie kommt man hin? Von Gdańsk fährt ein Zug, umsteigen in Braniewo. Schneller ist man mit dem Tragflügelboot von Elbing aus. Oder mit der polnischen Fluggesellschaft *LOT*.

Auf unserem Bücherbord liegt der Stadtplan von Kaliningrad, daneben alte Ratslisten, nachgedruckt vom ostpreußischen Heimatverein in Hamburg. Die Zahl der Königsberg-Publikationen in deutscher Sprache ist enorm: Historien, Reproduktionen alter Stiche, alte Baedeker und postsowjetische Reiseführer, Fotos vom Münzplatz, Hundegatt, Schloss, Kneiphof, vom alten Pregel und vom neuen Pregel mit Lastkähnen.

Die Stadt lebt in der Erinnerung weiter, solange Überlebende vom großen Treck erzählen, der Massenflucht aus Ostpreußen 1945. Sie wird schöner, reicher, königlicher; historischer. Der Turmhelm des Schlosses ist nicht mehr neugotisch; und dass das Schloss erst seit Mitte des neunzehnten Jahrhunderts frei steht, wird auch vergessen.

Der Kaliningrad-Tourismus, der auch nach Wehlau, Insterburg, Labiau, Cranz führt, bis nach Tilsit – es sind die Namen, die klingen; nicht der Anblick der Städte und Dörfer –, nach Pillau, Palmnicken, Brüsterort, Rauschen und ans Frische Haff, ist ein archäologisches Wellenreiten, bei dem man die alte Landkarte über die neue legt: Dieses Dorf muss Methgeten gewesen sein, und dort geht es nach Trakehnen, zum Gestüt.

Bis über unser Jahr null hinaus war die Region um Königsberg, das ehemalige nördliche Ostpreußen, – wie viele Grenzregionen der UdSSR – ein Sperrbezirk. Die Sowjets gaben der Stadt einen neuen Namen, Kaliningrad, und suchten jede Erinnerung an 700 Jahre deutsche Geschichte zu tilgen.

Ihre Propaganda reduzierte das alte Königsberg auf einen militärischen Vorposten der Preußen. Stumpfsinnige Junker hätten von diesem «urslawischen» Territorium aus Eroberungskriege geführt, zuletzt Hitlers Ostfeldzug. In Königsberg versteckte sich «der Deutsche, der dein Kind gemordet, deine Frau, Braut, Schwester vergewaltigt, deine Mutter, deinen Vater erschossen» hat, hieß es in einem Appell, der die Soldaten der Roten Armee zum Sturm auf die Stadt scharf machte.

Das Potsdamer Abkommen überließ das Gebiet Stalin. Königsberg wurde zu Kaliningrad, und damit von der östlichsten deutschen zur westlichsten sowjetischen Stadt, nicht als Besatzungszone oder «temporär verwaltet», wie es die Vertriebenenverbände formulieren, nein, völkerrechtlich korrekt und «auf immer». Seit dem Zerfall der Sowjetunion ist Ostpreußen, Russlands «Fenster zum Westen», nun «russische Erde».

Die meisten Königsberger flohen, bevor die anrückende Rote Armee die Stadt erreichte; die übrigen wurden, viele nach längerem Arbeitseinsatz, ab 1947 in die spätere DDR umgesiedelt.

Zurück blieb eine leere Ruinen-Stadt, für die man Neusiedler aus allen Teilen der Sowjetunion rekrutierte. Willkommen waren alle Nationalitäten – nur Russlanddeutsche anfänglich nicht. Später schon. Wenn irgendwo eine sowjetische Nation entstand, dann in künstlich bevölkerten Städten wie dieser.

Kaliningrad wurde zur Garnisonsstadt und zum Flottenstützpunkt; man siedelte Industrie an, produzierte Bernstein, gründete Hochschulen: die pädagogische avancierte 1967 zur Universität. Losgelöst von Geographie und Geschichte, entwickelte die Stadt das Eigenleben einer sowjetischen Provinzstadt, als läge Kaliningrad irgendwo am Ural.

Die Zeugen der deutschen Kultur wurden geschleift, das Schloss gesprengt, gegen den Rat einer Expertenkommission, die zumindest den Westflügel als Museum erhalten wollte.

Da half auch der eiligst in einen Stadtführer für Neusiedler eingefügte Satz nicht mehr, das Schloss sei «Zeuge des ersten Widerhalls der Großen sozialistischen Oktoberrevolution in Ostpreußen» gewesen.

Kaliningrad würde eine Frontstadt bleiben, also durfte man deutschen Nostalgikern keinen Anlass geben, von der Rückkehr zu träumen. Man zog einen Schlussstrich unter die Geschichte, wollte aus dem Nichts neu beginnen.

Nur das Unscheinbare durfte bleiben, Wohnhäuser, Speicher-, Industrie- und Garnisonsanlagen, und das Gesichtslose, die Kanalisation etwa: Karl Schlögel entdeckte noch 1992 Gullys mit der Prägung «Königsberg i. P.».

Vor dem großen Abriss diente die zerbombte Stadt freilich noch als Kulisse, in der die Rote Armee andere deutsche Städte eroberte, im Film *Begegnung an der Elbe* zum Beispiel.

Von den prächtigen Bauten hat nur der Dom überdauert, obwohl auch ihm einst die Zerstörung drohte. Hier half ein Trick: die Anbindung an die Sowjetideologie. Die Grabstätte Immanuel Kants befindet sich in einer Pfeilerhalle. Man brauchte den Abriss-Bürokraten den Philosophen somit bloß als Vorläufer des Marxismus zu verkaufen. Jahrzehntelang war Kant damit der einzige Deutsche, der in Kaliningrad geduldet wurde. Der mittlerweile größtenteils restaurierte Dom steht heute frei, in einem Park auf der Kneiphof-Insel, dem ehemals dicht bebauten Stadtzentrum. Er wird zu einem Kulturzentrum ausgebaut.

Indes geschah in Kaliningrad, was wir schon in Gdańsk beobachteten: Die neuen Bewohner begannen, die Geschichte ihrer Stadt zu befragen – die ersten hatten noch mit Deutschen gearbeitet und gelebt –, Antiquitäten und alte Bilder zu sammeln. In *Verbotene Erinnerungen* spricht der Historiker Eckhard Matthes von der «Landeskunde als Liebhaberei» und zitiert die Aufforderung einer postsowjetischen Kaliningrader Zeitschrift, man sollte «von Adam nicht direkt nach Potsdam» springen.

In der Gorbatschow-Zeit tauchte in Moskau das Gerücht auf, der Kreml plane, Kaliningrad – wie Gdańsk, wie die Warschauer Altstadt – im alten Stil wieder aufzubauen und zu öffnen. Doch so weit kam es nicht; das Auseinanderbrechen der Sowjetunion hat Kaliningrad zur russischen Exklave gemacht, nur über litauisches Territorium oder über die Ostsee zu erreichen. Das war prekär genug; seither denkt man in Moskau nicht mehr daran, eine historische Wallfahrtsstätte für deutsche Nostalgiker zu schaffen.

Isoliert, aber offen, spottbillig und ohne Zukunft, ist die Stadt seit 1992 dem Einzug von Drogen und harter Währung ausgesetzt; Prostitution ist zu einem Wirtschaftsfaktor geworden. Das hat eine Aids-Epidemie ausgelöst, die sich so rasch ausbreitet, nun auch über Russland, dass selbst die *Prawda* fragte, ob der Bezirk Kaliningrad dem Muster Afrikas folge.

Danzig sei «der westlichste der baltischen Staaten», sagte einst von Rauschning, der sonderbare Gauleiter und Musikschriftsteller von Danzig. Wenngleich Geschichte sich nicht wiederholt, so sagen die Kaliningrader doch heute Ähnliches von ihrer Exklave.

Und so wie seit 1920 das Deutsche Reich mit Polen um den Zugang zu Danzig feilschte, respektive zur See, rangen Moskau und Brüssel für die Zeit nach der Aufnahme Polens und Litauens in die EU um Transit-Verträge, visafreie Reisen, Durchfahrtsstraßen und Korridor-Züge. Nur sitzen die Bittsteller diesmal in Moskau.

Auch Städte seien sterblich, schrieb Carl Jacob Burckhardt. Doch sie können auferstehen. Selbst Königsberg? Einige Villen in Außenquartieren sind erhalten, eher unscheinbare Gebäude wieder aufgebaut, wie die Stadthalle, die jetzt das Gebietsmuseum beherbergt. Es gibt wieder ein Kant-Denkmal, ein neues Café heißt *Schloss*, und die jungen Bürger nennen ihre Stadt «Kenig», so wie man in Leningrad «Piter» sagte.

Dennoch ist, was hier geschieht, nicht die Auferstehung Königsbergs. Dessen Geschichte ist zu Ende. Kaliningrad hat mit Königsberg wenig gemein, es besetzt bloß dessen Raum. Der neue Mieter entleert sich in die alte Kanalisation. Oder eher: der neue Besitzer.

Nur Kant schlägt die Brücke von Königsberg nach Kaliningrad. Auf den Philosophen berief sich einst Königsberg und heute Kaliningrad. Es ist sogar schon vorgeschlagen worden, die Stadt nach ihm zu benennen: Kantgrad.

War Kant, der Doppelbürger, wie die Kaliningrader Stadtarchitekten behaupteten, um den Dom zu retten, tatsächlich ein Vorausdenker des Sozialismus? Genauso gut könnte man Spuren seines Denkens in den Argumenten der sowjetischen Dissidenten nachweisen.

In seiner Staatstheorie skizzierte Kant die Rolle des Einzelnen, der, mit Gleichen vereint zum liberalen Staat, sich qua Ausübung des Stimm- und Wahlrechts als Bürger qualifiziert. Sein öffentliches Recht beschreibt die Beziehung dieses Staates zu seinen Subjekten, mithin die Mechanik, nach der die Maschine Staat funktioniert. Später erweiterte er diese *res publica* auf die Gemeinschaft der Völker, was ihn aufs Völkerstaatsrecht, *ius gentium,* oder Weltbürgerrecht, *ius cosmopoliticum,* brachte. Zum «ewigen Frieden» werde es kommen, heißt es in der gleichnamigen Schrift, wenn die «stehenden Heere mit der Zeit ganz aufhören», wenn keine «Staatsschulden in Beziehung auf äußere Händel gemacht werden», wenn kein Staat sich «in die Verfassung und Regierung eines andern Staates gewalttätig einmischt» und im Kriege keine Feindseligkeiten begangen werden, «welche das wechselseitige Zutrauen im künftigen Frieden unmöglich machen müssen», Massaker zum Beispiel.

Dass nur mündige, für ihre Entscheidungen selber verantwortliche Bürger eine solche *Civitas* aufzubauen vermögen, verstand sich für Kant von selbst. Aufgeklärte Bürger. Kant setzte individuelle Freiheit und Würde mit Reife und Zivilisiertheit gleich. Aufgeklärt sein hieß auch, sich nicht als Mündel behandeln zu lassen.

Erst die Aufklärung – die Vernunft – werde uns den Zustand des «ewigen Friedens» bescheren, glaubte er. Oder, wie der Amerikaner Francis Fukuyama das vor einigen Jahren nannte, ans «Ende der Geschichte» bringen. Wenn, so Kant, die historische Entwicklung ihr Ziel erreicht haben werde, dann sei «die bürgerliche Verfassung in jedem Staate republikanisch» und das Weltbürgerrecht eingeführt. Das Völkerrecht gründe auf einem «Föderalismus freier Staaten».

Der Kollaps des Sowjetismus hat die Debatte um das Ende der Geschichte neu entfacht: Fukuyama nahm das Scheitern des sowjetischen Modells zum Anlass, die liberale, demokratische Staatsform als Endpunkt und Ziel der Ideologie-Geschichte zu postulieren. In ihr habe die Menschheit, so der Amerikaner, die beste aller Regierungsformen gefunden; darüber herrsche seit 1991 ein zusehends globaler Konsens. Von ihr sei keine signifikante Weiterentwicklung der politischen Ideologie mehr zu erwarten. Fukuyama stützte sich ausdrücklich auf Kant und dessen Skizze einer Universal-Geschichte. Und auf Hegel, der eine solche Geschichte schrieb – aus der Marx, der große «Universal-Geschichtler», – sich später hemmungslos bediente.

Die Geschichte als Abfolge gesellschaftlicher Stadien, folgte Hegel Kant, führe zu stets liberaleren Institutionen. Nicht aus Altruismus, sondern weil das eigennützige, eigentlich asoziale Verhalten des Einzelnen, die Profit-Gier besonders, zum Nutzen der Allgemeinheit in geregelte Bahnen gelenkt werde. Zeitgenössisch gesprochen heißt das, innerhalb allgemein respektierter Regeln verbessert Konkurrenz die Performance.

Marx übernahm Hegels Vorstellung von einer dialektischen Folge sozialhistorischer Stadien, glaubte indes nicht, der liberale Staat vermöge sich selbst zu organisieren, sondern ging, ganz der revolutionäre Romantiker, der er war, weiter: Er postulierte das Heil der Menschheit im Endstadium der Geschichte, frei von den Widersprüchen, die einer liberalen Gesellschaft immanent sind.

Es gibt keinen Fortschritt, keine historische Entwicklung. Die Vernunft fußt auf einem Glauben, also auf Empfindungen jenseits der Vernunft. Der Mensch ist irrational, ein Kind. So dachte ein anderer Königsberger, Kants Zeitgenosse und diesem auch während einiger Jahre verbunden: Johann Georg Hamann. «Der leidenschaftlichste, konsequenteste, radikalste und unerbittlichste Gegner der Aufklärung und aller Formen des Rationalismus seiner Zeit», wie Isaiah Berlin in seinem Porträt *Der Magus in Norden* schreibt.

Hamann war Kants erster Leser der *Kritik der reinen Vernunft.* Er war es, der ihn mit dem Verleger Hartknoch in Riga bekannt und ihn auf Hume und Rousseau aufmerksam machte. Kant seinerseits hatte Hamann vorgeschlagen, gemeinsam eine umfassende Naturlehre zu schreiben, eine *Physik für Kinder.*

Isaiah Berlin sieht in Hamann den geistigen Motor der «romantischen

Revolte» gegen die Aufklärung und den Universalismus. Hamanns reaktionärer Demokratismus, ein Antiintellektualismus, gepaart mit einer Identifikation mit den Massen, finde sich bei den deutschen Nationalisten wieder, «und im Faschismus und Nationalsozialismus». Auch im Sowjetfaschismus. Die Juden sind schon bei Hamann die ewigen Nörgler; sie zu tolerieren ist für ihn eine Konzession an den Rationalismus.

Hamann war kein Historist, er glaubte nicht an die Entwicklung, spottete über die «Schulvernunft». «Hamann denkt, was die, die normalerweise nicht denken, denken würden, wenn sie dächten», so Berlin in seiner Monographie. Er lehnte jede Systematik ab und warf den Rationalisten vor, die Natur getötet zu haben, indem sie Sinne und Leidenschaften leugneten.

Vor allem aber lehnte Hamann Kants Dualismen als Abstraktionen ab, mithin die Dialektik. Er suchte nach dem einenden Prinzip, das er in der Sprache gefunden zu haben glaubte, die gemeinsame Wurzel von Verstand und Wahrnehmung. Es sei «das größte Verbrechen», den Intellekt vom «tiefsten Abgrund der fühlbarsten Sinnlichkeit» zu scheiden.

Mit Kant und Hamann spaltet sich das Denken.

Nach ihnen war es nicht mehr möglich, die Philosophie auf eine Position zu reduzieren. Sie stehen für Aufklärung und Gegenaufklärung, Machbarkeit und Natur, Vernunft und Glauben, Optimismus und Pessimismus. Dieses Schisma könnte auch als Dämmerung der Moderne bezeichnet werden.

Aufklärung sei, schrieb Kant, «der Ausgang des Menschen aus seiner selbstverschuldeten Unmündigkeit». Dazu bedürfe es nichts, «als die Freiheit ... von seiner Vernunft in allen Stücken öffentlichen Gebrauch zu machen».

Hamann hält die Unabhängigkeit des Denkens für eine geistige Täuschung. Die Aufklärung sei nichts anderes als eine *aurora borealis*: kalt und trügerisch wie das Nordlicht. Das «rationalistische Geschwätz» kam ihm vor wie das «kalte unfruchtbare Mondlicht».

Herder verehrte Hamann als Kolumbus des Geistes, Kierkegaard, an der Gegenküste im Westen und ein Jahrhundert später, hielt diesen Propheten der Innerlichkeit für ein «gewaltiges Genie». Nietzsche klang zuweilen wie Hamann, den Isaiah Berlin auch für einen Vorläufer der Existenzialisten hielt. Ernst Jünger verwies auf ihn. Und sein «Landsmann» Johannes Bobrowski erinnerte, als es Ostpreußen schon nicht mehr gab, mit einem Gedicht an den fast Vergessenen.

Auf dem Pregel hinab
der Kahn. Aus den Nebeln. Welt.
Eine Hölle, da Gott inwohnt.
Welt. Ich sag mit Sancho:
Gott, ich sag: er versteht mich.

Preußen im achtzehnten Jahrhundert war protestantisch, pietistisch, zentralistisch, fortschrittlich: Der ehrgeizige Parvenü unter den Staaten Europas suchte sich zu beweisen. Mit Friedrich dem Großen, dem aufgeklärten absoluten Herrscher, hat es einen Staatsmann *und* Schriftsteller, Künstler und Mäzen zum König. In dieser Atmosphäre wurde Königsberg zur Wiege jener Denkbewegungen, die Europa, zumal den Ostseeraum, für zwei Jahrhunderte beherrschen sollten. Und seiner Zerstörung den Weg ebnen.

Kant war ein Star, seinetwegen pilgerte alle Welt nach Königsberg.

Hamann leistete sich Star-Allüren: *Epater les bourgeois* hieß sein Spiel.

Für Kants Begräbnis ließ das Polizeidirektorium die Straßen vom Schnee säubern, das Publikum säumte den Weg vom Trauerhaus zum Schloss bereits drei Stunden vorher. Alle Glocken wurden geläutet, die Generalmarschälle von Königsberg, Danzig und Litauen zogen im Trauerzug mit. Wie viel mögen die Leute am Straßenrand, die von ihrem Philosophen Abschied nahmen, über sein Denken gewusst haben?

Und die Militärs im Trauerzug?

Und wie viel von Hamanns Ablehnung der Vernunft?

Wie sickern bahnbrechende Ideen ins allgemeine Bewusstsein, und wann?

Das geistige Königsberg sank, nach der kurzen Blüte, in die Provinzialität seiner Randlage zurück; Preußens Fortschritt ging in den militärischen Gleichschritt über.

Das Denken verschob sich nach Sankt Petersburg. Dort entbrannte, auf den Fluchtlinien der Ideen von Kant und Hamann, die Debatte zwischen Aufklärung und Reaktion erneut, zwischen dem Vertrauen auf den Fortschritt und die Vernunft und einem irrationalen Gegenglauben, mithin zwischen den «Westlern» und Slawophilen.

Diese beklagten den Verlust der Geschichte – Peter der Große hatte Russland bewusst von seiner eigenen Vergangenheit abgeschnitten –, jene sahen darin ein Privileg, die Chance zum Neuanfang: Russland konnte die Erfahrungen der europäischen Nationen nutzen, ohne deren Fehler zu wiederholen. Es müsse sich nur von der Stimme der aufgeklärten Vernunft leiten lassen.

Die Debatten zwischen rationalem Fortschrittsglauben und slawophiler Sendung, zwischen Vernunft und Gefühl, Verantwortlichkeit und Glaube, die wir heute als herausragendes Kulturereignis im Russland des neunzehnten Jahrhunderts behandeln, gingen freilich über einen kleinen Kreis nicht hinaus.

Der Streit zwischen Slawophilen und Westlern ist ein Sturm im literarischen Salon.

Er flackert bis heute immer wieder auf, und nicht nur in Russland.

Indes gab es in den literarischen Salons von Sankt Petersburg jene klaren Grenzlinien nicht, die im Rückblick so sauber gezogen werden, einheitliche Positionen waren selten, zumal aufseiten der Neuerer.

Alexander Herzen, der liberalste Denker, den Russland je hatte, teilte viele Ideen der Slawophilen. Seit 1848 setzte auch er, wie die Slawophilen, seine Hoffnung auf das Slawentum, zuvörderst auf die Russen, die ohnehin – über ihre Dorfgemeinschaft *Obschtschina* – Erfahrung hätten mit einer Form von Sozialismus. Russland, so seine romantische Überlegung, von Peter seiner Geschichte beraubt, sei frei, unabhängig. Weil es nichts besitze, nicht einmal Liebe, und seine Erinnerung von Bitternis durchdrungen sei, könne Russland nichts verlieren. Es sei, so Herzen, der Proletarier unter den Ländern.

Also das Reine, Natürliche, Unvergorene.

Das klingt reichlich slawophil. Die Slawophilen ihrerseits destillierten aus der europäischen Romantik ihren Utopismus.

Deutlich unterschieden sich die beiden Seiten in ihrer Haltung zum Individuum. Die «Westler» nahmen es als rationales Subjekt ernst. Die Slawophilen feierten den Menschen als «integrale Persönlichkeit», getragen vom orthodoxen Glauben. Der Kult des Verstandes zerstückele die Psyche in unverbundene Fragmente, von denen jedes Autonomie verlange. Der Verstand verursache eine soziale Desintegration, er zerstöre die Ganzheit der menschlichen Person.

Das könnte Hamann gesagt haben.

Kant kam auf den Sockel, die Vernunft unter die Räder. An die südliche und östliche Küste der Ostsee kehrte das Irrationale zurück und blieb bis zum Ende des zwanzigsten Jahrhunderts. Zu den Kritikern des Rationalen, die die Bolschewiki besonders schätzten, gehörten Nietzsche und Wagner. Maxim Gorkij sah sich als Nietzscheaner, die Theaterleute der Bolschewiki glühten für Wagner. Selbst in den Wirren des Bürgerkrieges brachten sie den *Ring* auf die Bühne. Eines der ersten Bücher, die der bolschewistische Agitationsverlag Narkompros veröffentlichte, war Wagners *Kunst und Revolution.* Kein Geringerer als Lenins Kulturkommissar Anatoli Lunatscharsky schrieb dazu das Vorwort.

Später, als das Regime glaubte, sich seinerseits gegen subversives Denken absichern zu müssen, verfemte es Nietzsche.

Es waren die Gegner des Liberalismus, die Europa in Brand steckten, auch an der Ostsee. Gewiss, die Sowjets errichteten ihre Diktatur unter dem Banner der Aufklärung. Doch dazu unterwarfen sie jegliche Individualität ihrem despotischen Staatsgedanken.

Erst 1991, unser Jahr null, hat das Individuum an den südlichen und östlichen Gestaden der Ostsee rehabilitiert, mithin die Aufklärung. Und also Kant. Erstmals leben alle Völker an der Ostsee in Gesellschaften, die seiner *res publica* genügen.

Nur Königsberg ist nicht mehr zu helfen. Zwar nennt sich die 1967 geschaffene Universität Albertina, gleichsam als Reverenz an die deutsche Zeit. Sie bezog deren Gebäude und feierte 1994, 27 Jahre nach ihrer Gründung, ein 450-Jahr-Jubiläum. Sie sucht nach einem Erbe, nach der alten Brückenfunktion, die Königsberg einst innehatte.

Sie veranstaltet Tagungen zur Aneignung der Vergangenheit, etwa zur

Geschichte der Mathematik an der Königsberger Universität. Damit ehrt sie einen andern großen Sohn Königsbergs, den Mathematiker David Hilbert, der die Geometrie auf neue Räume ausdehnte.

Doch der wichtigste Adoptiv-Sohn Kaliningrads bleibt Kant, diese «Sonde in die bis vor zehn Jahren verbotene Vergangenheit», wie Ulla Lachauer schrieb. Er ist der Brückengott zwischen Russland und Europa, der Weltstar und staatstragende Ehrenbürger, und, über seine Freundschaft mit dem schottischen Kaufmann Green, auch ein Schutzherr der neuen Wirtschaft.

Warnte man im neu erwachten Kaliningrad, nicht von Adam direkt nach Potsdam zu springen, so schlägt Kant nun die Brücke vom Zeitalter der Aufklärung direkt in die postsowjetische Epoche.

Wo lag Königsberg? Als Bollwerk der deutschen Ostkolonisierung tief im slawischen Raum, sagte die russische Historiographie. Und wo liegt Kaliningrad? Als russischer Fremdkörper an der Ostsee, dem europäischen Binnenmeer. In Ostpreußen, das es nicht mehr gibt.

Der verschwundenen Stadt entwuchsen jene beiden Denker, deren gegensätzliche Ideen das Denken spalteten. Kaliningrad feiert sich gerne als Kant-Stadt, ist indes ebenso sehr Hamanns Stadt. Vielleicht sogar ein bisschen mehr. War nicht selbst die Oktoberrevolution eine romantische Revolte gegen die Vernunft? Oder doch nur ein Staatsstreich in deren Namen.

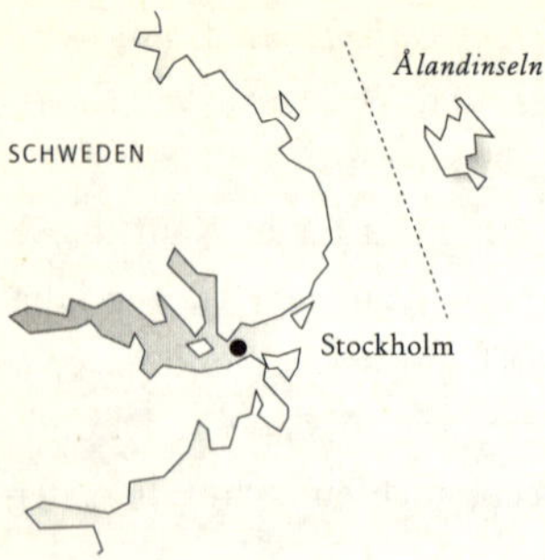

Ein Luftschloss am Baltischen Meer – Joseph Brodsky

Stockholm liegt in jenem Licht, das sich in der schwedischen Flagge spiegelt: kräftig gelb und blau. Und immer geht ein Wind. Die Zeitungen spekulieren, wie in jedem September, wer wohl in diesem Jahr, 1994, den Literatur-Nobelpreis bekommt.

Ich bin von Sankt Petersburg angereist, wo das Licht blasser ist, edler, kränklicher auch, und frühstücke auf dem Oberdeck «meiner» Yacht, der 1924 erbauten *Mälardrottningen*, der Königin des Mälarsees. Sie liegt vor Riddarholmen, der Ritter-Insel, mitten in Stockholm. Das Luxusboot gehörte einst Barbara Hutton; ihr Vater, ein Ölmillionär, hatte es ihr zum Geburtstag geschenkt. Bald davon gelangweilt, überließ die Diva das Schiff am Vorabend des Zweiten Weltkriegs für ein Pfund Sterling der Royal Navy: als Lazarettschiff.

Einst die Gattin Cary Grants – er war die Nummer drei von sieben Ehemännern –, war die «kleine Hutton-Tott» auch mit einem russischen Prinzen verheiratet, einem dänischen Grafen, einem lateinamerikanischen Diplomaten und einem vietnamesischen Fürsten. Sie starb, einsam, verarmt und magersüchtig, 1979 als Prinzessin und Gräfin in Los Angeles.

Seit 1982 ist ihr einstiges Spielzeug, die *Mälardrottningen*, ein Hotel.

Im Winter kann es in den Kajüten etwas kalt werden; sie sind eher eng, und in einigen lässt sich die Lukarne nicht öffnen. Auf dem Unterdeck riecht es zuweilen auch. Doch so was verzeiht man seiner Yacht.

Reichstagswahlen stehen bevor; Premierminister Ingvar Carlsson redet vor dem Warenhaus *Åhléns* auf ältere Passanten ein, alle andern eilen vorbei. Mona Sahlin - die Kronprinzessin der Sozialdemokraten, noch - isst in der Altstadt mit Rentnern Erbsensuppe. Ingvar und Mona, zu sagen haben sie wenig, aber sie tun es als Traumpaar. Und gewinnen werden die Sozialdemokraten ohnehin.

In der engen Messe der *Mälardrottningen* stehe ich einem Gast im Wege.

«Bitte, gehen Sie vor.»

Er weicht zurück, ich auch.

«Bitte, nach Ihnen.»

«Bitte, gehen Sie vor.»

«Nein, Sie ...»

Das Gesicht kenne ich doch.

Wir kommen ins Gespräch: Joseph Brodsky, der russische Literatur-Nobelpreis-Träger und ich, sein Leser, der in Sankt Petersburg seine Leningrad-Essays gerade auf ihre Haltbarkeit geprüft hat.

Am nächsten Morgen frühstücken wir zusammen: privat, nicht für die Zeitung. Kein Interview. Sein Englisch klingt eher zu gewählt, aber er raucht pausenlos. Nein, er sei nach seiner Zwangsexilierung 1972 nie wieder in Russland gewesen. Von einem Versuch der Jelzin-Regierung, ihm die russische Staatsbürgerschaft informell zurückzugeben, indem man ihm einen Pass nach New York bringen würde, sollte ich erst später hören. Das Projekt versandete, es eilte ja nicht.

Brodsky erlag anderthalb Jahre später einem Herzinfarkt.

Er steige immer auf der *Mälardrottningen* ab. In der Kajüte finde er alles, was er brauche, vor allem einen Schreibtisch. Ins *Grand Hotel* möge er nicht.

Von Schweden weiß er wenig; was ein Tourist eben wissen muss - oder ein Nobelpreisträger. Er examiniert mich: Was ich über Isaiah Berlin wisse? Ich bestehe seinen Test, und er beginnt zu erzählen.

Er schreibt im Stockholmer Ostsee-September an einem Essay über Rilke; ist aber schon auf dem Sprung nach Rom, zu seiner Familie. Bevor in Holyoke das Semester beginnt.

Ja, mit «einem Auge» verfolge er noch, was in Russland geschehe. Aber besuchen möchte er Sankt Petersburg nicht, mit der Aura des Nobelpreises. Das wäre, als wenn ein Mann zur ersten Frau seines Lebens zurückkehrte. Verlockend, aber irgendwie peinlich.

Die Russen steckten noch im Kindergarten, hielten sich selbst aber für Universitätsstudenten. Ihre Gegenwartsliteratur klinge prätentiös und falsch, sagt er. Aber auch anderswo beobachte er eine enorme Erosion der Ästhetik.

Für die baltischen Staaten hat er nur Spott übrig.

Der Demiurg als Nörgler, liebenswürdig, scheu, arrogant, etwas ausfällig, ein bisschen kleinlich und natürlich egozentrisch. Ein unzufriedener Schöpfer. Ein Demiurg war Joseph Brodsky in der Tat, ein Weltenschöpfer.

Wo Welten sich reiben, vor allem kleine, entstehen neue: in der Literatur. Brodsky hat die Bruchlinien untersucht, das Zerbrechen nachgezeichnet und Verlorenes bewahrt. Literatur ergründet Räume; und schafft neue, innere. Sie knüpft dichte Netze, die sich über die Ostsee spannen, nicht nur in Russisch und Deutsch, sondern in fast einem Dutzend Sprachen. An der Ostsee gibt es große Literaturen, deren Existenz kaum über den kleinen Raum ihres Sprachgebietes hinaus bekannt ist; die estnische etwa oder die finnlandschwedische. Als ich mit Brodsky beim Frühstück saß, wurden Jaan Kross und der Lyriker Bo Carpelan zu den aussichtsreichsten Anwärtern auf den Nobelpreis gerechnet.

Brodsky hat, als Demiurg, der Stadt Leningrad den Traum von Sankt Petersburg zurückgegeben – und der russischen Literatur ihre Tragik. Er hat die Krone der Ostsee wieder aufgebaut: als Luftschloss. Dann hat er die Dichter zu dessen Fürsten erhoben, seine Generation der Leningrader Intelligenz zum Adel. Hier fand sie eine virtuelle Heimat, die für viele realer war als die so genannte Realität: eine makellose Gegenküste.

Mit dem Zerfall der Sowjetunion ist ein neues Sankt Petersburg erstanden; eine andere, versehrte Stadt. Sie ähnelt Brodskys Luftschloss und dem alten Petersburg und heißt auch so. Das Luftschloss ist damit obsolet geworden, Geschichte. Jene, die die Sowjetunion zum Kollaps brachten, haben implizit auch die Gegenwelt zerstört. Kein Wunder, hegte Brodsky einen stillen Groll, zumal im Exil. Die Schöpfung des Demiurgen ist seither «nur noch» Literatur; wie die kleinen Literaturen auch, ein innerer Ort am Meer der Bücher. Ein Ideengebäude im hellen Herbstlicht.

Der Nobelpreis ging in jenem Herbst nach Japan.

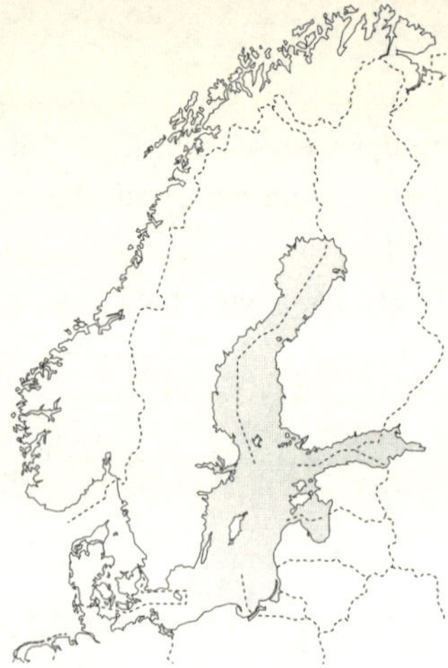

Das Jante-Gesetz – Aksel Sandemose

Nach Jante fahren. Jeder Ostsee-Reisende ist schon einmal dort gewesen, auch wenn die meisten sich dessen nicht bewusst sind. Jante ist überall an der Ostsee, vor allem in Norwegen und Schweden; nur in den katholischen Gesellschaften Polens und Litauens findet man es seltener. Historiker haben Jante beschrieben, Soziologen und vor allem Essayisten. Die meisten Skandinavier kennen das Jante-Gesetz. Leitartikler ziehen es regelmäßig heran, wenn sie ein vermeintlich typisches Verhalten wegerklären wollen.

Nur auf der Karte sucht man Jante vergeblich.

Jante ist eine Fiktion, die Erfindung des dänisch-norwegischen Autors Aksel Sandemose (1899–1965), der mit bürgerlichem Namen Nielsen hieß. Und ist doch so real, dass der Autor von seinem Geburtsort Nykøbing auf der dänischen Insel Mors wüst attackiert wurde. Auch andernorts im Norden erkannte man sich in Sandemoses Büchern wieder.

Jante ist ein Ort, in dem jeder jeden kennt. Und über jene, die man weniger kennt, wird erst recht getuschelt. In Jante geht Olavsens Magd Jensine in den Teich. Sie war aus dem Fenster geklettert, um mit Freundinnen ihren sechzehnten Geburtstag zu feiern. Trotz Olavsens Verbot. Als sie zurückkam, war das Fenster geschlossen. Am nächsten Morgen dümpelte sie beim Damm, ihr langes Haar spielte mit den Seerosen.

Die Leiche ist noch nicht trocken, schon schickt ihr Vater seine andere Tochter zu Olavsen. Es wäre grausam, Olavsen ohne Magd zu lassen. Der

Vater gibt der Tochter noch eine Warnung mit: Sie wisse, was geschehe, wenn auch sie die Familie beschäme.

Jensine ist nicht die Einzige, die nur im Selbstmord einen Ausweg aus Jante findet. Das Städtchen wird beherrscht von Neid, und von Sekten. Keiner soll es besser haben als wir, keiner sich von seiner Angst befreien, heißt es. In Jante sagt man sich nicht die Wahrheit, dafür kennt man sich zu gut, zumal «des andern Hass». Jante ist ein Ort unerwiderter Liebe – eine Gebärmutter, aus der man sich nicht befreien kann.

Und natürlich trinkt man in Jante nicht, es herrscht Prohibition. Jante ist ein Sumpf der Doppelmoral, der nach zehn Geboten funktioniert:

1. Du sollst nicht glauben, du *seist* jemand.
2. Du sollst nicht glauben, du seist gleich viel wert wie *wir*.
3. Du sollst nicht glauben, du seist klüger als *wir*.
4. Du sollst dir nicht einbilden, du seist besser als *wir*.
5. Du sollst nicht glauben, du wissest mehr als *wir*.
6. Du sollst nicht glauben, du seist mehr als *wir*.
7. Du sollst nicht glauben, *du* taugest zu irgendwas.
8. Du sollst nicht über *uns* lachen.
9. Du sollst nicht glauben, jemand kümmere sich um *dich*.
10. Du sollst nicht glauben, du könnest *uns* etwas lehren.

1934 verweigerte der norwegische Staat Sandemose trotz seiner norwegischen Mutter die Staatsbürgerschaft; der Schriftsteller-Verband schloss ihn aus. Dreißig Jahre später, kurz vor seinem Tod, lud ihn seine Geburtsstadt Nykøbing zum grandiosen Versöhnungsfest. Ruhm korrumpiert, auch in Jante. Gerade dort. Heute beanspruchen ihn beide, Dänemark und Norwegen, als *ihren* Großschriftsteller.

Das Jante-Gesetz, längst losgelöst von Sandemose, ist zu einer Metapher für Enge und Scheinheiligkeit geworden. Es dient oft als Beleg, die Gesellschaften des Nordens seien «Schamgesellschaften», im Gegensatz zu den «Schuldgesellschaften» des übrigen Europa. Aber es muss auch als Ausrede für fehlenden Mut herhalten, besonders in der Politik. Und es rechtfertigt die Furcht vor dem Glück.

Formuliert hat Sandemose sein Jante-Gesetz in *Ein Flüchtling kreuzt seine Spur*, das Werk, mit dem ihm 1933 in Norwegen der Durchbruch gelang (zuvor hatte er dänisch geschrieben). Ein Entwicklungsroman und innerer Monolog des Helden Espen Arnakke; und das Sittengemälde einer typischen skandinavischen Kleinstadt. Heute liest sich Sandemoses anklagende, bittere, zuweilen tranige Prosa zäh; seine damals beißende Kritik am Kollektivdruck rennt offene Türen ein.

Doch das Jante-Gesetz gehört zum Fundament des skandinavischen Wohlfahrtsstaats. Der Gruppendruck, nicht aufzufallen, nicht zu brillieren, nicht mehr für sich zu wollen, als man anderen gönnt, hat seinen Aufbau erst ermöglicht. Er kann - wie die Dorfgemeinschaft - nur bestehen, wenn keiner mehr nimmt, als er wirklich braucht, wenn jeder sich ins Kollektiv einfügt. Wäre Sandemoses imperative Bescheidenheit nur nicht so repressiv, die Jante-Menschen dem *Homo sovieticus* nicht so nahe verwandt.

Jante existiert nicht mehr, jedenfalls nicht in dieser Starre. Und heute ist es leichter, Jante zu verlassen, was die jungen Leute zu Tausenden tun. Die Gemeinschaft, für die es stand, muss sich für die urbanisierte, anonyme neue Ostseewelt ein neues Grundgesetz suchen.

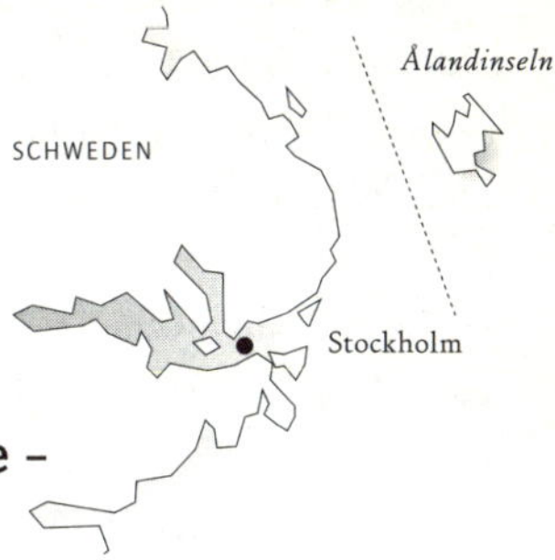

Morde klären, die er selber plante – Hans Holmér

Bücher, das ist mehr als hohe Literatur – auch Ideologie, Wissen, Rat und Lebenshilfe sind in den Buchhandlungen und Bibliotheken zu finden, vielleicht gerade an der Ostsee.

Und Unterhaltung.

Auch der Krimi hat an der Ostsee ein Zuhause; ausgerechnet in den kleinen, bescheidenen Welten, in der spektakuläre Verbrechen eher selten sind. Man denke nur an Maj Sjöwall und Per Wahlöö, Henning Mankell. Und an Jan, ganz besonders an ihn.

Jan war der Held unserer Kindheit, mutig und schlau: Als Verbrecher Jan in einem Keller einsperrten, klopfte er Morsezeichen ans Heizungsrohr. Seine Freundin hörte die Signale und befreite ihn.

Immer wieder kam der schlaue Kinderdetektiv der Polizei zuvor, in über achtzig Büchern. Er ist das geistige Kind von Carlo Andersen und Knud Meister. Die beiden Dänen debütierten während des Zweiten Weltkriegs, Meister unter dem Pseudonym Sir Thomas Ketchup. Ihr erstes Jan-Buch erschien 1942, *Ein Detektiv mit vierzehn*; das 81. und letzte 1964, in der völlig veränderten Welt des Wirtschaftswunders.

Jan blieb sich selber treu; und blieb während 22 Jahren Kind.

Der unschuldige, etwas naive, aber schlaue Junge schlug den Großen immer wieder ein Schnippchen. Er zog mit seiner Kombinationsgabe Erwachsene aus dem Schlamassel, in welches das Böse, oder auch ihre Unachtsamkeit, sie gestoßen hatte.

Jan war ein Ritter, kindlich, edelmütig und selbstlos: Er personifizierte eine Gegen-Welt des Reinen, Wahren, Guten.

Eigentlich schauerlich, dass wir als Kinder träumten, das Leben könnte dereinst die Bücher imitieren – die Jan-Bücher.

Doch das tat es, nachdem 1986 der schwedische Ministerpräsident Olof Palme ermordet worden war. Hans Holmér, der Stockholmer Polizeichef, leitete damals die Ermittlungen, als inszeniere er seinen privaten Krimi: einen Gangsterfilm mit Hans Holmér in der Titelrolle – Jan, Kommissar Wallander und Martin Beck in einem. Oder Arvid Roos, der Stockholmer Detektiv. Doch der war damals noch nicht erfunden.

Holmér zog ins Polizeigebäude, übernachtete im Schlafsack in seinem Büro, dem so genannten Palme-Raum. Er verzichtete auf jegliches Privatleben, machte stattdessen den Mord am Regierungschef zu seiner Privatsache. Die Medien lud er zur täglichen Show, fütterte die Boulevardpresse zusätzlich mit Häppchen, die sie zu (seinen) Theorien zusammenstoffelte.

Nur gefahndet hat er kaum.

Er versteifte sich auf so genannte Hauptverdächtige: erst die Stockholmer Kurden – ein Königsmord in Schweden, dahinter mussten Ausländer stecken –, dann das südafrikanische Apartheid-Regime, der israelische Mossad oder der CIA, dem Palme mit seiner Sympathie für die Rebellen in der Dritten Welt ein Dorn im Auge war. Oder doch die Kurden.

Holmér fabrizierte Indizien, beeinflusste Zeugen, präparierte Gegenüberstellungen. Lisbet Palme, die Augenzeugin, interessierte ihn dagegen nicht. Die Fehler, Versäumnisse und Verfälschungen sind kaum zu zählen, die sich die Polizei in der Aufklärung des wichtigsten Mordes in Schweden hat zuschulden kommen lassen, seit Gustav III. – der Theater-König, der selber Stücke schrieb, Regie führte und auch gleich die Hauptrolle spielte – während eines Maskenballs in dem von ihm selbst erbauten Opernhaus erschossen worden war. Aus jenem Königsmord hat Giuseppe Verdi eine Oper gemacht: *Un ballo in Maschera.*

Im Fall Palme schrieb der Fahnder gleich selber mit. Nach der Mordnacht wurde der städtische Polizeidirektor Holmér zum Star. Dann zu einem uneinsichtigen Versager. Und in der Folge zum Erfolgsautor. An eine solche Nacht erinnert man sich.

Holmér indes, gefragt, wo er in der Mordnacht war, verstrickte sich in immer neue, widersprüchliche Versionen. Erst wollte er, unterwegs zum Vaasa-Lauf, noch in der gleichen Nacht in die Hauptstadt zurückgekehrt sein. Später behauptete er, in Borlänge übernachtet zu haben, um am Vaasa-Lauf teilzunehmen. Wie jedes Jahr.

Holmér war ein Leben lang Sportler und Funktionär. Sein Vater, Gösse Holmér, der große Leichtathletik-Trainer, hat das Fahrtspiel erfunden, eine sanfte Variante des Intervall-Trainings.

Bald ermittelten so genannte Privatfahnder, Bürger, die in ihrer Freizeit Jagd auf den Palme-Mörder machten, Holmérs Verbleib in jener Nacht. Er selbst verweigerte schließlich jegliche Auskunft.

Nach einem Jahr war Schluss. Die Fahndung hatte die Spuren verwischt, die Zeugen «verbrannt», wie es hieß. Holmér musste gehen. Mit seinem Kumpel Ebbe Carlsson machte er indes auf eigene Faust weiter. Wie Jan, ohne Wissen der Polizei, aber im Wettlauf mit ihr.

Als Fahndungschef war Hans Holmér eine einzige Panne gewesen. Holmér hat den Job des Polizeichefs zur großen Theaterrolle gemacht. Er zwang zwei Staatsanwälte zum Rücktritt, weil sie sich seinem Kampf in den Weg stellten, seine Rechtsverstöße nicht decken mochten. Als tragischer Held zerbrach er schließlich an seiner titanischen Aufgabe.

Drei Jahre nach seinem Sturz meldete er sich als Autor zurück, erst mit einem Sachbuch über *seinen* Fall, seither mit Krimis. Arvid Roos, sein Detektiv, den sie «Floh» nennen, ist schlau, aber fehlbar, verletzlich, menschlich, empfindsam. Er sähe sich gerne als eiskalten, unerbittlichen Spürhund. So stellte Holmér sich selbst dar, als die Nation unter Schock stand.

Arvid Roos trinkt zu viel, kommt mit sich selbst nicht zurecht und hat Ärger mit den Frauen. Holmérs Roman-Polizei wird von Buch zu Buch korrupter, sein Schweden-Bild düsterer. Als leuchtete er mit seinen Büchern die dunkle Rückseite jener Tragödie aus, in der er selbst als Held gescheitert war.

Welch schwedische Geschichte: Ein schlechter Polizeichef wird zum guten Krimi-Autor. Wahrheit und Fiktion verschwimmen. Statt den Palme-Mörder zu finden, klärte der Fahnder Morde in Büchern auf, die er selbst geplant hat, als Autor. Bis zu seinem Tod 2002.

Nicht einmal Henning Mankell hätte sich Holmérs Leben ausdenken können. Und auch sein Erzrivale Jan Guillou nicht, der Journalist und Schriftsteller, den Holmér, damals Chef der schwedischen Geheimpolizei, 1973 verhaften ließ, weil er verfassungswidrige Spionageaktivitäten der schwedischen Geheimpolizei aufdeckte. Auch Kerstin Ekman nicht, die Lady von der Schwedischen Akademie, die ebenfalls mit Krimis begann, oder die Krimis schreibende norwegische Ex-Justizministerin Anne Holt.

Nur Schwedens neue Krimi-Königin, Liza Marklund, mutet ihrer Annika Bengtzon, einer Boulevardreporterin, ähnliche krude Kost zu wie Hans Holmér sich selbst. In Marklunds Bestseller *Olympisches Feuer* zerfetzt eine Bombe die OK-Chefin der Olympischen Spiele 2004 in Stockholm. Die Reporterin ermittelt; und schafft es im letzten Moment, einen Anschlag auf das Victoria-Stadion abzuwenden.

In der Realität gehen die Olympischen Spiele 2004 nach Athen, nicht nach Stockholm. Das wirkliche Leben steht den Büchern nach. Meist stellt die Fiktion die Wahrheit in den Schatten, die Phantasie das Handeln.

Vielleicht ist das gut so, gerade an der Ostsee.

5. Leben und trinken

Grünkohl und Pinkel – Patriotismus auf dem Teller

Ein früher Winterabend in Travemünde. Die Fähre nach Malmö gleitet durchs Fenster der guten Stube in der ersten Häuserreihe, später die *Finnlines* und die *TT-Line* nach Trelleborg.

Der Wind pfeift, drückt gegen die Scheiben.

Wir essen Kohl und Pinkel, trinken Bier. Und Korn.

Der Grünkohl soll, so eine Überlieferung, von den Wikingern aus dem Atlasgebiet nach Norden gebracht worden sein. Sicher ist, dass er aus Afrika stammt. Gegessen habe man ihn erstmals im Jahre 896, nachdem der Kappes-Käfer die Weißkohlernte vernichtet hatte. Der Frost hatte sich bereits übers Land gelegt, da besann man sich auf die «fiesen Strünke». Und siehe da, der Grünkohl war nicht nur essbar, sondern schmackhaft; zumal mit Speck, Schweinebacke und – später – Grützwurst. Dabei war der Frost sogar entscheidend: Erst wenn er den Kohl gezwickt hat, verwandelt sich die Stärke in Süße und entzieht ihm die Bitterstoffe.

Unser Grünkohl schimmert, Perlmutt gleich. Er ist tiefgrün, wie ein nordischer Kiefernwald an einem hellen Spätherbsttag nach dem ersten Raureif. In Bremen soll er die Augen zum Leuchten bringen. In der Stadt, von der aus die ersten Deutschen in die Ostsee aufbrachen, nennt man ihn auch «friesische Palme». Oder Braunkohl. Als solcher wird er bis heute bei Empfängen der Bürgerschaft gereicht.

Wir haben ihn erstmals im alten Bahnhof von Worpswede kennen gelernt, wo die Uhr gegen den Uhrzeigersinn läuft, in die Geschichte zurück. Und in die Geschichten.

Neben der Sprache zählen das Essen und die Trinkgewohnheiten zu jenen Charakteristika von Nationen, die wir als spezifisch wahrnehmen. Mehr als Trachten und Bräuche, die sich ins Museale verflüchtigt haben, und auch mehr als die Nationalliteraturen und -lieder. Grünkohl zum Beispiel. Labskaus. Erbsensuppe, Erbsenbrot. Oder Pinnekjött – das norwegische Stäbchenfleisch. Die russischen Blini, die Königsberger Klopse, die ihre Heimat überlebt haben, Bigoš in Polen und das finnische Fischbrot Kalakukko.

In der Küche tolerieren wir Patriotismus heute am ehesten. Gegen einen kulinarischen Chauvinismus auf dem Teller ist ohnehin kein Kraut gewachsen. Zumal er Historizität behauptet und der Prüfung auf politische Korrektheit auf geheimnisvolle Weise entschlüpft. Vielleicht weil es sich beim Essen nicht gerne denkt oder auch, weil die kulinarische Heimat jeden teilhaben lässt, der mitessen will. Und hinterher ist der inkriminierte Gegenstand verschwunden.

Der Grünkohl zum Beispiel, oder Federkohl, wie er auch genannt wird. Selbst Quellen, die den Mund weniger voll nehmen, sprechen von einem der ältesten Gerichte; oft wenig schmeichelhaft. Der Armeleutekohl. Mittlerweile gewinnt er ständig an Popularität. Dabei geht viel von dem Historischen, das ihm anhaftet, wie etwa die Kohlfahrten, lediglich aufs neunzehnte Jahrhundert zurück.

Die Armeleutegerichte von einst gelten heute als Spezialitäten.

Wie Pinnekjött, das westnorwegische Stäbchenfleisch. Jenes Land, das auch zur Ostsee gehören möchte, bringt die gepökelten Hammelrippen zu Weihnachten auf den Tisch. Sie liegen zuvor tagelang in einer Salzlake, werden dann mehrere Stunden über einem Feuer aus Birkenscheiten ohne Rinde dampfgekocht. Nur so, meint der Pragmatiker, kann man das minderwertige Schaffleisch genießbar machen. Dazu isst man Sauerkohl und Kartoffeln. Vielleicht auch Kohlrabi. Pinnekjött liegt schwer im Magen. Es verlangt nach Korn oder Aquavit, wie Grünkohl auch. Oder Stockfisch, der luftgetrocknete Dorsch aus Nordnorwegen, auch ein Weihnachtsgericht.

Pinnekjött und Stockfisch stammen aus Zeiten, in denen man Mühe hatte, Fleisch und Fisch für den Winter haltbar zu machen; sie waren seltene Höhepunkte einer weitgehend fleischlosen, monotonen Diät.

Ist man, was man isst? Mit Pinnekjött gelangen Ursprünglichkeit und Bodenständigkeit auf die Teller, vermeintlich auch Naturverbundenheit; Urnorwegisches auch in jenen Regionen Norwegens, in denen das Stäbchenfleisch nie heimisch war. Die Familie trifft zusammen. Mit seinen Nächsten Pinnekjött essen ist, als verinnerliche man sich etwas norwegische Heimat. Geborgenheit von innen und außen.

Grünkohl stopft. Während wir noch essen, obwohl wir längst satt sind, bewegt sich das schwache Licht der Priwall-Fähre auf die einstige Niemands-Halbinsel zu. Solange es die DDR gab, war der Priwall auf dem Landweg nicht zu erreichen. Mit dem Rücken zum Todeszaun gingen die Westdeutschen auf der Landzunge baden.

Noch heute sucht man Bernstein auf dem Priwall, wie Thomas Mann einst vorschlug, oder wandert in einer stürmischen Winternacht wie dieser den leeren Strand entlang.

Grünkohl weckt, wie Pinnekjött oder Stockfisch, Erinnerungen an die Kindheit, oder an Kindheiten, wie sie auch gewesen sein könnten.

Nationalgerichte evozieren die Vorstellung einer Kindheit der Nation, die es so nie gab. Sie erheben die Selbstverständlichkeiten eines lokalen Alltags oder regionale Gewohnheiten zur identitätsstiftenden Gemeinsamkeit. Was einst mangels Besseren auf die Bauerntische kam, dient nun der Bestätigung eines kollektiven Selbst in einer anonymen, globalisierten Welt. Wer Stockfisch nicht mag, ist kein richtiger Norweger. Oder: Was, du isst Stockfisch? Wie ein Norweger. Oder Kalakukko in Finnland, die Roggenbrotkruste, unter der sich gepökelte Fische verstecken, Sprotten oder Maränen.

Wodurch wollte eine Nation sich im Alltag ihrer selbst versichern, wenn nicht durch die Sprache und das Essen? Auch wenn man in Helsinki heute eher Sushi als Kalakukko findet.

Das Nationale auf dem Teller lädt zudem zum Tourismus ein: virtuell, indem man in ethnischen Lokalen speist – oder real, als Reisende.

In der Küche findet man feine Unterschiede, die nur selten mit den

Landesgrenzen zusammenfallen, die sich immer wieder verschoben: So läuft zum Beispiel eine Brot- und Buttermilch-Grenze mitten durch Finnland. Oder vielmehr: Sie lief.

Westlich von ihr war die Buttermilch dünnflüssig und zog Fäden, dort hat das flache Brot Tradition, das man heute Knäckebrot nennt. Es wurde nur einige Male im Jahr auf Vorrat gebacken, ohne Hefe: etwa zur Geburt eines Kindes. Und war durchaus bis zu dessen Verlobung haltbar, schrieb Olaus Magnus im sechzehnten Jahrhundert. Im Osten Finnlands dagegen buk man fast täglich, meist dunkles Brot, oft aus Sauerteig. Wie in Russland und Estland. Und die Buttermilch war klumpig.

Vielleicht fiel die Brot- und Buttermilch-Grenze einst mit jener Linie zusammen, die das römische Christentum von der Orthodoxie abgrenzte.

Heute ist Buttermilch Buttermilch, ob klumpig oder Fäden ziehend, sie kommt aus dem Supermarkt. Und Brot ist Brot, und das ist im ganzen Ostseeraum dunkel.

Soll man das Pinnekjött räuchern, bevor es in die Lake kommt? Die Frage beschäftigt die Norweger immer wieder. Die Westnorweger räuchern es nicht, die andern eher ja – doch ursprünglich stammt es aus Westnorwegen. Ist Pinnekjött demnach nur ungeräuchert echt?

Übrigens soll es Leute geben, die zum Grünkohl Mettwurst servieren statt Pinkel. Und wir, Barbaren von jenseits des Pinkel-Äquators, haben ihn in Travemünde mit Eisbein gegessen.

Zu Pinnekjött passt er übrigens auch.

Ein Meer der Milchsäure – von Sauerkraut und Gurken

Noch führt die Newa Packeis, doch die Abende werden länger. Das Licht des Nordens gibt Sankt Petersburg jene Heiterkeit, die ihresgleichen sucht.

Der Erste Mai und der Jahrestag des Sieges über Hitler-Deutschland kommen und gehen; arbeitsfrei sind sie auch nach dem Kollaps der Sowjetmacht noch. Die Leute nutzen die Tage, ihre Mückengitter zu montieren. Oder sie fahren erstmals auf die Datscha, pflanzen die Setzlinge, die sie im Winter in ihren Fenstern gezogen haben.

Es grünt plötzlich, gleichsam über Nacht, und bleibt doch kühl, hat eben noch geschneit. So ist der Norden, leise, zögerlich, geduldig, bis er jäh aufbraust.

Mit den länger werdenden Abenden tauchen auf den Petersburger Brücken Trauben von Männern auf, Dutzende, bald Hunderte, besonders auf der Großen Ochtinskij-Brücke, die lange gesperrt war. Am Ufer hocken sie um ein kleines Feuer, wärmen sich mit Wodka. Bis die Abenddämmerung ins Morgengrauen übergeht.

Am imposanten Fachwerk der Ochtinskij-Brücke hängen Umlenkrollen, die den Männern helfen, ihre Netze ins Newawasser absinken zu lassen. Zuckelt es an der Leine, ziehen sie das Netz eiligst hoch.

Sie fischen Stint, den Verwandten des Lachses, der als Frühlingsbote aus dem Ladogasee zum Laichen in die Mündung zieht. Der Stint ist klein, schlank, eine gute Handspanne lang; er schimmert silbergrün, mit weißem Bauch und eigenartig frischem Geruch. Wie Gurke, sagt das Fischereibuch – ja, wenn das denn Gurke ist.

Viele der Fischer grillen ihre Stinte gleich am Lagerfeuer. Jene, die sie nach Hause bringen, kommen in Butter gebraten auf den Familientisch, dazu gibt es Kartoffelbrei mit Knötchen und zuvor als Vorspeise kalte Gurkensuppe.

Der Stint kommt auch im Baltikum, in Polen und Norddeutschland vor. Er hat Verwandte im Süßwasser, die Binnenstinte, und andere, die auf Brackwasser spezialisiert sind. Kaum zu glauben, dass der unscheinbare Fisch – heute bloß ein schmackhafter Brauch, für manche Petersburger auch nur ein nächtlicher Angel-Jux – vor wenigen Jahren noch als dringend ersehnte Bereicherung auf den Tisch vieler Leningrader Haushalte kam.

In den Jahren vor 1991 waren die russischen Läden leer, die Grundnahrungsmittel rationiert; es gab Bezugskarten – Talons – für Fisch, Fleisch, Milch, Butter, Zucker und Speisefett. Die Auswahl im Gemüseladen wurde gegen Winterende immer karger: Kohl, oft angefault, Kartoffeln, ein paar Möhren und Zwiebeln, mehr gab es nicht.

Oder nur auf den Kolchos-Märkten; dort fand man alles, auch Tomaten, Aprikosen, sogar Weintrauben aus dem Kaukasus und bald auch die ominösen Bananen und Ananas, dazu frisches Rind- und Schweinefleisch, Kaninchen, dicke Sahne, Spanferkel, Lachse, Hechte, Heringe. Und gewilderten Kaviar. Doch die Preise auf den Märkten waren für die meisten Familien unerschwinglich, jedenfalls im Alltag.

Auch in den armen Häusern des Baltikums freute sich jeder, wenn es im Mai zu Kohl und Kartoffeln knusprig gebratene Stinte gab, Vorboten des Sommers mit seinen Gurken und Tomaten von der Datscha und den Pilzen und Beeren aus dem Wald.

Der gemeine Kohl, oft als Kohlsuppe zubereitet, war seit dem Mittelalter das wichtigste Armeleutegemüse des Nordens, auch wenn er beim Kochen übel riecht und eher schwer verdaulich ist. Dazu aß man Bohnen, Möhren, Kohlrübe (die das Mittelalter von der Rapswurzel noch nicht unterschied), auch Wruke oder Steckrübe genannt. Das *Gutalag*, ein schwedisches Gesetzeswerk aus dem dreizehnten Jahrhundert, verpflichtete die Landsleute dazu, Kohlrabi anzupflanzen. Dill, Kerbel und Petersilie waren früh bekannt, sie wuchsen wild, wie auch die Zwiebel, und verfeinerten den sauren Hering – den *surströmming* und den Rollmops zum Beispiel. Die Klöster zogen im Mittelalter Früchte, Birnen, Pflaumen und Kirschen.

Im sechzehnten Jahrhundert kam der Blumenkohl dazu, während sich Pilze noch nicht auf den Speiseplänen fanden, jedenfalls nicht in Skandinavien, dafür Spinat und Erdbeeren. Die Kartoffel setzte sich erst im achtzehnten Jahrhundert als Nahrungsmittel durch; zur Schnapsbrennerei war sie schon hundert Jahre früher nach Schweden gebracht worden. Die Rote Beete noch später, heute ein typisch nordisches Gemüse.

Mit der Hanse kam das Salz nach Norden, aber es blieb knapp und teuer: Zur Konservierung Lebensmittel trockenzusalzen, konnte man sich kaum leisten. Auch Zucker kam mit der Hanse und später orientalische Gewürze: Zimt, Pfeffer, Muskat, Ingwer, Galgant (ein Verwandter des Ingwers, in Europa Chinawurzel genannt), Pfeffer-Kümmel, Kubebe-Pfeffer, Safran und aus Südeuropa Kapern, Anis und Senf.

Im Mittelalter aß man reichlich, und in guten Zeiten reich an Vitaminen – jedenfalls, wer sich das leisten konnte. Wobei die Versorgung unbeständig war. Im Spätmittelalter wurde sie knapper, und im vierzehnten Jahrhundert kam es zu einer Agrarkrise, nicht zuletzt als Folge der Pest. Die Anbauflächen reduzierten sich. Eine Kleine Eiszeit (1500–1850) verschlechterte das Klima für die Landwirtschaft, und im sechzehnten Jahrhundert verschwanden auch die legendären Heringsschwärme vor der Küste von Skåne.

Das Leben wurde immer karger, zumal die absoluten Herrscher ihre Völker für ihre schier endlosen Kriege um die Herrschaft über die Ostsee ausbluteten. In Nordfinnland buk man gemahlene Fischknochen ins Brot, in Schweden Erbsenmehl. In Livland gelangte die Spreu mit ins Roggenmehl. Der Gemüsekonsum ging stetig zurück, und so setzte sich in der frühen Neuzeit eine ungesunde, vitaminarme Kost durch, konstatieren die Schweden Lars Lagerqvist und Nils Åberg in einem Bändchen über die Geschichte von Essen und Trinken.

Das Dienstpersonal sei mit Roggenbrot, Kohlsuppe und dünner Kascha – Buchweizengrütze – zu verpflegen, heißt es im *Domostroi*, dem großen russischen Haushaltsbuch aus dem sechzehnten Jahrhundert, der Zeit der Livländischen Kriege, des ersten Griffs der Moskowiter nach der Ostsee. Dazu etwas Schinken und an Sonn- und Feiertagen gelegentlich Piroggen, Pudding oder Pfannkuchen. Frauen und Kinder erhielten zusätzlich Reste vom Tisch der Herrschaft.

Kulinarisch war die Ostsee öde, jedenfalls für die große Mehrheit der Bevölkerung. Darüber vermögen auch die überlieferten Prassereien von Fürsten oder die Gelage der Lübecker Zirkelgesellschaft nicht hinwegzutäuschen, und auch die mittelalterlichen Kochbücher und Kellerkneipen mit ihren Mittelalter-Menüs nicht, in Visby oder etwa in Tallinn: Wo vor zehn Jahren nichts war, außer einer urbanen Ruine, glänzt jetzt ein fünfhundert Jahre altes Lokal. Man kann der Geschichte förmlich beim «Konstruiertwerden» zusehen, und das Essen hilft.

Der Frühling war für die Bauern und kleinen Leute um die Ostsee eine Zeit der Entbehrung; im Gegensatz zum baltischen Adel, der sich seiner erfreute, wie der deutsche Reiseschriftsteller Johann Georg Kohl in seiner Schrift über die *Deutsch-russischen Ostsee-Provinzen* 1841 notierte. Von den Zaren kennen wir die Menüpläne. Deren schiere Menge an Speisen verdürbe uns den Appetit – vom Fasan zur Vorspeise über Fisch, Wild, Schaf, Rind bis zur Ananas zum Nachtisch. Bei Puschkin hieß es, dass der Zar, der mehr trinken und eine heißere Sauna aushalten könne als irgendjemand anders, zum Abendessen zwei Spanferkel verdrückt habe.

Zuzeiten bestand die Kost der kleinen Leute aus Brot und gesalzenem Hering, den sie mit Milch, auch saurer Milch, runterspülten, wie David Kirby in seiner Geschichte der baltischen Welt schreibt. Dazu Kohl und Zwiebeln. Frischfisch gab es selten, frisches Fleisch noch seltener.

Manche Fastenbräuche erklären sich aus der Notwendigkeit, Lebensmittel zu sparen, damit sie länger reichen. Die Letten sollen das Frühjahr einst die «Zeit des Hungers» genannt haben. Im März hatten die Familien ihren eingelegten Fisch und das Pökelfleisch aufgebraucht.

Butter produzierten die armen baltischen und finnischen Bauern zwar, man aß sie aber fast nie selbst: Vor der Zeit künstlicher Kühlmethoden und bei kaum existenter Käseherstellung war Butter für viele Kleinhäusler das Einzige, was sie in die Stadt, nach Riga oder Sankt Petersburg verkaufen konnten. Die Bauern im skandinavischen Hinterland produzierten ohnehin bloß zur Selbstversorgung.

Abwechslung auf dem Tisch existierte, jenseits des saisonalen Wandels, bis vor wenigen Jahrzehnten im Norden kaum. Kartoffeln, Kohl, Gurken, Tomaten, Fleischklöße und Fischklopse, dazu Milch, Buttermilch, Käse und längst auch Butter, Roggenbrot, Früchte, Erd- und Waldbeeren, darauf beschränkte sich noch in den siebziger Jahren die Diät in skandinavischen Landheimen.

Zum zweiten Frühstück, nach dem Melken, aß man zudem Haferbrei. Der *Domostroi* rät davon ab, vor neun oder zehn Uhr etwas zu sich nehmen – das «zweite», schwerere Frühstück war in Russland somit das einzige.

Die skandinavische Bauernkost der Nachkriegszeit war monoton, aber reichhaltig. Gewürze waren schier unbekannt, scharfe ohnehin; Knoblauch erreichte das skandinavische Hinterland später als das Fernsehen.

Das Mittagessen, das eigentlich ein Abendessen war – nach der Feldarbeit und vor dem Melken eingenommen oder sobald die Kinder aus der Schule kamen –, ist auf vielen Bauernhöfen bis heute die Hauptmahlzeit. Sie wird «Mittag» genannt. Und weil sie sich in den Städten immer mehr in den Abend verschiebt, meint in Norwegen, Schweden und Finnland heute eine Einladung zum «Mittagessen» ein Abendessen.

Die städtische Oberschicht an der Gegenküste, in Sankt Petersburg, hielt sich, wenn wir Dostojewskij folgen, an den Essensrhythmus der Bauern. In *Der Idiot* reicht die Generalsfamilie einen Lunch mit Tee, Kaffee, Käse, Honig, Butter, Pfannkuchen und Fleisch, dazu werden Rinderbrühe und andere Delikatessen gegeben. Die Hauptmahlzeit folgt im Laufe des Nachmittags.

Zu allen andern Mahlzeiten, zum ersten und zum zweiten Frühstück und zum leichten Imbiss vor dem Schlafengehen, kommt auf dem nordischen Bauernhof einfach «das Tablett» auf den Tisch, ein Servierbrett mit mehreren Sorten Käse, Brotaufstrich, Wurst, Aufschnitt, eingelegten Sprotten, Rollmops, Lachskaviar, Tomaten, frischen oder eingelegten

Gurken, Marmelade, heute auch Nutella. Und jeder am Tisch stellt sich seine eigene Mahlzeit zusammen, die vielleicht mit Ei und Grütze noch ergänzt wird. Mehr Abwechslung ist nicht vorgesehen, sie ergibt sich aus den Jahreszeiten – und daraus, was man gerade gekauft hat. Dazu trinkt man kalte Milch, viele Bauern bis heute auch Sauermilch.

Das «Tablett» wird nicht abgeräumt, sondern als Ganzes in den Eisschrank gestellt. Es ist wohl entstanden aus der einfachen Kost von Brot und saurem Hering. Seine zeitgenössische Form, oft als reichhaltiges Buffet, sind das Smörbröd, Butterbrot, und Smörgås, Schmier-Gans.

Der ständige Mangel in den planwirtschaftlich beherrschten Ländern um die Ostsee, der sich in den achtziger Jahren noch verschärfte, hat, gleichsam als Nebeneffekt, traditionelle Konservierungsmethoden in den Familien fortbestehen lassen. Viele Polen haben das über den ganzen Ostseeraum verbreitete Sauerkraut bis vor kurzem selbst gemacht: Nach einem polnischen Rezept werden die Köpfe halbiert und gespreizt; man würzt sie mit Dill, stopft Mangold zwischen die Kohlblätter, versetzt sie mit Salz und Essig und lässt sie abgedeckt im Steinguttopf gären. Der *Domostroi* empfiehlt, den Kohl und die Würzkräuter zu hacken und zu kochen; «an Fleischtagen» gibt man Schinken oder Schweinefett bei, dazu Sahne und Eiweiß. Dann deckt man das Kraut mit Tüchern ab und lässt es an einem kalten Ort stehen, bis zu einem halben Jahr.

Auch Finnland, Estland, Lettland und Litauen sind Sauerkraut-Kulturen; mit Blutwurst in Estland oder als Suppe in Lettland, in der in Litauen wiederum noch ein Rippchen schwimmt. Wobei Estland mit Schweden auch zum Lager des Erbsenmuses gehört. In Norwegen ist das Sauerkraut süßlich.

Die Ostsee ist ein Milchsäure-Meer: An allen ihren Ufern werden von jeher nicht nur Kraut, sondern auch Gurken fermentiert – und Heringe. Im Süden und Osten auch Pilze – wobei die Wortwahl des *Domostroi* darauf hindeutet, dass die Pilzrezepte von Polen nach Russland kamen. Die Polen ihrerseits adaptierten von ihren Nachbarn zum Beispiel die *Pelmeni*, in Polen *Kolduny* genannt und im Westen sibirische Ravioli.

Das Sein bestimmt die Geschmäcker: Polen und Russland lieben bis heute Saures, während das Westufer der Ostsee die Säure mit Zucker abfedert, etwa beim Sauerkraut. Die Litauer verehrten einen Gott des Eingelegten, Roguszys, eigentlich ein Gott des Sauerkrauts. Und die Polen essen eine Gerstensuppe, den *Zur*, der als Restetopf neben dem Ofen stehen gelassen wird, bis die leichte Säuregärung einsetzt.

Beim Bigoš, dem polnischen Sauerkraut-Gulasch, das immer wieder anders schmeckt – und den südöstlichen, ungarischen oder siebenbürgischen Einfluss auf die polnische Küche verrät, zumal wenn es mit Paprika gewürzt wird –, kommt, als wäre der Säure nicht genug, aufs Sauerkraut noch saure Sahne. Im Kraut verstecken sich Brocken von Schwein und Rind, Innereien, Würste.

Der Sozialismus hat der täglichen Mahlzeit die Würde genommen. Um die Frauen als Arbeitskräfte zu gewinnen, musste er sie aus den Küchen holen, von der «Sklaverei am Herd» befreien. Der Staat fütterte seine Familien in Kantinen oder mit Schnellgerichten, oft stehend eingenommen.

Alte Konservierungstechniken wie die Milchsäuregärung im eigenen Haus drohten zu verschwinden. Hätte nicht akuter Mangel geherrscht, der viele Großmütter zu den Ernährern ihrer Familien machte. Sie erinnerten sich «an früher» und pökelten weiter; pflanzten Gemüse, Tomaten, Gurken. Und sammelten Pilze.

Inzwischen hat sich das Angebot der Supermärkte in Polen, Litauen, Lettland, Estland und Sankt Petersburg dem westlichen angeglichen; sie sind nicht mehr zu unterscheiden. Milch, Joghurt, Fleisch, Kartoffeln und Orangensaft begeben sich auf Reisen, aus einem EU-Land ins andere.

Zugleich kehren die traditionellen Armeleutegerichte auf die Tische zurück; nicht mehr aus Not, sondern als Delikatesse. Und zur Bestätigung der nationalen Identität.

Der Stint wird sich vom Gratis-Fisch, den man selber fängt, in ein luxuriöses Frühlingsritual verwandeln – auf Sauerkraut nach Großmutters Art, mit saurer Sahne. Warum nicht?

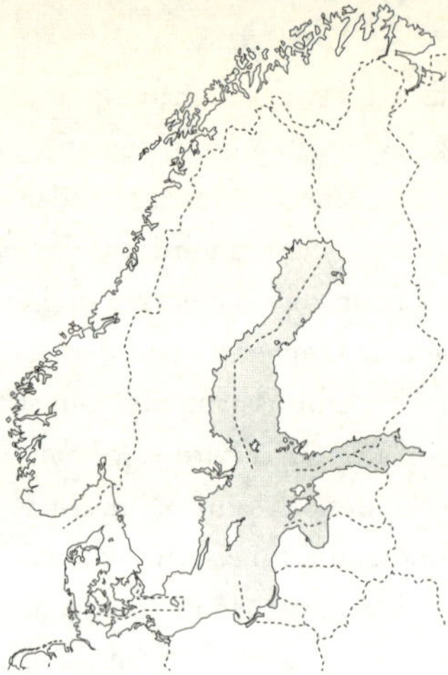

Gebrannte Wässer – die Welt der Milchtrinker

Der Samstagabend hat seinen Ort, er *ist* geradezu ein Ort oder ein eigener Zustand. Ein bisschen gilt dies schon für den Freitag. Wo auch immer an der Ostsee man ist, man sucht diesen Ort, auf. Die *Alte Bank* in Turku, den *Eselstall* in Tallinn, nein, der ist voller Finnen. Das *Opera-Cafe* in Stockholm oder lieber *PA & Co*, eine kleine Bar an der Riddargatan. Wobei dort jeden Abend ein bisschen Samstag ist.

Auch Riga, Vilnius, Rostock, Lübeck, Kopenhagen haben ihre Samstagsorte, Malmö, Kalmar, Uppsala, Umeå, Luleå, Oulu. Je weiter im Norden, desto heftiger. Sankt Petersburg. Und Kaliningrad.

Man geht hin, weil alle hingehen. Tritt sich gegenseitig auf die Füße, kann sich nicht hören. Vielleicht auch nicht riechen, vor lauter Rauch und Bierdunst.

Zuerst steht man vor manchen Kneipen lange an, wartet in der Kälte, bis man eingelassen wird, in Stockholms *Sture-Compagniet* etwa, dem zum Restaurant- und Ladenkomplex umgebauten öffentlichen Bad. Und oft auch vor der *Alten Bank*. Die Schlange gehört zum Samstagabend wie der Kater zum Morgen danach, die Schlange schon am Geldautomaten. Und gegen morgen noch einmal, wenn man Bargeld fürs Taxi braucht.

In der *Old Bank* in Turku hat sich ganz Finnland verabredet, schon freitags. So viele Leute in einem derart dünn besiedelten Land. Ähnlich ist es in Schweden, im Baltikum und in Norwegen hinter den Bergen. Als kämen die Leute her, um sich zu vergewissern, dass sie nicht allein sind. Um sich zu wärmen. Gesellschaft zu spielen, Großstadt auch. Wohl deshalb heißt die *Old Bank* nur verschämt irgendwo versteckt *Vanha Pankki*. Englisch ist die Sprache von Welt.

Manche Männer tragen Anzug – es ist schließlich eine alte Bank –, einige Frauen das kleine Schwarze mit dem Ausschnitt. Dabei kommen sie nur, um ein Bier zu trinken. Oder mehrere.

Die Biere würden besser, je weiter man nach Norden fahre, meinte Olaus Magnus, und je älter das Bier, umso gesünder. In Stockholm habe er 1520 ein altes Bier getrunken, erinnerte er sich dreißig Jahre später, das habe seine Blasensteine, groß wie Pfefferkörner, ausgeschwemmt, ganz ohne Schmerzen zu verursachen. Seither habe er nie mehr Beschwerden gehabt. Auch gegen Husten helfe das nordische Bier, aufgekocht und mit etwas Butter.

Das Trinken gehört zum Norden wie der Schnee, wie die Winternächte – am Westufer des Baltischen Meeres so sehr wie im Osten, und im Norden erst recht. Oder eher: Es gehört zum wenig schmeichelhaften Bild, das man sich weiter im Süden von Nordosteuropa macht. Die Russen ertränken sich in Wodka. Die Finnen seien kaum besser, und ein Schwede im Ausland …

Die Fakten sprechen eine andere Sprache: Schweden und Finnland stehen mit ihrem Durchschnittskonsum ganz am Ende der Europäischen Union. Die Finnen trinken halb so viel Alkohol wie die Deutschen, die Schweden noch weniger. Selbst in Russland trinkt man weniger als in Deutschland, Irland, Frankreich, Österreich oder der Schweiz. Die Woche über trinken die meisten Finnen Milch, nur am Samstagabend, oder vielleicht schon am Freitag, ein Bierchen. Auch heute noch.

Aber sie trinken in Gruppen, junge Männer und längst auch Frauen. Trinken hörbar. Es ist eine Minderheit, die am Wochenende loszieht zum Sturm-und-Kampf-Trinken, eine besondere Einkommens-, Berufs- und Altersklasse obendrein. Dazu die Bohème der Werber, Medienleute und Künstler, die sich auch an Wochentagen ein Bier zu viel leistet, ein *Mellan Öl*, buchstäblich ein »halbstarkes Bier«. Und jene andern, die sich in diese Bohème trinken wollen.

Beide stehen in der nordischen Tradition, die dumpfen Halbstarken und die kulturelle Demimonde. Allerdings stets als Außenseiter. Alle andern tranken höchstens alle paar Wochen an einem Samstag. Und so ist es noch. Aber dann trinken sie oft etwas zu viel.

Zu den schockierenden Erinnerungen an unsere Rucksackreisen gehören sturzbetrunkene junge Mädchen in einem mittelfinnischen Dorf. Noch heute trifft man an Wochenenden in Tallinn, Viborg, Petersburg und auf der Stockholm-Fähre auf Gruppen von Finnen, die Bierkästen auf ein Zimmer schleppen oder mit Wodkapullen fuchteln. Ihr Reiseziel ist das Delirium. Irgendwie ist das sozial akzeptiert, für Männer und Frauen. Am Samstagabend gelten eigene Gesetze, auf Reisen auch.

In älteren finnischen Filmen trinken hingegen nur die Männer; das ist das Gegenklischee. Und junge Paare teilen am Samstagabend eher eine Flasche Leichtbier nach der Sauna, als dass sie sich würden volllaufen lassen.

Die *Vanha Pankki* hinter dem Marktplatz von Turku, eingerichtet als Art-déco-Kneipe, wurde einst von Carl Ludvig Engel, dem Architekten des Senatsplatzes in Helsinki, im klassizistischen Stil erbaut. In Granit. Grüne Marmorsäulen im Innern und das dunkle Holztreppenhaus verleihen den Räumen etwas Sakrales; sie sollten der Bank das Vertrauen ihrer Kunden gewinnen, stabiler scheinen, als es Bankgeschäfte sind. Jetzt bilden sie die Kulisse für eine Börse des Scheins, der Trinkfreunde und der Partnersuche. Und das Bier hilft, die angeknüpften Händel zu schmieren.

In Helsinki ist gar eine neugotische Kirche zur Bar umgebaut worden und heißt, als ob das nicht schon konfus genug wäre, *Cafe Barock*. In Sankt Petersburg trinkt man im Atombunker.

Als leichte Alltagsdroge war der Alkohol an der Ostsee bis vor einigen Jahrzehnten unbekannt. Er war Seuche, Lebenstrank, Aufputschmittel, Gift, und er hatte mythologische Bedeutung. In vornordischer Zeit glaubte man, er verleihe Unsterblichkeit, Kraft zur Dichtkunst und Weisheit. Die Svea-Wikinger genossen ihn aus dem Trinkhorn; sie tranken auf das Wohl ihrer altnordischen Götter, mit denen sie im Rausch in Verbindung traten. Ihr Gottesdienst war zugleich eine «Gemeinschafts-Orgie», sie knüpft die Bande zwischen den Teilnehmern mit metaphysischer Kraft, wie Stig Helling in seinem Bändchen über die Geschichte des Alkohols in Schweden schreibt. Die Legende allerdings, das Wort *skål,* mit dem die Skandinavier sich zuprosten, gehe etymologisch auf die Schädelschalen zurück, aus denen die Wikinger das Blut ihrer Feinde schlürften, vermag die Schwedische Akademie nicht zu bestätigen.

Helling stellt die Trinkriten der Gilden in die Tradition der Wikinger und wirft die Frage auf, ob die Bezeichnung «Gilde» etymologisch auf eine religiöse Opferversammlung zurückzuverfolgen sei, eines jener vorchristlichen Rituale, die die christliche Zeit adaptiert, aber uminterpretiert hat. Bei Gilde-Feiern spielte Bier eine zentrale Rolle, auch hier ging das Trinkhorn von Mund zu Mund. So besiegelte man Verträge und Bruderschaft.

Männerbünde und Soldaten kürten in Kampfbesäufnissen den stämmigsten Trinker zum stärksten Mann. Ansonsten war das Trinken lange den betuchten Städtern vorbehalten. Kleine Bauern konnten sich Alkohol gar nicht leisten, zumal sein Verkauf von jeher von Gesetzen reglementiert und mit Steuern belegt war.

Das frühe «Bier» war ein vergorener Gersten- oder Roggensaft, das Mälzen kam erst später. Malzgetränke benötigen einen Bitterstoff, um schmackhaft zu sein. Erst verwendete man dazu Kräuter, Gräser und Wurzeln, von denen manche einen leicht narkotisierenden Effekt hatten. Das war vielleicht gut so, denn manche der «Biere» müssen eher schrecklich geschmeckt haben. Die Fürstenhöfe im Norden hielten sich deshalb an Bier aus Hamburg oder Lübeck, eines der wenigen Eigenprodukte der Hansestädte.

Der Hopfen als Bitterstoff setzte sich im Norden erst spät durch. Er musste importiert werden, war deshalb teuer. So trank auch der Botaniker Carl von Linné im achtzehnten Jahrhundert auf Gotland noch Gräserbier.

Populär war im Mittelalter rund um die Ostsee auch der Met, vor allem unter den Wohlhabenden, also auch in den Klöstern. (Noch heute heißt das edle, teure Bier von Visby Klosterbier.) Nur die Priester tranken Wein. Met ist vergorenes, gewürztes Honigwasser; er war ein Beiprodukt der Kirche, die für Kerzen große Mengen Wachs benötigte. Met war so beliebt, dass der dänische König Christian III. die Ausfuhr von Honig verbot, um den Metbedarf decken zu können. Im sechzehnten Jahrhundert verschwand das Getränk, verdrängt vom Bier und bald von härteren Wässern.

Bier galt auch als Heilmittel, noch während der Reformation. Im dreizehnten Jahrhundert empfahl der dänische Hofarzt Henrik Harpestraeng gegen Brustschmerzen neben heißen Umschlägen «Lakritze in warmem Bier mit etwas Zucker, wenn man hat». Zur selben Zeit entstanden die ersten Gasthäuser und Bierkneipen, und man begann, Bier als Getränk zu konsumieren.

Bier half, das oft wenig schmackhafte Essen herunterzuspülen. Vom Hof und von manchen Klöstern kennen wir den täglichen Verbrauch: Drei Liter Bier pro Mönch und Tag rechnete das Kloster Vadstena in Schweden; das Frauenkloster Solberg auf Gotland braute 14 Fässer pro Nonne und Jahr, das waren fünf Liter täglich. So viel verbrauchte nicht einmal das Schloss in Stockholm, das sich im Jahre 1558 mit 4,5 Litern pro Person zufrieden gab, mit 17 000 Fass Herrenbier jährlich. Dazu braute man Vögtebier, Svennebier (Bürgerbräu), Schiffsbier, Amtsbier und ein Leichtbier, Speisebier genannt.

Der König selbst, Gustav Wasa, trank lieber importiertes Bier.

Und Wein. Während seiner Regentschaft stieg der Weinimport, und Gustav Wasa ließ am Hof in Stockholm und auch auf Schloss Gripsholm Weinkeller anlegen. Die Bevölkerung hingegen rief er in einem Brief von 1546 zur Mäßigung auf, wie das trinkende Regenten zu tun pflegen. Das Getreide im Reich werde immer teurer, weil das Volk zu viele Feste feiere. Nicht nur zu Hochzeiten und zu Geburten, auch zur Messe, zu Feiertagen und an Sonntagen würde unnötig geprasst. Und da die Sonntage nicht reichten, sogar an Samstagen und anderen Tagen: Wo die Leute doch arbeiten und fischen sollten. Auch Hochzeitsbier und Kinderbier (das anlässlich von Geburten gebraut wurde) sollte man gefälligst in Maßen konsumieren.

Die Kirche sorgte sich ebenfalls über die Zunahme der Trunksucht. Sie machte freilich keine Anstalten, ihre eigenen Leute zu mäßigen.

Dazu riefen erst die Reformationsführer auf: Laurentius Petri, der erste evangelische Erzbischof in Schweden, schrieb 1557 ein Buch – *Emoot Dryckenskap* –, das vor den Gefahren des Alkohols warnte, und drohte 1572 Priestern, die übermäßig tranken, mit Gefängnis. Doch die Kirchenmänner süffelten weiter.

Indes verknappte die Reformation die Ressourcen der Kirche, darunter auch die Alkoholressourcen: Plötzlich musste auch den Gläubigen Wein zum Abendmahl gereicht werden. Schweden hatte die Bande zur katholischen Welt und damit auch zu den Weinländern gekappt. Und ausgerechnet in dieser Zeit begann man auch im Norden, den importierten Wein zu Schnaps zu brennen.

Zuvor kannte man die gebrannten Wässer im Ostseeraum nicht. Auch die «Heimat des Wodkas», Russland, wusste vom Destillieren noch nichts. Die Technik gelangte um das Jahr 1100 aus der arabischen Welt nach Europa, zu Medizinalzwecken daher der Name: *aqua vitae*. Deutsche Kaufleute brachten das Verfahren nach Norden.

In Stockholm, wo viele Deutsche lebten, war der Pulvermacher Meister Berentz 1467 der Erste, der mit Schnaps hantieren durfte: zur Herstellung von Schießpulver. Er und andere Pulvermacher begannen bald, einen Teil ihres hochprozentigen Alkohols abzuzweigen und illegal zum Konsum zu vertreiben. Sten Sture, der Machthaber jener Jahre, verbot das Brennen schon 1494 zum ersten Mal, erteilte seinen Pulvermachern jedoch eine Sonderbewilligung. Vier Jahre später erhielt ein Cort Flaskedragare die erste Lizenz, Schnaps zu brennen, auszuschenken und zu verkaufen; gegen eine Abgabe, versteht sich.

Damit begann die endlose Saga des staatlichen Alkoholmonopols, an dem die schwedische Regierung bis heute festhält, trotz Bedenken der EU. Der Staat, nicht nur in Schweden, hat stets eine Balance gesucht zwischen der Gesundheit des Volkes (mithin der Volkswirtschaft) und der Gesundheit des Staatssäckels. Wobei auch in Schweden – wie in Russland – die Könige sich letztlich meist für die Staatskasse entschieden.

So setzte sich, zum Wohle der Reichsschatulle, mit dem neuen Glauben im sechzehnten Jahrhundert auch ein neues Getränk durch: der *Brännevin*, der vorerst aus importiertem Traubenwein destilliert wurde.

Auf dem Feldzug 1556 gegen Iwan IV., den Schrecklichen, ließ Gustav Wasa Schnaps an seine Soldaten abgeben, um Krankheiten vorzubeugen. So lernten sie trinken. Und lernten – Krieg als Kulturaustausch – den Wodka kennen.

Trinken sei der Slawen Freude, soll Wladimir, der Kiewer Großfürst, gesagt haben, als er das Christentum annahm. «Wir können nicht ohne.» Auch die alten Slawen tranken zunächst Met. Das Brennen setzte sich in Russland erst im fünfzehnten Jahrhundert durch; die Technik kam auch hier aus Deutschland. Russen und Polen streiten somit vergeblich um die Ehre, wer von ihnen den Wodka – damals aus Roggen gebraut und gebrannt – erfunden habe.

Im sechzehnten und siebzehnten Jahrhundert war die Trunksucht in Russland weit verbreitet und sozial akzeptiert, und das nicht nur unter Männern. Westliche Reisende waren schockiert. Olearius berichtete beispielsweise von delirierenden Männern, die den Jahrmarkt verlassen wollten und denen es nicht gelang, ihre Frauen loszueisen und am Weitersaufen zu hindern. Er berichtete auch von sturzbetrunkenen Paaren, die sich vor aller Augen übereinander hermachten. Der *Domostroi*, das russische Haushaltsbuch, warnte explizit vor trinkenden Frauen.

Nur Priester und Mönche soffen noch mehr.

In Russland blickt der Kampf gegen den Alkoholismus auf mindestens sechs Jahrhunderte Geschichte zurück. Die Tataren verboten den Verkauf von Alkohol schon 1389, Iwan der Schreckliche versuchte systematisch, das Trinken einzudämmen: Er schuf ein kaiserliches Alkoholmonopol und das System der *Kabaks*, kaiserlich lizenzierter Schankstuben. Das Monopol half freilich, wie in Schweden, eher der Staatskasse als den Säufern. Schon damals rührte bis zur Hälfte der russischen Staatseinnahmen aus dem Schnapshandel.

Dabei verdrängte der Wodka schwächere Getränke wie Bier und Met zunehmend. Die Trinker versoffen nicht nur ihr Geld, sie verkauften auch ihre Frauen und Kinder in die Leibeigenschaft, und zuweilen sich selbst, um weitersaufen zu können.

Peter I., der erste große Modernisierer Russlands, tat wenig gegen den Alkohol. Zwar ließ er notorische Säufer verfolgen, machte sich gleichzeitig aber selbst einen Namen als Trinker. Er könne dreißig bis vierzig Glas Wein pro Abend herunterstürzen, ließ er sich rühmen. Als seine Nachfolgerin, Zarin Anna Iwanowna, ihren Vertrag mit den Türken feierte, musste man am Ende alle Gäste des Festes aus dem Saal tragen.

Hüben und drüben der Ostsee waren die folgenden zwei Jahrhunderte von Versuchen geprägt, dem Alkoholproblem die Spitze zu brechen, ohne die Staatseinnahmen zu beeinträchtigen. Die Trinkstätten, legale und illegale, wurden ständig zahlreicher; immer mehr Leute wurden wegen schwerer Trunkenheit verhaftet. Gleichwohl tranken die Russen auch 1880 weniger als die Deutschen, Schweizer, Belgier, Holländer und sogar die Schweden.

Städter – Künstler, Händler und Handwerker, vor allem Schuhmacher, Schneider und Buchbinder – gehörten zu den schwersten Säufern. Sie tranken jedes Wochenende oder über längere Perioden, derweil auf dem Land nur zu besonderen Gelegenheiten «gefeiert» wurde.

Die Esten und Letten tranken bis ins sechzehnte Jahrhundert überhaupt nicht; das Schluckvermögen ihrer deutschbaltischen Herren dagegen war legendär. Im siebzehnten und achtzehnten Jahrhundert begannen die Gutsbesitzer und auch die Pastoren, Krüge zu betreiben, sodass der Alkoholismus auch im Baltikum zur Volksseuche wurde. Die baltendeutsche Zeitschrift *Inland* wehrte sich 1838 dagegen, dass man Enthaltsamkeit predige: Die Gutsherren büßten ihre Gewinne ein, wenn der Konsum zurückginge.

Schweden bot ein ähnliches Bild. Die Krone erlaubte und verbot das Brennen, erteilte Sondergenehmigungen – etwa der Priesterschaft –, duldete die Hausbrennerei zeitweise und verbot sie wieder.

Die Reichen wurden reicher, je mehr die Armen tranken. Immer mehr Roggen, Weizen und Gerste, bis zur Hälfte des importierten Getreides, verschwand in den Braupfannen. In Jahren schwerer Missernten, z. B. 1695–97, kam es in Mittelschweden und Norrland zu Hungersnöten, da die geringe Ernte zu Schnaps gebrannt wurde. In der Folge erging 1698 ein erstes Schnapsverbot. Danach waren die Jahre 1709–10, 1724, 1740–41 und 1756–60 alkoholfrei. Während der letzten Periode sammelte man alle Brennpfannen ein. 1772 wurde Schnaps erneut verboten. Drei Jahre später, nach einer guten Ernte, wurde das Verbot wieder rückgängig gemacht: Doch diesmal sicherte der Staat sich das Brennmonopol. Er schuf die Kronbrennereien. Nur musste er, damit diese sich rechneten, das Volk wieder zum Trinken animieren. So war die Alkohol-Politik schon immer eine Pleite, lavierend zwischen Doppelmoral und Profit.

Carl August Bellman, der Stockholmer Barde des Trinkens, schrieb in der Zeit der Kronbrennereien, unter dem Theater-König Gustav III., die Fredman-Episteln. Fredman, Bellmans Alter Ego, liegt eines Nachts im Sommer auf dem Järntorget, oder Eisenplatz, in der Stockholmer Altstadt vor der Kneipe *Kryp* besoffen im Rinnstein, starrt auf seine alten Schuhe und auf die Reichsbank gegenüber, die Bellman als Siebzehnjährigem einst Arbeit bot. Er befindet sich in einem Zustand zwischen Rausch und Kater, zwischen Ernüchterung und dem ersten Schluck des neuen Tages, in dessen Geborgenheit er sich später flüchten wird. Der Suff ist ein Fluch, aber nüchtern betrachtet ist die Realität noch schlimmer.

Der Rausch diente schon immer auch als Ventil. Er ermöglichte die Flucht aus der bedrohlichen Wirklichkeit und linderte die Existenzangst. In den Städten des frühen neunzehnten Jahrhunderts nahm die Trunksucht ständig zu, zumal die Produktion alkoholischer Getränke industrialisiert wurde. Die Gewinnmargen stiegen. Zugleich entriss das Wachstum der Städte viele Trinkende der sozialen Kontrolle. Und die Brennereien und Brauer wurden immer aggressiver. «Malz gibt Stärke, Hopfen gibt Appetit, die Hefe gibt Schwung», warben die schwedischen Brauer.

Als Gegenentwurf entstand, oft in Verbindung mit den Freikirchen und den Initiativen zur Volksbildung, die schwedische Abstinenz-Bewegung. Ihre Vertreter zogen mit Vorträgen durch die Lande. Binnen eines Jahrzehnts wuchs die Bewegung auf 100 000 Mitglieder an, etwa ebenso viele Schweden enthielten sich des Schnapses als *Guttempler*, *Nationaltempler*, Mitglieder des *Blauen Bandes* oder ohne organisiert zu sein. 1853 schreiben 308 Arbeiter an den König: «Hilf uns gegen die Tyrannei des Branntweins.» Doch wie alle früheren Anläufe verlor auch dieser bald an Schwung.

Nach 1870 versuchte man, der Abstinenz über eine Art volkstümlicher Freimaurerlogen – den Nüchternheitsorden *Verdandi* – etwas Glanz zu geben. Dienstgrade und Ordenszeremonien sollten die Langeweile auf dem Lande vertreiben helfen, die so sehr zum Alkoholismus beitrug.

Die Bewegung wuchs. 1910 setzte sie eine konsultative Volksabstimmung über ein totales Alkoholverbot durch und gewann. Weil der Beschluss der Regierung nicht durchsetzbar schien, entwickelte der Arzt Ivan Bratt 1914 ein individuelles Rationierungsschema, das *System.* Ab 1917 galt es in ganz Schweden. Der Handel mit Alkohol wurde verstaatlicht, private Unternehmer sollten nicht an der Sucht anderer verdienen. Zudem sollte jeder Käufer sich einer individuellen Kontrolle unterziehen. Dazu erhielten mündige Bürger auf schriftlichen Antrag und sofern keine «besonderen Hinderungsgründe» vorlagen das so genannte *Gegenbuch*, in dem jeder Alkoholkauf vermerkt wurde. Verweigert wurde das *Gegenbuch* Jugendlichen unter 25 Jahren, verheirateten Frauen und allen, die bereits durch Trunkenheit aufgefallen waren. Die Vertreter des *Systems* konnten eine Registrierung freilich auch aus andern als den vom Gesetz vorgesehenen Gründen ablehnen.

Das *Gegenbuch* berechtigte den Träger je nach Jahr zu zwei bis 16 Litern Schnaps pro Quartal; 1950 waren es drei Liter im Monat. Dabei konnte die Leitung einer *System*-Filiale ausnahmsweise – für ein Fest, einen fünfzigsten Geburtstag – mehr bewilligen oder die zulässige Menge verringern: Im Falle unverheirateter Frauen tat sie dies routinemäßig.

Im Jahre 1950 waren 1,9 Millionen Schweden, 27 Prozent der Bevölkerung, dergestalt als Alkoholkunden registriert und «bevormundet» – nur ein Zehntel von ihnen Frauen.

Zunächst kontrollierte das *Bratt-System* nur gebrannte Wässer. Wein trank man in Schweden ohnehin nicht, Starkbier wurde 1945 verboten. 1954 wurde das *Gegenbuch* abgeschafft, das *System* aber blieb. Als *Systembolaget*, was nichts anderes heißt als *System*-Firma, ist es über Schwedens EU-Beitritt hinaus die größte Detailhandelskette des Landes geblieben, ein enorm profitables Staatsmonopol.

In Russland bekamen auch die Bolschewiki den Alkohol nicht in den Griff: Im Gegenteil, 1914 verbot der Zar den öffentlichen Verkauf von Wodka – des Krieges wegen, denn Russlands Armeen verloren den Japan-Krieg nicht zuletzt, weil sie besoffen waren –, später auch den Absatz von Wein und Bier. Die Kommunisten gingen noch weiter, stoppten die private Produktion und verstaatlichten 1918 die Alkoholvorräte.

Doch ab 1922 wurde die Prohibition schrittweise wieder gelockert. Ende der zwanziger Jahre war das Problem so virulent wie zuvor. Trinken blieb ein Zeitvertreib. Langeweile und Mangel trieben die Leute geradezu, nach Mitteln gegen die Misere des Alltags zu greifen. Zumal das Saufen auch für die Russen ein soziales Ritual ist. Mit dem Wodka besiegeln sie Händel und Freundschaften, Männerfreundschaften vor allem. Die Russinnen trinken wenig.

Der Wodka ist eine Liebe und ein Feind. Die Russen ringen mit ihm, überwinden ihn, schlucken ihn runter und unterliegen ihm zuletzt doch. Viele Russen «können» nicht alleine trinken. In Petersburger Hinterhöfen wird man zuweilen von fremden Männern eingeladen, mit ihnen «hundert Gramm» zu teilen.

Wodka hat die Sowjetunion in eine soziale Katastrophe gestoßen. Oder eher: Er hat die Katastrophe des Kommunismus verschärft. Bis Michail Gorbatschow, 500 Jahre nach Sten Sture, an der Gegenküste und am andern Ende der Geschichte, dem Saufen Einhalt zu gebieten versuchte. Er griff die strengen Restriktionen seines Vorvorgängers Andropow wieder auf. Das kostete ihn seine Popularität, und der Staatshaushalt, so abhängig vom Alkohol wie einst die schwedische Schatulle, geriet aus dem Gleichgewicht – und bald das ganze Land. Dabei trank auch in der Sowjetunion nur eine sichtbare Minderheit über die Maßen.

Erst der Zusammenbruch des kommunistischen Systems und das damit verbundene Verschwinden der Langeweile, die Möglichkeit der Menschen, ihre Leben selbst zu planen, hat viele zur Nüchternheit geführt. Unter den neuen Russen gibt es beides: Gelage bis zur Bewusstlosigkeit und Leute, die überhaupt nicht mehr trinken. Sie hätten dazu, sagen sie, einfach keine Zeit.

Finnland liegt, wie in so vielem, zwischen Russland und Schweden, zwischen Ost und West. Zu Beginn des zwanzigsten Jahrhunderts versuchte das Land die Total-Prohibition, in den siebziger Jahren versteckten die Schwarzhändler ihre Pullen selbst gebrannten Wodkas noch in Brotkrusten und verkauften sie in den Parks der Städte.

Noch heute gehört das Trinken zum Samstag und zum Reisen.

Es ist spät geworden in der *Alten Bank*. Oder früh. Am Tresen flirtet man noch, streitet, in den hinteren Räumen dösen ein paar Bierleichen. Sie sind keine Alkoholiker, und am Montag werden sie abends wieder Milch trinken. Aber sie verkörpern eine Tradition der Ostsee. Und verzerren das Bild.

Schnittmuster und Sex – Gesundheit für alle

In Sankt Petersburg, hinter dem Finnländischen Bahnhof, gleichsam überragt von der mächtigen Lenin-Statue, zwischen Fabriktor und Arsenal-Ufer, liegt die Schattenseite der russischen Gesellschaft: Gefängnis, Poliklinik, Militärkrankenhaus und die Fabrik, die nach einer Phase der Paralyse inzwischen wieder Waffen herstellt. Und *Lomo*-Kameras: die Antithese zur «schönen» Fotografie. Gegenüber, am andern Ufer der Newa, das KGB-Gebäude und davor die Sphingen mit dem halben Totenschädel, das Denkmal für die Opfer der Repression. Selbst die Türme des Smolny sind zu sehen, der Töchterschule, die zum ersten Hauptquartier der Kommunisten wurde. Von dort ging, vorgeblich mit dem Ziel, das Los der Menschen zu verbessern, der Marsch in eine soziale Vergangenheit.

Für Joseph Brodsky, den Dichter jenes virtuellen Russland, in das die sowjetischen Intellektuellen sich zurückzogen, liefen hier die Lebensfäden zusammen. Als fünfzehnjähriger Schulabgänger verschweißte er im Arsenal Bleche. Nach einer Odyssee durch viele Jobs geriet er als Seziergehilfe in die Pathologie des Krankenhauses gegenüber. Bis ihn seine Gedichte ins Kresty brachten, den berüchtigten Kreuzbau, einst das berühmteste Gefängnis der Sowjetunion. Von Nikolai II. 1892 erbaut, sollte es 500 Häftlingen, vornehmlich Staatsfeinden, in Einzelhaft Platz bieten. Trotzkij saß im Sommer 1917 hier: Er durfte in seiner Zelle eine Bolschewisten-Delegation und auch seine Töchter empfangen.

Die Kommunisten bauten das Kresty um. Ihre Wirtschaft erzeugte nur Mängel, aber ihre Polizei produzierte Häftlinge im Überfluss. In der Sowjetunion fehlte es an allem, auch an Gefängnisplätzen. Also teilten sich vier Häftlinge die sieben Quadratmeter engen Zellen. Dann acht. Nach dem Zusammenbruch des Sowjetsystems sind es zehn geworden, manchmal auch mehr, von denen die meisten Häftlinge in Untersuchungshaft sitzen, manche für Jahre, bevor ihr Prozess beginnt.

Es ist feucht im Kresty, grau, im Sommer heiß, im Winter zu kalt. Seuchen gehen um, wie in den meisten Zuchthäusern Russlands, Gelbfieber und die Tuberkulose, Krankheiten, die als überwunden galten. Die Gefangenen schlafen im Schichtbetrieb auf Metallpritschen. Mütter, Frauen und Freundinnen versorgen sie mit Lebensmitteln.

Wer sich keiner Gruppe unterordnet, sich nicht in ihren Schutz begibt, wird vergewaltigt, als Sklave behandelt; die Essenspakete, die er von draußen erhält, werden ihm abgenommen. Andererseits kaufen sich gewisse Häftlinge Privilegien: weniger belegte Zellen oder gar «Einzelzimmer», manche mit Fernseher und Aussicht auf die Newa.

Ein Fenster zum Fluss ist auch ein Fenster zur Welt. Besonders abends stehen unten am Ufer junge Frauen, manche unscheinbar, andere schön gemachte Gangsterbräute. In den Gitterfenstern buchstabieren Hände Nachrichten, die Mädchen winken, schreien gegen den Verkehr der Uferstraße an. Sie rennen nach Geschossen aus gerolltem Zeitungspapier, die, beschwert mit einer Spitze zermanschten Kaugummis, geflogen kommen. Sie reißen die Röllchen auf, klauben ein oft eng beschriebenes Briefchen raus, lesen, lächeln oder halten das Zettelchen einer andern Frau hin. Zuweilen zerknüllen sie es auch ärgerlich – die Schnellstraße am Newaufer ist übersät mit derartiger Post. Die kommt, nach knappen Liebesformeln, bald zur Sache, enthält Bestelllisten, Aufträge. Bring dies, brauche jenes, zahl einem Dritten hundert Dollar.

Auch Russlands Kliniken sind überfüllt und unterversorgt, viele verfügen nicht einmal über warmes Wasser. Patienten liegen auf dem Flur, es fehlt an Medikamenten, Spritzen, Instrumenten. Die Gebäude sind schmutzig; überall hängt der Gestank von Wundbrand, Kohl, faulem Fleisch und Chlor.

Auch in die Spitäler müssen die Angehörigen den Patienten das Essen bringen: die Großmütter, Mütter, Ehefrauen, Töchter, Tanten, Cousinen, Freundinnen, Kinder. Nur selten die Männer, höchstens mal ein Großvater. Die Väter existieren in den russischen Haushalten bis heute kaum, schon gar nicht in der Küche. Es gibt keinen Platz für sie. Die Kinder, meist Einzelkinder, bleiben bei den Großmüttern, von denen sie großgezogen und häufig verzogen werden. Die Mütter arbeiten; und seit dies möglich ist, holen viele abends nach, was sie in der Sowjetzeit versäumt zu haben glauben.

Wie weit ist dieses kranke Russland doch entfernt von den Gesellschaften Skandinaviens, die die Familie hochhalten. Väter mit Kinderwagen gehören dort zum Alltag, Paare teilen sich die Hausarbeit, und eine gesunde Ernährung, Fürsorge und Behutsamkeit sind Standards in der Erziehung der Kinder. Doch mehr als ein Jahrhundert liegt nicht zwischen Russland und Skandinavien.

Bis in die frühe Moderne aber war auch Skandinavien ein Ort der Schwären und Seuchen. Pocken, Lepra, sogar Malaria grassierten im Norden und noch im achtzehnten Jahrhundert auch Beulenpest. Der Keuchhusten war endemisch. Prostitution und Alkoholismus waren insbesondere in den Städten verbreitet; die Sterblichkeit vor allem der Kinder war hoch. Es stank und gärte. Die «intakte Familie» war noch nicht erfunden, schon gar nicht unter den Armen. Um die Mitte des neunzehnten Jahrhunderts blieben drei Viertel der Stockholmerinnen unverheiratet, die Hälfte aller Kinder in der Hauptstadt wurde ohne Väter geboren. Es gab noch keine Armenhäuser, keinen Sozialdienst. Kinder waren Mäuler, die gefüttert werden wollten, und bald Hände, die arbeiten mussten. Man suchte sie möglichst früh lohnend zu verheiraten, meist ohne sie zu fragen – und oft ohne Erfolg.

Eine Reise von West nach Ost ist auch eine Reise in die verdrängte Vergangenheit des Westens, ins urbane Gestern, dessen Düsternis man in Skandinavien gerne vergisst.

Dostojewskijs *Aufzeichnungen aus dem Kellerloch* sind vielleicht nicht so russisch, wie wir heute meinen. Wer durch die Gassen der Altstädte geht, durch Stockholms Gamle Stan oder durch Tallinn, an den kleinen

Katen vorbei, die man in Vilnius, Ystad und Visby noch sieht, durch die Bremer Böttcherstraße und die Lübecker Wohngänge, kann sich ähnliche Verhältnisse gut vorstellen.

In Lübecks Engelsgrube, in den grünen Gängen zwischen Untertrave und Engelswisch, in diesen *Buden* genannten Häuschen hausten Tagelöhner, Salzpacker, Balken- und Kistenträger, ganze Familien. Andere wohnten in Kellern, derweil im Vorderhaus eine Englandfahrer- oder Kaufmannsfamilie residierte, typische Pfeffersäcke. Den Unterschichten blieb auch hier kaum mehr Raum als in einer Kresty-Zelle.

In Sankt Petersburg lebten die kleinen Leute im Seitenflügel, das Gesindel im Hinterhaus und im Keller. Bettler und Zocker mieteten die Ecke eines Raums, andere Mittellose, wie Raskolnikow, der Student in *Verbrechen und Strafe*, einen Dachstock: Es gab bis spät im neunzehnten Jahrhundert keine Gliederung in «bessere» und «schlechtere» Stadtviertel, die Klassenschichtung zog sich durch jedes Haus. Sehr viel anders war das in Lübecks Gangvierteln wohl auch nicht. Versteckt hinter den Bürgerhäusern, im Hof oder in der Ecke des Grundstücks, aber stets zu Diensten, lebten die Hinterhäusler. Sie schindeten sich für die Herrschaft und zahlten auch noch Miete.

Diese engen Städte waren hoffnungslos übervölkert. Im Heizungsqualm des Winters erkrankten die Atemwege; Tuberkulose war die Haupttodesursache. Im Sommer drohten Dysenterie, Typhus, Cholera; Geschlechtskrankheiten grassierten.

Zur Syphilis-Prävention tourten im neunzehnten Jahrhundert Wachsfigurenkabinette aus Deutschland durch Skandinavien, die hyperrealistisch die Symptome vorführten. Krankenhäuser dagegen wurden erst allmählich gebaut.

Gewiss, noch lebte die Mehrheit der Menschen im Norden als Kleinbauern auf dem Land. Dort war die Luft frisch; die Häuser freilich waren kaum größer als jene der Hinterhäusler in der Stadt. Die ganze Familie schlief mit dem Vieh im selben Raum, schon wegen der Kälte im Winter.

Ohne die stete Zuwanderung vom Land hätten Städte wie Stockholm ihre Einwohnerzahl nicht halten können, so hoch war die Kindersterblichkeit. Sie trug dazu bei, dass die emotionelle Bindung der Eltern an ihre Kinder schwach blieb; man musste ja mit ihrem frühen Tode rechnen. Auch schirmte man die Kinder noch nicht gegen die Härte des Erwachsenenalltags ab. Erst das entstehende Bürgertum verfügte über die wirtschaftliche Potenz, der Familie jenen Raum zu bieten, in dem sie zum «romantischen Hybrid zwischen dem Praktischen und dem Idealistischen» werden konnte, wie der Historiker Neil Kent die Kleinfamilie in seinem Buch *The Soul of the North* nennt. Mit der Aufwertung seiner Familien stabilisierte das Bürgertum zugleich seine wirtschaftliche Überlegenheit.

Die Kirchen hoben das getrennte Sitzen nach Geschlechtern auf, Mann und Frau wurden zu einer Einheit, die Familie zum Heim (in das auch gleich ein Haustier mit aufgenommen wurde). Das Konzept der Privatsphäre entstand, und in den größer werdenden Wohnungen erhielten die verschiedenen Räume unterschiedliche Bestimmungen. Das Elternschlafzimmer wurde zur geheiligten, verbotenen Zone. Auch zeitlich entstand eine Gliederung: Zu gewissen Zeiten war es nicht schicklich, andere Leute zu besuchen. Ganz besonders straffte das Bürgertum die Sexualmoral, vor allem jene, die es den Armen predigte.

Vor diesem Hintergrund entstanden die Abstinenz- und Volksbildungs-Bewegungen Skandinaviens, insbesondere in den Kleinstädten. Außereheliche Sexualität bedrohte das neue Modell, und bald Sexualität überhaupt. Die Apostel der Tugenden rieten in ihren Handbüchern, die Kinder nicht im Elternbett schlafen zu lassen, das wecke ihre Sinnlichkeit. Andererseits sollte man halbwüchsige Jungen nachts auch nicht alleine lassen, da sie sonst onanieren könnten. Aberrante Sexualität – jegliche, die sich nicht ins eheliche Schlafzimmer schließen ließ, wurde kriminalisiert; die Prostitution in die Unsichtbarkeit reguliert.

Die Welt geriet zur bürgerlichen Idylle. Wer nicht dazugehörte, war selbst schuld. Ratgeber entstanden und Zeitschriften, die Lebenshilfe und Aufklärung mit Unterhaltung mischten. Einige Blätter haben bis heute überlebt, etwa die *Allers*-Journale – eine skandinavische *Gartenlaube*, vom dänischen Ehepaar Carl und Laura Aller 1874 gegründet und bald auch in Norwegen und Schweden präsent. *Allers*-Hefte leisteten der nationalen Agitation bald Schützenhilfe; der schwedische *Familienfreund* setzte ab 1914 die Nation einer Familie gleich.

Wie schwierig es war, Anspruch und Wirklichkeit der neuen bürgerlichen Gesellschaft zu vereinbaren, erfahren wir bei Strindberg, Ibsen und in den Romanen skandinavischer Frauen, der Norwegerin Amalie Skram zum Beispiel, die im neunzehnten Jahrhundert feministische Prosa schrieb.

Die Frauen, eigentlich Teil des bürgerlichen Arrangements, bedrohten die Idylle. Manche ließen sich «von Männern das Haupt ihrer Freunde auf dem Silbertablett servieren», schauderte es Strindberg. Sie brächten die Männer dereinst dazu – welche Weitsicht! –, selbst «so viel Weiblichkeit anzunehmen, dass sie mit deren Augen sähen und deren Sinne erlebten».

«Ist die unverheiratete Frau gezwungen, in den Arbeitsmarkt des Mannes einzudringen, wo sie doch ihren eigenen hat?», polemisiert Strindberg. «Die Unverheiratete kann Dienstmädchen, Amme, Haushälterin, Lehrerin, Musiklehrerin, Schauspielerin, Tänzerin, Hofdame, Königin, Kaiserin oder, im schlimmsten Falle, Hure werden.»

Die Frauen sind, so Strindberg, «klein und dumm», nützlich nur als Eierstöcke und Gebärmütter. Wie «Barbaren und Diebe» sollte man sie unterdrücken, schrieb er in einem Brief an den heute vergessenen Poeten Carl Gustaf Verner von Heidenstam, mit dem er auch die Verachtung für seine schwedischen Landsleute teilte; «Smörgåsianer» seien sie.

Nachdem die beiden sich überworfen hatten, tat Strindberg freilich auch den Gefährten ab; er sei «Schwedens unintelligentester Mann». Das war die Währung des größten schwedischen Schriftstellers. Heidenstam seinerseits verhöhnte Strindbergs «Schuhmacher-Realismus».

An der Schwelle zur gesellschaftlichen Moderne, gefangen in der Spanne zwischen Romantik und moderner Technik, zwischen sozialpolitischer Radikalität und männlicher Verunsicherung, und auch, in seinen eigenen Worten, zwischen schwerster Melancholie und Leichtherzigkeit, tappte Strindberg im Dunkeln, das «genauso von oben kommt wie das Licht».

Henrik Ibsen, ein paar hundert Kilometer weiter westlich, und das vielleicht nicht nur geographisch, widersetzte sich in seinen Stücken der Misogynie Strindbergs. Seine Frauen entziehen sich dem männlichen Diktat, obwohl ihre Emanzipation sie ins Ungewisse, ins Scheitern, in die Armut und ins Unglück zu führen droht. Sie wehren sich gegen das Korsett, in das die bürgerliche Gesellschaft sie zwängt, gegen den damals noch neuen goldenen Käfig.

Kaum etabliert, war die Bürgersfamilie bereits wieder bedroht. Derweil kletterten die so genannten Massen langsam aus ihren Kellern.

Man darf freilich das heutige Sankt Petersburg nicht mit dem Stockholm des späten neunzehnten Jahrhunderts gleichsetzen. In Sankt Petersburg haust niemand mehr in Kellern, es gibt eine akzeptable medizinische Versorgung. Gleichwohl erinnern die Konvulsionen der postsowjetischen Zeit an jene der Modernisierung Skandinaviens hundert Jahre früher.

Das Ehepaar Aller startete sein Familienblatt-Imperium 1874 mit Schnittmustern; Körperpflege wurde bald zu einem wichtigen Thema, und um die Mitte des zwanzigsten Jahrhunderts geradezu zu einer skandinavischen Obsession.

Gut hundert Jahre später schien sich die Entwicklung in der Sowjetunion zu wiederholen. 1987 publizierte Burda die erste russische Ausgabe von *Burda-Moden*: mit Schnittmustern. An den Kiosken bildeten sich lange Schlangen, bald waren im Straßenhandel einzelne Seiten der Burda-Hefte zu kaufen sowie alte deutsche und russische Exemplare. Ihnen folgten Lebenshilfe-Blätter, Sex-Ratgeber, Aufklärungs-Schriften.

Die Öffnung erlaubte den Import westlicher Konsumgüter nach Estland, Lettland und Russland: wohlriechende Seife, Shampoo, Kosmetik und Zahncreme – Dinge, von denen es zuvor nie genug gegeben hatte. Und man begann, gesünder zu essen.

Wenn die Großmütter und Freundinnen ins Kresty kommen, bringen sie nicht nur Fresspakete, sondern auch *Playboy*-Hefte oder *Andrej*, wie das russische Pendant heißt.

All dies sind Signale: Ein russisches Bürgertum entsteht und mit ihm eine neue Ordnung. Trotz Korruption, Kriminalität und der berstend vollen Gefängnisse.

Auch in Schweden übrigens sind die Haftanstalten überfüllt, und die Zahl ihrer Insassen nimmt ständig zu. Auch hier sind mittlerweile die Zellen der Untersuchungsgefängnisse doppelt belegt. Dabei gehört es eigentlich zu den Prinzipien der schwedischen Strafbehörden, die Leute möglichst nicht einzusperren. Haft erfüllt ihren Zweck nicht: Statt sich zu «bessern», knüpfen die Häftlinge neue Kontakte in die Unterwelt. Für kleine Ersttäter hat Schweden deshalb eine elektronische Fußfessel eingeführt; sie sitzen ihre Strafen im Hausarrest ab und sind verpflichtet, sich einer Therapie zu unterziehen.

Die Schattenseite des Lebens lässt auch die Sonnenseite Europas nicht los.

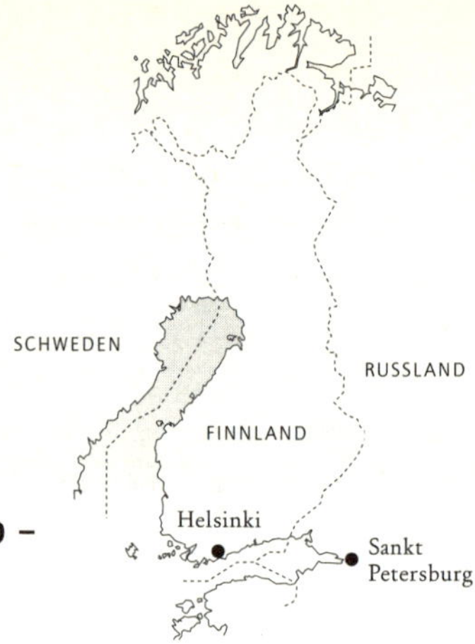

Schwitzen als Zeitvertreib – Sauna und Sport

Mittwoch war Banja-Tag, den ganzen Winter über. Niemals hätten wir winters in Sankt Petersburg den Besuch im Dampfbad versäumt.

Wir fuhren auf die Petrograder Seite, die Grenadierskij-Brücke über die kleine Newa querend, in die *Runde Banja.* Sie liegt in einem Wohnblockviertel aus den sechziger Jahren.

Ein paar Westeuropäer, Journalisten, EU-Vertreter, junge Konsularbeamte, die Inhaberin eines Reisebüros: Das ganze große Dampfbad gehörte uns. Die Franzosen vom Pariser Bistro kamen zuweilen auch, dazu einige zwielichtige westliche Raubritter. Und gelegentliche Gäste, russische Freunde, Freundinnen und Mitarbeiter.

Im Laufe des Winters verschob sich das Gleichgewicht immer mehr zugunsten der Russen. Die Schweden kamen nach einiger Zeit nicht mehr. Sie sagten, die Banja sei ihnen zu schmutzig.

Da saßen wir in der dampfenden Hitze, ein Handtuch um die Lenden, die Russinnen im Bikini. Und schwitzten. Zur Banja gehört der Wenik, das Büschel Birkenreisig. Die Russen peitschten sich im Halbdunkel gegenseitig ihre Rücken. Rote Striemen leuchteten auf der feuchten bleichen Haut, glimmten immer röter. Härter, härter. Nasse Birkenblätter flogen durch die Luft, blieben überall kleben.

Ein Aufguss noch, dann können wir nicht mehr.

Wir duschten, schlüpften zuweilen zueinander hinter den Duschvorhang, fragten uns kichernd, ob man unsere vier Füße sähe. Dann sprangen wir mit zwei Schritten durch den Schnee, tauchten im Innenhof ins kalte Wasser, schwammen einige Züge unter dem Mond. Nach ein paar Saunagängen setzten wir uns zum Bier, gingen später noch einmal in den Dampf.

In edleren Banjas gibt es Krabben, Kaviar und Lachsbrötchen. Aber die *Runde Banja* war nun mal *unsere* Banja, hier blieben wir unter uns.

In manchen Banjas treffen sich Kriminelle, sagt man, zu Verhandlungen: Hier seien sie sicher, dass der «Geschäftspartner» keine Waffe bei sich trage.

Erschöpft, entspannt, frisch und müde, gleichsam erneuert vom milden Purgatorium, fuhren wir nach Hause.

Der Besuch der Banja ist ein Zeitvertreib, gesund und sozial. Heute ist er oft eine Begleiterscheinung des Sports. Oder dessen Ersatz.

Das war einst anders: Die Banja entstand als Lösung des Problems, im nordischen Winter sauber zu bleiben. Es fällt leichter, einen ausgekühlten Raum zu erhitzen und mit Dampf anzureichern, als Badewasser zu erwärmen.

In ihrer ältesten Form war die Banja eine Grube, ausgehoben in einem Erdhügel, mit einer Frontwand aus Sparren versehen – gleichsam eine Höhle mit Tür. Im Winter diente sie auch als Küche, Schlafgemach und Wohnraum. Und war kaum mehr als eine geschützte Feuerstelle mit Steinen, die man erhitzte.

Später entwickelten die Finnen Blockhäuser mit Rauchabzug. Einmal die Woche, meist samstags, heizte man dies Rauchbad an, bis die Steine glühten. Dann goss man Wasser auf, das sofort verdampfte. So wurde die ganze kleine Bude warm – warm genug, um sich der Kleider zu entledigen. Schließlich wurde das Dampfbad siedend heiß, Schweiß trat aus den Poren und fungierte als natürliche Seife.

Für den Nordwesten Russlands und Karelien lässt sich diese «schwarze Banja» schon im zwölften Jahrhundert nachweisen. Sie ist mit der finnischen Savusauna identisch, von der angenommen wird, dass sie bereits seit Beginn unserer Zeitrechnung existiert. Noch im neunzehnten Jahrhundert war sie weit verbreitet.

Die Doppelnutzung als Badestube und Winterwohnstätte scheint allerdings schon früh die Ausnahme und nur unter den ärmsten Familien üblich.

Die russische Banja steht heute zumeist in der Stadt. In der Sowjetzeit war sie ein öffentliches Bad für jene, die in ihren Wohnungen keines hatten. Mit dem Ende der Sowjetunion erlebten auch die Banjas eine Renaissance. Sie wurden und werden renoviert; Dampfbaden gehört wieder zum Alltag.

Schon zur Zarenzeit fanden sich in den großen Banjas Friseursalons, Barbiere und Manikürepraxen. In den Jahrzehnten des sowjetischen Mangels dienten sie auch als Börsen für die Vermittlung inoffizieller Kontakte. Wer Medikamente brauchte oder schwer erhältliche Güter suchte, fragte die Friseurin.

Inzwischen hat sich das Service-Angebot vieler Banjas erweitert. Von der Gesundheitsmassage bis zu erotischen Diensten bieten sie alles. Daneben gibt es private Saunen, die man für Partys mieten kann, no questions asked.

Selbst in den Dörfern ist die russische Banja heute meist eine «weiße» Banja: ein Bau aus Ziegel, Stein oder Beton wie unsere *Runde Banja.*

Die Russen schrieben der Banja von jeher symbolische Reinigungskräfte zu, wie ihre Sprichwörter verraten: «Bania vse grechi smojet», die Banja wäscht alle Sünden weg, heißt es. Und über den Wenik: «Venik v banje vsech i tsaria starshe», die Birkenreisigrute ist allen überlegen, auch dem Zaren.

Im Rahmen von Hochzeitsvorbereitungen spielte die Banja eine besondere Rolle, vor allem für die Braut. In manchen Regionen peitschten ihre Freundinnen sie am Abend vor der Hochzeit mit dem Wenik aus. Auch geboren haben die Frauen oft in der Dorf-Banja. Hier war es sauber, sauberer als zu Hause jedenfalls, und man hatte Wasser und Wärme.

Historisch lässt sich die finnische Sauna von der russischen Banja nicht unterscheiden; ihre Ursprünge sind ohnehin älter als die geschriebene Geschichte. Gleichwohl will in Finnland niemand bezweifeln, dass jene finnougrischen Völker, die vermutlich in der Vorgeschichte aus dem Altai nach Nordwesten gewandert sind, die Sauna erfunden haben. Sie ist zum nationalen Symbol Finnlands geworden; mit 1,7 Millionen Saunen entfällt auf jeden dritten Einwohner des Landes eine. Das entspricht nahezu der Rate von Pkws in Finnland.

Einigen historischen russischen Quellen scheint die Herkunft des Schwitzbades aus den karelischen Wäldern nicht genug: Sie stellen eine Verbindung zur Badekultur der alten Römer her. Entsprechend bauten die Russen ihre städtischen Banjas im neunzehnten Jahrhundert als Badetempel, mit Säulen und Stuck, Skulpturen und viel Kitsch. Und in den Ruheräumen trugen emsige Kellner Kaviar, Krabben, Fisch und *Pelmeni* auf, dazu natürlich Bier und Wodka.

Und so badet man heute wieder.

Auf die masochistische Selbstreinigung, das Heizen und Peitschen, folgt die unmittelbare Belohnung: Fressen und Faulsein.

Die Finnen halten es heutzutage eher mit der trockenen Hitze; die Russen lieben das Spektakel des Aufgusses, die Stiche des heißen Dampfes auf der Haut – die sie dann fliehen. Die Sauna ist heißer, die Banja feuchter. Die schwedische Bastu ein schaler Abklatsch der beiden.

Im Gegensatz zu den Russen statten die Finnen ihre Sauna bis heute eher karg aus: ein Blockhaus, mitunter selbst gebaut, eine Terrasse mit Blick über den See und ein Liegeraum genügen. Dafür konzentrieren sich die Finnen auf die Entwicklung immer raffinierterer Saunaöfen: Erst erfanden sie Kamine, die den Rauch abziehen. Zu Beginn des zwanzigsten Jahrhunderts setzten sich Öfen durch, die die Steine indirekt erhitzen, was die Aufwärmzeit verkürzt. Und heute gibt es längst auch elektrische Saunen. Aber das Saunabad selbst hat sich kaum verändert: In Finnland sucht man den Genuss in der Einfachheit, nicht im Überfluss.

Aus der Hitze springt man in den See, im Winter auch in den Schnee, suhlt sich im nassen Frost – und weiß nicht, ist es nun kalt oder heiß. In die Hitze zurück, der Schweiß rinnt durch die Augenbraue aufs Lid, der Bauch wird schlapp und seifig. Man schmeckt das Salz auf den Lippen und will wieder ins Wasser, schwimmt ein paar Züge zum Rand des Eises, wirft noch einen Schneeball und rennt wieder rein. Und noch einmal.

Schließlich sitzt man beim Sauna-Lenkki, einem Wurstkringel, der dort aufhört, wo er anfängt. Man beschmiert ihn mit süßem Senf, trinkt

Bier und erklärt sich gegenseitig die Welt. Oder man prahlt ein wenig mit den Temperaturen, die man einst ausgehalten hat, als man noch jung war, und mit der Dauer, die man in der Hitze verweilen kann.

Das Wort Lenkki steht auch für Schleife, und damit für einen Lauf, der endet, wo er begonnen hat. Tatsächlich gehört zu Finnland nicht bloß die Sauna, es ist auch stolz auf seine Läufer. Die mehrfachen Olympiasieger Paavo Nurmi und Lasse Virén transportierten mit ihren Laufleistungen Finnland in die Schlagzeilen der Welt. Und trugen damit auch die Botschaft von der Sauna ins Ausland.

Im Gegensatz zu Russland hat man in Finnland Sauna und Sport früh verknüpft. Und verknüpft Sport und Sozialismus, zwei der wichtigsten Erfindungen des neunzehnten Jahrhunderts, bis heute. Die Arbeitersport-Bewegung, anderswo weitgehend vergessen, existiert in Finnland noch immer. Einst war sie in allen Ostseeländern zu Hause.

Schweden, Norwegen, Dänemark, Estland, Lettland und nach 1921 auch die Sowjetunion gehörten zu den großen Arbeitersport-Nationen. Bis 1933 auch Deutschland, dann löste sich der *Arbeiter Turn- und Sportbund* (ATSB) «freiwillig» auf; viele Arbeiterathleten schlossen sich den Sportlern der nationalsozialistischen Freizeitorganisation *Kraft durch Freude* an. Die Deutsche Hochschule für Körperkultur und Sport in Leipzig, das spätere Athletenlabor der DDR, war 1920 zur Ausbildung von Betreuern und Übungsleitern der Arbeitersportler gegründet worden. In Polen existierten vier nationale Arbeitersport-Verbände, der polnische, ukrainische, jüdische und der deutsche.

Auch in Österreich, der Tschechoslowakei, der Schweiz, Ungarn, Großbritannien, Belgien und den Niederlanden gab es Arbeitersportler, außerdem in Israel und unter den europäischen Immigranten Nordamerikas. Finnland indes war *die* Großmacht, seine Athleten dominierten die Arbeitersport-Olympiaden. Und im Gegensatz zu den Arbeitersportlern anderer Länder boykottierten sie die «bürgerlichen» Olympischen Spiele nicht.

Heftig rivalisierten die beiden Sportbewegungen in Schweden. Das ging so weit, dass der Hammerwerfer Mattias Jonsson-Egnestam-Lindner sein Sportgerät verfälschte; er machte es leichter, um weiter werfen zu können, überließ den zu leichten Hammer aber auch seinen Gegnern, Arbeitersportlern, damit sie die Überlegenheit des Arbeitersportes sichtbar machten. Im Roman *Der Sekundant* hat Per Olov Enquist diesem tragischen Helden, und der Arbeitersport-Bewegung überhaupt, ein seltenes Denkmal gesetzt.

Nach dem Zweiten Weltkrieg verschwand der Arbeitersport. Im Westen seit 1921 gespalten, in einen sozialdemokratischen Flügel und in einen «roten», der Sowjetunion nahe stehenden, ging der erstere nun im bürgerlichen Sport auf. Der «rote» Sport verlor jeglichen Rückhalt, von innen und aus dem «sozialistischen» Machtbereich. Moskau verschloss sich nicht länger den bürgerlichen Wettbewerben, sondern wollte sich mit «kapitalistischem Sport» messen und die Überlegenheit seines Systems demonstrieren. Aus den Arbeiter-Spielen wurden die *Spartakiaden.*

Westdeutschland wählte seine eigene Kontinuität: Die deutschen Sportler machten Hitlers letzten Reichssportführer Karl Ritter von Halt 1949 zum Präsidenten des Nationalen Olympischen Komitees; Guido von Mengden, der Stabsleiter des Nationalsozialistischen Reichsbundes für Leibesübungen, wurde an die Spitze des Deutschen Sportbundes gewählt.

Nur in Finnland hat der TUL überlebt, der *Työväen Urheiluliitto*, oder Arbeitersportbund. Seine Verankerung in der Arbeiterbewegung mag sich gelockert haben; er ist heute eine große, moderne Sportorganisation, zumal Sport in Finnland Teil der Alltagskultur ist. Schon 1870 kümmerten sich erste Betriebe um die Freizeit ihrer Arbeiter. Man organisierte Spiel- und Sporttage, Ruderregatten und Skilangläufe, deren Sieger beachtliche Preise gewannen. Amateur zu sein, konnte sich ein Arbeitersportler nicht leisten. In die bürgerlichen, meist schwedischsprachigen Vereine wäre er nicht aufgenommen worden.

Die Arbeitersport-Vereine luden politisch aktive Arbeiter zum Sport ein, derweil die Sportler, die in den Arbeitervereinen turnten, sich im Gegenzug offen zur politischen Opposition bekannten. Die Vereine unterhielten Verbindungen zur Nüchternheitsbewegung und zu den Fennomanen, der finnischen Nationalbewegung.

Finnlands schwedischsprachige Oberschicht hingegen war der Sporthistorikerin Leena Laine zufolge so klein, dass sie kaum landesweite Sportstrukturen bildete.

1905 wurde es mit der ideologischen Verpflichtung des Sports plötzlich ernst: Die Arbeitersportler nahmen am finnischen Generalstreik teil; aus ihren Reihen formierten sich die Roten Garden. Für die Olympischen Spiele fand man indes wieder zusammen. In Stockholm 1912 gewann der finnische Langstreckler Hannes Kolehmainen, ein Arbeitersportler, drei Goldmedaillen und eine Silbermedaille. Sechs Jahre später, im Bürgerkrieg 1918, standen sich Finnlands Sportler erneut als Feinde gegenüber; die Arbeitersportler auf der Seite der Roten, die bürgerlichen in der weißen Garde.

1993 erst erhielt Finnlands Sport einen einheitlichen Verband. Nur löste sich der TUL deswegen nicht auf. In den Stadien geht der «Kulturkampf» weiter, längst losgelöst von seinen Ursprüngen.

Schwitzen als Spaß, Leib und Seele zum Wohle. Das kann vielleicht nur aus einem Weltteil kommen, in dem man sich gegen Eis und Kälte wappnen muss.

Schwitzen im Wettstreit der Athleten, auf Skiern oder in Stadien.

Schwitzen beim einsamen Lauf durch den Wald.

Schwitzen in der Hitze der Sauna. Oder Banja.

Heißer Dampf in der Sauna, das sei die beste Medizin, heißt es in Aleksis Kivis Roman *Die sieben Brüder*, dem ersten finnischsprachigen Roman überhaupt. Eine Magd trödelt in der Sauna, länger als alle andern, und schwitzt, bis von ihr nur die Haut bleibt.

Ins Schwitzen kommen: Was anderswo lästig wäre, an der Ostsee gilt es als Genuss.

Ein Wörterbuch tanzt mit – Mikołajki

Eine Reise nach Masuren. Von der Schweiz schien das südliche Ostpreußen weiter entfernt als das Ende der Welt, auch in den siebziger Jahren noch. Wo lag Masuren, und wie kam man dahin?

Dann war alles fast wie in Finnland: die Seen und der Wald, die Mücken und die alten Kanus. Und auch die Rucksacktouristen. Die meisten von ihnen kamen aus Deutschland. Sie kannten schon alles.

Nikolaiken nannte einer das kleine Städtchen. Ein anderer sagte, das dürfe man nicht mehr.

Sie hielten Ausschau nach Mauerinschriften in Fraktur, einer suchte das Haus seiner Großmutter. Als sie ihren Ausflug zur Wolfsschanze machten, dem Führerbunker, blieb ich im Städtchen.

Und traf Klara. Und den alten Fotografen.

Klara war scheu. Oder vernünftig. Und katholisch. Das ersparte uns zwei gebrochene Herzen. Sie konnte weder Deutsch noch Englisch. Und ich vielleicht fünfzig Wörter Polnisch, dazu ein paar panslawische Brocken. Und russisch zählen.

Der Fotograf hingegen sprach das Deutsch, das Siegfried Lenz schrieb. Oder jenes von Bobrowski. Mit einem seltsamen R. Jedenfalls meinte ich später, ihn zu hören, als ich die *Deutschstunde* las. Er hatte einen kleinen Laden, machte Fotos von Hochzeiten, Jugendweihen, Familien- und Passbilder. Alles in Schwarzweiß. Der Sozialismus schuf einen enormen Bedarf an Passbildern, auch in Polen.

Er arbeitete mit einer *Rolleiflex*, einer zweiäugigen Spiegelreflexkamera aus der Vorkriegszeit. Aus «der deutschen Zeit», wie er sagte. Mit einem *Carl-Zeiss*-Objektiv. «Die besten.» Zu seinen Fototerminen fuhr er mit dem Fahrrad. Er erzählte von Hochzeitsgesellschaften aus Königsberg, die er als junger Mann fotografiert hatte. Und auch aus Danzig. Und wenn er sich richtig entsann, sogar aus Berlin.

Auch sein Material war deutsch, für besondere Fälle. Aus der DDR? «Ach was, DDR.» Stolz öffnete er seinen Schrank: Da lag das Fotopapier in Dutzenden roter Schachteln, mit dem geschwungenen alten Agfa-Schriftzug. «Auch aus der deutschen Zeit.» Taugte das Papier noch, nach dreißig Jahren?

«Und ob. Es ist das beste.»

Mikołajki, einst ein ostpreußischer Kurort, heute ein polnisches Feriendorf, liegt nach fast allen Seiten am Wasser.

Sein Wappentier ist der Stint. Oder ein Stinthengst, der König der Maränen, den, so die Legende, die listigen Fischer von Nikolaiken unter der Stadtbrücke anketteten, weil er ihnen immer wieder die Netze zerriss. Alfred Brust, der in Insterburg geborene Feuilletonist und Dichter Ostpreußens – der dunklen Welt zwischen Königsberg und Wilna, «wo Europa langsam in die sarmatische Ebene abtröpfelt», wie es in den *Horen* hieß –, widmete dem Fischkönig eine Erzählung. Brust, der für seinen Roman *Die verlorene Erde* 1929 immerhin den Kleist-Preis erhielt – ein renommierter Literaturpreis schon damals, zu den Trägern jener Jahre zählten Anna Seghers, Hans Henny Jahnn und Ödön von Horváth –, ist heute vergessen. Wie die Welt, die er beschrieben hat.

Aus der «verlorenen Erde» rage das litauische Schloss Trakai, schrieb Brust, damals eine Ruine. Und alle gehen daran vorbei. Brust, so die *Horen*, sehe «die Schatten der Jahrhunderte über dem Land stehen», in dem die «Schlacht der Heilande» noch nicht zur Ruhe gekommen sei, «zwischen Ostrom und Westrom, zwischen Christus und Jaweh». Hier lebten die «Rassen und Religionen übereinander geschichtet», ineinander verkeilt. Die Polen, Juden, die Prußen, die Kreuzritter, die litauischen Brüder. «Darüber die deutschen Siedler, tüchtiger, nüchterner, willensstärker als die andern.»

Walter Benjamin gehörte zu jenen, die das Schaffen dieses sonderbaren Expressionisten, Naturdichters und Gottsuchers respektvoll begleiteten. Seine Dramen wurden in den zwanziger Jahren von den großen deutschen Bühnen gespielt.

Mikołajki erhielt sein Stadtrecht 1726 von Friedrich Wilhelm I., nachdem sich die drei Dörfer Targ, Koniec und Kozłowo zu den beiden Seiten des Wassers vereinigt hatten. Oder Niklasdorf, Koniec und Koslau zu Nikolaiken, wie sie damals hießen – und auch im zwanzigsten Jahrhundert weiter heißen wollten. Die hiesige – mehrheitlich auch die polnische – Bevölkerung hatte sich in einer Abstimmung 1920 für den Verbleib im Deutschen Reich ausgesprochen.

Ein Kurort? In den siebziger Jahren wirkte Mikołajki eher wie ein Haufen hingeworfener Häuser, verschlafen und ohne innere Ordnung. Zum See hin öffnete sich eine Wiese, am Wasser lag nur der Zeltplatz mit seinen Ferienhütten. Das Städtchen war im Krieg zerstört worden, die Wiese am See ist erst nach dem Ende des Kommunismus wieder bebaut worden. Im Hafen lagen bloß einige alte Holzsegler.

Klara hatte ich an einer Bushaltestelle nach dem Weg zum Campingplatz gefragt. Sie führe mich hin, bedeutete sie mir, strich sich durchs kurze Haar und begann zu reden. Nicht so schnell. Mit Wörterbuch, Händen und Füßen begannen wir uns zu verstehen. Und beim Zeltplatz war klar, ich würde sie zum Essen einladen.

«Aber nur zum Essen!» Sie verlangte nach dem Wörterbuch, suchte nach dem Wort «nur». «Rozumiesz?» Ich hatte verstanden.

Ich stellte mir ein gemütliches kleines Lokal vor, als sie mich abholte: eine schöne Klara im kleinen Schwarzen, ich noch immer Rucksacktourist.

Doch kleine gemütliche Lokale gab es im sozialistischen Polen kaum, in Mikołajki schon gar nicht. Klara steuerte auf einen Kasten zu, der mir eher wie eine Montagehalle vorkam, aber es war ein Hotel. Drinnen dröhnte eine Band, Gäste saßen keine da. Oder fast keine. Man setzte uns an einen großen Tisch, irgendwo in der Mitte. Klara verhandelte mit dem Kellner, das Wörterbuch tanzte hin und zurück.

In Finnland und Schweden endete der Versuch, auf dem Land essen zu gehen, meist an der Tankstelle, die wenigen Hotels waren für Rucksacktouristen zu teuer und zu steif.

Aber dies? Dass Sozialismus bedeutete, nie ohne lärmige Band ordentlich außer Haus essen zu können und nicht ohne Kellner, der einen anschnauzte, als ob man dankbar sein müsste, dass er einen bediente, das wusste ich damals noch nicht. Klara, andererseits, das erklärte mir ihr Finger im Wörterbuch, hatte noch nie einen Ausländer getroffen.

Schließlich wollte sie tanzen: «Tańczyć?» Hier? Kein Mensch hatte sich auf die Tanzfläche gewagt, und ich war nun wirklich kein Tänzer.

Wenn die Musik langsam wurde, legte sie ihren Kopf auf meine Schulter. Ich konzentrierte mich auf den Rhythmus, gab mir Mühe, ihr mit meinen klobigen Schuhen nicht auf die Füße zu treten und nicht auf das Kreuz in ihrem Ausschnitt zu starren.

Unsere Füße wurden leichter, Klaras grüne Augen grüner. Sie schwirrte, schwebte, flog, stand plötzlich wieder ganz still. Und sank sanft in meine Arme zurück.

Es war spät, aber noch immer dämmerig, als sie noch einmal nach dem Wörterbuch verlangte. Ganz dunkel wird es im Sommer nicht. «Bis zu deiner Hütte» begleite sie mich noch. «Bis davor, nicht hinein.»

Nun flüsterte das Wörterbuch, hauchte mir zu, dies sei der schönste Abend ihres Lebens gewesen. Dann gingen wir schweigend, leicht und schwer. Beim Campingplatz gab sie mir einen flüchtigen Kuss und drehte sich auf dem Absatz um.

Am nächsten Morgen stürzten sich die zwei jungen Deutschen in meine Träume, mit fasziniertem Gruseln schilderten sie mir die Wolfsschanze: Ich hätte wirklich was verpasst.

Heute ist Nikolaiken ein Segelzentrum und ein beliebtes Etappenziel der Seniorenreisen nach Ostpreußen. Eine Bootsfahrt, die Wolfsschanze und eine «Masurische Hochzeit» gehören zum Programm. Und am Bahnhof gibt es die *Bild*-Zeitung.

Und irgendwo lebt dort vielleicht auch Klara noch.

Das nordische Nationalgetränk – Kaffee

Kaffeehäuser, wo man hinkommt. Die Ostsee ist ein Reich der Kaffeetrinker. Seit einigen Jahren gibt es auch Espresso, nicht bloß in den großen Städten.

Sie haben eine lange Geschichte: Vom *Niederegger* in Lübeck bis zum *Literaturnoje* am Newskij-Prospekt in Sankt Petersburg, an der Brücke über die Mojka. Hier trank Puschkin seinen letzten Kaffee, bevor er sich zu seinem fatalen Duell aufmachte; auch Dostojewskij soll oft hier gesessen haben.

Oder das kleine, heimelige *Sundberg* am Järntorget in Stockholm mit seinen *Semlor*, leichten, mit Vanillesahne gefüllten Wecken. Einst ein Gebäck der Oberschicht.

Das Café *Engel* am Senatsplatz in Helsinki, ein paar Schritte vom *Kappeli,* und am andern Ende der Esplanade das *Kafka* im Foyer des *Schwedischen Theaters*, das auch Bücher verkauft. Ebenfalls in Helsinki das Café in der *Akademie-Buchhandlung* oder das hippe *Café Strindberg.*

Und all die anderen in Tallinn, Riga, Visby...

Noch vor einem Jahrzehnt war es üblich, dass Cafés in den damals zur Sowjetunion gehörenden baltischen Staaten gerade keinen Kaffee hatten. Dann eben Tee. Heute findet man auch in Tartu oder in Pärnu, in Jelgava, dem früheren Mitau, in Kaunas Espresso, Cappuccino und Caffè latte.

Wie viele Vormittage haben wir in Cafés gesessen, Zeitung gelesen,

Pläne geschmiedet. Und den Aufbruch in den wirklichen Tag noch einmal um ein Viertelstündchen verschoben.

Wir saßen irgendwo an der Ostsee, vergaßen fast, wo: in jenem vertrauten, langsamen Europa, in dem man Zeit für Bücher hat und Details und das gleichwohl nicht miefig wirkt.

Die Pläne ließen wir meist liegen, wenn wir endlich gingen. Vergaßen sie und fanden sie ein paar Tage später wieder, oft in einem andern Café.

Vielleicht ist die Zahl der Cafés einer Stadt ein Indiz für ihre Kulturfreundlichkeit, ein Maß der Zivilisation – wobei nur jene Cafés zählen, in denen die Leute lesen, natürlich.

Oder ist auch dies bloß eine Tradition: Die Skandinavier sind mit einem Jahresverbrauch von bis zu vierzehn Kilo pro Person (Finnland) weltweit die größten Kaffeetrinker.

Dabei ist ihr Kaffee eher dünn und wird schwarz getrunken.

Ältere Norweger stecken sich noch heute ein Stück Zucker in den Mund und ziehen den Kaffee durch.

Seit Ende des siebzehnten Jahrhunderts war Kaffee vereinzelt in schwedischen Apotheken erhältlich, zuvor kannte man ihn nicht. Populär wurde er, nachdem Karl XII. 1715 aus seinem Exil im türkischen Bender zurückkehrte. 1720 zog der Import an, 1728 gab es bereits fünfzehn Kaffeehäuser in Stockholm.

Kaffee war ein städtisches Getränk, er wurde in geselliger Runde getrunken. Zu einer guten Tasse gehörte ein anregendes Gespräch.

Wie beim Alkohol bekundete der Staat bald Bedenken, der Kaffee könnte die Volksgesundheit gefährden, erkannte aber zugleich, dass sich da eine Einnahmequelle auftat. Erst wurde der Kaffee hoch besteuert, 1756 untersagte die schwedische Regierung den Import auf ungewisse Zeit. Seinetwegen floss zu viel Geld ins Ausland. Dafür hob sie das Verbot auf, Schnaps zu brennen.

Auch 1766–69, 1794–96, 1799–1802 und 1817–22 war das Kaffeetrinken illegal. Der Historiker Magnus Mörner zitiert das Tagebuch von Märta Helena Reenstierna: Am Vorabend des Verbots nahm sie Abschied vom «geliebten Kaffee», dessen «letzte Stunde in der schwedischen Welt» geschlagen hatte.

«Am Nachmittag tranken wir zum ersten Mal Kaffee aus der schönen neuen Kaffeekanne. Zum ersten und letzten Mal», klagt die Gutsherrin vom Årstaviken. Ganz auf den Kaffee verzichten musste sie freilich nicht. Er wurde fortan nach Schweden geschmuggelt.

Deshalb tauchte er im Tagebuch später nur noch als «C» auf, oder als «bon, bon».

«Ich habe Olof Palme ermordet» – Sozialpornographie

Christer Pettersson ist ein Star, ein schwedischer Star – oder ein «Kändis», wie das in Skandinavien heißt: einer, den alle kennen.

Arbeitsunfähig, mehrfach vorbestraft, gewalttätig, drogenabhängig, ein Säufer ohne festen Wohnsitz, mit stechendem Blick, aber nicht ohne Charme. Nur etwas fehlt ihm: ein Alibi für die Nacht vom 28. Februar 1986. Doch gerade diesem Fehlen verdankt er seinen Status.

Wenn gar nichts passiert in Schweden, fragt man in den Redaktionen der Sensationspresse: Was macht eigentlich Christer Pettersson?

Nichts macht er.

Bis man ihm ein paar Tausender auf den Tisch blättert. Dann redet er, aber nicht mit jedem. Und sagt zum Beispiel: «Ich habe Olof Palme ermordet.»

Damit macht der Boulevard Auflage, auch wenn Pettersson den Mord nur seinem Journalisten-«Freund» Gerd Fylkling gesteht. Beim Verhör – und im nächsten Zeitungsinterview – ist er es wieder nicht gewesen.

Die Polizei reagiert gar nicht mehr. Sie hatte Pettersson einst verhaftet und Lisbet Palme gegenübergestellt. Die Gattin des Opfers identifizierte ihn als Täter. Pettersson wurde angeklagt; im Sommer 1989 verurteilte ihn das Gericht zu lebenslanger Haft. Fünf Monate später musste man ihn laufen lassen, die zweite Instanz hatte das Urteil widerrufen. Es war bekannt geworden, dass Hans Holmér der Gattin des Regierungschefs gesagt hatte, der Täter sei ein Säufer. Während der Gegenüberstellung sagte Lisbet Palme dann, man sehe ja, wer der Säufer sei. Alle andern Männer in der Reihe waren propere Polizeioffiziere.

Zur Kompensation für die zu Unrecht erlittene Strafe steckte der Staat Pettersson 300 000 Kronen zu, ein ordentliches Jahresgehalt. Mehr wollte man ihm angesichts seines langen Vorstrafenregisters nicht geben.

Als hätte ein Vorbestrafter weniger Recht auf eine unvoreingenommene Beurteilung.

Vor das Oberste Gericht mochte nicht einmal der Staatsanwalt den Mordfall des Jahrhunderts bringen. Die Indizien gegen Pettersson, selbst das Fahndungsbild, schienen fabriziert. Als hätte man ihn erst als Täter aufgebaut, wollte ihn nun aber nicht mehr: ein Lump als Königsmörder, das war für Schweden nicht gut genug.

Seither ist Pettersson ein «Kändis», ein Promi.

Seiner Geschichte fügt er – für zwei Tausender – immer mal wieder eine neue Variante hinzu; die Interviewhonorare bessern seine Sozialhilfe auf. Es gibt auch einen Dokumentarfilm über ihn.

Und immer wieder fragt jemand: Was macht eigentlich Christer Pettersson?

Gewiss, Boulevardblätter gibt es überall, und die skandinavischen sind eher brav. Doch im Norden ergötzt man sich an den Kaputten, Gestrauchelten, an den kleinen Leuten, die saufen, Drogen nehmen und sich prostituieren. Als übten die Schattenseiten der Gesellschaft eine enorme Faszination auf die Leser aus.

Sitzt der Imperativ zum Gutmensch so tief?

Natürlich liest man so was nur, weil man sich ja informieren muss. In Norwegen, wo der Kinderschutz besonders ernst genommen wird, kann man mitten am Nachmittag, kaum ist die Schule aus, am Radio Experten diskutieren hören, mit welchen Läsionen zu rechnen sei, wenn ein erwachsener Mann eine Dreijährige vergewaltigt. Pornographie unterliegt der Zensur; kommt sie als Nachricht aus dem Gerichtssaal daher, ist es Information. Berichte, die lustvoll schaudernd in die menschlichen Abgründe starren, nennen die Norweger «Sozialpornographie». Sie erlauben ihnen die süße Empörung der Rechtschaffenen. Es muss nicht unbedingt Sex sein.

Christer Pettersson, mit seiner langen Vorstrafenkarriere, seiner Schnauze und seinem stechenden Blick, ist zum Sozialpornostar geradezu geschaffen. Man kann sich entsetzen und auch ein bisschen mitfühlen, für den Fall, dass er unschuldig wäre. Schließlich hat man zuweilen auch mal Wut und trinkt ein bisschen.

In den neunziger Jahren saß er ein Jahr ein, weil er seine Freundin und deren Hund verprügelt hatte. Später vier Monate, weil er eine Passantin niederschlug, die sich weigerte, ihm eine Zigarette zu geben. Das nächste Mal bekam er zweieinhalb Jahre: Er hatte seiner Freundin den Schädel eingeschlagen.

Wie hat er seit dem Palme-Mord gelebt, fragte *Expressen* mitfühlend, nachdem das Blatt ihm das Mordgeständnis abgekauft hatte. Und denunzierte ihn sogleich als schmutzig: In der Wohnung, die er mit einem Kumpel teilt, lagen eine leere Schnapsflasche neben dem Bett, Zigarettenstummel auf dem Boden, und auf dem Tisch vergammelte altes Essen, das Kartoffelmus hatte bereits zu schimmeln begonnen.

Die beiden Kumpel saufen zusammen, schlafen Fuß an Fuß oder Pettersson auf dem Boden. Er brate zwanzig bis dreißig Eier pro Woche und trinke Starkbier für 30 000 Kronen im Jahr, erzählte Pettersson.

Christer Pettersson ist ein skandinavischer Held – nicht nur ein «Kändis», auch ein typischer Vertreter der Schattenseite einer Gesellschaft, die alles tolerieren und verstehen möchte, um dem Guten im Menschen zum Durchbruch zu verhelfen. Er verkörpert das Prinzip des Haudegens, das in Skandinavien nur noch im Kino und in Büchern funktioniert, und auch dort schlägt die Wucht auf den Bösewicht zurück: Im Film *Jäger* von Kjell Sundvall etwa, einem «Western» aus der Provinz des hohen Nordens, in dem es um Mord und Viehklau geht sowie das urbane (weibliche) Schweden, das Ordnung in seine arktische Wildnis bringen will.

Kommissar-Wallander-Darsteller Rolf Lassgård spielt solche Männer, einsam, aufbrausend, verwahrlost, gewaltbereit, hart, aber innerlich schwammig, verschlampt.

Einsam vor allem.

Sie tun all das, was ein anständiger Schwede nicht mehr tut. Oder nur noch in der Phantasie.

In Russland dürfen die Männer ihre Frauen noch verprügeln; wenigstens wenn sie betrunken sind. Die Finnen heulen im Suff, nicht nur in den Filmen Aki Kaurismäkis. Oder sie verstummen dumpf.

Und die Schweden?

Sie haben wenigstens Christer Pettersson.

Lange harrte das Land jenes letzten Kapitels in der Saga vom Palme-Mord, in dem sich zum Showdown alle im Salon zum Tee treffen, und Hercule Poirot klärt den Fall, wie Per Olov Enquist schrieb.

Der Salon der Schweden ist die Boulevardpresse, von Zeit zu Zeit kommen dort tatsächlich alle zusammen, etwa wenn Christer Pettersson sich plötzlich zur Tat bekennt. Aber dann ist wieder nichts, und es wird nur geredet.

Schwedens Salon funktioniert nicht mehr. Als hätten im Verlaufe der Ermittlungen alle Beteiligten, nicht nur Pettersson, zu viel geschluckt. Zu dick angegeben.

Keiner hat den Verstand behalten, der Staat und seine Fahnder, vorneweg Hans Holmér, schon gar nicht. Schweden, durch diese Geschichte betrachtet, scheint ein bisschen verwahrloster, als es sein möchte - ein bisschen russischer.

Der Palme-Mord ist ein schlechter Krimi. Zu viel billige Sozialpsychologie und keine Conclusio. Und der Säufer Pettersson als Mörder würde die Geschichte nur noch schwächer machen.

Karl XII. fiel einem Querschläger oder der Kugel eines seiner eigenen Soldaten zum Opfer.

Anckarström, der Mörder Gustavs III., war ein ehemaliger Leibwächter des Königs. Sein Motiv, Hass, hatte ihn dazu gebracht, sich mit einigen Oppositionellen zu verschwören.

Und nun ein amphetaminabhängiger Säufer.

Schweden wünscht sich zu seinen Katastrophen größere Ursachen. Deshalb möchte in Schweden niemand so genau wissen, was Christer Pettersson eigentlich macht. Und schon gar nicht, was er getan hat.

6. Die Wellen der Macht

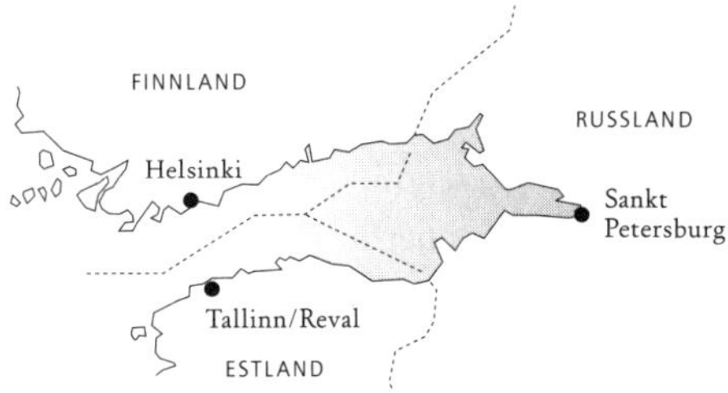

Russland sehen – ein Streifen am Horizont

Von Hangö sehe man nach Russland, jedenfalls bei klarem Wetter, meinte der Schulfreund.

Seine Eltern waren Finnlandschweden, die Familie fuhr jeden Sommer aus der Schweiz nach Hangö – ins Sommerhaus. Ich solle ihn doch besuchen.

Finnland, das war das Land des Skilangläufers Eero Mäntyranta, der in jenen Jahren am schnellsten durch den Wald zog – einsam, wie ich damals noch glaubte.

Das Land der Seen und Birken, der Weite und des Schnees. Und der Schulfreund schwärmte von den Segeltörns.

Und Russland sehen? Dort war der Antichrist, sagte die Großmutter. Für sie war Russland das «Reich des Bösen», lange vor Ronald Reagan; die Macht, die dereinst Europa überrollen würde, auch die Schweiz.

Andererseits sah, wer sich an der Gegenwart rieb und an der fertigen Welt der Väter, in der Sowjetunion die bessere Zukunft. «Zumindest theoretisch», wie wir sagten.

Dafür schickte der Volksmund Unzufriedene «nach Moskau».

Und dann waren da noch die russischen Märchen der Kindheit.

Es war weit nach Finnland. Zu weit für eine Radtour, selbst wenn man die ganzen Sommerferien hatte. Und per Anhalter? Die standen schon in Basel zu Hunderten an der Autobahn.

Dann kam Interrail. Europa öffnete sich in einem Zug.

Hangö, oder finnisch Hanko: Man schrieb das Reiseziel in ein weißblaues Fahrtenheft, und die Schaffner knipsten ihre Löcher. So kam ich eines Nachmittags nach Hangö, es war ein Sonntag im August. Am Bahnhof wartete der Schulfreund mit seinem Vater.

Nach Russland sah man nicht: Vom Felsen beim Sommerhaus erspähten wir nur Inseln und Wasser, dazu große Schiffe im Dunst; die fuhren nach Russland. Immerhin. Nach Leningrad; schon der Name verhieß Geschichte.

Statt Russland zu sehen, gingen wir baden, im kalten Wasser.

In Hangö setzt sich die Ostsee zu einem Ganzen zusammen: Hier gewann die Flotte Peters I. im Großen Nordischen Krieg 1714 erstmals die Herrschaft über die Schären, für einige Zeit.

Zwölf Jahre zuvor reichte Schweden noch bis an den Ladogasee.

In Poltawa, in der heutigen Ukraine, besiegte die russische Armee Karl XII. vernichtend: Das schwedische Großreich hatte sich überdehnt.

Hundert Jahre später etablierten sich die Truppen des Zaren auf der schwedischen Festung von Hangö, wie in ganz Finnland. 1854, während des Krimkrieges, der auch ein Ostsee-Krieg war, wurde die Festung zerstört. Das Städtchen Hangö existierte noch gar nicht. Es entstand ab 1874: als finnische Hafenstadt im Russischen Reich.

Zu Beginn des zwanzigsten Jahrhunderts schifften sich in Hangö Tausende Auswanderer ein; die *Finska Ångfartygs Aktiebolaget*, die Finnische Dampfschiff Aktiengesellschaft, brachte sie nach Stockholm, Hamburg, Bremen oder Hull, von wo sie nach Amerika weiterzogen.

Im März 1940 wurde Hangö wieder russisch oder vielmehr sowjetische Exklave: der Ort, die Halbinsel und etwa 400 kleine Inseln. Nach dem Winterkrieg zwang Stalin Finnland Hangö als Flottenbasis ab. Die 3000 Bewohner des Städtchens wurden evakuiert.

Als die Wehrmacht Leningrad belagerte, zog sich die sowjetische Marine aus Hangö zurück. Das Fahrwasser blieb jedoch vermint.

Heute dient Hangö der Muße: Im Hafen liegen die Freizeitboote, aber nur wenige Fischkutter. Im Sommer törnen die Segler durch die Schären, bleiben eine Nacht. Andere kommen zum Theatertreffen und zur Sommeruniversität; Hangö verkauft seine Natur.

Im Wald stehen die Sommerhäuser, auch auf den Felsen – schlichte, bunte Häuschen; welch ein Gegensatz zu den wie Perlen aufgeschnürten Gründerzeitvillen an der Gegenküste, auf Usedom.

In Finnland macht auch die Elite einfache Ferien: im Holzhaus mit Sauna. Sogar die Staatspräsidentin.

Selbst das Casino verkörpert Mäßigung: ein weißer Holzbau, der an das Casino in Kuressaare, ehemals Arensburg, auf Ösel erinnert. Weit wäre es nicht nach Estland – nicht mehr. Eine Nacht bis Haapsalu, die Schnapsschmuggler-Route während der finnischen Prohibition. Wind gibt es immer. Dann eine Tagesfahrt von Haapsalu nach Kuressaare.

Nach Russland sehen: Am Abend drehten wir am Fernseher, bis schwarzweiß ein karges Schauspiel über den Schirm flimmerte. Zwei Männer im Schneetreiben, so schlecht war der Empfang. Wir starrten trotzdem hin, gebannt, Hauptsache: Russisch.

Russisch klang das nicht.

Der Schulfreund schnappte finnische Wörter auf. Aber Finnisch war es auch nicht.

Ein Dialekt? Estnisch, erklärte der Vater. Die Russen dort drüben seien keine Russen, sondern Esten. Das vergaßen wir gleich wieder.

Am nächsten Morgen stiegen wir auf einen Leuchtturm – oder war es der Wasserturm? – und spähten nach Südosten.

Am Horizont war ein Streifen zu erahnen: Wir hatten Russland gesehen.

Estland, korrigierte der Vater. Das durfte nicht sein. Dann hätten wir ja Russland nicht gesehen.

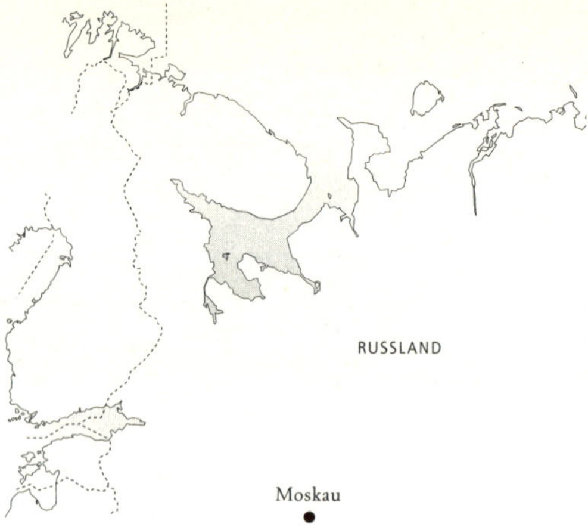

Ostnordost – Pax Sovietica

Gemäuer, Reste einer alten Wehranlage, ein stiller Februartag. Auf den Kanonen liegt Schnee; überall Eis. Es taut ein wenig. Nur vom Eisstand, der im Sommer hier Touristen versorgt, keine Spur. Auch das Museum im Schloss Kastelholm hat geschlossen.

Nichts verrät mehr, dass Bomarsund auf Åland einst Russlands westlichster Vorposten war und das Sprungbrett zum Angriff auf Schweden hätte werden können. Zum Griff nach dem Zugang zum Atlantik; wenngleich dies bloß die Pläne einiger zaristischer Generäle waren.

Ein Jahrhundert nach dem Großen Nordischen Krieg, in dem Peter I. Schweden aus dem Baltikum vertrieben hatte, griff Alexander I. nach der nördlichen Ostsee. Er hatte zuvor bei Tilsit – auf einem Floß auf der Memel – Napoleon das Herzogtum Warschau überlassen und damit Preußen, der andern aufsteigenden Macht an der Ostsee, die Freundschaft gekündigt.

Im Januar 1808 erklärte Alexander Schweden den Krieg, fiel im Februar im noch schwedischen Finnland ein und besetzte Åland. Finnland wurde zum autonomen Großfürstentum im Zarenreich; ein Vorzeigebeispiel von Alexanders wohlwollender imperialer Herrschaft.

Mit seinem Stoß nach Westen führte der Zar jene Bewegung weiter, die schon Iwan III. mit der Eroberung Nowgorods begann. Iwan IV., der Schreckliche, der «Sammler der russischen Länder», suchte in den Livländischen Kriegen das Baltikum seinem Reich einzuverleiben. Den deutschen Baronen versprach er, ihre Privilegien nicht anzutasten. Zweimal belagerte er Tallinn, rückte nach Karelien vor, kam bis an die Bucht von Riga und nach Pärnu. Dann vertrieben ihn die Schweden und Polen mit vereinten Kräften aus Livland.

1595 verständigten sich die beiden aufstrebenden nördlichen Reiche, Schweden und Russland, erstmals auf eine gemeinsame Grenze.

Peter dem Großen gelang es schließlich, das Baltikum zu erobern. Er verjagte die Schweden von der Newamündung und gründete 1703 dort seine Hauptstadt, Sankt Petersburg, auf einem Territorium, das Schweden eben noch für sich beansprucht hatte. Aus russischer Sicht das Fenster zum Westen im nahen westlichen Ausland, sozusagen. Peter rückte nach Finnland vor, besetzte Åland, seine Kosaken fielen mehrfach in Schweden ein.

Im Frieden von Nystad überließ Schweden dem Zaren das Baltikum, behielt aber das heutige Finnland. 1808 konnte es auch dieses nicht mehr halten, auch Österbotten nicht, das Ostufer des Bottnischen Meeres. Die russische Armee besetzte Åland, vorübergehend auch Gotland, und verfolgte die Schweden bis nach Västerbotten.

Die verschlafene Inselgruppe mitten im Schwedischen Reich, seit 1638 Etappenort des Postbootdienstes, der Stockholm und Åbo verband, die beiden Kapitalen des Reiches, wurde zum westlichsten russischen Außenposten.

Damit war Russlands territorialer Hunger gestillt, die Mitte der Ostsee gleichsam eine natürliche Grenze.

1832 begannen Arbeitskompanien und Sträflinge, am Bomarsund die Festung zu bauen, einen 290 Meter langen zweigeschossigen elliptischen Bau aus Ziegelstein. Die Lage ist defensiv; sie deutet darauf hin, dass Russland keine Absicht hatte, weiter nach Westen vorzudringen.

Von Bomarsund überblickt man die Einfahrt zum Lumpar, einer Bucht, fast wie ein Binnensee, die sich für eine Enterung Ålands eignen könnte.

Die Russen verstanden, dass sie eine Landung schwedischer Truppen auf Åland nicht würden verhindern können. Sie sicherten sich aber einen rückwärtigen Brückenkopf aufs Festland, das russische Großherzogtum Finnland. Für Nachschub und für den Fall eines Rückzugs. Åland diente der Vorausverteidigung der baltischen Provinzen und Finnlands. Und wenn Russland im Süden gegen Konstantinopel und auf den Balkan vorrücken würde, sollte Åland die Nordflanke freihalten

Åland wurde modernisiert. Carl Ludvig Engel, der Architekt, der Helsinki, ein Nest, in ein Spiegelbild der Kaiserstadt verwandelte, schuf ein neoklassizistisches Postgebäude für Eckerö. Engel, der strengere geistige Bruder Schinkels im Norden, verstand es wie jener, Pomp und Eleganz zu verbinden, den Anspruch auf Unvergänglichkeit seines Regenten in die Form einer schier zeitlosen Ästhetik zu fassen.

Russland war in Åland, um zu bleiben; daran sollte niemand zweifeln. Wie Schweden zwei Jahrhunderte zuvor im Baltikum. Damals schlug Kanzler Axel Oxenstierna vor, Narwa – noch vor der Gründung von Sankt Petersburg – zur zweiten Hauptstadt des Dreikronenreiches zu machen, um den Anspruch auf die Herrschaft über die ganze nördliche Ostsee zu markieren.

Die Gründung von Mariehamn 1861 als kaiserliche Sommerfrische, heute die Hauptstadt des autonomen Åland, verlieh dem russischen Anspruch zusätzlich Nachdruck. Als Festung hatte Åland damals freilich bereits ausgedient: 1854, während des Krimkrieges, zerstörte eine eigens dafür in die Ostsee abkommandierte Armada französischer und englischer Schiffe die noch unvollendete Anlage von Bomarsund.

Der Vertrag von Paris verpflichtete Russland zur Demilitarisierung des Inselreiches. Damit verlor der Zar zwar seinen militärischen Vorposten, doch Åland diente fortan als Pufferzone – so ähnlich wie die mitteleuropäischen Staaten und Finnland im zwanzigsten Jahrhundert.

Russlands Stoß nach Westen war mit dem Krimkrieg noch nicht zu Ende, und auch mit dem Ersten Weltkrieg nicht. Zwar musste das geschwächte Russische Reich Finnland und die baltischen Provinzen 1918 vorerst in die Unabhängigkeit entlassen, genau wie seine Teile Polens. Dabei schirmten sie Sowjetrussland aber immerhin als unabhängige Pufferzone oder *cordon sanitaire* gegen den Westen ab.

Im geheimen Zusatzprotokoll zum Nichtangriffspakt mit Hitler 1939 setzte Moskau erneut zum Vorstoß nach Westen an, es beanspruchte Estland und Lettland – und bald auch Litauen –, die zwei Jahrhunderte zum russischen Imperium gehört hatten. Im Sommer 1940 orchestrierte Moskau in den drei Staaten «kommunistische» Putsche und nahm sie – auf Wunsch des Marionetten-Regimes – in die Sowjetunion auf. Damit rechtfertigte die Rote Armee ihr Bleiben 1945, nachdem sie die drei Staaten von Hitler befreit hatte. Im Süden rückte sie weiter vor, bis an die Elbe, und blieb auch hier.

Hitler hatte Stalin mit seinem Angriffskrieg geradezu nach Deutschland eingeladen. Deutschland wurde geteilt, seine Ostseeküste ins Sowjetimperium integriert, Polen ebenfalls. Von Viborg bis zum Priwall wurde die halbe Ostsee zum Sowjetmeer. Auch Dänemark, erklärte Stalin vor Kriegsende, sei sowjetisches Interessensgebiet, und ließ am letzten Kriegstag zur Warnung Bornholm bombardieren.

Statt die neue Präsenz als Fenster zum Westen zu nutzen, befestigte Russland sie mit einer Mauer, mit Stacheldraht und Selbstschussanlagen. Die Hegemonialmacht igelte sich ein, als hätte sie ihre Kräfte überdehnt. Das nördliche Ostpreußen wurde in eine Marinebasis verwandelt, die die Ostsee beherrschte. Ein Bomarsund des totalen Kriegs, des U-Boot-Zeitalters.

Und wie im neunzehnten Jahrhundert Polen, versuchten die Sowjets nun das Baltikum und Ostpreußen zu russifizieren. Elbing, Danzig, Kolberg und Stettin wurden polnische Städte. Die Deutschbalten, Ost- und Westpreußen, die Deutschen aus Pommern wurden – sofern sie nicht schon Hitlers Aufruf, «Heim ins Reich» zu kommen, gefolgt waren – vertrieben. Sie waren nach sieben Jahrhunderten nicht mehr erwünscht, und mit ihnen auch ihre Sprache nicht, die rund um die Ostsee verstanden wurde. Als Lingua franca sollte nun bis vor die Tore Lübecks Russisch gesprochen werden.

Das Sowjetische sickerte, wie der Schriftsteller Kazimierz Brandys notierte, in Form von Wodka, Korruption und Bestechung in Polen ein, bis alles sowjetisiert war. Selbst der Schnee in Warschau schien plötzlich russisch, grau. Und natürlich gab es die Schlangen. Ins Baltikum siedelte Moskau ungelernte Arbeiter um; sie sollten die nationale Einigkeit und Entschlossenheit der Völker gegen die Russen unterminieren.

In Litauen argwöhnte man, der Kreml wolle das Volk mit viel billigem Fusel gezielt für den Kommunismus dumpf machen.

Die Rote Armee brachte das sowjetische Gesellschaftsmodell an die Ostsee, die «Diktatur des Proletariats». Nicht nur Wodka und Korruption, vor allem die Institutionen dieses Modells, von den *Jungen Pionieren* über die *Spartakiade* und den Fünfjahresplan bis zum Politbüro. Die Planwirtschaft wurde eingeführt, Privatbesitz ab einem bestimmten Umfang enteignet, Bauerngüter zu volkseigenen Betrieben zusammengelegt. Industrie und nach und nach selbst Handwerksbetriebe wurden verstaatlicht. Eine osteuropaweite Arbeitsteilung bildete sich heraus: Die DDR baute Präzisionsinstrumente und Elektronik, die Tschechoslowakei Traktoren, Ungarn Busse, Rumänien pflanzte Gurken. Und alle waren eingespannt in die Waffenproduktion – und in den Warschauer Pakt.

In den Hauptstädten stützte der Kreml sich auf treue Statthalter, die, aus welcher Motivation auch immer – Privilegien, Eigennutz, Verblendung, Ideologie oder Nationalismus –, zu Moskaus Diktatur standen. Selbst über die Zeit hinaus, in der der Kreml – nach 1953 in der DDR, 1956 in Polen und Ungarn, 1968 in Prag – seine Hegemonie mit Gewalt zu sichern bereit war.

Den Schulen und Unis verordneten die sowjetischen Besatzer seit 1945 Staatsbürgerkunde im sowjetischen Sinn, als führten sie nach über 700 Jahren Christentum einen neuen Glauben ein. Große Werke der jeweiligen Nationalkulturen wurden verboten, der Sozialistische Realismus in diesen europäischen Kulturen als einzig gültige moderne Stilrichtung propagiert. Drohende Zensur brachte Schriftsteller dazu, sich als proletarische Schriftsteller zu maskieren und Arbeiterliteratur zu schreiben, Maler verklärten Traktoristen und Bergmänner, und Komponisten komponierten linientreu. Was immer das hieß.

Kultur aus dem Westen, Literatur und Musik, Jazz etwa, wurde, soweit möglich, ausgesperrt. Und später, als neuere Musikformen wie Rock'n' Roll den Kulturfunktionären bedrohlicher schienen, als das kleinere Übel domestiziert: Polen wuchs, als Dixieland im Westen an Popularität einbüßte, zur Hochburg dieser zahmen Form des weißen Jazz. Auch die Wissenschaft hatte sich der Ideologie anzupassen, besonders die Geschichtsschreibung: Thomas Münzer galt der DDR als Nationalheld, Martin Luther wurde zum großen Jubiläum 1983 vereinnahmt. Die Statthalter des Kreml vergewaltigten und ideologisierten die Sprachen, wie 1917 das Russische. Die slawischen Nachbarn im Osten wurden zu «Brudervölkern» der Ostdeutschen und die Brüder im Westen zu «Klassenfeinden». Und sie verbürokratisierten die Sprache: Jede journalistische Idee wurde sofort zu einem «Vorhaben», und äußerte man sie, so war das bereits ein «Vorgang».

Der Todeszaun, der mitten durch Deutschland lief bis an den Priwall und von dort als Eisiger Vorhang südlich an Bornholm und östlich an Gotland vorbei durch die Ostsee, um die estnischen Inseln herum in den Finnischen Meerbusen und westlich von Viborg weiter durch Karelien bis an die Barentssee, war auch eine Sprachgrenze und mehr noch eine Kulturgrenze.

Zur Befestigung dieser Grenze der Sowjethegemonie unterhielt die DDR allein drei *Grenzschiff-Abteilungen*, zwölf *Technische Beobachtungskompanien*, drei *Technische Beobachtungszüge* und acht *Grenzkompanien.* Sie sperrten unerwünschte Gäste aus und die eigenen Leute ein. Die Bevölkerung war aufgefordert, den *Grenzsicherheitsaktiven* zu helfen, Fluchten «aktiv und effizient» zu verhindern. Damit wollte das Ministerium für Staatssicherheit MfS nach eigenen Worten das «Ansehen der DDR im Ausland stärken».

Das Grenzregime war ein «tief gestaffeltes System». Die fünf Kilometer tiefe Grenzzone wurde intensiv überwacht, vor allem die Zufahrtsstraßen zur See. «Besonders gefährdete Bereiche» wurden mittels Sperranlagen bereits hinter der Küste völlig abgeriegelt. Im Morgengrauen suchten Hundestaffeln die Ufer nach Flüchtlingen ab, in einer Dreimeilenzone patrouillierten Wachboote, und die NVA-Marine stand bereit, der Grenzbrigade *Küste* zu Hilfe zu eilen.

Am 1. Juli 1990 stellten die Grenztruppen der DDR ihre Tätigkeit ein. Im Laufe von vierzig Jahren hatten sie rund 6500 geplante und versuchte Fluchten übers Meer registriert. Zwei Drittel der Flüchtlinge blieben in ihren Netzen hängen, viele schon, bevor sie die Küste erreichten. 189 Menschen kamen, gemäß der Dokumentation *Ostseefluchten*, beim

Versuch, das sowjetische Deutschland zu verlassen, ums Leben: Ihre behelfsmäßigen Boote kenterten, sie ertranken oder erfroren. Oder die Grenzer erschossen sie.

Manche schwammen einfach in die See hinaus, zwanzig, dreißig Kilometer, in der Hoffnung, von einem westlichen Schiff aufgegriffen zu werden.

Es gab auch spektakuläre Fluchten, die gelangen – und die, wie das MfS zu Recht vermutete, dem «Ansehen der DDR im Ausland» kaum förderlich waren –, etwa jene des Bernd Böttger, der im September 1968 mit einem selbst gebastelten Unterwasser-Mofa in fünf Stunden von Graal-Müritz nach Gedser tuckerte. Weiterentwickelt, ist das Gefährt später in den James-Bond-Filmen aufgetaucht.

Das sowjetische Imperium riegelte seine Westgrenze hermetisch ab. Die Ostsee war ein geteiltes Meer; viele Landkarten beließen die jeweils andere Seite weiß. Man ignorierte die Gegenküste.

Umso erstaunter war der Schwede Bertil Sturkman am 28. Oktober 1981, als er gegen neun Uhr früh beim Angeln im Gåsefjärd vor Karlskrona in Blekinge von seinem Bötchen aus ein U-Boot entdeckte, schwarz und ohne jegliche Markierung. Vier Mann standen auf Deck und beobachteten den Angler mit Feldstechern. Sturkman eilte an Land und rief das Kommando der Marinebasis Karlskrona an. Dort wusste man von nichts, wollte aber ein Torpedoboot in den Gåsefjärd schicken.

Dem schwedischen Offizier Karl Andersson, der schließlich an Bord der U-137 ging, bot sich ein jämmerliches Bild. Mit Hilfe eines Seemanns, der etwas Deutsch sprach, brachte er aus dem U-Boot-Kommandanten heraus, dass dieser sich von seiner Basis Kaliningrad aus verfahren hätte. Der Kompass war defekt, so Kapitän Anatoli Gruschin, der geglaubt haben wollte, zwanzig Meilen vor Polens Küste zu liegen. Der sowjetische Botschafter in Stockholm verlangte eine Genehmigung, den Havaristen bergen zu dürfen. Stockholm sagte nein, er werde von Schweden geborgen – und erst, wenn Schweden dies für angemessen halte. Gleichwohl schickte Moskau eine Hilfsflotte aus Kaliningrad los, und ein weiteres U-Boot drang in Schwedens Zwölfmeilenzone ein. Die Krise spitzte sich zu, die diplomatischen Noten wurden schärfer, die Welt schreckte auf.

Aufgrund von Strahlungsmessungen stellten die Schweden fest, dass sich Atomwaffen an Bord befanden, akzeptierten letztlich jedoch die Erklärung des Kapitäns, ihm sei ein Navigationsfehler unterlaufen. Das U-Boot war dreißig Jahre alt, ein Instrumentenfehler vielleicht nicht ausgeschlossen. Nach zehn Tagen wurde der Eindringling in internationale Gewässer zurückgeschleppt.

In den folgenden Jahren schreckten die Schweden alle paar Wochen ob U-Boot-Alarmen auf. Die Presse beschwor das Gespenst einer sowjetischen Infiltration Westeuropas. Die Marine rückte mit Sonargerät und Unterwasserbomben aus, fand aber nie etwas. Die U-Boote waren immer schon weg. 1982 glaubte das Kommando einem Eindringling den Weg abgeschnitten zu haben und bestellte die Weltpresse zum Fototermin. Zu fotografieren gab es nichts, außer frustrierten schwedischen Offizieren. Ein im Jahre 2001 in Schweden publiziertes Buch behauptet, die Eindringlinge damals seien britische und amerikanische U-Boote gewesen, die Schwedens Wehrbereitschaft testen und Stimmung gegen die Sowjetunion machen wollten. Wie sich später herausstellte, waren die meisten U-Boot-Alarme Fehlalarme, ausgelöst von Seehunden.

Es scheint, als habe sich Russland, auch in seinen Jahren als Sowjetunion, an die Erkenntnis gehalten, mit der es Bomarsund baute: Es genügte, die halbe Ostsee zu beherrschen, die ganze war ohnehin nicht zu halten.

1991 zerbrach das Sowjetimperium und mit ihm die *Pax Sovietica.* Über Nacht verlor Russland seine Hegemonie über die Ostsee, ganz ohne Krieg.

Nach der halben Ostsee könnte Russland freilich wieder greifen wollen – wie im sechzehnten, achtzehnten und zwanzigsten Jahrhundert –, wenn dies europäische Binnenmeer Russland nicht irgendwie mit einbezieht. Seine geographische Lage zwingt es fast dazu.

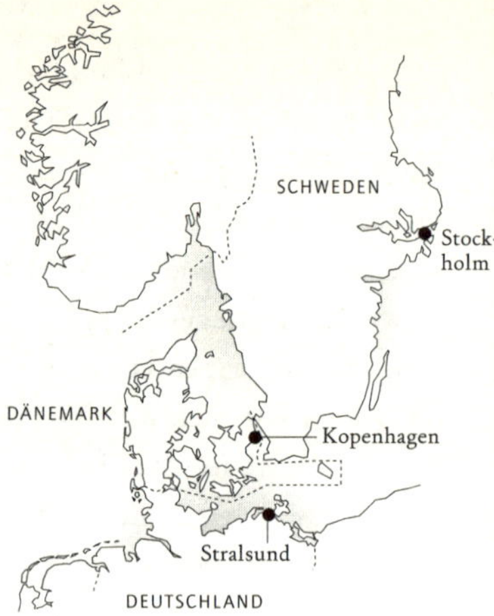

Nordnordwest – ein Binnenmeer Schwedens

In Stralsund, ein paar Schritte vom Hafen, am Frankendamm hinter dem Hospiz, dort, wo Schwedens König Karl XII. während der Belagerung der Stadt 1715 sein Nachtlager aufschlug, findet sich heute der Showroom des *Mitsubishi*-Händlers Peter Witthaus. In einem eingeschossigen Ziegelbau werden Gebraucht- und Neuwagen verkauft und repariert. Für die Finanzierung sei gesorgt, sagt eine Werbung.

1715 lag Schweden als nordische Großmacht in den letzten Zügen. Karl XII. hatte die Jahre seit der Niederlage bei Poltawa 1709 in der Türkei verbracht – im Exil: Der Rückweg nach Schweden war ihm abgeschnitten. Vergeblich suchte er den Sultan zu überzeugen, mit ihm eine Allianz gegen Russland zu schmieden.

Nach fünf Jahren schaffte er es in einem dramatischen Ritt durch Siebenbürgen, Ungarn, Österreich und Deutschland nach Stralsund, die schwedische Stadt in Pommern.

Sein Reich lag in Trümmern, das Baltikum war so gut wie verloren, in Finnland standen russische Truppen, auf Åland auch. In Bremen und Verden, seit dem Dreißigjährigen Krieg zu Schweden gehörig, hockten die Dänen. Sachsen, Polen, Dänemark und seit 1715 auch Preußen-Brandenburg und Hannover kämpften auf der Seite des Zaren gegen Schweden.

Stralsund kapitulierte 1715, Wismar fiel 1716. Karl kehrte nach Hause zurück, trommelte eine letzte Armee zusammen, um das dänische Norwegen anzugreifen: Am 30. November 1718 fiel er an der Grenze zu Norwegen während einer Inspektion: Wo das Geschoss herkam, von Freund oder Feind, ist nie geklärt worden – Tyrannenmord oder Querschläger, welch ein jämmerlicher Tod für einen «Heldenkönig».

Nach dem ersten Schock atmete Schweden auf. Mit Karls Tod begann die so genannte Freiheitszeit.

In den Friedensschlüssen von Stockholm 1719 und 1720, Fredriksborg 1720 und Nystad 1721 gab Schweden Bremen und Verden an Holstein ab, überließ Brandenburg die Städte Stettin und Wollin, die Insel Usedom und Pommern südlich der Peene, trat Teile Kareliens (Altfinnland), Ingermanland und die baltischen Provinzen, also Livland und Estland, an Russland ab. Der Große Nordische Krieg, der erste europäische Weltkrieg, wie der Historiker Klaus Zernack ihn nennt, erhob Peter den Großen, der sich seither *Zar aller Reußen* nannte, in die Rolle des Imperators eines aufsteigenden Großreiches, bald *der* Ostseemacht.

Knapp ein Jahrhundert konnte Schweden Stralsund, Greifswald und Rügen noch halten, bis es auch dieses Rest-Pommern im Zuge des Wiener Kongresses an Preußen verlor. Die Großmacht Schweden – ein Imperium zweifellos, dessen Monarch viele Völker seine Subjekte nannte – versank in jener Irrelevanz eines Nationalstaats am Rande, die die Schweden bis heute nicht ganz akzeptieren mögen.

Die unscheinbare Tafel an Peter Witthaus' Garage, die Karls XII. gedenkt, ist 1842 hier angebracht worden. Da hatte die einst stolzeste Hansestadt ihre Bedeutung längst verloren. Erst der Anschluss ans Eisenbahnnetz, die Transitlinie nach Schweden, der Ausbau des Hafens, der Rügen-Tourismus und die Werften gaben Stralsund ein bisschen Bedeutung zurück.

Seit der fast zwei Jahrhunderte währenden Zeit unter schwedischer Herrschaft haben sich viele Schichten Geschichte über Stralsund gelegt. Die Preußen und das Kaiserreich, die Nationalsozialisten und die Deutsche Demokratische Republik. Die Bundesrepublik und jetzt die Europäische Union.

Die DDR hat die Zeugen der Geschichte – achtlos oder im Falle sakraler Bauten absichtlich – verfallen lassen. Das schwedische Stralsund ist Geschichte, mehr nicht; außerhalb von Schweden ziemlich vergessen, auch in den einst schwedischen Gebieten in Mecklenburg und Pommern.

Woher Stralsund kommt, scheint bloß ein paar Bildungsreisende zu interessieren, das historische Museum im Katharinenkloster ist beinahe leer. Wohin die Stadt will, verrät der Theaterspielplan: *Jesus Christ, Superstar*, *Einer flog übers Kuckucksnest*, *A Clockwork Orange*, *West Side Story* und *Shakespeares sämtliche Werke, leicht gekürzt* an einem Abend. Nur Wolfgang Borcherts *Draußen vor der Tür* blickt in die Geschichte, doch auch dies ist ein Stück des Anfangs.

Umso deutlicher spiegeln Stralsunds Türme und Dächer die Vergangenheit der Stadt, nicht zuletzt die Verwandtschaft zu seiner einstigen Hauptstadt, der Hansestadt Stockholm.

Stralsunds Altstadt liegt wie Gamla Stan in Stockholm auf einer Insel. Zwei Dämme sperren die Gewässer im Süden und Westen, Frankenteich und Knieperteich, gegen den Strelasund ab, verwandeln die Wasserflächen gleichsam in Spiegel, in denen die Schöne ihre mittelalterliche Silhouette, ihre barocken Bauten, Giebel- und Traufenhäuser im weichen Herbstlicht selbst bewundert. Und wenn die Sonne untergeht, sieht man sie vom Rügendamm hinter der Stadt versinken, oder im Winter von Altefähr aus.

Ist der Strelasund vereist, dann lässt Stralsund einen nicht mehr los. Man kann kaum wegsehen. Wie auch, wenn man durch die noch mittelalterlich parzellierte Stadt geht, sich da und dort, etwa an der Fährstraße, plötzlich in Tallinn wähnt. Oder wenn auf dem Turm der Marienkirche – ausgerechnet: wer könnte das erfinden – ein Marienkäfer sich einem auf den Ärmel setzt. Aber vor allem, wenn man auf dem Alten Markt steht, an der Nikolaikirche und an der Rathausfassade hochsieht, mit ihrer gotischen Schauwand, einem Scherenschnitt gleich mit Giebeln, Türmchen, hohlen Fenstern und runden Windlöchern, die sich gegen den Himmel abheben, stolz gleichsam, und ihm nicht etwa zustreben, wie das von der Gotik zu erwarten wäre.

Das Rathaus diente auch als Markthalle. 1680, nach einem Stadtbrand, zogen die Stralsunder eine barocke Galerie in den gotischen Bau. Sie verwandelten das «Kophus», das Kaufhaus, in eine zweigeschossige Ladengasse, deren Innenhof anmutet wie ein Kreuzgang des Merkantilismus. Das Rathaus lehnt sich an St. Nikolai, die Kirche des Rates und der Patrizier: Gott, Geld und Macht, alles unter einem Dach.

In der Eingangshalle gedenkt eine Büste Gustavs II. Adolfs, des schwedischen Königs, der Stralsund 1628 zum Auftakt der schwedischen Zeit Schutz vor Wallenstein gewährte, der 1630 jedoch, als er Stralsund besuchte, für seine Großzügigkeit 100 000 Reichstaler verlangte. Mit dem Westfälischen Frieden 1648 gingen Stralsund, Wismar, Greifswald, Stettin und ganz Vorpommern, das Herzogtum Bremen und Verden an Schweden, das damit die Mündungen von Oder, Elbe und Weser kontrollierte.

Am andern Ende des Schwedischen Reiches, im estnischen Tartu, einst Dorpat oder niederdeutsch Derpt und russisch Jurjew, steht derselbe Gustav II. Adolf auf einem Sockel. Die estnische Universität feiert den schwedischen König als ihren Stifter. Sie ist die Alma Mater fast aller Wissenschaftler, Mediziner und Juristen des unabhängigen Estland – und die Geburtsstätte der estnischen Nationalbewegung. In der Sowjetzeit war sie die Wirkungsstätte der Tartuer Schule, der Semiotiker um Juri Lotman.

1632 stiftete Gustav II. Adolf im frisch eroberten Livland die Bildungsstätte, an der seine künftigen Provinzbeamten ihre Ausbildung erhalten sollten. Die Deutschbalten zogen es freilich vor, ihre Söhne weiter nach Greifswald, Leipzig oder Rostock zu schicken. So kamen die meisten Dorpater Studenten aus der schwedischen Provinz, aus Värmland, Västerbotten und Finnland. Die Professoren verlangten bald, die Schule sollte nach Reval, dem heutigen Tallinn, versetzt werden. Der schwedische Gouverneur Bengt Oxenstierna wollte die Universität schließen; sie ziehe doch nur arme småländische Studenten an.

1656, nachdem russische Truppen Tartu besetzten, wurde die *Academia Gustaviana* tatsächlich nach Reval verlegt. Und neun Jahre später ganz geschlossen. 1690 eröffnete noch einmal eine schwedische Hochschule in Tartu, die *Academia Gustavia-Carolina*; auch sie wurde bald verlegt, diesmal nach Pärnu. 1710 war für diese Hochschule ebenfalls Schluss.

Erst 1802 nahm wieder eine Uni in Tartu den Lehrbetrieb auf: als *Kaiserliche Universität Dorpat*, gestiftet von Alexander I. Gelehrt wurde an ihr nun in deutscher Sprache; es war die einzige Universität im Zarenreich, die dies tat und die damit viel zur Verbreitung Kants im Ostseeraum beitrug. Im Zuge der Russifizierung wechselte man 1895 die Unterrichtssprache; 1918 machten die deutschen Besatzer dies wieder rückgängig. Die *Landesuniversität Dorpat* sprach wieder deutsch, allerdings nur für wenige Monate.

Eine Kontinuität von der schwedischen Zeit im siebzehnten zum zwanzigsten Jahrhundert gibt es somit kaum. Sie wurde erst nach 1919 konstruiert. Gleichwohl kürten die Esten Gustav II. Adolf zum Gründungsvater ihrer nationalen Bildungsstätte, 1928 errichteten sie ihm auf dem Königsplatz ein Standbild. Der schwedische Monarch war der erste, der Tartu zum Sitz einer höheren Schule gemacht hatte. In der «Schwedenzeit«, unter Gustav II. Adolf, wurden die Gründe eines «Bauernschulwesens» gelegt, die Tür zur Schriftkultur öffnete sich für die Esten und Letten immerhin einen Spalt. Außerdem hatte der Monarch für ein Standbild die richtige Nationalität: Weder einen Deutschbalten noch einen Russen hätte man 1928 in Estland als Hochschulstifter auf den Sockel gehoben. 1950 demontierten die sowjetischen Besatzer den bronzenen Gustav, und für vier Jahrzehnte, bis 1989, wurde die Uni zur sozialistischen Bildungseinrichtung. Seither reklamiert die Hochschule als *Universitas Tartuensis* eine 370-jährige Geschichte. Sie hat Gustav II. Adolf 1992 wieder installiert, geschaffen von der Bildhauerin Elisabeth Tebelius-Myren, gegossen aus, so ein Gerücht, eingeschmolzenen Lenin-Statuen.

Gustav II. Adolf, der «Löwe des Nordens», soll elf Sprachen gesprochen und bei den besten Lehrern Unterricht genossen haben. Dennoch ist dieser Kriegskönig, der Riga, Dorpat, Pillau, Elbing, die Marienburg und Stettin einnahm, seine Armee bis tief ins Deutsche Reich führte und 1632 nach der Universalmacht griff, ein eher unwahrscheinlicher Universitätsstifter für ein livländisches Provinzstädtchen. Zumal Schweden, als er 1611 den Thron bestieg, kaum über Schulen verfügte. Seine einzige Universität in Uppsala hatte nach 1580 fast völlig aufgehört zu lehren;

über eine Bibliothek verfügte sie auch nicht. Während des sechzehnten Jahrhunderts gab es in Schweden nie mehr als einen Buchdrucker, und zeitweise gar keinen, so David Kirby. In Livland auch nicht.

Bedenken wir den erklärten Zweck der Hochschule von Dorpat, das Heranziehen von Personal für die lokalen Verwaltungen, so wird ihre Gründung plausibler. Aber warum stiftete Gustav II. Adolf keine Uni im schwedischen Stammland - oder in der Bischofsstadt Åbo, die ihre Akademie erst 1640 erhielt?

Mittelschweden war zu Beginn des siebzehnten Jahrhunderts ein rückständiges, äußerst dünn besiedeltes karges Agrarland. Das fruchtbarere Skåne, der Süden des heutigen Schweden, gehörte noch zu Dänemark. Der Norden Skandinaviens war kaum erschlossen, und Finnland trug wenig zur Prosperität bei. Dafür sollte Narwa, im heutigen Estland gelegen, eine zweite Hauptstadt werden.

Die Historiker debattieren bis heute, warum Schweden während eines Jahrhunderts fast permanent aggressive Expansionskriege führte. Es rang Dänemark die Ostsee-Herrschaft und die Hoheit über Reval ab, warf das nach Westen vordringende Russland zurück und entriss Polen Riga und das südliche Livland. Ein dünn besiedeltes, rückständiges, armes, bloß an Holz und an Metallen reiches Land: Es verfügte über ein Monopol der Kupferproduktion für ganz Europa und schürfte ab 1580 große Mengen Eisenerz. Schweden brauchte bald keine Waffen mehr zu importieren, sondern konnte sie ausreichend selber herstellen.

Zum Ende des sechzehnten Jahrhunderts wurde die Ostsee für einige Jahre zum schwedischen Binnenmeer. Woher kam diese Energie? Und warum?

Als Vorwärtsverteidigung, mithin aus einem überzogenen Sicherheitsdenken, wie es die Schulmeinung in Schweden lange sehen wollte?

Für die «protestantische Idee», mithin aus Misstrauen gegen und zur Abwehr des Katholizismus? Oder doch eher zur Landnahme, um den Ostseeraum zu kolonisieren?

Es gibt viele Parallelen zwischen dem aufsteigenden Königreich der Wasa und dessen Nachfolger als Hegemonialmacht, dem Reich der Romanows und später dem Sowjetimperium. Wie die Sowjets hat auch

Gustav II. Adolf seine Expansion ideologisch begründet: Gemäß den Flugblättern, die die schwedischen Soldaten in Mitteleuropa streuten, griff ihr König als selbstloser Retter des Protestantismus, der Glaubensfreiheit oder der Freiheit der Deutschen in den Dreißigjährigen Krieg ein. Der Historiker Johannes Burkhardt hält dem entgegen, ein «überstaatlicher Anspruch» hätte Schweden motiviert, mit dem sich die nordische Macht auf den Status von Frankreich und Habsburg hieven wollte, also auf den eines Imperiums. Burkhardt benennt vier, zum Teil überstaatliche Faktoren, die einen Großmachtanspruch rechtfertigten oder nahe legten:

- Über hundert Jahre, vom Ende des vierzehnten bis Anfang des sechzehnten Jahrhunderts, hatte zuvor bereits ein skandinavisches Großreich, die Union von Kalmar, bestanden, das Norwegen, Schweden und das führende Dänemark umfasste.
- Die Wasa verfügten über eine dynastische Verbindung mit Polen-Litauen. Sigismund III., der Sohn des Schwedenkönigs Johan III., war als Sigismund 1592–99 auch Schwedens Regent.
- Es gab ein Präzedens: Die untergegangene Hanse war eine merkantile Ostseemacht, die den ganzen Raum umfasste.
- Und schließlich: Im Zentrum der schwedischen Geschichtsmythologie stand seit Karl XI. das Gotenreich. Karl hatte eine Genealogie erstellen lassen, die ihn als direkten Erben der Gotenkönige zeigte. Er nannte sich *Rex Suecorum Gothorum et Vandalorum*, König der Schweden, Goten und Vandalen, nach den germanischen Stämmen, die in der Zeit der Völkerwanderung Reiche gegründet und Rom zu Fall gebracht hatten, womit sie dessen Anspruch auf Weltherrschaft erbten.

1648 war Schweden ein Großreich, und vor allem eine militärische Supermacht; es hatte in fast neunzig Städten Europas Truppen stationiert, das größte Kontingent in Prag.

Zur Hansezeit bereits verstand Europa die Ostsee nach dem Mittelmeer als das zweite Weltmeer. Dies zu beherrschen wie einst Rom die mediterrane See war für Gustav II. Adolf bloß ein Schritt auf dem Weg zur Universalmacht. Er verstand sich als einen nordischen Alexander den

Großen oder Augustus. Zumindest sollte Schweden zum Gegenreich des Heiligen Römischen Reichs Deutscher Nation werden; ein lutherisches nordisches Gegen-Rom zum Rom des Kaiserreichs sozusagen.

Gustavs spektakuläre militärische Erfolge an Rhein und Main ließen ihn gar auf den Kaiserthron spekulieren, mithin auf die Herrschaft über Kontinentaleuropa, von Spanien bis Habsburg. Burkhardt nennt dies die «schwedische Variante des europäischen Universalismus». Protestantismus und Groß-Gotizismus müssen sich als ideologische Gegenposition zum katholischen Römischen Reich geradezu angeboten haben, zumal sich das Heilige Römische Reich Deutscher Nation in jener Zeit als das vierte, letzte Universalreich verstand, wie das Buch des Propheten Daniel voraussagte.

Gustav II. Adolf fiel 1632 bei Lützen in der Leipziger Tiefebene, gerade 38 Jahre alt. Sein Reichskanzler Axel Oxenstierna, der für die erst sechsjährige Thronfolgerin Kristina die Staatsgeschäfte führen sollte – über Jahre noch aus Deutschland –, reduzierte Schwedens Anspruch auf den einer nordischen Großmacht.

Im Dreißigjährigen Krieg galten die Schweden als harte, fast übermenschliche Kämpfer und fürchterliche Barbaren: Im Sudetenland hieß es noch im neunzehnten Jahrhundert:

«Bet's, Kinder, bet'!

Draußen geht der Schwed ...»

Die schwedischen Truppen plünderten, brandschatzten und verabreichten ihren Opfern den Schwedentrunk: «Den Knecht legten sie gebunden auf die Erd, steckten ihm ein Sperrholz ins Maul und schütteten ihm einen Melkkübel voll garstig Mistlachenwasser in den Leib», heißt es in Grimmelshausens *Simplicissimus.* Bis er an der Jauche verendete. Freilich hatte sich auch Gustav II. Adolf seinerseits über die Gegenwehr der deutschen Bauern beklagt; er wisse nicht, ob sie «Menschen oder reißende Tiere» seien.

Auf speziellen Befehl Gustavs II. Adolfs plünderten die Schweden im Dreißigjährigen Krieg Bibliotheken, auch lange nach dessen Tod noch. Mit dem Untergang der katholischen Kirche nach 1527 war in Schweden das ohnehin tiefe Bildungsniveau zusätzlich gesunken; ohne Klöster gab es kaum Bücher. Gustav II. Adolf hatte erkannt, dass sein Land, wenn es sich entwickeln sollte, Schulen und Bücher brauchte. Er förderte den Buchdruck und die Übersetzung ausländischer Literatur. Der wieder belebten Universität in Uppsala überließ er die Bibliothek des Klosters Gråmunkholmen, die den Grundstock zur Universitätsbibliothek bilden sollte. Es handelte sich allerdings um obskure, katholische Bücher, die während der Reformation aus Klöstern geraubt worden waren und sich deswegen in königlichem Besitz befanden. Die Sammlung enthielt somit die falschen Bücher für eine Universitätsbibliothek, aber es war wohl die einzige Büchersammlung in Schweden. Dem half die Beute aus Mitteleuropa ab; Schweden holte während des Dreißigjährigen Krieges Bildungsgüter ins Land.

Der Friedensschluss stand bereits vor der Tür – dessen Garantie-Macht Schweden sein würde –, als schwedische Truppen 1648 Prag stürmten und in einer sorgsam geplanten Aktion die Schätze Rudolfs II. plünderten. Der Friedensvertrag sollte eine Restitution der gesamten Beute vorsehen, die noch vor Ort war, die Truppen hatten es daher eilig. Sie verpackten italienische Meister, Michelangelo, Leonardo, Raphael, Tizian, Tintoretto, Veronese, aber auch Cranach, Dürer, Bosch und Breughel, dazu Bronze-, Bernstein- und Korallenfiguren, wertvolle Uhren, Schmuckstücke, mathematische Instrumente. Aus dem Eggenberg-Palast stahlen sie dreißig große Kisten Bücher, als wertvollstes Stück die gotische Silberbibel, *Codex argenteus* (die in den Inventurlisten gar nicht auftaucht, so unscheinbar war sie), und die Teufelsbibel, *Codex gigas*, eine 75 Kilo schwere Handschrift auf Pergament aus dem dreizehnten Jahrhundert.

Als Gustav II. Adolf 1611 an die Macht kam, hatte Schweden bereits fünfzig Jahre fast durchgehend Krieg geführt. Es herrschte Hunger, der Kupferpreis war eingebrochen und die Staatskasse somit leer, die Gesellschaft ohnehin zu wenig monetarisiert. Das arme rückständige Schweden war zum Frieden zu schwach, es führte Krieg auch, um von den inneren Problemen abzulenken.

Gustav II. Adolf reorganisierte die Verwaltung und erhob immer neue Steuern, um den Krieg zu finanzieren, z. B. eine Land- und eine Mühlensteuer, dazu eine Verkaufssteuer auf alle auf Märkten angebotenen Güter. Letztlich aber musste sich Schwedens Krieg selbst finanzieren: Nach dem Frieden von Stolbovo hatte Gustav II. Adolf seine Armee modernisiert, ihre Feuerkraft gesteigert und das Heer in kleinere, beweglichere Einheiten zerlegt. Siebenmal in neun Jahren rekrutierte er jeden zehnten Mann zwischen fünfzehn und sechzig.

Gewiss standen nach der Reformation Ressourcen aus dem Verschachern der Kirchen- und Klösterbesitzungen zur Verfügung, und die oft armen Adligen taten als Offiziere gerne Dienst, zumal sie nach einigen Jahren Land für ihre Leistungen erhielten. Und gewiss gab es eine ernst zu nehmende äußere Bedrohung.

Auf die Dauer aber reichte dies zur Mobilisierung der über Jahrzehnte andauernden Kriege nicht. Schweden *musste* seine Gesellschaft militarisieren, wenn es die kriegerische Expansion fortsetzen wollte. Es *musste* seine Armeen professionalisieren, und der so entstehende, zunehmend diktatorischere Militärstaat *musste* sich auf fremde Kosten ernähren. Anders wäre das strukturell schwache Staatsgebilde Schweden kollabiert. «Nirgendwo sind wir schwächer als innerhalb unserer eigenen Grenzen», verstand Gustav II. Adolf.

Bellum se ipse alet. Wenn der Krieg sich selbst finanzieren sollte, hieß das zuallererst, ihn außerhalb der eigenen Grenzen zu führen. Das schwedische Heer versorgte sich durch Plünderungen. 1626 verlegte Gustav II. Adolf den Krieg mit Polen von dessen Ostgrenze – Livland – an seine Westgrenze – Preußen –, weil es dort für die Truppe mehr zu räubern gab.

Die Krone erhob Schutzgebühren wie die 100 000 Reichstaler, die Gustav II. Adolf von Stralsund forderte, und ab 1626 Zölle von Schiffen, die Ostseehäfen zwischen Danzig und Narwa anliefen. Zudem zahlte Frankreich Zuschüsse in die schwedische Kriegskasse.

Schwedens Aufstieg zur Großmacht, so der Historiker Kristian Gerner, nahm im heutigen Estland – mit dem Livländischen Krieg von 1538 bis 1583 – seinen Anfang, und hier begann auch sein Niedergang. Schwedens Macht reichte bis nach Nienschanz: 1611 hatte es die Festung auf dem heutigen Stadtgebiet von Sankt Petersburg gebaut, im Jahre 1642 am

Zusammenfluss von Ochta und Newa das Städtchen Nien, etwa am östlichen Brückenkopf der heutigen Ochtinskij-Brücke.

Die russische Historiographie hat dessen Existenz stets ignoriert. Peter der Große, so der Mythos, stampfte seine Hauptstadt aus den menschenleeren Sümpfen der Newamündung. Dabei gründete er Sankt Petersburg im Mai 1703, in jenem Monat, in dem Nienschanz fiel. Es dauerte fast 300 Jahre, bis erstmals ein Denkmal an die einst östlichste schwedische Stadt erinnern durfte.

Schwedens Fall begann an der heutigen Grenze zwischen Estland und Russland, mit der Schlacht von Narwa im Jahre 1700. Unter den Türmen der Hermannsfeste, wo nun die Grenze zwischen der EU und Russland zu liegen kommt. Im Schneesturm bezwang Karl XII. die in Überzahl angreifenden Russen vernichtend. Er erteilte Peter dem Großen buchstäblich eine Lehre in zeitgenössischer Kriegsführung. Peter beherzigte sie, Karl indes verstand nicht, was geschah.

Dänemark war bezwungen, die Russen hatten eine bittere Niederlage eingesteckt, Polen-Litauen wackelte: Die Ostsee war ein schwedisches Meer, Karl XII. auf dem Höhepunkt seiner Macht. Anstatt diese jedoch zu konsolidieren, rückte er nach Süden vor, um die katholischen Polen aus dem südlichen Baltikum zu vertreiben, und weiter nach Polen und schließlich in die Ukraine.

Das Risiko eines «imperial overstretch» erahnte er nicht. Und die Gefahr, die vom Aufstieg Russlands ausging, auch nicht.

Peter der Große sammelte seine Kräfte, modernisierte die Armee nach dem Vorbild Karls; er baute eine Flotte auf, reorganisierte die Rekrutierung und ließ Kirchglocken zu Kanonen umschmelzen. Nach und nach begann er, die Schweden aus dem Baltikum zurückzudrängen. 1709 schlug er Karl XII. bei Poltawa in die Flucht – und ins türkische Exil. 1714 stand seine Flotte in den Stockholmer Schären.

Zwei Jahre nach Karls Tod, 1720, nahm der Reichstag, noch bevor er die Nachfolge Karls XII. regelte, der Krone die meisten Kompetenzen ab. Schwedens Großmachtzeit war zu Ende, es folgte ein halbes Jahrhundert «Freiheitszeit».

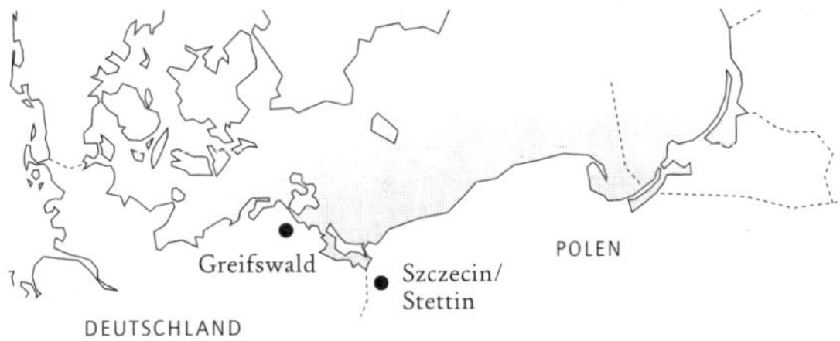

Eine Brise von Südost – Polen und Preußen, siamesische Zwillinge

Ein windstiller Herbstnachmittag in Greifswald. Wir sitzen auf dem Markt bei Federweißem und Zwiebelkuchen – eine süddeutsche Brotzeit, nicht gerade Ostsee-Kost. Die Sonne versinkt allmählich hinter den Zinnen des roten Rathauses, ein zweischiffiges «Kophus», das – wie in Stralsund – nicht nur dem Rat, sondern auch dem Kommerz ein Dach über dem Kopf bot.

Das Rot der Fassade wird dunkler, es wird Zeit, zur Uni zu gehen.

Von Stettin kommend – oder Szczecin: aus Polen –, mutet Greifswald verschlafen an. Dabei putzt die polnische Metropole an der Oder ihre Hansegotik weniger heraus als die Schwesterstädte an der pommerschen Küste. Viel ist von Stettin auch nicht erhalten; der mittelalterliche Kataster ohnehin nicht. Szczecin ist heute eine Industrie-, Werft- und Hafenstadt, eine Stadt der Gegenwart, während uns Greifswald, Stralsund und Wismar zuweilen wie aus der Zeit gefallen scheinen.

Als sich in der Frühe der Reif wie Spinnweben über die Wiesen legte, kamen wir zusammen mit all den Deutschen, die zum Einkaufen nach Polen fahren – oder von den Kaiserbädern ins polnische Swinemünde spazieren –, über die offene Grenze, erinnerten uns, wie umständlich der Grenzübertritt noch vor zehn Jahren gewesen war. Unser Halt am Wasserschloss Menethin glich einem Abstecher ins neunzehnte Jahrhundert. Das Schloss schläft einen Dornröschenschlaf, verfällt. Die Gaststätte war geschlossen, der Graben voller Wasserlinsen, durch die ab und zu eine sanfte Wellenbewegung ging. Weit und breit war keine Menschenseele zu sehen. In einem Gehege stand ein einsames Pferd, das sich über die Besucher freute.

Am Ortseingang von Greifswald stoppten wir bei der Klosterruine Eldena, die Caspar David Friedrich einst eindrucksvoll verewigt hat. Doch wir sehen bloß ein altes Gemäuer, ganz ähnlich dem Brigittenkloster am Stadtrand von Tallinn/Reval. Der Geist der Romantik, der dem alten Maler, der da sitzt und auf seiner Staffelei gleißendes Licht und düstere Wolken hinter das Gemäuer zauberte, Gesellschaft leisten mag, ist uns nicht begegnet.

Doch innerhalb weniger Stunden sind wir auf kleinem Raum auf Zeugen Polens, Preußens, Schwedens, der Hanse und, mit den Klostermauern, auch Dänemarks gestoßen. Eldena war 1199 von dänische Zisterziensern als Tochterkloster des dänischen Esrom gegründet worden. Beim späteren Greifswald ein Kloster zu stiften gehörte gewiss zur Strategie, mit der das Dänische Reich die Ostsee beherrschte, bevor die Lübecker nach Osten und Nordosten aufbrachen. Die Macht der Dänen stützte sich auf ihre Seestärke, mehr als jene der späteren Hegemonialreiche an der Ostsee. Gleichwohl suchten auch sie die Zugänge zur Ostsee zu kolonisieren. Bis nach Livland: Die estnische Hauptstadt ist eine dänische Gründung, Tallinn soll «dänische Stadt» heißen.

Aus Livland schickte der deutschbaltische Adel über Jahrhunderte seine Söhne zum Studium nach Greifswald. Und wo heute die Post steht, übernachtete einst Peter I. und gegen Ende der schwedischen Zeit Gustav IV. Adolf. Die Stadt Caspar David Friedrichs, des Ostsee-Malers, war ein Knotenpunkt im Ostseeraum, eine strategische Schlüsselposition.

Heute fällt Greifswald eher mit jenem staubigen und biederen Charme auf, der für die DDR so charakteristisch war, auch im Audimax der *Ernst-Moritz-Arndt-Universität*: Der Raum ist verlottert; «alternativ», hätte man im Westen einst gesagt. Alles wirkt etwas improvisiert, ernsthaft, aber nicht besonders ernst, leger. Auf den Bänke hier haben sich bereits Generationen von DDR-Studenten gelangweilt.

«Machst du die Einführung?»

«Warum ich?»

«Dann nicht.»

So muss sich der erste Referent, der polnische Redner, eben selber einführen. Halt, der polnische Redner ist noch gar nicht da. Also warten wir auf ihn. Er habe sich wohl auf *c. t.* eingestellt, sagt jemand. Dann kommt er wohl um viertel sechs. Man kennt sich; kaum zwei Dutzend Hörer sind erschienen: Wer schert sich noch um polnisch-deutsche Geschichte? Die bitteren Emotionen sind verpufft oder in Rente gegangen. Schade, die Leute hier haben was zu sagen.

Dann kommt er, der Referent aus Stettin, oder Szczecin. Mit schwarzer Fliege. Pünktlich *cum tempore*, wie es sich für einen Akademiker gehört, öffnet sich die Tür. Herr Piskorski schaut in die Runde.

Ob er hier richtig sei?

Niemand im Saal trägt einen Anzug.

An der Wand hängt eine alte Karte, sie zeigt Europa am Vorabend des Ersten Weltkriegs: Damals hatte die Ostsee nur drei Anrainerstaaten: Russland, Schweden-Norwegen und das Deutsche Reich – dazu einen Zipfel am Öresund: Dänemark. Fünf Jahre später sollten es neun selbständige Länder sein: das nach 123 Jahren auferstandene Polen, die selbständig gewordenen baltischen Staaten und Finnland; dazu die Freie Stadt Danzig. Schon 1905 war Norwegen von Schweden unabhängig geworden, allerdings ohne direkten Kontakt zur Ostsee.

Zwanzig Jahre später teilten Hitler und Stalin Polen wieder auf, schufen eine Art Status quo ante. Für die Dauer des Zweiten Weltkrieges verschwanden das Baltikum und Polen erneut von der Landkarte. Dann auch Ostpreußen und Danzig als internationale Einheiten. Polen tauchte 1945 weiter westlich wieder auf, die baltischen Länder nicht. Und plötzlich gab es zwei Deutschland.

Die Veranstaltung beginnt. Werner Buchholz spricht zum Polen-Bild Preußens, Jan Piskorski zum Preußen-Bild der Polen.

«Siamesische Zwillinge» seien die beiden, Zwillinge, von denen nur einer überleben konnte. Die Rede ist von einem alten «polnisch-litauischen» Preußen und einem neuen «preußischen» Preußen.

Der Rigaer Verleger Johann Friedrich Hartknoch nannte die polnisch-litauische Republik die «gemeinsame Mutter» der Litauer, Polen, Juden und Preußen.

Preußen, das prekäre Gebilde im Osten, entstanden aus Brandenburg einerseits und den Überresten des Ordensstaates im Osten andererseits. Am Ende des siebzehnten Jahrhunderts trat es plötzlich in die Geschichte: ein Teppich vielfach unverbundener Flicken, der im Westen dereinst bis nach Kleve reichen würde und im Osten bereits an die Memel, der Berlin umfasste und im Süden bald auch Schlesien.

Der Parvenü Preußen war so plötzlich zu Bedeutung gekommen, dass sein Kurfürst, Friedrich III., das Plazet des Kaisers aus Wien zur Krönung nicht abwarten mochte: Am 18. Januar 1701 setzte er sich in Königsberg als Friedrich I., König *in* Preußen, die Krone gleich selber auf, buchstäblich. Und dann der Königin. Der war die Posse peinlich; sie langweilte sich, schnupfte Tabak während der Zeremonie.

Kaum gekrönt, gab Friedrich sich spendabel. Aus zwei Brunnen sprudelte im winterlichen Königsberg Wein, goldene und silberne Taler wurden ins Volk geworfen. Und schon war das Staatsbudget des neuen Königreichs ruiniert.

Aus Brandenburg einerseits und der abgelegenen Gegend im Osten andererseits, aus einer «Rübenwelt abseits der Geschichte», wie Wolf Jobst Siedler schrieb, war ein neuer Staat entstanden. Dem «eine einzige Generation genügte, wirklich in die Geschichte zu treten».

Das neue – manche sagen: durch einen genialischen staatsmännischen Coup entstandene – Königreich, eine zerklüftete Sammlung kurmärkischer Besitzungen, war in seinen Grenzen von 1701 kaum lebensfähig, zumal Teile noch unter polnischer Hoheit standen, weshalb sich Friedrich nicht König *von* Preußen nennen durfte. Das Gebilde aus der Retorte musste wachsen, um zu überleben; und seine Könige *wollten* es wachsen sehen. Sie führten Expansionskriege; Friedrich Wilhelm I. gründete Kadettenanstalten und zwang den Adel zum Kriegsdienst.

Wachsen konnte das junge Königreich freilich bloß auf Kosten Polens, leben indes nur im Verbund mit Polen. Preußen war dort, in Siedlers Worten, wo das Deutsche vom Polnischen nicht zu trennen war.

Wie in Schweden zuvor und wie in Russland sahen die preußischen Monarchen nur einen Ausweg, über ihre Schwäche hinwegzukommen: in der Metamorphose zum Militärstaat.

Preußens siamesischer Zwilling, die Adelsrepublik Polen, verpasste ihre Modernisierung: Von endlosen Kriegen gezeichnet, sank das einst stolze Großreich immer tiefer. Die europäischen Aufklärer verhöhnten es als «Orang-Utan Europas», so ein französisches Flugblatt; sie spotteten über das Chaos, das in Polen herrsche. Voltaire, der glühende Verehrer der russischen Zarin, machte sich über Polens slawische Namen lustig und rechtfertigte den Einmarsch russischer Truppen in Polen: Die Zarin habe sie geschickt, um in Polen die Toleranz wiederherzustellen. Unter dem Beifall des führenden französischen Intellektuellen sollten russische Truppen die Zivilisation nach Polen bringen. 5 000 widerspenstige Polen wurden nach Sibirien verschleppt, weil sie sich so nicht «zivilisieren» lassen wollten: Welch gespenstische Vorahnung zum zwanzigsten Jahrhundert.

Der Osteuropa-Historiker Larry Wolff zeigte, dass der Schlaumeier am Genfer See, aber auch Rousseau, Herder, Casanova – der eine *Geschichte der Turbulenzen in Polen* verfasste – und andere Intellektuelle sich eigentlich für Polen nicht interessierten. Viel eher wollten sie ihren heimischen Lesern ein abschreckendes Beispiel servieren: Wie es denn wäre, wenn ... Da kam ihnen Polens angebliche «Anarchie» wie gerufen. Besonders abfällig äußerten sich jene, so Wolff, die in Warschau mit ihren Anliegen abgeblitzt waren. Fichte, dem eine Hauslehrerstelle abgeschlagen wurde, weil sein Französisch zu schlecht war, schimpfte über die ärmlichen Hütten, den Mist auf der Straße und «lauter Juden». Auch Joachim Christoph Friedrich Schulz, der sich als Chronist der Französischen Revolution einen Namen gemacht hatte und den kurländischen Bürgerstand beim Reichstag in Warschau vertrat, schrieb in seinem Journal *Reise eines Liefländers von Riga nach Warschau* (1795/96): Es «wimmelte von Juden», die ungewaschen seien. Die Stadt sei voller Schmutz, und dem entspreche ihre Moral.

Das Buch traf die Absichten der Nazis – die (vielleicht illegitimen) Erben der Preußen – so genau, dass sie es 1941 wieder auflegten. In einem anderen, 1791 veröffentlichten Reisebericht hieß es, die Polen wären Tiere, sie wüssten nicht, wie Menschen fühlen und denken: Polen als das dunkle Andere, die schmutzige Rückseite der preußischen Medaille. Auch das gehörte zum siamesischen Zwilling.

Ob so viel Rückständigkeit und Schmutz war es um Polen nicht schade, dass es unterging. Deshalb verstieß es auch nicht gegen die preußische Moral, wenn Friedrich der Große polnisches Geld fälschen ließ, um dessen Wirtschaft zu untergraben. Von Friedrich kam auch die Initiative, Polen zu teilen. 1795 verschwand der Zwilling schließlich ganz von der Landkarte.

Selbst die deutschen Liberalen glaubten, die Polen hätten die Teilung selbst verschuldet, auch nach 1848 noch.

Gewiss war der Deutsche Orden ein Vorläufer Preußens; aber mehr auch nicht: Die Vorstellung einer Kontinuität fußt auf einem Wunsch des neunzehnten Jahrhunderts; der Parvenü verankerte sich damit in der Geschichte, verschaffte sich Respektabilität und eine edle Abkunft.

Geschichte wiederholt sich als Farce: Die Nazis stellten sich ihrerseits als Erbe der preußischen Tradition dar, SA-Führer Graf von Helldorf erklärte Friedrich den Großen 1932 zum «ersten Nationalsozialisten». Und Hitler ließ sich im März 1933 am Grabe Friedrichs «krönen». Sie machten die Ostkolonisation durch den Ritterorden zum ersten deutschen Schritt ihres «Dranges nach Osten». Daraus lässt sich auch der Hitler-Stalin-Pakt herleiten und damit die vierte Teilung Polens.

Mit seinem Vorschlag, Polen zu teilen, bat schon Friedrich der Große Russland nach Mitteleuropa, nach Wilna und Warschau. Der britische Historiker Edmund Burke hält dies für den entscheidenden Bruch in der Geschichte des Kontinents.

In seiner Wirkung so dramatisch wie Karls XII. Vorstoß bis Poltawa. Jene Niederlage war die erste Einladung an Russland, die Teilungen Polens die zweite, der Hitler-Stalin-Pakt die dritte: Dann marschierte die Sowjetarmee bis an die Elbe.

Mit seinem Streich gegen den siamesischen Zwilling leitete Friedrich somit bereits Preußens eigenen Untergang ein: Im Februar 1947 lösten die Alliierten das prekäre Gebilde per Gesetz schließlich auf. Im Osten, wo einst das Deutsche, das Polnische und das Litauische ineinander übergingen, galt fortan nur noch entweder Russisch oder Polnisch.

Seit dem neunzehnten Jahrhundert gab es in Europa keinen Platz mehr für Reiche, die den Adel verschiedener Nationalitäten vereinten; den litauischen, den polnischen, russischen und deutschen: Das alte Polen war ein solcher Staat, Preußen ebenso. Indes versäumten es dessen Könige im neunzehnten Jahrhundert, mit der Zeit zu gehen und eine preußische Nation zu schaffen, im Gegensatz etwa zu den Österreichern.

Und die DDR, zumindest geographisch am ehesten der Erbe Preußens, begann sich darauf erst zu besinnen, als es zu spät war.

Polen-Litauen war, vor Schweden und Russland, eine Großmacht an der Ostsee, die einst von der Oder bis zur Bucht von Riga, bis nach Smolensk, Kiew, an die Donau, zum Dnjepr und bis ans Schwarze Meer reichte. Es war freilich eine Großmacht, die ihr Interesse weniger auf die Ostsee richtete. Sie nahm stets den Landweg. Auch die kurzlebige transbaltische Union mit Schweden vermochte das nicht zur verändern. Dafür mischte Polen während der *Smuta*, der «Zeit der Wirren», in der sich in Russland die Herrscher in rascher Folge ablösten, im Seilziehen um den Zarenthron mit.

Von Südosten hat daher nie ein Großreich nach dem *Dominium maris Baltici* gegriffen; Polens dynastische Verbindung mit Schweden platzte, bevor sie sich etablieren konnte. Und auch der später geborene siamesische Zwilling Polens zeigte wenig Flair für die See. Zwar gründete schon der Kurfürst 1657 eine brandenburgische Flotte und sicherte sich mit Pillau in Ostpreußen einen Hafen. Doch seine hochfliegenden Pläne galten den Weltmeeren – und wurden bald wieder begraben. 1711 löst Friedrich I. die bankrotte *Brandenburgisch-Africanisch-Amerikanische Compagnie* auf. Preußen war gerade elf Jahre alt, seine Seefahrt schon auf Grund gelaufen.

Warum drehten Polen-Litauen und später auch Preußen der Ostsee den Rücken zu? Peter der Große dagegen verlegte seine Hauptstadt in die Sümpfe an der Ostsee, Kopenhagen steht an ihrem Eingangstor, und Stockholm liegt an der Schwelle, wo das Süßwasser des Mälaren ins Salzwasser der Schären übergeht. Auch die regionalen Metropolen Riga, Tallinn, oder Reval, Åbo und später Helsinki liegen an der Küste. Die polnischen Könige dagegen saßen in Krakau, und Preußens Zentrum war Berlin – nicht Königsberg.

Preußen begann erst 1888 wieder eine Flotte aufzubauen. Polen eröffnete 1920 in Gdynia einen Hafen mit Werft. Oder in Gdingen, aus dem die Nazis, in ihrem Wahn, an die frühe Großgeschichte anzuknüpfen, Gotenhafen machten. Von dort aus sollte ihre Flotte die ganze Welt erobern; nur die Ostsee, das war ihnen nicht genug.

Wenn Hitler 1939 gestorben wäre, wäre er ein großer Deutscher, meinte der polnische Professor Piskorski am Ende seines Vortrags. Stattdessen habe er weitergemacht, bis die deutsche Teilung folgen musste.

Anderthalb Jahrhunderte nach der Teilung Polens.

Der siamesische Zwilling Preußen ging unter; dies erlaubte seinem polnischen Bruder die Rückkehr. Die deutsche Sprache und ihre Sprecher wurden im ganzen Ostseeraum «hinter die Grenzen des deutschen Einflusses von 1200» zurückgedrängt, und seit 1945 liege Polen wieder etwa innerhalb der Grenzen des Jahres 1025, wie Professor Piskorski noch betonte. Und niemand im Hörsaal störte sich daran. Vielleicht ist schon dies ein Beleg, dass Polen und Deutschland gelernt haben, miteinander zu leben.

Vom Hörsaal gingen wir zum *Alten Fritz* am Markt. Und stritten bei Altbier und Bückling noch lange, ob die Europäische Union zu einem deutschen Ostsee-Reich zu werden drohte.

Südwestwind – die deutsche Hanse und die EU

Lybska Gränd, die enge Lübische Gasse, führt in der Altstadt zum Stadtplatz von Visby, oberhalb und parallel zur Danziger Gasse, Rigaer Gasse, Travegasse. Es gibt auch eine Stettiner Gasse, Rostocker Gasse, Hamburger Gasse, Bremer Gasse, Obere und Untere Finnengasse, Russengasse, Revaler Gasse. In der engen Altstadt von Visby auf Gotland ist der ganze Ostseeraum präsent.

Hier trafen sich im Mai 1996, gerufen von Schwedens Premier Göran Persson, erstmals die Staatschefs aller Ostseeländer zum Ostsee-Gipfel, zum dem sich auch der Präsident der EU-Kommission einfand. Dänemark, Deutschland, Polen, Litauen, Lettland, Estland, Russland, Finnland und – da sie politisch auch zur Ostsee gehören wollen – Island und Norwegen waren vertreten. In einem trockenen Schlusscommuniqué hielten sie fest, sie hätten eine einmalige Chance, den Wohlstand und die Solidarität ihrer Länder zu fördern und den Ostseeraum zu einer stabilen, sicheren, demokratischen Region zu machen, in der Menschenrechte und individuelle Freiheiten geachtet würden.

Den schwedischen Ministerpräsidenten beauftragten sie, gleichsam kommissarisch, künftige Treffen zu koordinieren.

Der Visby-Gipfel war die Spitze eines Eisbergs. Der Rat der Ostseestaaten hat sich schon 1992 als festes Gremium etabliert, mit Sekretariat in Stockholm, regelmäßigen Außenministertreffen, einer Parlamentarier- und einer Zollkonferenz, Arbeitsgruppen für Ökologie, Meeresschutz und nachhaltige Entwicklung, einer epidemiologischen Kommission, einer Handelskammer, einem Ostsee-Städtetag, der Organisation der Häfen, einer Vereinigung zur Zusammenarbeit im Tourismus, einer Task Force zur Bekämpfung der organisierten Kriminalität. Und so weiter.

Und vor allem mit einem Visionen- und Strategie-Rat.

An der Ostsee soll eine neue Form der Nachbarschaft entstehen. In Estland diskutierte man 1991 allen Ernstes die Möglichkeit einer Neuauflage der mittelalterlichen Hanse.

Binnen eines Jahrzehnts hat sich ein Geflecht von vielleicht nützlichen übernationalen Institutionen über die Ostsee gelegt, und das Netz wird jährlich enger. Der Ostseeraum versucht, sich als geographische, ökologische und wirtschaftliche Einheit zu konstituieren. Und wenn die baltischen Staaten und Polen der Europäischen Union beitreten und Russland mit Europa eine stabile Zusammenarbeit vereinbaren kann, dann wird die Ostsee zu *einem* Raum werden, gleichsam von Visby aus, wo sich zwar nicht der Ostsee-Rat, aber doch der Ostsee-Schriftsteller-Rat niedergelassen hat.

Göran Persson hatte für das Treffen der Staatschefs mit Bedacht Visby gewählt: Die fast vollständig erhaltene mittelalterliche Stadt diente dem Handel auf der Ostsee als Drehscheibe; von hier aus wurden die ersten Handelsverbindungen mit Nowgorod geknüpft, wo der *Gotenhof* Kaufleuten aus Visbys Partnerstädten Lübeck, Dortmund, Soest, Münster und Groningen Gastrecht gewährte. Dieser Vorläufer der Hanse hatte seinen Sitz auf Gotland. Erst im dreizehnten Jahrhundert verschob sich das Zentrum des Handels von Visby nach Lübeck.

Auf einer Insel mitten in der Ostsee gelegen, galt Visby vor dem Aufstieg der Hanse als Königin des Meeres, *Regina maris*. Um das Jahr 1000 von vermutlich deutschen Siedlern gegründet, sollte es später zur Mutterstadt von Riga und Stockholm werden.

Gotland, das spätestens seit der Wikingerzeit den Ostseehandel dominierte, war einst dänisch gewesen und seit 1645 schwedisch. 1808 und 1932 wollte Stockholm die Insel loswerden, da sie nicht zu verteidigen sei. 1808 besetzten russische Truppen Gotland, zogen nach drei Wochen aber wieder ab. Am Ende des Zweiten Weltkriegs schließlich flohen viele aus Lettland und Estland hierher.

Die Symbolik reicht tiefer: Unter den Überresten der Wikinger fanden die Archäologen eine ältere Schicht abgelagerter Geschichte: estnische Gräber, Zeugen jenes finnisch-estnischen Großreiches, das die Ostsee einst beherrscht haben dürfte. Den Schweden lieferte die Insel die Bausteine zur Konstruktion jener Geschichte, wonach ihr Dreikronenreich von den Goten abstamme. Und die deutschen Romantiker entdeckten über die Gotik die Hanse und das Mittelalter wieder.

Bis ins achtzehnte Jahrhundert hatte sich niemand um die mittelalterlichen Ruinen auf Gotland gekümmert, und auch Goethe gab zu, er habe, wie das gemeine Volk, unter «gotisch» lange Zeit alles «Unbestimmte, Ungeordnete, Unnatürliche, Zusammengestoppelte, Aufgeflickte, Überladene» verstanden, was ihm «jemals durch den Kopf gezogen sei», und das Gotische für «ganz von Zierrat erdrückt» gehalten, aber als er zum ersten Mal das Straßburger Münster sah, habe «ein großer Eindruck» seine Seele erfüllt. «Wie oft bin ich zurückgekehrt, diese himmlisch-irdische Freude zu genießen, den Riesengeist unsrer ältern Brüder in ihren Werken zu umfassen», schrieb er. «Das ist deutsche Baukunst, unsre Baukunst, da der Italiener sich keiner eignen rühmen darf, viel weniger der Franzos.»

Schinkel skizzierte gotische Kathedralen, malte eine mittelalterliche Stadt am Wasser voller Backsteingotik, und entwarf einen neugotischen Dom für Berlin, der allerdings nicht gebaut wurde.

Den Kirchen von Visby fehlten selbst die Dächer. Erst das neunzehnte Jahrhundert begann, die Gotik zu restaurieren, zu vollenden – den Kölner Dom – oder den Baustil zu kopieren. Doch noch 1937 lockte Visby Touristen auf Plakaten als *Stadt der Ruinen* an.

Die Bauten weckten das Interesse an ihren Bauherren; zumal an den Patriziern in den Rathäusern. Man begann, ein idealisiertes – und bald: ein nationales – Bild vom Mittelalter zu zeichnen, von deutschen Handelsleuten in freien Reichs- oder Hansestädten, Zentren des Geistes, der Gilden und einer Frühform demokratischer Selbstorganisation.

Nach der vernunftorientierten Epoche der Aufklärung gab die Romantik den Deutschen den Weltschmerz zurück, die Wanderlust und die Sehnsucht nach Mythen. Wenn der lutherische Wort-Gottesdienst schon trocken sein musste, dann sollte er wenigstens im himmelwärts strebenden Schiff einer gotischen Kirche gefeiert werden. Die Mittelalterdarstellungen des neunzehnten Jahrhunderts verbinden die pragmatische Vernunft der Kaufleute mit dem Unerklärlichen, die Stabilität der Städte mit dem Abenteuer der Seereise, das Bedrohliche der Natur mit der Neugierde nach ihr.

Dieses Mittelalter, in dem vor allem Preußen seine Wurzeln gesucht hat – wo sonst, wenn nicht im Deutschen Orden? –, ist gleichsam ein Konstrukt der Romantik, sorgsam aufgebaut zur Identitätsstiftung. Der Kaufleute-Bund, der sich zum Städtebund entwickelte und sich *deutsche* Hanse nannte, der die Ostsee beherrschte und – an der Seite des Deutschen Ordens – die «Barbaren», die Pruzzen, Kuren, Liven, Letten, Esten, Ingrier und wen auch immer, bekehrt hatte; dieser Bund bot sich als Spiegel der deutschen Wunsch-Identität geradezu an. Er habe den «Wilden», wie man in Deutschland glauben wollte, den rechten Glauben, das abendländische Recht, das Schreiben und städtische Verwaltungsstrukturen gebracht. Und all dies auf dem friedlichen Wege des ehrbaren Handels.

Von der Bekehrung mit dem Schwert und der brutalen Kolonisierung kein Wort; sie wurden umdefiniert in eine «Aufsegelung des Baltikums». Schon die Wortwahl verrät die Intention: hier ein *Orden*, dort *Stämme* – und eine friedliche Segelfahrt.

Damit nicht genug: «Man kann die Kolonisation der nord- und ostelbischen Gebiete als die größte Leistung des deutschen Volkes im Mittelalter nächst der Schaffung einer deutschen Nation überhaupt nennen», behauptete der Historiker Adolf Hofmeister 1930 in einem Vortrag an der Greifswalder Universität. Und «man hat – vom Standpunkt der Gegenwart aus gewiss verständlich – bedauert, dass bei diesem Werke nicht noch weiter aus- und durchgegriffen» wurde.

Schließlich hätten die Wilden ihre Chance erkannt: «Die Wiedereindeutschung des deutschen Nordens und Ostens, wie sie im zwölften Jahrhundert entscheidend vorgetragen, im dreizehnten und vierzehnten

Jahrhundert in der Hauptsache durchgeführt wurde, ist sehr wesentlich auch ein Werk der einheimischen Gewalten selber, die, ursprünglich nicht deutsch, sich politisch oder wenigstens kulturell von dem Deutschen Reich und dem deutschen Wesen erfasst sahen, hier einen Weg erkannten zur wirtschaftlichen und geistigen Förderung ihrer Gebiete und zugleich hier Rückhalt und Einwirkung von anderer Seite suchten.»

Mit der Kolonisierung durch den Deutschen Orden ging im Ostseeraum die Vorgeschichte zu Ende. Aus jener Zeit verfügen wir über die ältesten schriftlichen Dokumente – weil die deutschen Kolonisten bereits schrieben.

Die Ostsee wurde zu einem «nordgermanisch-wendischen» Meer; dabei vergaß man das Wendische noch schneller als das Nordische.

Die Hansen, zu Anfang lose Vereinigungen von Fernkaufleuten, wuchsen zu einem Bund von Städten heran, der die wirtschaftlichen Interessen seiner reichsten Bürger im Ausland durchsetzte: ein Verbund zur «Instrumentalisierung des [Handels]Privilegs», wie der Historiker Ernst Schubert schreibt.

Diesem Städtebund war es gelungen, seinen Mitgliedern auf der Ostsee Handelsfreiheit und Sicherheit zu garantieren; ja, den Verkehr zu monopolisieren und die Seefahrt auch auf der Nordsee zu dominieren. Sein Einfluss reichte von Nowgorod im Nordosten zum norwegischen Bergen, bis nach London, Brügge, Köln, Berlin, Breslau und Krakau.

Aus dieser «rechtlich nicht definierten Solidargemeinschaft», wie der Historiker Philippe Dollinger die Hanse charakterisiert, deren Kontore streng verwaltet wurden, die insgesamt jedoch eher unorganisiert blieb, wurde zwei Jahrhunderte nach ihrem Untergang im Geschichtsbild eine *deutsche* Herrschaft über die Ostsee, eine Handels- und Sicherheitsorganisation, die den ganzen Norden umfasste, mithin ein Beweis deutscher Größe und Überlegenheit.

Dass auch Nowgoroder Kaufleute nach Gotland fuhren, unterschlug man so geflissentlich wie die Heterogenität und Flexibilität der Hanse und ihre Limitierungen. Die Hansekaufleute bildeten zudem nur eine dünne Oberschicht. Doch die vielen Packer und Lastenträger, die sie beschäftigten, eigneten sich nicht zur Selbstbestätigung.

Auch muss man fragen: Wie deutsch war diese Hanse, die sich *deutsch* nannte, tatsächlich? Gewiss wurde in den Hansestädten Niederdeutsch gesprochen, aber vielerorts war es die Sprache einer Klasse – und die Sprache der Gebildeten. Zum sozialen Aufstieg gehörte oft der Sprachwechsel.

Im «deutsch» beherrschten Baltikum war das Deutsche stets eine Minderheitensprache.

Wie holländisch ist New York? Wie englisch Boston? Viel deutscher waren wohl weder Tallinn/Reval noch Stockholm, wo sich die Deutschen leicht assimilierten. Trotz der deutschen Kirche. Zudem grenzten sich die Deutschen in Riga und Tallinn sehr wohl gegen das Deutsche Reich ab. In Nowgorod schickten die Kaufleute, die im Peterhof «Exterritorialität» genossen, ihre Lehrjungen in Bojaren-Familien, damit sie Russisch lernten.

Selbst die Ehrbarkeit der Hansekaufleute ist von der Hanseforschung erschüttert worden. Es gibt Dokumente, wonach Heringsfässer falsch deklariert wurden. Folgen wir dem Historiker Ernst Schulz, so galten die strengen Sicherheitsvorkehrungen in Nowgorod, die Wachen von zwei verschiedenen Meistern vorschrieben und es untersagten, einem Russen den Schlüssel zur Kirche – wo Siegel, Archiv und Waage lagen – auch nur zu zeigen, eher dem Schutz vor den eigenen Landsleuten als vor den Russen.

Überdies unterschied die Hanse durchaus nach Herkunft, war also nicht einfach nur deutsch. Die drei «Drittel» eines Kontors, die sächsisch-wendische, die westfälisch-preußische und die livländisch-gotische Kaufmannschaft, wählten je zwei Aldermänner.

Doch das Deutsche Reich erfand sich an der mittelalterlichen Ostsee eine große deutsche Vergangenheit: Der eifrige Nordlandfahrer Wilhelm II. besuchte Gotland mehrmals, um durch die «alte Hansestadt» zu streifen. Dem Archäologen, der auf der Insel als Erster wissenschaftliche Ausgrabungen machte und das Landesarchiv gründete, verlieh er einen deutschen Orden.

Lübeck besann sich schon zu Ende des achtzehnten Jahrhunderts seiner deutschen Geschichte. Es reklamierte eine größere Bedeutung der «drei Hansestädte Hamburg, Bremen und Lübeck» für «ganz Deutschland». In den drei Städten wurden Rufe nach einem «hanseatischen Gemeinschaftsgefühl» laut. Während der Napoleonischen Kriege stellten diese gemeinsam ein 4000 Mann starkes Freiwilligenheer, die «Hanseatische Legion». Es gab hanseatische Medaillen und Gedenkmünzen. Im Ersten Weltkrieg auch ein *Hanseatisches Kreuz* – allerdings nicht für die Marine, sondern für die Infanterie.

Nach und nach wurde in Hamburg alles hanseatisch, eine Krankenkasse und das Landgericht (1826), der Wassersportverein und die Boxstaffeln, die *Hanseatische Luftwerft* und die *Hanseatische Küchentechnik*, die Spediteure, Bootsbauer, Kanuvereine, ja selbst die Ortsgruppe des Pinscher-Schnauzer-Vereins e.V. nennen sich «hanseatisch», mit der latinisierenden Silbe, die «hansisch» zu «hanseatisch» veredelt.

Hanseatisch steht auch für den 1716 gegründeten Dreibund von Lübeck, Bremen und Hamburg und meinte oft deren Patrizier, mithin ihren Geldadel.

In praxi ist alles hanseatisch, was Lokalkolorit haben soll. Die Buddenbrooks sind Hanseaten und der frühere Bundeskanzler Helmut Schmidt; als stünde hanseatisch für ein bisschen arrogant und vielleicht gebildet, oder einfach im Übermaß selbstgewiss.

Thomas Mann mied den Begriff, jedenfalls in seinem großen Roman vom Zerfall einer Familie. Anderswo definierte er, in der «hanseatischen Sphäre» fänden sich «Freiheit und Vornehmheit zur Lebenseinheit zusammen». Lübeck nannte er «eine geistige Lebensform». Vom ebenfalls hanseatischen Hamburg hätte er das wohl nicht gesagt. Mit der Hanse hat das viel beschworene Hanseatische allerdings nicht viel gemein: Eine Lübeck-Hamburg-Bremensche deutsche Institution, die die Ostsee beherrschte, hat es nie gegeben.

Die *deutsche* Hanse war eine Brücke von Ost nach West, ein komplexes, sich ständig wandelndes Gebilde, das mit großem Geschick die Förderung und Sicherung des Ostseehandels betrieb. Zusammengehalten wurde die Hanse vom gemeinsamen kommerziellen Streben und von der Erkenntnis, dass geregelte Konkurrenz den Erfolg aller fördert. Auf den unregelmäßig, bei Bedarf einberufenen Hanse- und Regionaltagen – den einzigen hansischen Institutionen – definierten die Vertreter der beteiligten Städte ihren kleinsten gemeinsamen Nenner immer wieder neu. Das gemeinsame Kommunikationsmittel dazu war die deutsche Sprache.

Die Hansetage ratifizierten die Verträge ihrer Mitgliederstädte, sie verhandelten mit ausländischen Städten oder Herrschern, schlichteten bei Konflikten, übten eine gewisse militärische Macht aus – vor allem aber regulierten sie den Handel.

Kleinere Entscheidungen traf Lübeck kommissarisch.

Über eine Bürokratie verfügte die Hanse nicht.

Eine solche Hanse, lose und in ihrer Flexibilität geradezu postmodern, könnte dem Netzwerk, das sich als Ostsee-Rat und demnächst in Form der Europäischen Union über den Ostseeraum legt, durchaus ein Vorbild sein. Solange die Macht nicht zentralisiert wird und nicht verbürokratisiert. Einer solch schlanken Vereinigung könnte Visby das «Brüssel des Nordens» sein.

Strandgut vom Spiel der Mächte – die Karäer

Ein paar Findlinge im Gras in der Nähe von Vilnius, oder deutsch Wilna. Wäre da nicht ein Tor, man beachtete sie kaum. Ausflügler spazieren gleichgültig vorbei; oder rasten auf der Wiese, nicht ahnend, dass sie auf einem Friedhof picknicken.

Man muss schon sehr genau hinsehen, um die Schriftzeichen auf den Steinen zu erkennen: hebräische Buchstaben. Sie seien nicht mehr zu entziffern, hatte uns die alte Frau im Dorf gesagt, die, als einige der wenigen, die Inschriften noch verstehen könnte. Sie sind, trotz der hebräischen Schrift, nicht jiddisch oder hebräisch, sondern karäisch, eine kiptschakische Sprache der Turkgruppe.

Auf dem «neuen» Friedhof hinter dem Wald, weiter weg von Dorf und Burg, liegen die Gräber aus dem neunzehnten Jahrhundert – und einige aus dem zwanzigsten: 1900, 1941, 1956, 1967 und eines von 1990. 1982 verstarb der letzte Geistliche der Gemeinde, Szymon Firkowitsch. Er hatte sein Amt seit 1920 inne und arbeitete fast vierzig Jahre im Untergrund.

Die Inschriften auf dem «neuen» Friedhof sind russisch oder polnisch; oder russisch *und* hebräisch, oder polnisch *und* hebräisch, wobei einige tatsächlich althebräisch sind, andere karäisch, im hebräischen Alphabet geschrieben.

Die Grabsteine gehen mit der Macht. Im zwanzigsten Jahrhundert hat die Herrschaft über das Gebiet Wilna achtmal gewechselt – und damit auch die Sprache. Im neunzehnten Jahrhundert war die Hauptstadt Litauens eine polnische Region des Zarenreichs. Sie wurde nach und nach russifiziert, oft mit Gewalt. So spiegelt die Schrift auf den Grabsteinen die jeweilige Zeit.

Die Toten lesen ohnehin nicht mehr.

Trakai war, zur Zeit der litauischen und polnisch-litauischen Hegemonie, das Machtzentrum des Großreiches im Südosten der Ostsee, das einst bis ans Schwarze Meer reichte. Später verfiel die Burg, ein Wasserschloss im See, nur über einen Steg zu erreichen. Erst in der Sowjetzeit wurde sie wieder aufgebaut. Und dient heute als litauisches Heimatmuseum.

Die Karäer leben seit dem vierzehnten Jahrhundert hier; sie kamen von der Krim, etwa tausend Familien in mehreren Wellen. Großfürst Vytautas hatte sie eingeladen, sich hier anzusiedeln. Angeblich als Leibwächter und zur Sicherung seiner Residenz. Er gab ihnen Land unterhalb des Schlosses, damit sie dort ihre Häuser bauten; dazu erhielten sie am Ufer des vielarmigen Sees den besten Ackerboden. Fleißig, genügsam und loyal seien sie gewesen, heißt es: die besten Gemüsegärtner der Region. Sie blieben für sich, mischten sich kaum mit den Litauern, Polen, Russen. Auch mit den Juden nicht.

Im Zweiten Weltkrieg mussten sie zusehen, wie die Nazis die Juden ermordeten. Und wie den Deutschen manche Polen, Litauer und Letten dabei willig zur Hand gingen.

Den Karäern – auch Karaiten oder Karaim genannt – indes taten Hitlers Schergen nichts, im Gegenteil. Ein Fritz Steiniger vermaß ihre Schädel und befand in einem Vortrag an der Uni Greifswald, die Karäer seien keine Juden. Er wies ihnen mongolische und innerasiatische Züge nach und Einflüsse der so genannten Krimgoten. Ihre Religion enthalte neben mosaischen auch islamische Elemente.

Die meisten Lexika führen die Karäer dagegen als jüdische Sekte. Sie selbst wollen davon allerdings nichts wissen. Sie folgen dem Alten Testament wie auch die Juden, lehnen jedoch den Talmud, das jüdische Gesetzeswerk, sowie jegliche Art rabbinischer Bibelauslegung ab.

Bei der Lektüre des Alten Testaments steht für die Karäer mehr noch als für die Juden das Selbststudium im Mittelpunkt; ihre Bibelübersetzung geht auf das zehnte Jahrhundert zurück. Indes gemahnt ihr Tempel in Vilnius, die Kinesse, durchaus an eine Synagoge.

1944 kamen die Sowjets. Sie erstickten das religiöse Leben in Litauen. Auch jenes der Karäer. Viele flohen. Die verbleibende kleine Gemeinde zu Füßen der Festung Trakai, gar nicht weit von der polnischen Grenze, musste seither im Verborgenen weiterbeten.

Gorbatschow gab ihnen die Glaubensfreiheit zurück; ein paar Monate später war er für Litauen nicht mehr zuständig.

1991 kehrte Trakai, zum dritten Mal im Laufe eines Jahrhunderts, zu Litauen zurück. Und die Karäer passten ihre Schreibweise wieder an; sie versahen ihre Namen mit litauischen Endungen. Viele sind es nicht mehr, in Trakai noch 60, in ganz Litauen etwa 250.

Die Karäer galten als Krieger, ihre Herkunft ist nicht geklärt. Sie könnten die Nachfahren der Chasaren sein, jenes legendären halbnomadischen Volkes, das zwischen dem siebten und dem zehnten Jahrhundert am Unterlauf der Wolga als Puffer diente zwischen dem Kiewer Reich, Byzanz, den Wolgabulgaren und den aus der innerasiatischen Steppe westwärts drängenden Völkern: eine regionale Großmacht. Belegt ist, dass die Chasaren um die Mitte des achten Jahrhunderts zum Judentum konvertierten; vermutlich aus politischem Pragmatismus, um ihre Neutralität zwischen Christen und Moslems zu wahren.

Die litauischen Karäer ziehen es vor, ihre Vergangenheit im Ungewissen zu belassen. Sie waren Zeugen des russischen, litauischen, polnischen und sowjetischen Antisemitismus – und der Ermordung der Juden während des Holocaust.

Der Schriftsteller Arthur Koestler führt das Ostjudentum in seinem Buch *Der dreizehnte Stamm* auf die Chasaren zurück. Er glaubte, die Juden im Osten hätten erst im achtzehnten Jahrhundert den deutschen Dialekt ihrer aus dem böhmischen Raum stammenden Rabbiner adaptiert, damals immerhin die Lingua franca. Daraus sei das Jiddische entstanden, das ab dem neunzehnten Jahrhundert auch geschrieben wurde. Koestler glaubt, die These, es gäbe eine jüdische Ethnie, damit zu widerlegen und die Theorie ad absurdum zu führen, das Jiddische sei ein rheinischer Dialekt.

Eine Bestätigung dieser Hypothese fände man wohl am ehesten bei den Karäern - solange es sie noch gibt. Bevor sie, wie die Woten, Wepsen, Ingern, Liven, Kuren, Semgaller und Pruzzen, als ein weiteres kleines Volk untergehen. Nicht als Folge eines Genozids, sondern zerrieben im Spiel der größeren Mächte.

ISLAND

Grönland und Gambia – die Kolonien des Nordens

Politisch gehört auch Island zur Ostsee; die grüne Vulkaninsel auf halbem Weg von Europa nach Nordamerika sitzt im Nordischen Rat. Und auch Grönland, eine autonome Kolonie Dänemarks, die größte Insel der Welt. Dazu die Färöer. Spitzbergen. Die Überreste eines dänischen Kolonialreiches im Norden. Auch Island war bis 1918 eine Kolonie Dänemarks und wurde selbst als unabhängiges Land noch bis 1944 von Kopenhagen aus regiert.

Grönland erkämpfte sich seine Autonomie von Dänemark erst 1979, was den meisten wohl erst seit Peter Høegs *Fräulein Smillas Gespür für Schnee* bewusst ist. Smilla kann Eis lesen und verfolgt Spuren im Schnee; sie kommt Menschenexperimenten auf die Schliche und entdeckt einen Atomunfall, während die Regierung in Kopenhagen alles vertuscht: als wären die Grönländer Menschen zweiter Klasse.

Die nordischen Kolonien in Übersee sind dagegen Fußnoten der Geschichte geblieben: im US-Staat Delaware, an der westafrikanischen Küste, auf St. Barthelemy und St. Martin in der Karibik; dazu die Jungferninseln, Tobago und Gambia.

Herzog Jakob von Kurland baute während des Dreißigjährigen Krieges eine Kriegs- und Handelsflotte mit Basis in Windau/Ventspils und Libau/Liepāja. Aus Kurland, dem südlich der Düna gelegenen Teil des heutigen Lettland, bis nach der Reformation das Kerngebiet des Deutschen Ordens, liefen Herzog Jakobs Schiffe nach Afrika und in die Karibik aus: 1651 landete die *Krokodil* in Gambia, drei Jahre später die *Herzogin von Kurland* auf Tobago.

Die Kurländer Herzoge waren die Erben Gotthard von Kettlers, des letzten Ordensmeisters des Deutschen Ordens. Er hatte das kleine erbliche Herzogtum unter polnischer Hoheit 1561 geformt; als Rückzugsort, der bis zur dritten Teilung Polens bestand und dann in den baltischen Provinzen des Zarenreichs aufging.

Die deutsche Geschichtsschreibung führt die tropischen Niederlassungen der baltischen Kurländer gerne als erste *deutsche* Überseekolonien. Zurückhaltendere Quellen nennen sie die ersten «deutschsprachigen» Besitzungen in Übersee. Obwohl in Kurland nur der Adel, die Städtebürger, die Pastoren, Ärzte und ein paar Akademiker Deutsch sprachen. Zu Hause in Kurland erlebte das Hauptstädtchen Mitau, heute Jelgava, als Metropölchen eines Kolonialreiches während einiger Jahre einen enormen wirtschaftlichen Aufschwung.

Die Herrlichkeit dauerte freilich nicht lange: 1658 fiel das Herzogtum an die Schweden, die den baltendeutschen Herzog gefangen setzten. 1661 übernahmen die Briten die von den Kurländern verlassenen Kolonien.

Auch Schweden wollte seinen «Platz an der Sonne», wie es Neil Kent in seinem Buch über die Seele des Nordens formuliert. Aber Stockholm hatte wenig Glück. In Westafrika scheiterte bereits die Etablierung einer als sozialutopisch geplanten Kolonie; den späteren US-Staat Delaware verlor man bald wieder. Und die Insel St. Barthelemy konnte sich kaum selbst ernähren. Nach den Napoleonischen Kriegen endete schließlich auch Schwedens Überseeabenteuer sang- und klanglos.

Anders Dänemark, das sich schon seit dem siebzehnten Jahrhundert als eifriger Sklavenhändler hervorgetan hatte. Kopenhagen wurde zum Zentrum des nordischen Zuckerhandels. Die dänischen Überseekolonien bestanden bis 1917, als Kopenhagen die Jungferninseln, die es nicht hätte halten können, für 25 Millionen Dollar an die USA verkaufen musste. Seither sind nur noch die Inseln im Atlantik und in der Arktis nordische Kolonien.

Und bleiben es trotz Fräulein Smilla auch.

Aufs falsche Pferd gesetzt – Alfrēds Rubiks

Macht ist eine Frage von Talent, Schulung und des richtigen Zeitpunkts. 1991 fanden sich viele Intellektuelle an der Ostsee plötzlich in der Rolle von Politikern wieder. Sie hatten gute Ideen, eine reine Weste, hielten exzellente Reden und setzten sich mit Feuer für einen demokratischen Neuanfang ein.

Und scheiterten.

In Litauen schlug der Komponist Vytautas Landsbergis die dissonanten Töne an, mit denen sich sein Land an die Spitze des Ausmarsches der Sowjetrepubliken setzte. Später, als Präsident, fand Landsbergis dann allerdings nicht zu harmonischeren, diplomatischeren Tönen, die für eine Integration des neuen Litauen in die veränderte Nachbarschaft mit Russland und Polen nötig gewesen wären. Er blieb ein störrischer Professor, der die Leute vor den Kopf stieß.

In Polen erging es dem Elektriker Lech Wałesa ähnlich: Als Präsident wirkte er eher wie der Hauptdarsteller einer Provinzposse. Er spielte seine Rolle mit Spaß und nahezu kindlichem Ernst. Und mit sichtbarer Freude an den Spielwaren der Macht.

Viele Aktivisten der ersten Stunde traten bald von der politischen Bühne wieder ab, zumal die Schriftsteller, denen die Mühsal des politischen Alltags missfiel: statt große Entwürfe umsetzen zu können, mussten sie um Kompromisse ringen: Ein Autoren-Ego kommt in der Politik kaum auf seine Rechnung.

Nur Lennart Meri, der Journalist, Filmemacher und Schriftsteller mit dem anthropologischen Blick, fand als estnischer Präsident die Rolle seines Lebens. Er war – vor dem Zweiten Weltkrieg – in diplomatischen Kreisen aufgewachsen und wurde während der Volksfrontzeit Ende der achtziger, Anfang der neunziger Jahre zum «informellen» Außenminister des noch sowjetischen Estland. 1992 zum Präsidenten gewählt, tanzte er sein Land in die internationale Gemeinschaft zurück; und bis ans Tor der Europäischen Union.

Andernorts kehrten die Karrierepolitiker zurück. In Polen Aleksander Kwásniewski, in Estland Arnold Rüütel, Meris Nachfolger und zuvor Estlands Parlamentsvorsitzender – so genannte Reform-Kommunisten, in der Partei groß gewordene Berufspolitiker, die rechtzeitig die Seiten gewechselt hatten. Wendige Techniker der Macht, die die Zeichen der Zeit erkannt hatten.

Einer jener modernen Karrieristen jedoch setzte aufs falsche Pferd: der Lette Alfrēds Rubiks. Als Perestroika-Bürgermeister von Riga, charmant, gewitzt und schlagfertig, hatte er sich schützend vor die erwachenden Umweltschützer gestellt. Im Seilziehen um die Unabhängigkeit Lettlands indes schlug er sich auf die Seite der Reaktionäre, da er sich einen Zusammenbruch der Sowjetmacht nicht vorstellen konnte. Im Januar 1991 erklärte er sich zum lettischen Regierungschef und rief den Kreml zu Hilfe, das «Chaos abzuwenden».

Dafür erhielt er acht Jahre verschärften Kerkers: wegen Hochverrats. Ein prekäres Urteil, denn Rubiks hatte sich gegen einen Staat verschworen, den es zum Zeitpunkt seiner Tat einerseits noch gar nicht gegeben hatte; andererseits war Lettlands Zugehörigkeit zur UdSSR völkerrechtlich allerdings auch nie sanktioniert worden.

Das Gesetz, nach dem sich Rubiks schuldig gemacht hatte, war erst am Vortag seiner Verhaftung verabschiedet worden. Lange nach der Tat. 1993 gewann er aus dem Gefängnis heraus einen Sitz im Parlament. Mit Stimmen der Nichtletten, Russen, Weißrussen und Ukrainer, die zwar schon lange in Lettland lebten, sich aber in ihrer neuen Rolle der Fremden nicht zurechtfanden.

1996 wollte der Häftling Präsident werden: Kandidieren könne er, meinte eine Kommission des Parlaments. Nur die Wahlkampagne werde ihm eher schwer fallen.

Ein Jahr später kam Rubiks wegen guter Führung nach sechs Jahren vorzeitig frei. Im Herbst 2002 trat er als Spitzenkandidat einer linken Union zu den Saeima-Wahlen an, was die einen empörte und den anderen Hoffnung gab. Mit zehnjähriger Verspätung bekannte sich schließlich auch Alfrēds Rubiks zur Demokratie.

Seine Rückkehr in die Politik zeigt vor allem eines: Der Systemwechsel im Baltikum ist vollzogen. Lettlands neue, vielleicht noch etwas fragile, aber gewiss europäische Normalität integriert selbst Figuren wie ihn. Nicht als Umstürzler; das war der Opportunist nie, sondern als Schachfigur in einem Spiel mit festen Regeln.

Zum ersten Mal in der Geschichte ist keine Macht an der Ostsee mehr an ihre Inhaber gebunden, sondern an abstrakte Institutionen, an die jeweilige Verfassung und ihre Organe, die vom Volk immer wieder neu besetzt werden: mit blassen Karrierepolitikern, Schönschwätzern. Nur selten mit talentierten Staatsmännern wie Lennart Meri. Damit wird die Politik rund um die Ostsee berechenbarer, menschlicher, langweiliger, vor allem aber verläuft sie innerhalb konstitutioneller Schranken.

Das macht 1991 wirklich zu einem Jahr null, zum Neuanfang.

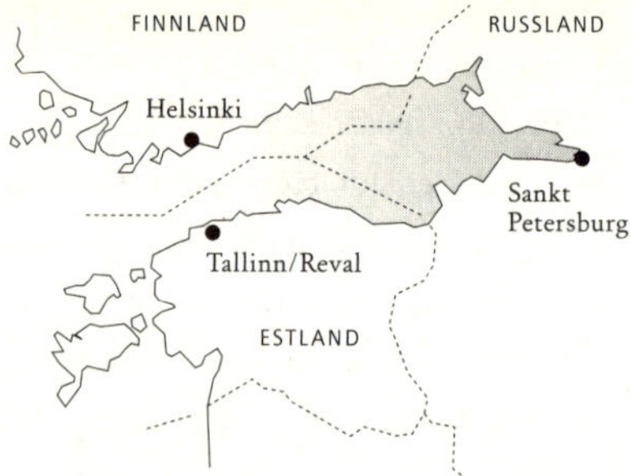

Die Dämmerung als Erster gesehen – Tunne Kelam

Einer, der lange gewartet hat, bis den Völkern im Baltikum die Zukunft dämmerte, ist Tunne Kelam. «In einer Stunde beim Denkmal», sagte er am Telefon. Welches Denkmal, das musste ich schon selber erraten.

Wir schrieben den Herbst 1988; vor wenigen Tagen war die estnische Volksfront gegründet worden. Schon deshalb schien mir die Heimlichtuerei um unseren Treffpunkt übertrieben. Ich wartete beim Standbild von Anton Hansen Tammsaare, dem wohl größten estnischen Schriftsteller, dem Autor von *Wahrheit und Gerechtigkeit.*

Kelam, nahm ich an, würde mir die Ziele seiner Untergrundpartei *Für die Unabhängigkeit Estlands* erläutern, eine unbedeutende Gruppe, die er jüngst gegründet hatte. Die Leute von der Volksfront bezeichneten ihn als Extremisten: Sie fürchteten, seine radikalen Ideen könnten den breiten Konsens sprengen, den der erneuerungswillige Flügel der KP, die Intelligenz und die entstehenden Umwelt- und Bürgergruppen gefunden hatten. Doch wer waren 1988 die wahren Extremisten in der Sowjetunion? Verletzte Michail Gorbatschow nicht ständig politische Tabus?

Kelam war nervös und schüchtern: Mit seiner dicken Hornbrille, einer abgewetzten, aber korrekten Jacke und einer abgegriffenen Ledermappe unter dem Arm sah er aus wie ein armer Landschullehrer. Er schlug vor, spazieren zu gehen. Auch diese Vorsichtsmaßnahme schien mir übertrieben. Wir hätten uns in ein Café setzen können. Aber warum nicht: Die nordische Herbstsonne leuchtete warm über der Altstadt.

Er werde mir etwas über die Geschichte Tallinns erzählen, wenngleich er kein Mittelalter-Experte sei. Ich stutzte. Wusste ich über die Geschichte der Stadt Tallinn, Reval, Reuel oder Rewel, nicht bereits, was man in gut einer Stunde erzählen konnte? Ich hatte von ihm ein paar markige Sätze erwartet und gehofft, der radikale Oppositionelle würde pointiert sagen, was die andern höchstens dachten. Aber ich schwieg. Das konnte nicht falsch sein. Die Esten gelten als große Schweiger.

Schweigend gingen wir über den Platz des Sieges, der während der Jahre der ersten estnischen Unabhängigkeit Platz des Friedens hieß. Viele Esten nannten ihn in der Sowjetzeit Platz des Sieges über den Frieden. Heute heißt er Platz der Freiheit. Dem Leser von Jaan Kross' Roman über den livländischen Chronisten Balthasar Rüssow belebt sich die Altstadt, die Heiliggeistkirche mit ihrem achteckigen Türmchen, in der Rüssow von 1563 bis zu seinem Tode im Jahre 1600 als Pastor wirkte. Er vertrat von der Kanzel aus eine moderate politische Opposition, soweit das möglich war. Dies jedenfalls hat Kross in Rüssows Leben hineingelesen. Im Rathaus, das andere Gebäude mit einem achteckigen Türmchen, saßen freilich nur Gilden-Mitglieder.

Wir kamen an einigen Demonstranten vorbei, die die Freilassung eines Wehrdienstverweigerers forderten. Kelam nickte ihnen zu. Entlang der Stadtmauer stiegen wir auf den Domberg. Von dort oben hatten der Bischof und der baltendeutsche Adel ganz Estland beherrscht – nur die widerspenstige Unterstadt nicht.

Auf einer Kreuzung blieb Kelam stehen, blickte zum *Langen Herrmann* hoch, dem höchsten Wehrturm der einstigen Burg. Diese Kreuzung sei eine historische Stätte: Hier hätten am 23. August 1987, dem Jahrestag des Hitler-Stalin-Pakts, die ersten unabhängigen Demonstranten Sowjet-Estlands ihre Transparente entrollt: für etwa dreißig Sekunden. Sie seien den gleichen Weg zum Domberg hochgestiegen wie wir. Die Miliz habe damals den Zugang zum Schloss, dem Sitz der sowjet-estnischen Regierung, abgeriegelt und die Demonstranten in den *Hirve-Park* abgedrängt, zum Denkmal von Linda, der Mutter des Kalevipoeg. Dort seien dann Reden gehalten worden, frei, ohne Zensur.

Kelam, von Haus aus Historiker, hatte 1975 seine Stelle als Herausgeber der estnischen Enzyklopädie verloren: Er hatte einen Brief an die Uno mitverfasst, der zur Befreiung Estlands von «der sowjetischen Besatzung» aufrief. Seine Mitangeklagten wurden zu fünf und sechs Jahren Haft verurteilt. Kelam wurde mangels Beweisen freigesprochen, musste seither aber als Nachtwächter einer Hühnerfarm arbeiten.

Ein Jahr nach unserem Treffen gründete er ein Gegenparlament zum seiner Meinung nach kompromisslerischen Obersten Sowjet Estlands, den *Estnischen Kongress.* Er wirkte machthungrig und geltungssüchtig. Als wollte er die Hühnerfarm kompensieren. Als ich Kelam dann das nächste Mal traf, erkannte ich ihn kaum wieder: Im Schloss auf dem Domberg amtierte er als stellvertretender Parlamentspräsident: entspannt und gewandt; ein Vollblutpolitiker, der nebenbei mit seinen Naturfotografien aus Estlands Fauna auf sich aufmerksam machte. Er hat eine Exil-Estin geheiratet, Marie-Ann, eine Amerikanerin. Sie war Sprecherin des estnischen Außenministeriums, dann zog sie neben ihrem Mann als Abgeordnete in den Reichstag, das estnische Parlament.

Eine Politfamilie in einem kleinen Land.

Heute gehört Tunne Kelam zum Polit-Jetset. Er sitzt in Brüssel in der Kommission, die Estlands Beitritt zur EU vorbereitet, war Rapporteur des Europarats für die Ukraine: ein neuer Europäer – ein Ostsee-Europäer.

Als ich ihm damals, 1988, mein Mitgefühl über seinen Nachtwächterjob in der Hühnerfarm ausdrückte, winkte er ab: Es sei nicht so arg, er fände viel Zeit zum Lesen. Und ein Nachtwächter sehe die Dämmerung als Erster.

7. Inseln im Meer

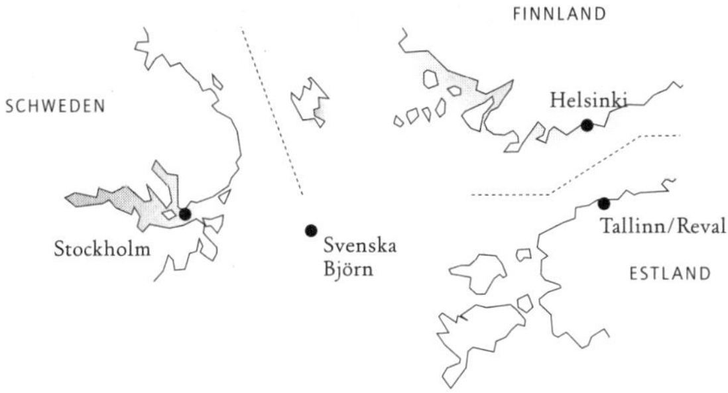

59° 32,86' N, 20° 01,24' E – der Traum vom Leuchtturm

Im Nebel tutet Svenska Björn jede halbe Minute. Und neblig ist es oft um den Leuchtturm mitten in der Ostsee. Svenska Björn steht für die Koordinaten 59° 32,86' N, 20° 01,24' E, die keine Insel, nur eine Untiefe markieren. Oder genauer: eine Nadel auf einem Sockel im Meer. Kein Leuchtturm, wie wir ihn aus Bilderbüchern kennen. Keiner wie Kõpu auf Dagö, der ältere Turm bei Kap Arkona auf Rügen, der weiße Turm auf dem Dornbusch von Hiddensee. Oder Warnow vor Rostock.

Svenska Björn ist ein Leuchtfeuer, wie es viele in der Ostsee gibt; Nadeln, farbige Stahlrohre, die aus dem Wasser ragen, identifizierbar am Rhythmus, in dem sie blinken: dreimal alle zwanzig Sekunden zum Beispiel. Und am Tuten.

Die Bilderbuchleuchttürme sind seltener. Sie prägen sich einem ein, und doch weiß man oft nicht mehr, wo sie eigentlich stehen. Brahestad bei Oulu etwa, der kantige Turm von Jussarö in den finnischen Schären oder der dicke von Enskär in Sörmland, mit Leuchtturmwärterhaus und Kanone.

Sie alle verschwimmen zu einem Traumleuchtturm. Ihre Namen sind wie Gedichte; Balladen von Sonne und Wind, Kälte und Wetter, Nebel und Schneeregen, von Segeltörns und Fahrten übers Eis. Irgendwann begannen wir, unseren Leuchtturm zu suchen. Wir stellten uns vor, wir würden dereinst dort wohnen. Die Wendeltreppe sollte meine Bibliothek werden.

In Estland, kurz nach der Öffnung, gingen wir gar zu einem Makler, in Haapsalu, der alten Hansestadt, die die Sowjets als Luftwaffenbasis genutzt hatten. Das Büro roch noch nach Farbe, hellblaue Sessel verströmten den süßlichen Mief neuen Kunstleders. Das Russisch des Maklers war schlecht, unseres auch nicht viel besser. In Estland gehörte es zum guten Ton, nicht Russisch zu können. Kein Wunder, dass man mich in der russischen Provinz oft für einen Esten hielt.

«Wir suchen einen Leuchtturm.»

«Einen was?»

«Einen Leuchtturm, irgendwo an der Küste Estlands.»

Der Makler verstand nicht.

«Einen ...?»

Was heißt *Leuchtturm* auf Estnisch? Auf Finnisch? *Kaufen* wusste ich, aber Leuchtturm? Ich zeichnete einen Turm mit einem Strahlenkranz.

«Einen *Majakas*?»

Das Estnische hat sich das russische Wort entlehnt, *Majak*. Das Finnische auch: *Majakka*. Wir hatten gar kein Sprachproblem und nickten.

Der Makler sagte, wir müssten zum Tourismusbüro.

«Nein, wir wollen einen Leuchtturm *kaufen*.»

Kaufen? Ferienhäuser habe er einige: mit neuer Küche (Eurostandard), Heizung und Satellitenfernsehen. Wenn wir wollten, auch ganz in der Nähe eines Leuchtturms.

Nein, einen Leuchtturm selbst, als Ferien- oder Wohnhaus.

Das konnte er sich nicht vorstellen. Wer wollte in einem Leuchtturm wohnen? Das sei feucht und kalt. Außerdem verkaufe niemand Leuchttürme, die gehörten dem Staat.

Aber der Staat privatisiere doch ...

Falls er etwas höre, melde er sich, versprach er und steckte meine Visitenkarte ein. Und sollten wir doch einmal ein Sommerhaus suchen ...

Immobilien waren in Estland damals für westliche Geldbeutel erschwinglich, wir hätten uns den Leuchtturm vielleicht sogar leisten können. Was wir damals nicht wussten: Während wir an dem estnischen Makler scheiterten, suchte die Finnische Seefahrtsbehörde nach einem

Mieter für ihren Leuchtturm Bengtskär, dem höchsten des Nordens und voller Geschichte.

Bengtskär ist ein fabrikähnlicher Ziegelbau mit 252 Stufen auf einer flachen Felsengruppe südwestlich von Hangö, am Südrand der Schären, wo das Wasser besonders tückisch ist. Sein Leuchtfeuer ist aus zwanzig Seemeilen Entfernung zu sehen. Bengtskär sollte die Zufahrt zum jeweils am längsten eisfreien Hafen Finnlands erleichtern, nach Hangö. Der Turm wurde 1906 eröffnet.

Ein Jahr nach der Inbetriebnahme ergänzte die Seefahrtsbehörde das Richtfeuer um ein sieben Meter langes Nebelhorn, das fünfzehn Seemeilen weit zu hören war. Es wurde auf dem Dachboden des Wohntraktes installiert. In den dreißiger Jahren wuchs die Besatzung zeitweilig auf bis zu vierzig Menschen an.

Im Juli 1941 – der Winterkrieg zwischen Finnland und der Sowjetunion war vorüber, die Waffen ruhten; in Hangö saß die Rote Armee, Deutschland hatte gerade die UdSSR überfallen – stürmte eine sowjetische Kommando-Einheit Bengtskär. Die Finnen besiegten den Stoßtrupp und nahmen die Russen gefangen. Der Turm erlitt schwere Schäden und konnte erst 1950 wieder in Betrieb genommen werden. 1968 wurde das Leuchtfeuer automatisiert, seit 1983 wird der Strom aus Windkraft gewonnen. Der unbemannte Bau begann zu verrotten, die Feuchtigkeit zerfraß seine Mauern. Die wichtigste Bedingung für eine Vermietung war deshalb, dass der Leuchtturm das ganze Jahr bewohnt wurde – und beheizt.

Ein Trost: Das hätten wir ohnehin nicht gekonnt.

Seit 1995 nutzt die Universität Turku Bengtskär als Forschungs- und Tagungsstätte sowie als Hotel für den «maritimen Kulturtourismus». Mit Leuchtturm-Museum und einer permanenten Ausstellung zur Attacke vom Juli 1941. Im Hotel hat jedes Zimmer Seesicht.

Die Ostsee ist der Raum für Leuchtturm-Phantasien. Einst Fahrwasser, Fischgrund und Schlachtfeld, Kolonialgebiet der Wikinger, Dänen, Deutschen, Schweden, Russen, dann schaurig-schöner Spiegel der romantischen Seele, ist sie heute vor allem Autobahn und Fernweh-Land:

Sie ist groß genug, uns die Sehnsucht nach dem weiten Meer zu gönnen, mit ihren schnellen Wolken und dem großen Himmel, und gleichsam nah, eng, mütterlich, sanft, ein zuhause; eine Zwischenwelt. Vertraut, einer Nachbarschaft ähnlich, in der die Kinder ihre ersten Schritte in die Fremde lernen, sich zu behaupten üben. Mit den erbitterten Fehden, die nur in enger Nachbarschaft über Generationen fortbestehen.

Und die Inseln dienten als Vorposten dieser Fehden, manche bis 1991. Inzwischen sind sie Urlaubsziele, auch jene, die gesperrt waren. Und die Leuchttürme Ornamente der Seefahrt. Man sitzt im warmen Hotelzimmer eines sorgsam restaurierten Leuchtturms und träumt sich in die Ferne, auch zeitlich.

Es ist heimelig geworden an der Ostsee, überschaubar. Ausstellungen präsentieren Geschichte, säuberlich aufbereitet, national, ökologisch. Sie geben der Ostsee einen Rahmen, klare Identitäten und eindeutige Grenzen.

Unser Meer ist eine Insel der Behüteten in einer stürmischen Welt: ein Meer des Friedens, wenn die Politik ihren eigenen großen Worten folgt. Das Netz von Fluglinien und Fährverbindungen, das sich über die Ostsee spannt, wird dichter. Die Grenzen öffnen sich. Ein *Mare apertum* wird die Ostsee deswegen nicht. Der letzte Flecken staatsfreien Meeres unweit von Svenska Björn, schon heute bedeutungslos, wird künftig inmitten dieses *Mare Europaeicum* liegen, eines neuen *Mare clausum.*

Was bleibt, sind Inseln der Erinnerung, ein Fernweh in die Geschichte.

Und das Tuten von Svenska Björn.

Rügen, Bornholm, Öland, Gotland, Ösel, Dagö, Åland – die Inseln

Eine Insel kaum größer als ein Tennisplatz. Ein rotes Holzhaus duckt sich zwischen Felsbuckeln im Schneetreiben. Die Fahnenstange zittert, der Wind zaust eine einsame Föhre. In der kleinen Bucht, die einen Eissaum trägt, ein Bootssteg. Die Brandung leckt an weißen Steinen. Ein Eiland der Stille. Es schneite hier, als die Nacht in die Morgendämmerung überging. Und wird immer noch schneien, wenn der frühe Abend sich über die Dämmerung legt. Tag wird es dieser Tage nie. Lichtet sich der Nebel, sehen wir weitere Felsrücken aus dem Eis ragen, einige größere Inseln, und manchmal in der Ferne die Kökar-Fähre vorüberziehen. Noch ist das Eis nicht fest, vereinzelt treiben Schollen.

Wenn die Schären und die Festlandhäfen Helsinki, Turku, Tallinn und Riga längst vereist sind, ist Åland noch frei vom Eis, vor allem Mariehamn. Das gab dem Inselreich zwischen Finnland und Schweden vor der Zeit der Eisbrecher seine strategische Bedeutung: Åland hatte noch Zugang zur Welt, wenn die großen Ostseestädte bereits vom Eis abgeschnitten waren. Einst.

Heute sind die Schären ein Ferienreich, im Sommer. Die Touristen radeln von Fährsteg zu Fährsteg, setzen auf den nächsten Insel-Höcker über, kaufen Milch beim Bauern und Fisch vom Fischer, waschen sich am Strand und übernachten im Zelt. Sie machen Urlaub in der Illusion einer reineren Vergangenheit, einer heileren Natur.

Familienyachten kreuzen von Gästehafen zu Gästehafen. Åland ist ein

Paradies: stolz und selbständig, entmilitarisiert und neutral. So vermarktet es sich auch. Und es stimmt ja.

In manchen Wintern döst das Glück unter einer dicken Schneedecke: Wir wollen nach Mariehamn, in die Stadt. Aufs «Festland». Erst versuchen wir es zu Fuß und bleiben stecken, dann nehmen wir das Auto und rutschen von der Straße.

Seit 1922 gehört Åland als autonomes Gebiet zu Finnland: Damit legte der Völkerbund, gegen den Willen einer Mehrheit der Åländer, die ihre Inseln Schweden zugeschlagen sehen wollten, die Åland-Krise bei. Die Finnlandschweden hofften, mit den Åländern zusammen mehr Einfluss auf die finnische Politik zu haben.

Åland ist, qua Gesetz, einsprachig schwedisch, mit eigenem Bürgerrecht und Parlament, einer Flagge und Hymne, eigener Post und mit eigenen Briefmarken, aber einst finnischem Geld – heute ist es der Euro.

Das åländische Heimatrecht gilt freilich weiterhin: Trotz EU muss man, um Grund kaufen zu können, seit mindestens fünf Jahren auf Åland gelebt haben oder auf den Inseln geboren sein. Und steuertechnisch ist Åland ein Drittland, was vor allem für die Zollgrenze wichtig ist.

Diese Klausel erlaubt den Reedereien Ålands, die fast die Hälfte seiner Wirtschaft ausmachen, auf jenen Fähren, die Åland anlaufen, weiterhin Duty-free-Handel zu betreiben, vor allem mit Alkohol.

Nur außenpolitisch untersteht Åland Helsinki.

Die Autonomie wird von internationalen Verträgen garantiert, Schwedens Generalkonsul wacht über die Sprachrechte, der diplomatische Vertreter Russlands darüber, dass Finnland sich an die Demilitarisierung hält.

Åland ist ein Modell für die friedliche Konfliktlösung; so sehr, dass die Konflikte, die mit dem Sonderstatus gelöst wurden, fast aus der Erinnerung verschwunden sind.

Nach 1945 entstand noch einmal eine Bewegung für den Anschluss Ålands an Schweden; nur dies könne den Fortbestand seiner schwedischer Kultur garantieren, hieß es, zumal Finnland die Vereinnahmung durch die UdSSR drohte. Aber Stockholm lehnte eiligst ab.

Mitten in der Ostsee, mitten im Norden lebten sie, sagen die Åländer von sich; und betonen ihr Anderssein, das sie auch von der schwedischsprachigen Minderheit auf dem finnischen Festland unterscheidet. Åländer gelten als fleißiger, reicher, gesünder, und sie leben länger. Auf Åland gibt es weniger Arbeitslose und Hunderte kleiner Firmen.

Die Finnen seien Landratten, sagen die Åländer; sie selbst dagegen die Seefahrer Finnlands. Im Gegensatz zu allen andern Skandinaviern haben die Åländer nie sozialistisch gewählt. Gleichwohl wirkt Mariehamn, einst die Sommerfrische des Zaren, mit seiner edlen Staatsbibliothek und dem teuersten Gesundheitswesen Finnlands wie der wahr gewordene Traum eines schwedischen Sozialisten.

Das Jante-Gesetz, der innere Zwang zur Bescheidenheit, dem sich die Skandinavier unterworfen fühlen, scheint auf Åland nicht zu gelten. Sie seien entweder «herzlose Bauern mit Herrensitten und Kapitänstiteln», schrieb Sally Salminen über ihre Landsleute in *Katrina*, ihrem großen Åland-Roman aus dem Jahre 1936. Oder sie waren arm, aber zäh, tapfer; gottesfürchtige, vom Schicksal geprüfte Matrosen und Kleinstbauern, Untertanen der großen Kapitäne.

Von Åland liefen zwischen den Weltkriegen die letzten großen Windjammer aus; Mariehamn war der Heimathafen des Reeders Gustaf Eriksons. Auch die zweite große Flotte der Ostsee war auf einer Insel beheimatet: auf Ösel.

Mariehamn, auf einer Landbrücke gelegen, im Osten ein Hafen und im Westen einer, ist das Modell eines Städtchens, eine Spielzeugwelt für Alexander II., den Zaren, der damals im zu Russland gehörigen Großfürstentum Finnland als Wohltäter verehrt wurde.

Sein Standbild steht bis heute in Helsinki am Hafen.

Russische Holzhäuser säumen die streng rechtwinklig angelegten Straßen, daneben finnische Sachlichkeit. Eine kaiserliche Sommerfrische, aufbereitet für einen satten Mittelstand, mit der Liebenswürdigkeit einer schwedischen Fernsehidylle, niedlich im besten Sinne. Und nach der dritten Wiederholung noch etwas niedlicher.

Der Schnee verzaubert die einzige Einkaufszeile im Städtchen zur Märchenkulisse: mit Buchhandlung, Optiker, Bäckerei, Computerladen, Reisebüro und Bank. Hier heißen die Boutiquen noch «Mode-Geschäft». Und als wolle ein naiver Regisseur der Idylle etwas Wahrhaftigkeit verleihen, demonstrieren ein paar Kurden gegen ein Todesurteil in der Türkei.

Zwei Zeitungen erscheinen im Städtchen. «So kommt Rauschgift nach Åland», ist auf der Titelseite der einen zu lesen, als wollte sie die Insel gegen das Böse mobilisieren. Außerdem stellt sie ein österbottnisches Paar vor, das in Tansania Kinder rettet.

Alles scheint perfekt auf Åland, sogar die kleinen Flecken. Hier herrscht, was man in der schwedischen Sprache Nah-Demokratie nennt: Jeder kennt jeden persönlich - auch seinen Abgeordneten. Die kleinste politische Kommune, die Insel Sottunga, zählt 130 Einwohner.

Von der Landschaftsregierung sind es nur ein paar Schritte ins so genannte See-Quartier. Hier rekonstruieren Handwerker Ålands Geschichte; eine Vergangenheit, die es nicht gegeben hat. Sie haben eine åländische Schute aus dem achtzehnten Jahrhundert renoviert. Nun ersetzen die Zimmerleute in einer großen Halle jede einzelne Spante der hundertjährigen Barke *Sigyn*. Die *Linden*, ein historischer Dreimastschoner, lief 1992 vom Stapel, von Grund auf restauriert. Vereine chartern sie nun für einen Törn durch die Schären.

Die Landschaft sponsert das See-Quartier, wo während der Saison auch einige der letzten Berufsfischer ihre gepökelte und getrocknete Ware verkaufen und Lachse und Forellen räuchern. Sie versteht das als Investition in die Zukunft: in den Tourismus.

In einer Ecke weht Schnee in die kleinere Halle. Es riecht nach Holzteer. Der Schiffszimmermann Bertil setzt im alten Ziegelverfahren Planken auf das Gerippe einer neuen, nach historischen Plänen, mit historischer Technik gebauten Holzjolle. Wenn man alte Gebäude renoviere, sollte man auch alte Fahrzeuge erhalten und das traditionelle Handwerk, meint er. Zumal immer mehr reiche Leute neu-alte Schiffe kauften, die im traditionellen Verfahren gebaut würden: kleine Archen, mit denen sie dem Alltag entfliehen, den sie so erfolgreich meistern, dass sie sich übers Wochenende einen Abstecher zu den eigenen Ursprüngen leisten können. Per Mobiltelefon bleiben sie mit der Gegenwart verbunden.

Åland liegt mitten im Meer, aber für alle am Rande: am Rande Finnlands, am Rande der schwedischen Sprache, am Rande der Wirtschaftsräume, an denen es teilhat. Das gilt für die andern Ostsee-Inseln, für Gotland und Öland, Saaremaa/Ösel und Hiiumaa/Dagö, und für das dänische Bornholm noch mehr. Und irgendwie auch für Rügen.

Bornholm, Öland, Gotland, Ösel und Dagö reihen sich als Kette auf jene Linie, die die Ostsee von Südwesten nach Nordosten trennt. Oder bisher getrennt hat. Solange Russland und Schweden sich um die Vorherrschaft im Norden stritten, ging es auch um Åland. Damit lagen die Inseln nicht nur am Rand, sie bildeten auch Vorposten.

Während die Deutschen 1941 gegen Leningrad vorrückten, startete die Rote Armee von Ösel aus, das sie wie einen Flugzeugträger nutzten, Luftangriffe auf Deutschland. Erst im Oktober 1941 fielen die letzten sowjetischen Einheiten auf den estnischen Inseln.

Hitler griff nach der Hegemonie über die Ostsee; seine Armeen stießen auch aus dem hohen Norden Finnlands und Norwegens vor.

Die Inseln auf ihre strategische Bedeutung zu reduzieren hieße indes, ihnen ihre Eigenarten abzusprechen. Für die Insulaner sind auch die eigenen Landesregierungen, ob sie nun in Stockholm, Helsinki oder Kopenhagen sitzen, fremde Herren, Eindringlinge. Und für die estnischen Inseln die Regierung in Tallinn, seit das Ende des Kalten Krieges ihnen ihr Eigenleben zurückgegeben hat und etwas von ihrer Eigenständigkeit.

Die Inseln bilden eigene Zentren, sie sprechen distinkte Dialekte und haben eine eigene Folklore – auch wenn sie heute nur noch Folklore ist.

Seit der Wikingerzeit – oder noch länger – dienten sie als Naben des Ost-West- und Nord-Süd-Handels. Öland und Bornholm betrieben schon zur Römerzeit Fernhandel. Auf Åland, Ösel, Gotland und Bornholm sind aus der Zeit vor der Hanse Münzen aus Byzanz, dem Süden Europas und den arabischen Kulturen gefunden worden. Gotland beherrschte die Ostsee.

Die Inseln befestigten sich, hatten eigene Regenten. Sie bauten Wehrburgen und Schutzwälle. Die Ruinen stehen noch heute. Den Schiffen vom Festland boten sie sich als Etappen an. Noch im Mittelalter erleichterten sie das Queren der Ostsee von der schwedischen an die baltische Küste.

Der 1638 eingerichtete Postverkehr, der die beiden größten schwedischen Städte verband, Stockholm und Åbo, Turku im heutigen Finnland, führte von Grisslehamn nach Eckerö auf Åland, auf dem Landweg über die åländische Hauptinsel, am späteren Bomarsund vorbei nach Vårdö, und auf dem Seeweg weiter über Kumlinge, Brändö schließlich in die Schären von Åbo. Ortsansässige Bauern verdingten sich als Postboten, die für ihre Arbeit mit Steuerbefreiung entschädigt wurden. Die Post musste bei jedem Wetter befördert werden.

Der Dampfschiffbetrieb von Stockholm nach Turku nutzte Åland als Zwischenstopp. Wie die heutigen Fähren auch; oder wieder. Inzwischen allerdings, um die EU-Gesetze zu umschiffen. So waren die Inseln nicht nur Vorposten, sondern bildeten auch Brücken. Kleine Reiche mit ihren eigenen historischen Mythen, man denke nur an die Goten.

Zu sommerlichen Spielwiesen wurden sie im neunzehnten Jahrhundert. Die reichen Kaufmannsfamilien aus Stockholm, Helsinki, Petersburg und Lübeck verlustierten sich im Kurhotel von Arensburg auf Ösel, kletterten durch die Ruinen von Visby und spürten ihrer Geschichte nach. Oder sie hielten in den åländischen Schären vor Mariehamn Ausschau nach den kaiserlichen Urlaubsgästen. Die Inseln lagen näher als irgendein Kurort, der nur auf dem Landweg zu erreichen gewesen wäre.

Wie anders die Insulaner waren, belegt die Anekdote von einer dänische Regel, wonach auf einem Segelschiff der dänischen Handelsflotte stets nur so viele Bornholmer anheuern durften, wie es Masten gab – damit man die streitsüchtigen Insulaner je einzeln an einen Mast fesseln könnte. In seinem Buch über die Ostsee-Inseln deutet Søren Sørensen dies als einen Hinweis auf Mobbing; die Bornholmer seien ihres Dialekts und ihrer besonderen Gewohnheiten wegen gereizt worden, bis sie aufbrausten und zuschlugen.

Den Åländern wurde Ähnliches nachgesagt.

Schließlich spukten – auch das, ob wahr oder eher nicht, ein Zeichen der Eigenständigkeit – in den sechziger Jahren Geschichten durch die Presse, wonach die Bauern von Bornholm sich winters zu Gruppensexorgien treffen würden, und dies seit Jahrhunderten: eine Insel der Lust in einer See lutherischer Strenge.

Åland ist, mehr als die andern Inseln, ein kleines Reich. Auf den Nebeninseln Sottunga, Kumlinge, Brändö, Kökar und auf der Vogelinsel spricht man davon, «aufs Festland» zu gehen, wenn man sich mit der Fähre nach Mariehamn aufmacht. Von den kleineren Inseln des Archipels braucht man für einen Arztbesuch «in der Stadt», im fünfzig Kilometer entfernten Mariehamn, einen ganzen Tag. Von einem Kinobesuch kehrt man erst am nächsten Morgen heim. Im Winter verlässt die letzte Fähre Långnäs kurz nach sechs.

Bis vor einigen Jahren fuhren die Fähren umsonst auf die kleineren Inseln hinaus, als natürliche Fortsetzung der ebenfalls gratis zu benützenden Straßen. Nun sind nur noch ein paar kurze Überfahrten gratis. Für die andern kaufen die Åländer sich zu einem eher symbolischen Preis eine Jahreskarte. Personen reisen nach wie vor umsonst, nur Autos zahlen für die Überfahrt.

Die Touristen, vor allem jene, die meinen, mit dem Auto ins Paradies kommen zu müssen, werden dagegen geschröpft.

Winters braucht man oft keine Fähre: Sobald die Eisdecke trägt, flaggen die Straßenbau-Organe da und dort eine Autopiste übers Eis aus. Allerdings eher in den Schären vor Turku als vor Åland. Mit Straßendienst bei starken Schneefällen.

Manchenorts hält die Fähre nur «auf Wunsch», etwa auf der Friedhofs-Insel.

Mit Misstrauen und einem Respekt, der Neid und Verachtung einschließt, blicken die Leute von den kleinen Inseln nach Mariehamn. Sie haben ihre eigene Insel-Mentalität. Die wiederum spiegelt die Haltung der «Festland»-Åländer gegenüber Helsinki.

Wir fahren zurück; es schneit und schneit. Schneit immer stärker. Der Nordwind geht, die Regionalfähren stellen den Dienst ein. Selbst die Åland-Fähre bleibt im Hafen. Für eine Nacht ist Åland von der Welt abgeschlossen. Kein Mensch geht mehr vors Haus, und bald sind alle Fenster dunkel.

Auf den kleinen Inseln ist man es gewohnt, abgeschnitten zu sein; sogar vom åländischen Festland. Gleichwohl wähnen sich ihre Bewohner den Leuten von Mariehamn ausgeliefert, die täglich miteinander essen gehen. Und dann Entscheidungen treffen. Die Mariehamner, mit ihrem Großen-Bruder-Gehabe, hätten vom Leben auf den Inseln keine Ahnung, sagt man auf Kökar. Und auf Brändö heißt es, die Großstadt liege näher als Mariehamn. Wenn Turku denn eine Großstadt ist.

Als das Schneegestöber nachlässt, schimmert die Ostsee, leuchtet in jenem lichtlosen Weiß mondloser Schneenächte, das Geborgenheit und Kälte zu vereinen mag, Liebe und Hass.

Jedenfalls für den Städter, der das Wetter als Schauspiel missversteht. Und die Natur als Park.

Autobahnraststätten auf See – die Fähren

Die Beerdigung ihrer Mutter lag ein paar Tage zurück, der Papierkram war erledigt. Tallinn, ihre alte Heimatstadt, wirkte leer, falsch. Katrin wollte rasch nach Stockholm zurück, zu ihrem Mann: nach Hause.

Immer wieder war sie in den Monaten zuvor nach Estland gefahren, um ihre kranke Mutter zu pflegen. Stets mit der Fähre, entweder über Helsinki oder direkt. Fliegen mochte sie nicht.

Katrin buchte ihr Ticket, bestellte eine Kajüte. Abfahrt am 27. September 1994, 19:00 Uhr mit der *Estonia*, Ankunft in Stockholm am 28. September um 9:00 Uhr morgens. Noch fühlte sich die Überfahrt vom postsowjetischen Estland ins postmoderne Schweden an wie eine Reise von einer Welt in eine andere. Und für Katrin, als kehre sie vom Besuch ihrer eigenen Vergangenheit in die Zukunft zurück.

Zu tief saß die Erinnerung an jene Zeit, als niemand davon hätte träumen können, von Estland einfach so nach Schweden zu fahren: Sie lag erst einige Jahre zurück.

Ein halbes Jahrhundert zuvor, im September 1944, waren die Esten und Letten zu Zehntausenden mit Fischkuttern, Küstenfrachtern, Segel- und sogar mit Ruderbooten vor der anrückenden Roten Armee über die Ostsee geflohen. Kein Historiker weiß, wie viele dabei das Leben verloren. Familien wurden auseinander gerissen, ganze Küstendörfer blieben ohne Väter zurück.

Die Glücklichen, die es an die schwedische Küste oder nach Gotland schafften, zogen weiter, nach Kanada, Australien, in die USA. Oder sie ließen sich in Schweden nieder, bauten sich ein «zweites Leben» auf. Eine Diaspora mit estnischer Tageszeitung entstand, estnischen Schulen, Musikgruppen und einer estnischen Weihnachtsfeier.

Und dasselbe auf Lettisch.

Der estnische Exil-Nationalrat, eine radikal antikommunistische Greisenrunde, oft als Baltfaschisten belächelt – zu Unrecht, muss man heute sagen –, hielt die Forderung nach der Unabhängigkeit ihrer Länder aufrecht. Eine harmlose Fiktion, glaubte vor allem das offizielle Schweden, das im Gegensatz zu den meisten anderen Staaten des Westens die Annexion des Baltikums durch die Sowjets diplomatisch anerkannt hatte.

Für den folgenden Samstag hatte die estnische Gemeinde von Stockholm in die St.-Michaels-Kirche zum Dankgottesdienst eingeladen. Die Esten wollten den Schweden für die freundschaftliche Aufnahme nach der gelungenen Flucht fünfzig Jahre zuvor danken, mit Reden, Chorgesängen und Orchestermusik. Man wollte sich erinnern. Und jener gedenken, die nie ankamen. Die Veranstaltung versprach besonders feierlich zu werden, war dies doch der erste runde Jahrestag, seit Estland unabhängig geworden war.

Erstmals waren die Diaspora und die Heimat verbunden.

Katrin, in Sowjet-Estland aufgewachsen, und ihr Mann, Andres, boten dafür das beste Beispiel. Sie hatte nie die Absicht zu emigrieren. Bis sie Andres kennen lernte, einen in Schweden geborenen Exil-Esten. Oder eher ein Schwede estnischer Herkunft. Die Liebe schlug eine Brücke über die Ostsee, über alle Visa- und Bürokratieschwierigkeiten hinweg. So kam Katrin nach Stockholm.

Die Stadt, die den Menschen in Estland noch wenige Jahre zuvor unerreichbar schien, war nun nahe genug: Katrin konnte regelmäßig hin- und herfahren, zumal, um die Mutter zu pflegen.

Die Feier in der St.-Michaels-Kirche hätte deshalb so sehr für die Flucht von Katrins Schwiegereltern als auch für ihren eigenen Umzug stehen können.

Doch die Feier fand nicht statt.

In der stürmischen Nacht vom 27. auf den 28. September 1994 war die

Estonia gesunken, mit vermutlich 989 Menschen an Bord. Nur 137 wurden gerettet. Die Fähre, für die Katrin ein Ticket in der Tasche hatte.

Statt zur freudigen Dankesfeier strömten geschockte Menschen in die St.-Michaels-Kirche und ins Stockholmer Konzerthaus, unter ihnen der schwedische König mit Familie und Estlands Präsident Lennart Meri. Mit einem ökumenischen Trauergottesdienst gedachte man der 852 Opfer, darunter 501 Schweden und 284 Esten. Fast jeder in Estland hatte einen Angehörigen, Freund oder zumindest einen Bekannten verloren.

Gleichsam über Nacht wurde man sich wieder bewusst, dass es sich bei den großen Autofähren auf der Ostsee nicht bloß um eine Verlängerung der Fernstraßen übers Wasser handelte, um schwimmende Hotels, Restaurants, Tanzdielen und Einkaufszentren. Sondern um Schiffe. Nicht um Inseln im Meer.

Doch an Bord der Fähren, wie der zwischen Helsinki und Stockholm verkehrenden *Silja Symphony*, vergisst man das leicht. Der hohe Innenhof, der edle Parkettboden und die mehrstöckigen Fensterfronten der Kajüten erinnern eher an die neue Stadtarchitektur des Nordens als an die Seefahrt; die Atmosphäre gleicht der in einer Einkaufspassage in einer Kleinstadt.

Besonders in Schweden sind die Fähren auch als Tagungsstätten beliebt; die Reedereien stellen eigens Seminarräume bereit. Auf der *Estonia* hatten sich schwedische Polizisten und Sozialarbeiter zur Weiterbildung getroffen.

Da die hohe Alkoholsteuer der nordischen Länder auf den Fähren nicht erhoben wird, machen viele die Überfahrt zudem zum Sauffest, das, heute vielleicht weniger häufig als vor einigen Jahrzehnten, auch zum Kotzfest ausarten kann. Bei der Ankunft kann man Crewmitglieder beobachten, die mit routinierten Handgriffen Sturzbetrunkene in die Terminalhalle befördern.

Während sich die Fahrzeugdecks mit Lkws füllen, haben die Reedereien Mühe, ihre dem Spitzenbedarf der Hochsaison angepassten Kapazitäten auszulasten. Oder ihre Überkapazitäten. Zu Spottpreisen verschleudern sie daher Kurzreisen, veranstalten *Italienische Wochen*,

Kinderaktionen und Boots-Karneval. Sind die Leute einmal an Bord, ziehen sie ihnen mit unzähligen Unterhaltungsangeboten das Geld aus der Tasche.

Fähren verkehrten auf der Ostsee seit dem neunzehnten Jahrhundert regelmäßig, Postboote schon früher: zwischen Finnland, Schweden, Deutschland, Russland, und auch nach Gotland, Öland, Åland und Bornholm. Die Postlinie von Sankt Petersburg nach Lübeck und Danzig ging auf Peter den Großen zurück. Etwa alle acht Tage verließen zwei Boote mit Post und Passagieren Kronstadt. Die Boote nach Danzig stoppten in Reval und auf Dagö.

Indes waren bis zum Ende des Zweiten Weltkriegs die Fähren entweder Passagier- oder Frachtschiffe. Sie konnten zwar einzelne Autos mitführen; diese aber mussten mit einem Kran an Deck gehievt werden, wie andere Fracht auch. Oder Eisenbahnfähren, wie sie bereits seit 1872 über den Großen Belt in Dänemark verkehrten. Auf der 1897 begründeten Postdampfer-Linie zwischen Sassnitz und Trelleborg weihten der Deutsche Kaiser und der schwedische König am 6. Juli 1909 eine Eisenbahnverbindung ein; weshalb sie bis heute *Königslinie* heißt. Mit bis zu fünf Abgängen täglich. Diese ersten Eisenbahnfähren hatten noch keine Bugklappe, sie waren offen. Heute rollen die Züge auf vier parallelen Gleisen in den Schiffsbauch, dazu Dutzende Lkws und Pkws.

In den sechziger Jahren kamen dann die Autofähren auf. Die åländische *SF Line*, zusammen mit der *Sally Rederi*, nahm zur Sommersaison 1959 – die zunehmende Motorisierung der Massen brachte den neuen Mittelstand zum Urlaub auf die Straße – die erste Ro-ro-Fähre in Betrieb, vorerst nur zwischen Schweden und Åland, bald auch nach Finnland. Ro-ro steht für roll-on-roll-off.

Die erste Finnland-Fähre, eine umgebaute Eisenbahnfähre, bot, wie Fjord- oder Inselfähren, kaum Komfort: Die Überfahrt dauerte ja nur einige Stunden. Ihr Betrieb hing weitgehend vom Tourismus ab, im Winter wurde er eingestellt. Erst 1965 nahmen die Reedereien die ersten eisgängigen Schiffe in Betrieb.

Indes ließ der Konkurrenzkampf der beiden Reedereien, *Viking Line* und *Silja Line*, die den Verkehr zwischen Finnland und Schweden bis heute dominieren, die Fähren immer größer und bequemer werden.

Es wurde üblich, das Nachbarland mit dem eigenen Auto zu besuchen. 1994 benutzten allein zwischen Finnland und Schweden sechs Millionen Menschen eine Fähre, 400 000 Pkws und 140 000 Lastwagen wurden transportiert. 1960 waren es 900 Lkws, 30 000 Pkws und 500 000 Passagiere gewesen.

Bald nahm auch zwischen Travemünde und Helsinki eine Autofähre ihren Betrieb auf; und eine nach Gotland. Zwischen Grossenbrode und Gedser, später Puttgarden und Rödby, von der deutschen Insel Fehmarn nach Dänemark, verkehrte seit 1951 eine kombinierte Auto- und Eisenbahnfähre. Die verkehrsreichste Linie verbindet Helsingör und Helsingborg über den Öresund. Alle zwanzig Minuten legt eine Fähre ab.

Westlich des Eisigen Vorhangs spannte sich in den achtziger Jahren ein Netz von Verlängerungen der Fernstraßen kreuz und quer über die Ostsee. Über die Grenze des Kalten Krieges hingegen gab es nur die Verbindung von Sassnitz in der DDR nach Trelleborg und zeitweise eine von Gdańsk nach Helsinki. Und die *Georg Ots*, das estnische Fährschiff, das seit den Olympischen Spielen 1980, deren Segelwettbewerbe in Tallinn stattfanden, Estland mit Finnland verband, allerdings keine Fahrzeuge beförderte.

Ansonsten hat sich das heute dichte Netz von Ost-West-Linien erst nach dem Fall des Eisernen Vorhangs geknüpft: Fähren verkehren zwischen Ventspils in Lettland und Västervik in Schweden, verbinden das lettische Liepāja mit Rostock und mit Karlshamn, Riga mit Stockholm, jedenfalls zeitweise, Litauen mit Gotland, Riga mit Travemünde, Klaipéda mit Sassnitz.

Auch von Deutschland geht eine Fähre nach Estland.

Von Estland nach Finnland – zum großen Bruder gleichsam – verkehren neben zahlreichen traditionellen Fähren auch Schnellboote, die die Überfahrt auf weniger als eine Stunde reduzieren: Längst gibt es Pendler, die in Tallinn wohnen und in Helsinki arbeiten.

Der Fähre von Tallinn nach Stockholm, ins behütete, sichere, reiche, von Krieg und Krise verschonte Schweden, in diese vorbildlichste, scheinbar beste aller Welten, kam eine besondere Bedeutung zu. Nicht ohne Grund trug das stolze Schiff den Namen des Landes: *Estonia.*

Die *Estonia* wurde von der deutschen Werft Jos L. Meyer in Papenburg gebaut. Als *Viking Sally* nahm sie ihren Betrieb im Sommer 1980 auf der Linie von Turku nach Stockholm mit Stopp in Mariehamn auf; eine Route, die sie unter wechselnden Besitzern bis 1991 bediente, zuletzt als *Silja Star.* Mit 155 Metern Länge war sie bei ihrer Inbetriebnahme 1980 das zweitgrößte Fährboot auf der Ostsee. Von 1991 bis 1993 verkehrte sie als *Wasa King* auf dem Bottnischen Meer, zwischen Vaasa und Umeå, auf der Linie der *Fennia.* Am 15. Januar 1993 übernahm mit *Estline* ein Joint-Venture zwischen der schwedischen Reederei *Nordström & Thulin* und dem estnischen Staat das stolze Schiff. Es wurde schmuck hergerichtet, als Estlands Flaggschiff beinahe.

Von Februar 1993 bis zum 27. September 1994 legte die *Estonia* jeden zweiten Abend aus Tallinn ab, die andern Abende aus Stockholm. In der Unglücksnacht herrschte starker Wind, Wellen von drei bis vier Metern Höhe schlugen gegen den Bug. Die *Estonia* rollte leicht, hatte etwas Schlagseite. Doch alles schien normal. Gegen ein Uhr früh saßen im Nachtclub nur noch sechs Personen, die meisten andern hatten sich schlafen gelegt, viele in den billigen Kabinen unterhalb des Autodecks.

Zu etwa dieser Zeit hörte ein Maschinist auf dem Wagendeck sonderbare Geräusche, konnte aber keine Ursache finden. Vermutlich hatten die gewaltigen Wellen das Bugvisier aufgeschlagen. Das war bereits auf anderen Fähren geschehen, etwa auf dem Schwesterschiff der *Estonia,* der *Diana II.* Die Scharniere des Bugvisiers hielten dem Druck nicht stand, und vielleicht war die Bugklappe schon bei der Abfahrt nicht fest geschlossen gewesen, wie die Untersuchungskommission später argwöhnte. Gewaltige Wassermengen spülten aufs Wagendeck; der Schiffsbauch füllte sich – und damit die Kajüten unter dem Autodeck. Die Motoren setzten aus, die *Estonia* geriet mehr und mehr in Schieflage. Plötzlich brach Panik aus. Viele Menschen stürmten an Deck; versuchten, die Rettungsboote flottzumachen.

Dann ging alles schnell. Die Überlebenden berichten, wie das gigantische Schiff sich aufbäumte. Und sank, Bug voran.

Seither liegt die *Estonia* in etwa achtzig Metern Tiefe bei der Insel Utö auf Grund; sie ruht auf ihrer Steuerbordseite, mit etwa 700 Leichen an Bord: Eine sitzt im Kartenraum, eine steht hinter der Tür der Kommandobrücke.

Wie konnte das geschehen?

In Schweden kursierten allerhand Verschwörungstheorien. Die Werft versucht, von den Mängeln der Bugklappen-Scharniere abzulenken. Nach ihrer Darstellung hat die *Estonia* die Bugklappe nicht verloren. Allerdings sei sie falsch beladen worden – weshalb sie in Schräglage geriet–, und man habe die Heckklappe etwas öffnen müssen, um Wasser abzulassen.

Brisanter ist: Im Rumpf des Wracks soll ein Loch klaffen, verursacht durch die Explosion einer Bombe.

Und der Bombenleger?

Der habe sich mit einem Rettungsboot von der sinkenden Fähre abgesetzt. An Bord hätten sich zwei Lastwagen mit Militärmaterial befunden, adressiert an die schwedische Armee, die dieses an eine westliche Macht weiterreichen sollte.

Wie beim Palme-Mord versuchen manche Schweden, den ganz banalen Schrecken aufzuwerten. Ihm Sinn zu geben. Die Taucher, die das Loch in der Seitenwand gesehen hätten, würden gezwungen zu schweigen; Journalisten, die der Sache nachgehen wollten, seien gefeuert worden, heißt es. Außerdem sollen die Radaraufzeichnungen von der Station Utö verschwunden sein.

Die Esten waren stolz darauf, dass ihr Kampf um die Unabhängigkeit, im Gegensatz zu Lettland und Litauen, keine Menschenleben gefordert hatte. Als Musterschüler des Wirtschaftsumbaus erfreuten sie sich des schnellsten Wachstums in Europa. Vor allem wollten sie wahrgenommen werden. Nun setzte eine Katastrophe vom Ausmaß der *Titantic* sie zurück auf die Weltkarte.

In den ersten Tagen nach dem Untergang der *Estonia* hagelte es Vorwürfe einer hysterischen schwedischen Presse an die Adresse Estlands: Auf dem Schiff habe der sowjetische Schlendrian geherrscht, die Mannschaft sei nicht ordentlich ausgebildet gewesen. Ungeschickte Äußerungen des estnischen Verkehrsministers machten alles noch schlimmer. Das finnische Blatt *Iltalehti* behauptete, der Kapitän hätte zwei Stunden gekämpft, bevor er die Seerettung rief. Die sei ihm nämlich zu teuer gewesen. Estland sei nicht einmal in der Lage, sichere Verkehrsverbindungen zu unterhalten.

Diese Vorwürfe stülpten in Estland Wut, Ohnmacht und Selbstzweifel über die Trauer. Und die Angst, der Riss der Lebenslinie nach Schweden könnte die eben erst geknüpften Wirtschaftsbeziehungen kappen, die Katastrophe das Image Estlands derart schädigen, dass keine Touristen mehr kämen.

Bei den Trauergottesdiensten herrschte eine gedrückte, aber trotzige Stimmung. Esten geben nicht auf, hieß es allenthalben.

«Ist der Untergang dieses Schiffes ein Symbol für das Schicksal unseres Volkes?», fragte Ministerpräsident Mart Laar, dem das Parlament kurz vor der Katastrophe das Vertrauen entzogen hatte. «Nein! Die See hat immer wieder Opfer gefordert, das steckt tief in unserer Kultur.» Den Zweifeln an der Kompetenz der estnischen Seeleute hielt er entgegen, man habe das Meer früher «den zweiten Acker der Esten» genannt.

Estline, die Reederei, bestärkte diese Haltung: kurz nach dem Unglück kaufte sie das Schwesterschiff der *Estonia*, die *Diana II.* Derweil verschweißten mehrere Reedereien die Bugklappen ihrer Ro-ro-Fähren.

Die Ostsee, hieß es in Estland, darf die Völker nicht mehr trennen.

Katrin war nicht auf der *Estonia.* Im letzten Moment schien ihr, sie könne den frisch verwitweten Mann ihrer Mutter nicht sich selbst überlassen: Sie verschob die Abreise, blieb in Tallinn.

Als sie am nächsten Morgen von der Katastrophe hörte, war sie wie gelähmt. «Seither träume ich von der Fähre, sehe alles ganz klar, viel zu klar», erzählte sie einige Tage danach. Sie konnte nicht sagen, was schlimmer war: das Ableben ihrer schwer kranken Mutter, auf das sie sich vorbereiten konnte, oder die Vorstellung ihres eigenen Todes, dem sie so knapp entronnen war.

Am Samstag fuhr sie dann doch: von Tallinn nach Helsinki und weiter mit der Finnland-Fähre nach Stockholm. Ihr unbenutztes *Estonia*-Ticket wurde kommentarlos akzeptiert. «Ich war selbst überrascht, aber ich hatte keine Angst.» Doch in der Kajüte befiel sie Klaustrophobie. Schlafen konnte sie nicht, sie wanderte die ganze Nacht auf Deck umher. «Ich verstehe jene Angehörigen, die nie mehr auf ein Schiff wollen.»

Zurück in Stockholm, schien ihr, der Schock habe die Schweden härter getroffen, dieses Volk, das «sich so sehr ans Behütetsein, an seine Sicherheit und ein reibungsloses Funktionieren technischer Abläufe gewöhnt hat».

Und das, wenn seine Boulevardpresse es nicht erinnert, auch schnell vergisst. Heute ist die *Estonia*-Katastrophe in Schweden längst verdrängt, die Leute sorgen sich um das baldige Verschwinden des zollfreien Schnapses von der Estland-Fähre, wenn Estland, mit Lettland, Litauen und Polen, der EU beitritt. Die *Estonia* liegt vor Utö auf Grund; die Ängste sind vergessen. Das Fährennetz auf der Ostsee wird ständig dichter; schwimmende Inseln, Autobahnraststätten gleich, verbinden die Nachbarländer am andern Ufer.

Nur in Estland blutet die Wunde noch. Man hat sich allen Ernstes überlegt, den englischen Namen des Landes von «Estonia» in «Estland» zu ändern.

Skåne, eine Insel, keine Insel – Örestad

Something is rotten in the state of Denmark, blödelt Hamlet auf dem Parkplatz, blickt nach oben. *Is there not rain enough in the sweet heavens.* Rosenkrantz und Guildenstern beugen sich über ihren Kofferraum, zwei Hofdamen eilen frierend zur Kronwerkspforte, Ophelia schimpft in ihr Mobiltelefon. Im Nebel hinter ihr ziehen alle paar Minuten die Lichter einer Fähre über den Sund: nach Schweden.

Auf Schloss Helsingör wird – wieder einmal – *Hamlet* gedreht; die Crew babbelt französisch, dänisch, englisch durcheinander. Auch als Theateraufführung wird die Tragödie um den dänischen Sagenprinzen auf der Kronborg oft gegeben; Shakespeare hatte «Hamlets Schloss» explizit hier angesiedelt. Was erstaunt, da das Schloss Kronborg, Dänemarks mächtigste Festung, im Jahre 1599, als Shakespeare das Stück schrieb, ganz neu war, vollendet 1585, der Stoff jedoch eine alte Legende.

Es dunkelt früh, das Schloss hätte bereits geschlossen, wären da nicht die Dreharbeiten. Wir mischen uns unter eine Gruppe Musikanten, schlüpfen am Pförtner vorbei. Erst am Aufgang zum Tanzsaal fragt jemand nach. Hätten wir nur ein barockes Instrument unterm Arm gehabt.

Wir ziehen ab, steigen noch auf die Festungsmauer; der Wind peitscht uns Regen ins Gesicht. Ein Tanker zieht vorbei, ein russischer Frachter. Die Lichter von Helsingborg blinzeln durch die grauen Schwaden, spiegeln sich auf dem unruhigen Wasser. Hier treffen sich Nordsee und Ostsee, und die Begegnung ist oft wild – vor allem im Herbst.

Die historische Ostseemacht Dänemark schaut heute eher nach Süden und Westen. Der Kleinstaat gehört seit Beginn des Kalten Kriegs der Nato an und ist der Europäischen Wirtschaftsgemeinschaft schon 1973 beigetreten, wenngleich als zögerliches und zuweilen störrisches Mitglied. Länger als zwei Jahrzehnte war Dänemark der Grenzstaat der EU zum Norden und Nordosten.

Wenn das Königreich nach dem Verlust seiner Besitzungen im Baltikum, der Inseln und Skåne, gleichwohl eine Ostseemacht blieb, so vor allem, weil es den Eingang zum Baltischen Meer beherrschte – und beherrscht. Und damit auch den Ausfluss in die Nordsee.

Das Städtchen Helsingör – dessen Wappen aus dem dreizehnten Jahrhundert eine Hansekogge zeigt – und die Kronborg stehen für Dänemarks Macht und Reichtum. Hier, an der engsten Stelle des Sunds, erhoben die Dänenkönige ihre Öresund-Zölle, mehrheitlich von holländischen Schiffen, die den Handel auf der Ostsee seit dem fünfzehnten Jahrhundert zusehends dominierten und die daran interessiert waren, Lübeck und damit die Hanse zu umgehen.

Die Öresund-Zölle waren über Jahrhunderte Dänemarks erste Einnahmequelle; die berühmten Öresund-Tabellen führten genau Buch über die Schiffe, ihre Waren, ihren Ursprung und ihr Ziel. Für Historiker sind sie eine unermessliche Fundgrube, zumal Dänemark die Zölle erst 1857 abschaffte.

Für uns bildet Helsingör die Endstation einer Reise durch das alte Ostsee-Dänemark, von Kalmar durch Skåne über einst wichtige dänische Städte wie Ystad, Lund und Malmö. Skåne war ein integraler Teil des dänischen Reiches, schon zur Wikingerzeit. An der Schwelle von der Vorgeschichte zur Geschichte, im neunten Jahrhundert, gehörten die Inseln Langeland, Lolland, Falster und Skåne zu Dänemark, wie wir von Wulfstan dem Seefahrer wissen. Bornholm hatte einen eigenen König, Blekinge und Möre (heute ein Teil von Småland), Öland und Gotland unterstanden dem Svea-Reich.

Skåne war Dänemarks wichtigste Region, es war europäischer als das übrige Skandinavien, dem es seinen Namen gab, auch christlicher. Der Erzbischof von Lund, der noch im elften Jahrhundert über alle Christen des Nordens gebot, spielte in der dänischen Innenpolitik eine wichtige Rolle, vor allem bei den Königswahlen.

Eine Reise durch Skåne beginnt in Kalmar, der Stadt, die der nordischen Union von Schweden – zu dem das heutige Finnland gehörte –, Dänemark und Norwegen den Namen lieh. Hier kürte, unter der Regie Margaretas von Dänemark, der Adel der drei Königreiche Erik von Pommern 1397 zum gemeinsamen König. Kalmar war bis 1658 Schwedens Grenzbastion gegen Skåne und Blekinge. Der Südzipfel der skandinavischen Halbinsel – mit den im Mittelalter bedeutenden Städten Helsingborg, Lund, Malmö, Trelleborg, Ystad und Simrishamn – war dänisch; das ostdänische Kernland: eine dicht besiedelte, wirtschaftlich prosperierende Region.

Schweden unterhielt nur wenige Verbindungen nach Skåne. Und noch 1641 ließ die schwedische Regierung verlauten, sie ziehe es vor, die Straßen nach Dänemark blieben schlecht und unbenutzt. Nach der Eroberung Skånes bauten die Schweden das Straßennetz dann umso rasanter aus.

In den Skåne-Kriegen von 1675 bis 1679 versuchte Dänemark noch einmal, sich die Halbinsel zurückzuerobern. Doch 1721 gingen mit dem Großen Nordischen Krieg anderthalb Jahrhunderte des Kräftemessens zwischen Dänemark und Schweden zu Ende: Schweden verlor seine baltische Gegenküste und damit seine Hegemonie über die Ostsee, behielt aber Skåne, das fruchtbare Land südlich der småländischen Wälder und Wasser. Hundert Jahre später nahm es Dänemark auch Norwegen ab.

Kalmar ist ein barockes Kleinod mit Festung, Schloss und dem Dom von Nicodemus Tessin dem Älteren, Schwedens markanteste Barockkirche. Von der einst deutsch geprägten mittelalterlichen Stadt sind bloß Reste der Stadtmauer erhalten; nach dem Kalmar-Krieg in den Jahren 1611 bis 1613 und dem Brand von 1647 baute man eine streng rechtwinklige neue Stadt auf der Insel Kvarnholm.

Diese räkelt sich in der Herbstsonne. Und zieht die letzten Touristen an, von denen viele auf dem Rückweg über die lange Brücke von der Insel Öland – über Jahre die längste in Europa – hier Zwischenhalt machen. Vielleicht besuchen sie das Museum in der alten Dampfmühle, wo Kalmar sich selbst darstellt, von der Steinzeit bis zur Familie Krusenstierna, deren Sohn Adrian als Erster um die Welt segelte. Seine baltischen Vettern stellten der Marine des Zaren berühmte Offiziere. Man könnte die gedoppelte Geschichte der Ostsee – hüben und drüben – an der Geschichte einiger Adelsfamilien darstellen, schwedischer oder deutschbaltischer Herkunft, der Wrangel und der Krusenstierna zum Beispiel.

Kaum sind die Sommerferien vorbei, fällt Kalmar in einen Dämmerschlaf. Industrie gibt es wenig, das Urbane ist bloß Kulisse, die Arbeitslosigkeit hoch. Mit dem *Kalmar-Modell* hat die Stadt einem arbeitspolitischen Kniff ihren Namen gegeben: Der Staat verringert die Zahl der Arbeitslosen, indem er viele von ihnen in den öffentlichen Dienst aufnimmt, frühpensioniert oder die Arbeitszeit verkürzt. Der Wirtschaft hilft das kaum, aber die Menschen fühlen sich weniger im Stich gelassen. Und die Zahlen sehen besser aus.

Uns zog es etwas neidisch zum alten Wasserturm. Der historistische Backsteinbau von 1898 wird heute als Wohnturm genutzt. Wir lesen die Namensschilder und stellen uns vor, auf einem stünden unsere. Später erklären Stockholmer Freunde, nach Kalmar gingen sie nicht einmal, wenn sie in einem Wasserturm wohnen könnten. Kalmar käme, von September bis Juni, einer Strafversetzung gleich.

Von Kalmar fuhren wir Richtung Süden, nach Blekinge und ins eigentliche Skåne: nach Neuschweden sozusagen. Einst das östliche Dänemark, erinnert Skåne mit seinen Schlössern und Bauernhöfen an den Norden Deutschlands. Der Dialekt Skånes verrät bis heute den dänischen Einfluss. Gejubelt wird in Skåne mit drei Hurras, im übrigen Schweden mit vier; Schiffe werden mit drei Böllerschüssen verabschiedet. Und die Bewohner Skånes essen dänischer als die Schweden. Finnland hat mit dem heutigen Schweden mehr gemeinsame Geschichte als Skåne.

Bis zum Anschluss an Schweden war Skåne eine wohlhabende Gegend, die vor allem Getreide auf den europäischen Kontinent exportierte. Und im Mittelalter Hering; Skånes Vorkommen waren legendär. Olaus Magnus beschrieb, wie man im Frühherbst vor der Küste von Skåne so viel Hering fing und in Fässern einsalzte, dass damit der Bedarf weiter Teile Europas gedeckt werden konnte. Zuweilen platzten die Netze der Fischer. Der Ostseehering oder Strömling ist kleiner als jener der Nordsee; er erzielte auf dem Kontinent - in Rom etwa, so Olaus Magnus - bessere Preise, war fetter und schmackhafter. Je nach Jahr fingen die mittelalterlichen Fischer Skånes bis zu 300 000 Fässer Hering, und große Teile der Bevölkerung waren im Heringsgeschäft tätig.

Mit Skanör entstand früh im Mittelalter im äußersten Südwesten Skånes ein Handelsplatz eigens für den Hering, ein anderer befand sich auf dem damals noch wendischen Rügen, das im Hochmittelalter ebenfalls zu Dänemark gehörte.

Alte Hanseschriften priesen vor allem den Hering aus Simrishamn, einer Kleinstadt mit stattlichen alten Kaufmannshöfen und Straßennamen, die an die Hanse erinnern: Lübeckgränd, die Lübeckgasse, etwa.

Die baltischen Heringsschwärme brachen im sechzehnten Jahrhundert plötzlich zusammen und haben sich seither nie mehr zum Reichtum des Mittelalters erholt. Schon 1914 gab es an der Küste Skånes kaum mehr reine Berufsfischer; die meisten waren Bauern, die mit Fischerei ihre Erträge aus der Landwirtschaft aufbesserten. Nur während des Zweiten Weltkriegs lief aus Simrishamn noch einmal eine beachtliche Heringsflotte aus: Heute liegen im Hafen des Städtchens nur noch Yachten und Segelboote; der Fischerhafen etwas außerhalb ist viel zu ruhig.

Wenn Kalmar für unsere Stockholmer Freunde eine Strafversetzung wäre, würde Simrishamn für sie außerhalb der Ferienzeit eine süße Verbannung bedeuten. Wie Ystad auch. Dies ist die Gegend, in der Henning Mankells Inspektor Wallander zu Hause ist. In der Wirklichkeit allerdings geschieht hier so gut wie gar nichts.

Schon im Frühmittelalter spielte Skåne zusammen mit Gotland eine Schlüsselrolle im Fernhandel. Jene Orte, deren Namen auf «Köpinge» enden, gehen auf die Wikinger zurück. Die Halbinsel bildete das Herz des dänischen Großreiches, das zur Zeit seiner größten Ausdehnung von Estland bis nach Holstein und von Gotland bis an die mecklenburgische und pommersche Küste reichte.

Auch geographisch liegt Skåne Kopenhagen auf Sjælland (Seeland), also dem heutigen Dänemark, viel näher als dem Schwedischen Reich im

Norden. Zumal für Seefahrer. Skåne war fast eine Insel in der Ostsee, in der Mitte des von Dänemark beherrschten Raumes. Mit natürlichen Grenzen nach allen Seiten, nach Osten, Süden und Westen das Wasser, nach Norden die tiefen Wälder Smålands.

Schwedens Stoß nach Süden und Osten stülpte diese Verhältnisse um. Nach den Skåne-Kriegen begann die schwedische Krone, Skåne intensiv zu schwedifizieren. Das mag wegen der engen Verwandtschaft der Sprachen und Kirchen leichter gefallen sein als etwa die Russifizierung des Baltikums, zumal die Schweden die kaum alphabetisierten Bauern nicht umerziehen mussten, sondern ihnen einfach das Lesen auf Schwedisch beibrachten. Als Priester setzte man bald nur noch Schweden ein, als Gouverneure auch. Skånischen Jugendlichen wurde das Studieren in Kopenhagen verboten. Die Stadt Lund erhielt, auch dies mit dem Ziel der Integration Skånes, ihre Universität.

Skåne wehrte sich: Die so genannten *Snapphanare*, skånische Freischärler, fügten den schwedischen Truppen mit Guerilla-Angriffen erhebliche Verluste zu, ähnlich wie nach der sowjetischen Okkupation in Estland, Lettland und Litauen die *Waldbrüder,* die noch in den fünfziger Jahren sowjetische Einrichtungen sabotierten.

Es war indes nicht allein die Zwangsschwedifizierung, die Skåne von Sjælland abgekoppelt hat. Der arme, unterentwickelte Militärstaat Schweden ruinierte Skånes Prosperität und beraubte das Land seiner politischen Bedeutung. Skåne war fortan Provinz, eine Randregion des nach Stockholm orientierten Schweden, und für Dänemark ein oft feindliches Ausland.

Gleichwohl erkannten die Bauern Skånes in der so genannten Freiheitszeit, dass es ihnen unter dem schwedischen König besser erging als den Unterdrückten jenseits des Sunds unter dänischer Herrschaft.

Kaum hatte Schweden Skåne in sein Staatsgebilde eingegliedert, begann man, die Transportwege auszubauen. Auch dies koppelte die Halbinsel zusehends von der Insel Sjælland ab. Die Krone ließ in Skåne ein Landstraßennetz bauen, das parallel zu den Schifffahrtsrouten von Stockholm gen Süden führte, die Hauptstadt mit den Küstenstädten Kalmar, Ystad, Trelleborg und Malmö verband.

Traditionell galt in Schweden ein königliches Dekret, das die Bauern dazu verpflichtete, Reisende aufzunehmen, sie zu verpflegen und ihnen Pferde zur Verfügung zu stellen. Im Laufe des siebzehnten Jahrhunderts wurde dieses System institutionalisiert und galt nach der Annexion sofort auch für Skåne.

Erst wählte man im Abstand von zwei bis drei schwedischen Meilen, zwanzig bis dreißig Kilometern, so genannte Postbauern, des Schreibens und Lesens kundige Ortsansässige, die in einem Stafettendienst Briefe weiterspedierten, erst zu Fuß, bald zu Pferd. 1649 erließ Königin Kristina eine Verordnung, die den Bau von Herbergen im Abstand von zwei schwedischen Meilen entlang des ganzen schwedischen Landstraßennetzes anordnete. Diese Gasthäuser mussten drei verschiedene Übernachtungskategorien anbieten, für Adlige, für andere Ehrenpersonen und für das gemeine Volk. Die Verordnung gewährte ihnen dafür ein Verkaufsmonopol für Bier und Schnaps. Ein System von «Tankstellen und Motels» also.

Im neunzehnten Jahrhundert kam die Eisenbahn, sie beendete die Überlegenheit der Seewege. Skåne verfügte bald über das dichteste Bahnnetz in Schweden. Plötzlich lag das ferne Stockholm näher als der Nachbar Kopenhagen.

Unsere Fahrt durch den bunten Herbst Richtung Malmö führt über Lund, die Universitätsstadt, das Uppsala Südschwedens, ein etwas weltfremdes Städtchen, munter, gemütlich, voller Fahrräder. In den Kaffeestuben beugen sich die Studenten über ihre Semesterarbeiten, schreiben und plaudern.

Malmö, am Sund Kopenhagen gegenüber gelegen, die Metropole Skånes, im Spätmittelalter mit dem Heringshandel groß geworden, gibt sich dagegen geschäftig. Und kommt gegen seine edle historische Kulisse gleichwohl nicht an: das Flensburg-Haus, die Wasserkunst am Stadtplatz. Alles wirkt großzügiger, großräumiger, mehr neunzehntes Jahrhundert, und spielt dabei mit den Bildern Lübecks, Bremens, Kopenhagens.

Warenhäuser, Windmühlen, die Stadtbibliothek am Park – von imposanter Architektur, aber mit einer dürftigen Sammlung –, Fischlokale, chinesische und japanische Imbisse. Die Welt kommt nach Malmö, vom Rathaus aus kann man kulinarisch in die Ferne schweifen und bleibt doch in der Stadt. Nur die Zukunft will nicht recht beginnen; die Stadt starrt auf ihre Geschichte und verbessert das Freizeitangebot. Malmö, bis vor kurzem bedeutete das: Randlage und Standortnachteil. Arbeitslosigkeit und dennoch Konsumieren.

Kopenhagen, in Sichtweite am Westufer des Öresunds, war längst schon EU-Territorium - mit Direktverbindungen nach Deutschland, Brüssel und Paris, sein Flughafen Kastrup Skandinaviens Drehscheibe für Interkontinentalflüge eine kleine Metropole, derweil Malmö für alle wichtigen Entscheidungen in Stockholm vorsprechen muss.

Skåne im zwanzigsten Jahrhundert - und eigentlich schon im neunzehnten -, das war lange Zeit und ist noch immer Peripherie in der Mitte des Ostseeraumes, seine Mittellage ein Vorteil, der sich in einen Nachteil verkehrt hat. Einst Zankapfel der benachbarten Mächte, ist Skåne zwischen alle Stühle gefallen. Obwohl es näher an Schwedens Exportmärkten liegt als Stockholm, sein Klima milder ist, die Häfen länger eisfrei, ließ Stockholm Skåne oft links liegen.

Nun soll sich alles ändern. Schweden ist Dänemark in die EU gefolgt, die Grenzen nach Lettland, Litauen, Polen und in den Osten Deutschlands sind offen. Es gibt neue Fährverbindungen: nach Deutschland und auch nach Polen.

Vor allem aber gibt es seit Juni 2000 die Öresund-Brücke. Sie belässt Skåne Schweden, bindet den Südzipfel der skandinavischen Halbinsel aber wieder an Dänemark an. Auf den kognitiven Landkarten der Menschen in Skåne rückt Kopenhagen näher heran. Oder das sollte es zumindest.

Der sonnige Oktober hat sich in einen grimmigen Herbst verwandelt, als wir bei Lernacken südlich von Malmö auf die geschwungene Brücke zufahren: Der Zahlautomat schluckt die Kreditkarte, spuckt eine Quittung aus. Wie teuer die Passage ist, merken wir erst später.

Für Motorräder, so eine Tafel, sei die Brücke an diesem Tag geschlossen: Der Wind ist zu stark, kleine Nebel jagen uns von Südwesten entgegen, ziehen unter uns durch. Wir steigen, fliegen, schweben hoch über dem grünen Wasser. Die Wellen tragen Häubchen, sie peitschen gegen ein Containerschiff, das direkt unter uns durchfährt.

Viereinhalb Jahre dauerte die Verwirklichung des alten Traums, Malmö fest an Kopenhagen anzubinden. Und an den Flughafen Kastrup am westlichen Brückenkopf. Vom Zentralstück der Brücke, einer Hängestruktur von tausend Metern Spanne ohne Stütze über den offiziellen Schifffahrtskanal, geht es sanft wieder runter, nach Kopenhagen.

Pendler erhalten Rabatt. Malmö und Kopenhagen, oder Skåne und die dänische Insel Sjælland, sollen zu einer Region zusammenwachsen: Örestad heißt der Traum.

Dänemark, das erste Ostsee-Imperium der geschriebenen Geschichte, ist bis heute ein Insel-Reich: Sjælland und damit Kopenhagen nur eine von vielen. Aber oft ist Kopenhagen Dänemark, und Dänemark Kopenhagen, also Sjælland Dänemark, zumal im Blick nach Osten. Trotz Fünen, Langeland, Lolland, Falster, Møn, Ærø, und Jütland, als Halbinsel das einzige Stück Festland Dänemarks. Dazu Grönland und Bornholm.

Zwischen dem Öresund, Großem Belt und Kleinem Belt versperren Sjælland und Fünen den Zugang vom Kattegat zur Ostsee. Erst seit der Eröffnung der Öresund-Brücke ist Sjælland nach beiden Seiten, nach Norden und zum Kontinent, oder nach Ost und West, fest mit seinen Nachbarn verbunden.

Die Idee einer festen Verbindung geisterte seit 1886 durch die Köpfe am Sund. Damals bewarb sich eine französische Bankengruppe um die Lizenz für einen Bahntunnel von Helsingör nach Helsingborg. Realisiert wurden die Pläne freilich nie. Seit 1952 hat man immer neue Brückenvarianten diskutiert. Die Hängebrücke sollte entweder die engste Stelle des Sunds – von Helsingör nach Helsingborg – überspannen oder die beiden Zentren, Malmö und Kopenhagen, verbinden.

Mit dem Bau der Öresund-Brücke vollziehen die Verkehrsverbindungen nach, was die Studenten in Lund schon im neunzehnten Jahrhundert forderten. Ihr Skandinavismus, ein gleichsam übernationaler skandinavischer Nationalismus, schlug eine geistige Brücke über den Sund. Er suchte Norweger, Schweden und Dänen kulturell, politisch und ökonomisch zu vereinen. Doch er fasste nie richtig Fuß.

Immerhin: Man legte die Währung für einige Jahrzehnte zusammen, und in der Nachkriegszeit gelang es dem Nordischen Rat, eine Passunion und die Zollfreiheit einzuführen, die freie Wohnsitzwahl und skandinavienweit einen einheitlichen Arbeitsmarkt.

Wir fahren durch alle Wetter: Sturm, Regen, Graupel und ein Sonnenstrahl. Die Industriebauten und Türme von Kopenhagen im Nordwesten lugen hinter der Insel Saltholm durch die schnellen Wolken. Allmählich verlieren wir an Höhe, kommen auf die künstliche Insel Peberholm herunter; ab hier geht es im Tunnel weiter bis zum Flughafen. Und nach Kopenhagen. «Köben», wie die Norweger liebevoll sagen, das K nur gehaucht. Oder schwedisch: «Köpenhamn», fast ein Trommelruf.

København.

Die Stadt der Träume, das Tor zur Welt der Ostsee. Für viele ist Köben die einzige Stadt im Norden jenseits der Biederkeit: Man fährt her, um ein bisschen Welt zu schnuppern. Oder um Marihuana zu besorgen.

Kopenhagen hat die einzige Rotlichtzone des Nordens, Vesterbro hinter dem Hauptbahnhof, mit ein paar Schaufensterhuren, ein bisschen wie in Amsterdam. Und seit den sechziger Jahren eine Sex-Industrie. In Vesterbro entdeckte ich als Teenager an einem abgedeckten Ladenfenster einen Kleber: «Step in and fuck, free fucking for men and women all day». Das kleine Schildchen ließ mir keine Ruhe, aber die Scheu war stärker als die Neugierde. Als ich das nächste Mal nach Kopenhagen kam, fand ich das Ladenfenster nicht wieder.

Wie viele Touristen fahren der Versuchung wegen nach Kopenhagen? Sie haben ja Recht: Kopenhagen ist urbaner als seine Schwesterstädte an der Ostsee; so war es schon im neunzehnten Jahrhundert. Auch auf seiner Schattenseite.

Im Vesterbro-Viertel, eng und dunkel, hastig hochgezogen jenseits der geschleiften Stadtmauer, hatten viele Zimmer keine Fenster; andere blickten gegen eine Brandmauer. Das Viertel war ein Pfuhl der Armut, des Hungers und der Seuchen.

Hier waren jene Arbeitskräfte untergebracht, die der entstehende Kapitalismus für seine Fabriken brauchte, die Brauereien etwa: *Carlsberg*, 1847 gegründet, wurde bald zu einem der größten Arbeitgeber in der

Stadt. Wenn eine Seuche grassierte, sank die Bierproduktion. Das bewog den Brauer JC Jacobson, Ärzte einzustellen. Schließlich baute er hellere Heime für seine Arbeiter. Dafür ehrt ihn eine Statue noch heute über dem Tor der Brauerei. Dabei hatte er bloß den Gewinn maximiert.

Heute findet man in Vesterbro neben den Bordellen, Schwulentreffs und Tätowier-Studios vor allem afghanische, thailändische, sri-lankische und äthiopische Gemüseläden, Kebabstände, Trödler und Restaurants aus den armen Teilen der Welt.

Wir steigen in ein Tiefparterre, ins *Fu Hao*. Der unscheinbare Chinese serviert das beste Dim-sum, das wir in Europa je gegessen haben; die Kellner sprechen Kantonesisch, die Wirtin kommandiert mit Blicken.

Auszuschließen ist es nicht, dass diese Chinesen irgendwo in einem Raum ohne Fenster wohnen, wie einst ihre dänischen Vorgänger in Vesterbro.

Schlimmer noch waren die Zustände in der Altstadt: Zwar zeugen ihre Prunkbauten aus der Zeit Christians IV. (1577–1648), die Börse mit ihrem verdrehten Turm, das astronomische Observatorium und Schloss Rosenborg vom Reichtum, den die Krone mit dem Öresund-Zoll erlangte. Die Wohnhäuser dagegen waren überbelegt: zehn Leute pro Zimmer. Die Kanalisation war seit dem Mittelalter nicht saniert worden; Epidemien wüteten, die Cholera raffte Kinder und Erwachsene dahin.

Dostojewskij hätte seine Themen auch in Kopenhagen gefunden. Es stand im neunzehnten Jahrhundert Sankt Petersburg kaum nach; die Kehrseite des Aufstiegs zur modernen Metropole ist jener der russischen Hauptstadt durchaus vergleichbar. Zumal die beiden Städte zur gleichen Zeit wuchsen.

Sankt Petersburg war jedoch neu. In Kopenhagen, der Stadt, die einst ebenfalls als Festung zu Bedeutung gekommen war, mussten sich die Baumeister gegen die Militärs durchsetzen, die sich gegen eine räumliche Ausdehnung der Stadt sperrten.

An einem nächsten Abend fuhren wir den Sund entlang nach Norden, Hellerup, Klampenborg, Nærum, Vedæk, Rungsted, Nivå, Humlebæk, nach Helsingör. Das Wasser tobte, aber das gegenüberliegende Ufer schien zum Greifen nah, als wäre der Sund ein breiter Strom. Wir wollten aufs Hamlet-Schloss, bevor es dunkel wurde. Der Fährbetrieb in Helsingör war so hektisch, als gäbe es noch keine Brücke über den Öresund; Laster und Eisenbahnwagen wurden verladen.

Die Öresund-Brücke, schreibt der Soziologe Torsten Stein, habe «sich noch nicht von den vermittelnden Institutionen gelöst». Mit andern Worten: Die Brücke ist zwar von der Wirtschaft und der Politik in Betrieb genommen worden, die Bevölkerung hat sie bisher aber nicht in den Alltag integriert. Auf den mentalen Karten ist es noch immer weit von Kopenhagen nach Malmö, oder von Sjælland nach Skåne.

Und noch ist die Überfahrt teuer. Bislang ist Örestad eine Maßnahme von oben; selbst der Name greift nicht. Zusammengewachsen sind die beiden Teile des alten Dänemark noch nicht.

Wir kurvten um den Hafen, hielten aufs Kronborg-Schloss zu. Sprangen aus dem Wagen. Eine Gruppe Musiker schlüpfte am Pförtner vorbei, wir taten so, als gehörten wir zu ihnen ...

Is there not rain enough, blödelt Hamlet auf dem Parkplatz; Rosenkrantz und Guildenstern beugen sich über den Kofferraum, und Ophelia schimpft in ihr Mobiltelefon.

Vom Schloss gehen wir in die Stadt Helsingör, eine Hansestadt, die auch an der deutschen Küste stehen könnte. Zu *Ophelia*. Eine warme, gute Stube. Am Nebentisch blödelt eine Gruppe Schweden aus Helsingborg. Sie machen sich über die dänischen Gerichte lustig. Das Zusammenwachsen hat begonnen.

Eine See der Kriege – Kronstadt

Kopenhagen, Karlskrona, Kalmar, Växholm – die Ostsee ist ein Meer der Festungen: einer Perlenkette gleich säumen Burgen und Schlösser die Küste vom Sund bis Sankt Petersburg. Heute liegen viele in Ruinen, andere sind ganz verschwunden. Sie stehen direkt am Ufer, manche auf vorgelagerten Inseln. Oder standen:

Der Grundstein zum Schloss Åbo wurde 1280 auf einer Insel gelegt, nach seiner Vollendung 1560 stand das Zentrum der schwedischen Macht über den finnischen Teil des Reiches jedoch auf dem Festland. In den sieben Jahrhunderten von der Grundsteinlegung bis in die Gegenwart ist der Wasserspiegel der Ostsee hier um dreieinhalb Meter gefallen.

In Helsinki spazieren wir von der Insel Drummsö übers Eis auf die *Sveaborg*, «Schwedens Burg», die Festungsinsel vor der Hauptstadt. Seit 1918 heißt sie *Suomenlinna*, «Finnlands Burg». Im Krimkrieg diente sie den russischen Truppen zur Verteidigung der Stadt Helsinki. Zwei Tage und Nächte wurde die Festung von der französisch-englischen Flotte bombardiert. 12 000 russische Soldaten wohnten damals mit ihren Familien auf der Sveaborg, dazu Händler, Lehrer, Priester – eine russische Stadt vor der finnischen Hauptstadt unter zaristischer Oberhoheit. Eine nordosteuropäische Gemengelage.

Erbaut haben die Schweden Sveaborg ab Mitte des achtzehnten Jahrhunderts als Bollwerk gegen die Truppen des Zaren, nachdem sie Narwa an der Gegenküste verloren hatten. Zur Verteidigung haben die Schweden die Festung freilich nie genutzt. Erst die Russen. Und später kerkerten die Sieger des finnischen Bürgerkriegs, die Weißen, hier ihre roten Gefangenen ein.

Der Osten des Westens wurde zum Westen des Ostens. Und dann wieder zum Westen im Osten. Oder einfach zur Mitte im Norden Europas.

Im Sommer legt man sich unter Suomenlinna auf die Felsen in die Sonne, die Mauern sind voller Geschichte. Auch im März, wenn das Eis noch begehbar ist, kann die Sonne an manchen Tagen schon stark genug sein: wie an der Festungsmauer in Sankt Petersburg.

Zierschlösser sind an der Ostsee selten. Eher Trutzburgen: des Deutschen Ordens, Malbork - oder Marienburg - bei Dünaburg, lettisch Daugavpils, an Lettlands Grenze zu Weißrussland, Jürgensburg oder Jaunpils in Kurland, Wesenberg oder Rakvere im Norden Estlands.

Die mächtigste Festung der Ostsee, auch sie eine Stadt vor der Stadt, ein Spiegel für die Königin der Ostsee, wenngleich ein verkleinernder, ist Kronstadt; auf der Kotlin-Insel in der Newabucht Sankt Petersburg vorgelagert.

Kronstadt diente früher als Hafen und Zollstation Sankt Petersburgs. Garnison und Flottenstützpunkt ist es bis heute.

Mit seiner Kuppelkirche, der Marinekathedrale, ein architektonisches Zitat der Isaak-Kuppel, die man bei gutem Wetter von Kronstadt aus sieht, einem *Gostiny Dwor*, dem alten russischen Kaufhaustypus, einer Peter-Statue, General-Standbildern und städtischen Vierteln aus dem neunzehnten Jahrhundert bildet Kronstadt einen wuchtigen Riegel im Meer. Gegründet als Bollwerk gegen Schweden, ist die Stadt längst über sich selbst hinaus gewachsen. Umgeben von Wasser, fehlt ihr das Hinterland.

Endlos sei er hier von Zöllnern und Oberzoll-Direktoren befragt worden, nachdem er zuvor lange hatte warten müssen, ausgehorcht habe man ihn über den Zweck seiner Reise und die Leute, die er treffen wolle, beklagte sich der Marquis de Custine, der französische Reisende, der die

Mechanismen des Polizeistaates unter Nikolai I. so genau erfasste, dass sich dem Leser die Parallelen zur Sowjetdiktatur geradezu aufzwingen.

Russland, der Parvenü, der alles Europäische dem Schein nach kopierte.

Nur eine Diktatur kann den Schein zum Selbstzweck machen.

De Custine bewunderte zwar das Licht des Nordens, fand aber die Küste so unattraktiv, dass er sofort umkehren wollte. Vor allem aber spottete er über die Manöver der Flotte, die neun Monate eingefroren liege: «Das Eis ist der schlimmere Feind dieser Flotte als ein Krieg.» Die ohnehin nur ein Spielzeug des Zaren sei.

Als wir das erste Mal mit dem Tragflügelboot nach Kronstadt fuhren, an einem heißen Sommernachmittag – im lärmigen Schiff saßen ein paar Frauen mit Einkaufstüten, Kadetten, die von einem Urlaub zurückkehrten, ein höherer Offizier und die üblichen Rentner –, wiesen uns die Wachen am Hafen ab. Kronstadt sei noch immer eine «geschlossene Stadt».

Kronstadt hatte seinen historischen Moment, als hier 1921 eine Revolte gegen die Bolschewiki ausbrach. Die Meuterer bildeten ein Revolutionskomitee, sie regierten sich einige Wochen selbst. Bis Trotzkij den Arbeitern, Bauern und Soldaten in den Rücken fiel.

Da Kronstadt für uns per Boot nicht zu erreichen war, versuchten wir es eben mit dem Bus. Die Hintertür der Stadt stand weit offen.

Mit dem Bus auf eine Insel?

Als letztes kommunistisches Großprojekt errichtete die Leningrader Gebietsregierung einen Damm, der Kronstadt nach beiden Seiten ans Festland bindet und die Newamündung gegen die offene See abgrenzt. Der Damm soll Überschwemmungen verhindern. Er könnte indes auch, sollte die Newa aus dem Ladogasee zu viel Wasser führen oder eines der Dammtore verstopfen, eine Überflutung verursachen. Und er droht die Bucht wegen der massiv verringerten Wasserumwälzung zu ersticken.

Prekärer noch: Der Damm versperrt Russlands baltischer Flotte den freien Zugang zur See. Eine Bombe auf die Zugbrücken über die Lücken des Damms, und Russlands Flotte wäre in ihrem eigenen kleinen Käfig gefangen. Das müssten auch die kommunistischen Bauherren des

Damms bedacht und in Kauf genommen haben. Es scheint, dass Russland auf der Ostsee nie wieder eine Seeschlacht führen wird – und sich darauf verlässt, dass seine Flotte in diesem Raum präsent ist und bedrohlich erscheint.

Kronstadt selbst wird sich allmählich von seiner ursprünglichen Funktion als Festung vollends zu einem Museum wandeln, zu einem reinen Touristenziel. Wie die anderen Festungen rund um die Ostsee schon lange. Und zum Wohnort der besonderen Art; feucht und windig, aber mit Seesicht.

Fast ein Leuchtturm.

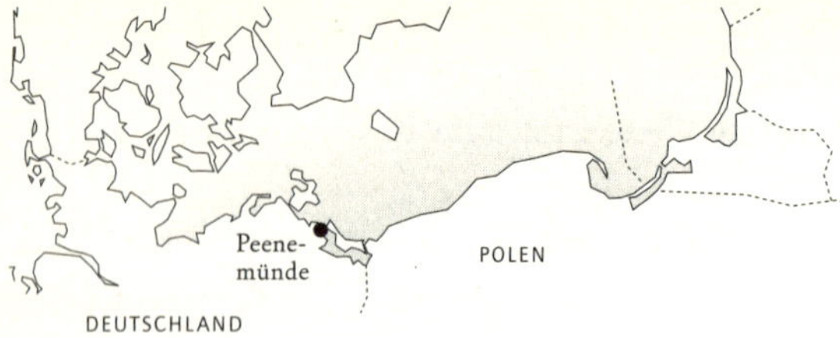

Von Altholz und Schrott – Macht ist Schein

Vor Peenemünde liegt ein sowjetisches U-Boot der Juliett-Klasse, unweit der einstigen Luftwaffen-Erprobungsstelle. Von dort startete die erste Rakete in den Weltraum. Die stählerne Röhre ist zu besichtigen: zahllose Stufen auf und ab, und U-Boot-Geräusche vom Tonband. Es ist eng, feucht und dieselt wie in einem Heizungskeller. Ein Viertelstündchen Klaustrophobie für ein paar Euro.

Das schwere Schlachtschiff ist die mobile Variante einer Festung zur See; vielleicht nützlich zur raschen territorialen Expansion, und sicher zur Abschreckung.

Oder zur Selbstfeier eines Regimes. Zumal die Darstellung von Macht wichtiger ist als die Machtausübung selbst. Auch über das Verfallsdatum der Macht hinaus.

Altholz und Schrott haftet eine ähnliche Faszination als historische Wegmarken an wie Burgruinen; dazu kommt die Romantik der Seefahrt.

Haben sie nicht die Geschichte bewegt? Die Schiffe wie der Panzerkreuzer *Aurora* in Sankt Petersburg, das Regalschiff *Vaasa* in Stockholm, das königliche Schlachtschiff. Oder dieses sowjetische U-Boot.

Die *Aurora,* so die Legende, hat die Oktoberrevolution entschieden. Mit einem einzigen Schuss, die Bolschewiki hatten die Macht bereits ergriffen, platzierte sie sich in der Geschichte. Entschieden hat sie gar nichts.

Aber wenn in Sankt Petersburg am Tag der Marine die Flotte paradiert, man vom Englischen Ufer aus die Matrosen auf ihren U-Booten salutieren sieht, in dunkelblau-weißem Tuch auf dem blassgrauen Blech, im Wind das Andreas-Kreuz, die Sonne scheint und die Brücken eigens für die Parade geöffnet bleiben, dann ist Russland groß und die Welt in Ordnung.

Ob das Blech, das da herausgeputzt vorbeigleitet, überhaupt zum Kriegsdienst taugt, kann das Publikum ohnehin nicht beurteilen. Irgendwo bei Schlüsselburg, am Eingang zum Ladogasee, wird gewendet. Dann kehrt die Flotte nach Kronstadt zurück.

In Kalmar rekonstruiert das Heimatmuseum die 1676 gesunkene *Kronan.* Und die Schlacht, während deren das Regalschiff kenterte – nicht durch Feindeinwirkung: Die Mannschaft hatte mit voller Takelung gewendet.

Wer Stockholm besucht, geht ins *Vaasa*-Museum. Und sei es, weil es regnet. Schweden hat dem größten Kriegsschiff aus seiner Großmachtzeit eigens eine Halle gebaut, einen Tempel.

Dabei war der Stolz Gustavs II. Adolfs 1628 bereits auf der Jungfernfahrt gesunken, nur ein paar Minuten nachdem die *Vaasa* bei den Schnellen, die heute *Slussen* heißen, abgelegt hatte, im Zentrum des modernen Stockholm. Es war ein Sonntag gewesen, die Stadt und die ausländischen Botschafter hatten sich versammelt. Nach wenigen Minuten begann das Schiff zu krängen; im Strömmen sank es, mit 64 Kanonen und 150 Mann an Bord. 24 von ihnen saßen als Skelette noch im Schiff, als die *Vaasa* 333 Jahre nach der Katastrophe 1961 gehoben wurde.

Der König hatte sein stolzes Schiff gar nie gesehen.

Seit ihrer Bergung wird die *Vaasa* restauriert, konserviert. Siebzehn Jahre besprayte man das durchtränkte Holz mit Polyethylenglykenol, um das Wasser zu verdrängen. Dabei hatte niemand an den Schwefel gedacht, der sich durch organische Verunreinigung im Holz abgelagert hatte. Wegen der Feuchtigkeit im Museum – die Besucher kommen in regennassen Mänteln – schwitzt das Holz diesen Schwefel nun aus, der mit Luft zu Schwefelsäure reagiert. Diese wiederum zersetzt das Holz. Die Erhaltung der *Vaasa* ist so zum jahrzehntelangen Kampf geworden, zäher als ihr Bau oder die Schlachten, die sie hätte schlagen sollen.

Wer war schuld an ihrem Untergang: Klas Fleming, der Admiral, der ihr die Seetauglichkeit bestätigte? Dabei wäre sie bei einem Test, bei dem dreißig Männer auf dem obersten Deck hin und her sprangen, beinahe gekentert. Fleming brach den Test deshalb ab. König Gustav II. Adolf, der unbedingt ein Schiff mit zwei Kanonendecks besitzen wollte? Oder der Schiffbaumeister, der diesem Wunsch entsprach? Und vielleicht auch die Besatzung, die mit offenen Kanonenluken ablegte? Als die *Vaasa* Schlagseite bekam, trat das Wasser durch ein Kanonenfenster ein.

Als hätte man die *Vaasa* fürs Auge gebaut: des Königs, des Volkes und der Feinde; nicht für den Krieg. Man hat! Macht ist Schein.

Und bedenkt man, dass sich das militärisch unbedeutend gewordene Schweden noch heute - oder heute endlich - im mächtigen Glanz der *Vaasa* sonnt, den Spiegel der eigenen Größe seinen Schulkindern vorführen kann, so war der Bau eines wuchtigen Regalschiffs, das nie zur See gefahren ist, vielleicht doch eine Investition in die Zukunft.

Die Ostsee ist schon immer ein *Theatrum Belli* gewesen. Die See selbst und mehr noch ihre Ufer.

Bereits die Wikinger fochten zuweilen von Schiff zu Schiff. Eine dänische Flotte fiel im neunten Jahrhundert in Kurland ein, die Esten fuhren lange vor den Kreuzrittern über ihr Westmeer zu Raubzügen an die schwedische Küste.

Aber die Ostsee wurde nicht von der See her beherrscht.

Der Deutsche Orden fuhr nicht selbst zur See, sondern ließ sich von den Gotländern an die baltische Küste verschiffen. Und von der Hanse. Oder er nahm den Landweg nach Nordosten, wie später Napoleon; und wie das kaiserliche Heer und die Wehrmacht in ihren Angriffskriegen.

Die Hanse führte nur Krieg, wenn es sich überhaupt nicht vermeiden ließ; sie verhandelte lieber und drohte mit Blockaden. Krieg beeinträchtigt die Wirtschaft, selbst ein gewonnener Krieg. Die wenigen Kriege der Hanse dienten der Sicherung ihrer Seewege oder wirtschaftlicher Privilegien. Oder der Abwehr von Seeräubern. Doch auch die Hanse operierte meist amphibisch, die Krieger gingen zum Gefecht an Land. Oder ihre Schiffe blockierten Hafenzugänge.

Im vierzehnten Jahrhundert veränderte das Schwarzpulver den Krieg: Größere Geschütze, Drahtkanonen, Schotbussen, Kartaunen und Bombarden, machten Enter-Angriffe überflüssig. Aber da neigte sich die große Zeit der Hanse schon ihrem Ende zu.

Große Seeschlachten gab es in der Ostsee nur wenige: In sieben Schlachten vor Bornholm besiegten die Schweden die Dänen 1563-66, die bis dahin führende Seemacht der Ostsee. Und 1788 vor Hogland und 1790 bei Svensksund die Russen. Den östlichen Reichsteil - Finnland - musste Schweden gleichwohl dem Zaren überlassen.

In der Nordsee, vor allem im Skagerrak und Kattegat, der Zufahrt zum Öresund, tobte der Seekrieg während der beiden Weltkriege. In der Ostsee hingegen, der Verlängerung der Ostfront nach Norden, kam es weder im Ersten noch im Zweiten Weltkrieg zu größeren Gefechten. Obwohl letzterer mit Schüssen auf der Ostsee begann.

Das deutsche Oberkommando, so der Marinehistoriker Charles Koburger, unterließ es in beiden Weltkriegen, die Aktionen auf See mit jenen der Landstreitkräfte zu koordinieren. Die Kriegsmarine verhielt sich defensiv, derweil die Wehrmacht nach Osten vordrang. Beim Angriff auf Leningrad setzte Hitler die Flotte nicht einmal zum Truppentransport ein. Und die Luftwaffe versäumte es, die in Kronstadt liegende Sowjetmarine anzugreifen.

Auf der Ostsee beschränkte sich der größte europäische Krieg auf guerillaähnliche Aktionen in Buchten, Scharmützel, die Sicherung ziviler und militärischer Transporte und das Verlegen oder Räumen von Minen. Dabei kamen selbst diese Aktivitäten in den Wintermonaten der ersten drei Kriegsjahre des Eises wegen zum Erliegen.

Von einem Seekrieg auf der Ostsee, so Koburger, könne man daher nicht sprechen.

Obwohl es auch um die Dominanz über die Ostsee ging, haben die Flotten den Ausgang des Krieges kaum beeinflusst.

Ihre letzte große Herausforderung auf der Ostsee, eigentlich die einzige, fand die deutsche Flotte, mit Hilfe ziviler Schiffe, in der Evakuierung der deutschen Ostgebiete, des Baltikums und Ostpreußens.

Dabei verlor sie mit *Wilhelm Gustloff*, *General Steuben* und *Goya* drei große Schiffe mit zusammen etwa 16 000 Flüchtlingen an Bord, brachte aber in wenigen Monaten 2,4 Millionen Menschen aus dem Osten nach Kiel. Das ist ihre einzige militärische Leistung auf der Ostsee.

Zuletzt waren die Kriegsschiffe Rettungs-Inseln, und als solche effizienter denn als schwimmende Festungen.

Vielleicht, fragte der Stratege Koburger, waren die schweren Kreuzer und Zerstörer für die Ostsee auch einfach zu groß. Der Preis für eine siegreiche Seeschlacht in dem engen Meer war zu gering. Was die Blöcke im Kalten Krieg nicht davon abhielt, an der Ostsee noch einmal hochzurüsten. 1945 kam die *Rotbanner*-Flotte bis Bornholm. Aber zu einem roten Meer haben die Sowjets die Ostsee auf dem Landweg gemacht. Und es zu Hause auf den Straßen ihrer eigenen Städte wieder verloren.

Jetzt liegen ihre U-Boote vor Peenemünde – als schwimmende Museen.

Keine rettende Insel – die Balten-Auslieferung

Sie kamen im April und Mai 1945 als Flüchtlinge; wie 30 000 ihrer Landsleute und deutsche Soldaten.

Einige kamen aus Kurland; sie flohen auf überfüllten Fischerbooten und Hafenschleppern über die unruhige Ostsee, landeten an der Ostküste von Gotland. Auf der rettenden Insel. Die andern setzten sich von Danzig nach Bornholm ab. Von dort wurden sie nach Ystad gebracht.

Einige waren Esten, ein paar Litauer, die meisten Letten. Aber alle trugen sie deutsche Uniformen. Jene, denen es gelang, als Zivilisten klassifiziert zu werden, wurden bald freigelassen.

Die Übrigen internierte die schwedische Armee in Ränneslätt bei Eksjö. Und lieferte sie acht Monate später an die Sowjetunion aus: 146 Mann. Schweden müsse sich ob dieser als «Balten-Auslieferung» in die Geschichte eingegangenen Episode schämen, glaubt man in Skandinavien heute noch.

Jene, die aus Kurland flohen, hatten Dienst in einer lettischen Division getan; die Gruppe aus Danzig waren SS-Leute; der Unterschied ist nicht relevant. Einige mögen sich freiwillig den Nazitruppen angeschlossen haben, die andern wurden in den Kriegsdienst gezwungen. Und wohl alle glaubten, wenn sie aufseiten der Deutschen kämpften, würden sie damit helfen, die erneute Inkorporierung ihrer baltischen Staaten in die UdSSR zu verhindern.

1941 kam die Wehrmacht als Befreier ins Baltikum; ein Jahr nach der «freiwilligen» Annexion durch die Sowjetunion wollten die meisten Esten, Letten, Litauer der Hegemonie Moskaus um jeden Preis entkommen.

Einige mögen Nazikollaborateure gewesen sein, andere Mitläufer.

Überdies waren sie vor der Inkorporierung in die UdSSR selber von rechtsautoritären Präsidenten regiert worden, Estland von Konstantin Päts, Lettland von Kārlis Ulmanis und Litauen von Antanas Smetona.

Es gab kein «Gut» und «Böse», in den Wirren zu Kriegsende schon gar nicht. Eher ein «Wir» und «die Andern». Man wehrte sich. Und floh, als der Widerstand gegen die Sowjets zusammenbrach.

Im Juni 1945 ließ die Sowjetunion in Stockholm anfragen, ob Schweden bereit sei, all jene deutschen Militärpersonen auszuliefern, die die Front nach Unterzeichnung der Kapitulation verlassen hatten.

Schwedens Antwort ging weit über die Anfrage hinaus: Stockholm war bereit, auch die internierten Balten auszuliefern. Ob sie vor oder nach dem 8. Mai nach Schweden gelangten, spielte keine Rolle.

Die Auslieferung war beschlossene Sache, es handelte sich um einen scheinbar rein administrativen Vorgang, wie Per Olov Enquist in seinem Dokumentar-Roman *Legionäre* schrieb. Er rollte die Sache als einer der Ersten schon 1968 wieder auf; sein Buch gilt heute als ein schwedischer Klassiker.

Politisiert wurde die Frage erst im Herbst 1945. Die Internierten machten mit einem Hungerstreik auf sich aufmerksam, was in der schwedischen Presse einen Sturm entfachte. Der Reichstag debattierte, viele Menschen bekannten sich solidarisch mit den Flüchtlingen. Eine Auslieferung käme, so die Warnungen, einem Todesurteil gleich, oder vielen Jahren GULag.

Es wäre eine Schande für Schweden, die Balten würden ausgeliefert.

Seit Juli hatte Schweden eine neue Regierung. Diese hielt, obwohl sich niemand sicher war, am Beschluss der Vorgängerregierung fest. Per Albin Hansson, der Vater des Wohlfahrtsstaates, Regierungschef im alten wie im neuen Kabinett, meinte, Schweden müsse standhaft bleiben.

Nach der Auslieferung wurde Hansson als «Balten-Mörder» beschimpft. Er starb ein halbes Jahr später, sank an einer Straßenbahnhaltestelle zusammen. Nachfolger Tage Erlander meinte, Hansson sei an der Frage der Balten-Auslieferung zerbrochen.

Einer der Ausgelieferten, Valentīns Silamiķelis, führte Tagebuch. Das steckte er, bevor er an Bord der *Beloostrow* ging, des Schiffes, das die 146 Balten über die Ostsee in die Sowjetunion zurückschaffte, einem schwedischen Polizisten zu. Dieser sandte es an Silamiķelis' Verwandte in den USA.

Zurück in Riga, wurde Silamiķelis – nachdem er zunächst einige Zeit studieren durfte – zu 45 Jahren Arbeitslager verurteilt. Sieben Jahre rackerte er in den Kohlengruben von Workuta, der arktischen Hölle der Sowjetunion. Bis zur Amnestie Chruschtschows 1955. Über fünfzig der ausgelieferten Letten wurden in Arbeitslager gesteckt. Drei hingerichtet.

Silamiķelis erhielt seine Tagebücher nach der Öffnung Lettlands zurück. In einem Buch schilderte er seine Version der Balten-Auslieferung. 1994 kam er auf Einladung der schwedischen Regierung mit einer Gruppe von «Balten-Ausgelieferten» erneut über die Ostsee – diesmal als Ehrengast des Außenministeriums.

Ein Lächeln im Wind – das Land der kleinen Form

Naiv und versonnen, lieblich und geheimnisvoll; und schön. Das Mädchen träumt auf den Sund hinaus, schaut den Frachtern nach. Es gießt in Strömen. Die Brandung peitscht gegen den Fels, auf dem sie sitzt. Die Nordsee dringt nach Osten vor, der Herbst ist dem dänischen November gewichen.

Dreihundert Jahre muss sie hier sitzen, die kleine Meerjungfrau, die, um der Liebe des Prinzen willen, der Seehexe ihre Stimme überließ. Von den sechs Töchtern des Seekönigs hatte sie die reinste Haut, die schönsten Augen und die hellste Stimme. Doch erst wenn ein Mensch sie liebe, erlange sie Unsterblichkeit, hatte die Hexe gesagt. Bleibe sie eine Seejungfrau, so werde sie sich dereinst im Schaum der Wellen auflösen.

Um die Liebe des Prinzen zu gewinnen, musste sie ihren Fischschwanz loswerden. An seiner Stelle sollte sie haben, was die Menschen Beine nennen, hatte die Hexe gesagt. Und ihr einen Trank versprochen, der sie verwandeln würde. Allerdings nicht ohne Gegenleistung. Die Hexe behauptete, sie gäbe ihr eigenes Blut für den Trank, das wäre keine Kleinigkeit. Dafür wollte sie die Stimme der Meerjungfrau haben, die hellste, die auf dem Grund des Meeres je zu hören gewesen war. Danach sei sie keine Nixe mehr, könne nie mehr zu ihren Schwestern zurück oder in den Unterwasserpalast des Vaters, warnte die Hexe. Und sollte der Prinz eine andere heiraten, so breche ihr Herz.

Die Meerjungfrau ließ sich nicht beirren. Sie wollte zum Prinzen.

Sie kam in den Palast, tanzte für den Menschen-Prinzen, anmutiger als je eine Tänzerin zuvor. Der Prinz – dem sie einst das Leben gerettet hatte – erwiderte ihre Liebe, erkannte sie aber nicht. Und sie konnte sich, ohne Stimme, nicht zu erkennen geben.

Seit 1913 sitzt die kleine Meerjungfrau, eine Kopfgeburt von Hans Christian Andersen, als Statue des Bildhauers Edvard Eriksen, an der Langelinie beim Hafen von Kopenhagen, nackt, anmutig aufgestützt auf ihre Rechte. Die berühmteste Tochter Dänemarks – und sicherlich die am häufigsten fotografierte.

Touristen aus aller Welt, die ihre Geschichte gelesen oder gehört haben, zum Beispiel auf Chinesisch oder Japanisch, kommen ihretwegen nach Kopenhagen. Naiv und schlau zugleich sei Hans Christian Andersen gewesen; er habe seinen Geschichten stets ein kleines Lächeln hinterhergeschickt, schrieb der skånische Schriftsteller Trygve Bång.

Andersen wollte kein Märchen-Erzähler sein, er verschwendete seine Zeit und Kraft an große Romanprojekte. Aber ohne Märchen wäre Andersen vergessen; die kleine Form war sein Medium – auch im Leben. Der Sohn eines Schuhmachers, der dank der Förderung durch den König – schon dies ein Märchen – das Gymnasium besuchen konnte, ging schließlich mit einem Staatsbegräbnis von hinnen. Andersen sehnte sich sein Leben lang fort von Kopenhagen. Er reiste auch, wohnte aber immer um Kongens Nytorv, am Nyhavn, oft auf der Schattenseite, und stets zur Untermiete, möbliert, bei immer neuen Schlummermüttern, nie weit von der vorherigen Adresse.

Ein Reisender am Ort, von der Intelligenz Dänemarks nicht ernst genommen.

Andersen, Kierkegaard – der Philosoph, Gottsucher und Poet, der Großvater des Existenzialismus –, der Theologe Gruntvig – dessen Werk die moderne dänische Sprache mitgeprägt hat – und der Bildhauer Thorvaldsen bildeten die Säulen von Dänemarks «goldenem Zeitalter».

Gelegentlich schwulstig, sentimental und zuweilen banal, wurden sie auch im Ausland bekannt: «Das Beste, was einem in Dänemark passieren kann», so Andersen. Zeitgenossen, aber Einzelgänger, die sich keiner

Schule einordnen ließen, sich gegenseitig eher fremd blieben: Kierkegaard etwa schrieb, in jugendlicher Polemik, einen flammenden Verriss von Andersens Werk.

Sie waren seltsam glühende – auch an sich selbst verglühende – Köpfe, brillante Inseln im Meer der Mäßigkeit. Prüde Erotiker der Sehnsucht, einer Begierde, die ihr Objekt nicht erreicht. Künstler beim Schreiben über die Liebe, aber Analphabeten des Lebens. Hässliche kleine Entlein, die rufen: «Ihr versteht mich nicht!» Von vielen verehrt; wo es ihnen am wichtigsten war, hingegen nicht ernst genommen: nicht bloß Andersen, auch der melancholische Schwärmer Søren Kierkegaard.

Kierkegaard und Andersen liegen auf einer grünen Insel Kopenhagens, dem Assistens-Friedhof im Stadtteil Nørrebro. Ruhe finden sie dort nicht; ihr Abschnitt des Friedhofs wird als Park genutzt. Jogger huschen an ihren Gräbern vorbei. Wenn im Frühjahr die Sonne wärmer wird, tauchen hier die Sonnenbader auf. Sie räkeln sich zu Füßen ihrer Gräber, manche nackt.

Dänemark ist Legoland, ein Reiseziel für die ganze Familie. Die Heimat der rötesten Würste und grünsten Erbsen, des köstlichsten Eises; ein Land, in dem die Sahne fließt. Eine Insel der Leichtigkeit, umgeben von schwermütigen Nachbarn: Deutschland, Schweden und Norwegen. Ein bisschen verspielt, verträumt, nicht ganz ernst. Ironisch auch.

Hier rauchten die Frauen schon Zigarren und Pfeife, als dies anderswo noch Geschrei ausgelöst hätte.

Und die Meerjungfrauen wollen an Land.

Dänemark spricht eine Sprache, die für Kindergeschichten geradezu geschaffen scheint, für das liebevolle Erzählen.

Das Land der kleinen Form. Auch politisch: Dänemark wurde nie von einem sozialdemokratischen «Monarchen» regiert wie Tage Erlander, Olof Palme oder Norwegens Landesmutter Gro Harlem Brundtland.

Die Zeit des dänischen Großreichs liegt zu weit zurück, als dass man sich damit noch brüsten würde. Davon ist ein Inselreich geblieben, fast ohne Festland unter dänischen Füßen. Dänemark hat sich früh in ein Europa der Zukunft eingeordnet, obwohl immer etwas trotzig, widerwillig; ein Juniorpartner, der scheinbar mitschwimmt. Was sich hinter dem verträumten Blick aufs Meer hinaus versteckt, hinter dem feinsinnigen Lächeln der Meerjungfrau - oder Dänemarks –, erfährt der Reisende nicht.

8. Winde des Wandels

Strandgut und Kunstfasern – vom Probieren und Scheitern

Noch einmal Hiiumaa/Dagö – nicht nach Kõpu, auch nicht zu einem andern Leuchtturm. Der Makler aus Haapsalu hat sich nie gemeldet.

Vom Bilderbuchleuchtturm Tahkuna auf dem Nordzipfel der Insel fahren wir einige Kilometer südostwärts, nach Kõrgessaare. Kurz vor dem Ort taucht rechter Hand eine weiße Kirche auf, Reigi. Sie steht frei, die zugehörige Siedlung ist verschwunden. Reigi sprach schwedisch, schon bevor das Dreikronenreich sich 1563 Estland einverleibte.

1620 ging Dagö in die Pacht von Jakob de la Gardie über, der Feldherr und Statthalter Schwedens in Livland. Er war 1610 in Moskau einmarschiert und hatte die Russen – besiegelt im Frieden von Stolbovo 1617 – ein letztes Mal von den Gestaden der Ostsee vertrieben.

De la Gardie gründete das Gut Hohenholm, Kõrgessaare, hinter Reigi, und baute dort eine Glashütte. Seine Nachfahren errichteten nach 1755 auf der gegenüberliegenden Seite der Insel den barocken Landsitz Großenholm oder Suuremõisa, das Inselschloss sozusagen, heute eine Schule.

1796 erwarb Graf Otto Reinhold Ludwig von Ungern-Sternberg das Anwesen. Seither gehörte dem deutschbaltischen Grafen, der 1772 nach Dagö gekommen war, die ganze Insel. Er führte ein Regime des Schreckens – erst recht, nachdem er am Hof in Sankt Petersburg in Ungnade gefallen war. Seinen eigenen Sohn trieb er in den Selbstmord. Gleichsam zur Sühne ließ er 1802 die Kirche Reigi bauen. Auf ihrem Friedhof findet sich der verwitterte Grabstein des Sohnes noch.

Derselbe von Ungern-Sternberg hatte sich 1781 an Katharina II. gewandt, die Zarin möge ihm erlauben, 1200 verarmte schwedischsprachige Dagöer an den Dnjepr zu deportieren. Wirtschaftlich brächten sie ihm nichts. Die Kaiserin billigte diesen Akt des Stalinismus *avant la lettre.* Daraus entstand eine schwedische Siedlung in der Ukraine, Gammelsvenskbyn. 1929 wurden diese Ukraineschweden erneut umgesiedelt, diesmal nach Gotland.

Berüchtigt ist von Ungern-Sternberg indes für sein falsches Leuchtfeuer bei Kõrgessaare, mit dem er – so die Legende – Schiffe in die Untiefen des Neckmansgrund lockte. Deren Gefährlichkeit war seit langem bekannt. Ihretwegen hatte man den Turm von Kõpu gebaut.

Eine reibungslose Seefahrt war jedoch kaum im Sinne der Küstenbewohner. Sie profitierten, wenn Schiffe in Seenot gerieten. Ob sie sie retteten oder nicht. Das Retten ließen sie sich großzügig honorieren. Unterließen sie es, fiel reichlich Strandgut an, das ihnen nach altem Seerecht zustand. So war der Weg von der unterlassenen Hilfe zur Piraterie nie weit.

Marquis de Custine berichtet, der Graf sei misanthropisch geworden, nachdem Zar Paul ihn als Günstling verstoßen hatte. Die Piraterie sei seine Rache an der Menschheit gewesen. Von Ungern-Sternberg erweiterte sein Gut Hohenholm, Kõrgessaare, um einen Turm mit einem hellen Raum ganz oben: das Studierzimmer. Der Turm, beschreibt de Custine, der freilich hier bloß vorbeigefahren ist, habe ausgesehen wie ein Observatorium. Oder eben: wie ein Leuchtturm. Seinen Leuten sagte der Graf, er könne nur nachts arbeiten. Wenn er glaubte, jedermann schlafe, steckte er ein starkes Licht an: das falsche Leuchtfeuer. Lief ein Schiff auf Grund, rückte er mit seinen Leuten als «Retter» aus. Oder auch nicht.

Alles ging gut, bis von Ungern-Sternberg im Suff 1803 einen Kapitän ermordete, den Schweden Carl Malm. Nach de Custines Darstellung führte Malm eines der irregeleiteten Schiffe. Er überlebte und kam von Ungern-Sternberg auf die Schliche. Einige Wochen nach dem Schiffbruch suchte er den Grafen auf, um seine Fracht zurückzufordern. Ein Handgemenge entstand, in dessen Verlauf der Graf den Skipper tötete. Ein Hauslehrer wurde Zeuge und sagte gegen den Grafen aus. So weit de Custines Version.

In Kõrgessaare hörten wir, Malm habe als Kapitän sogar im Solde des Grafen gestanden. Der Mord jedenfalls ist belegt. Für seine Tat wurde von Ungern-Sternberg für den Rest seines Lebens nach Sibirien verbannt.

Erst nach seinem Tod 1811 kehrte er nach Suuremõisa zurück: als Geist. Dieser poltert noch heute durch das Barockschloss.

Die Piraterie ist eines der ältesten Gewerbe an der Ostsee; schon in der Vorgeschichte sollen die alten Esten geplündert und gebrandschatzt haben.

Die Wikinger waren gefürchtete Freibeuter. Sie suchten, geführt von norwegischen Königen, die gotländische Küste heim. Aber auch Gotland selbst diente Seeräubern als Basis.

Am Ende des vierzehnten Jahrhunderts versetzten die Vitalienbrüder den südlichen Ostseeraum in Schrecken. Mit gut hundert Schiffen, aber bloß 2 000 Mann, räuberten sie die Hanse aus und brachten den Handel beinahe zum Erliegen. Die dänenfreundlichen Mecklenburger gewährten ihnen seit dem Frieden von Stralsund Schutz; sie betrachteten die Räuber als ihr Kriegsinstrument. Die Hansestadt Wismar diente dem legendären Seeräuber Störtebeker vermutlich als Heimathafen.

Raub ist eine der ursprünglichsten ökonomischen Aktivitäten, und Beutezüge gehören zu den ältesten Formen des Krieges. Eine klare Trennung zwischen Krieg und Kriminalität gab es auch im Großen Nordischen Krieg noch nicht, zumal zur See nicht. Karl XII. adelte den schwedischen Kaperer Lasse i Gatan für die immensen Summen, die er im Skagerrak dänischen, norwegischen, holländischen, englischen und deutschen Schiffen abtrotzte.

Unweit vom Ort des falschen Leuchtturms findet sich die Ruine eines anderen Geschäfts der von Ungern-Sternberg, eines ehrbaren: der *Viskoosa*, einer Fabrik zur Herstellung von Kunstfasern. Ein Schlot steht noch da, baufällig.

Erbaut in den Jahren 1911 bis 1914, nahm die *Viskoosa* ihre Produktion am Vorabend des Ersten Weltkriegs auf. Und musste, von allen Märkten plötzlich abgeschnitten, den Betrieb bald wieder einstellen. Was zu einem leuchtenden Beispiel der Industrialisierung zu werden versprach, verfiel. Bis 1950 standen die Gebäude leer. Die Sowjets quartierten eine Fischfabrik in der baufälligen Fabrikationshalle ein. In einem andern Bau befindet sich seit der Öffnung Estlands ein Edelrestaurant.

Inzwischen ist der Tourismus Dagös wichtigster Wirtschaftszweig, wie der Ostsee-Inseln überhaupt. Da macht sich eine kleine Seeräubergeschichte ganz gut.

Litas, Lats und Krone – eine Wirtschaft aus dem Nichts

Das Jahr 1991 als Stunde null, gesellschaftlich und politisch: Das trifft zuallererst auf die Wirtschaft des Ostseeraums zu.

Nichts ging mehr an der Ostseeküste. Und nichts ist mehr, wie es war.

Die aus der Sowjethegemonie befreiten Länder am Ost- und Südufer mussten ihre Wirtschaft in einem Leerraum aufbauen. Schlimmer noch: auf den Trümmern eines potemkinschen Dorfes. Ganz besonders Russland selbst.

In Finnland, Schweden, Dänemark und der Bundesrepublik Deutschland, mithin am Nord- und Westufer der Ostsee, sah man in Gorbatschows Perestroika zunächst eine Öffnung neuer Märkte. Und nach dem Kollaps des Sowjetsystems einen Fall für Hilfe: Die EU schenkte den Nachbarn im Osten Butter und Fleisch, Sonnenblumenöl und Kartoffeln. So entsorgte sie ihre Überschüsse.

Großzügig verteilte man guten Rat und hochnäsige Belehrungen. Wie sehr das Jahr 1991 auch für die Volkswirtschaften des Westens zum Wendepunkt werden würde, nahm man diesseits der Ostsee nicht wahr.

Die Ökonomien im Baltikum kämpften ums Überleben, die Staaten so sehr wie einzelne Betriebe. Wie die Firma *Modulis* im litauischen Pabradė zum Beispiel. Als ich im Frühjahr 1992 in das Kleinstädtchen an der Grenze zu Weißrussland kam, fragte die Pförtnerin, ob ich gekommen sei, *Modulis* zu kaufen. Alle wären mir dankbar. In den Wochen zuvor «waren schon ein paar Herren aus Schweden da».

In Pabradė lebt vor allem die polnische Minderheit Litauens, dazu Russen und Juden. Der Ort war einst ein jüdisches Schtetl, Podbrodse, polnisch Podbrodzia. Als Minderheiten hätten sie keine Hilfe aus der Hauptstadt Vilnius zu erwarten, meinten die Leute von Pabradė damals.

Heute verbindet man mit Pabradė vor allem, dass Litauen hier in einer baufälligen einstigen Sowjetkaserne ein berüchtigtes Abschiebegefängnis unterhielt. Eine Bruchbude mit nur ein paar wenigen Toiletten für mehrere hundert Internierte, die Waschräume völlig verdreckt, die Kanalisation defekt.

Pabradė war und ist noch immer die Endstation für Gestrandete aus Russland, Aserbaidschan, Indien, Pakistan, Angola und Sri Lanka; die Sackgasse, in die die von Menschenschmugglern gelegten Fluchtwege über Moskau münden, statt durch Litauen und Polen illegal über die Grenze nach Westeuropa zu führen. Die «Grenzverletzer», wie sie genannt werden, bleiben dabei irgendwo im Netz der litauischen Grenzpolizei hängen.

Das Verschieben von Menschen ist ein Geschäft mit der Hoffnung; je widriger die Situation, umso besser das Geschäft. Je reicher das Zielland, umso eher lohnt es sich für den Transitstaat, die Flüchtlinge abzufangen.

Die alte Sowjetruine in Pabradė ist inzwischen einem sterilen Gefängnisneubau gewichen, Euro-Standard. Die Menschenrechtsinspektoren der EU sind zufrieden. Erwischt, inhaftiert und abgeschoben wird freilich immer noch, oder immer mehr, je näher Litauen nach Europa rückt, je mehr die Ränder überlappen. Und Pabradė lebt davon, die Unglücklichen – zeitweise mehr als tausend Menschen – zu bewachen und zu versorgen, als Abschiebehof des reichen Europa. Im Frühjahr 1992 sah es in Pabradė noch anders aus; optimistischer und düsterer zugleich. Zwar hatten von den einst 1500 *Modulis*-Angestellten 200 ihren Job bereits verloren, und alle wussten, es würde weiteren Leuten gekündigt. Dabei galt die Fabrik als hoch spezialisierter High-Tech-Betrieb. *Modulis* hatte Erfolg, es leistete sich gar eine Fußballmannschaft. Firma und Städtchen waren fast identisch.

In den sechziger Jahren als Kabelfabrik gegründet, produzierte *Modulis* Radio- und Computerkomponenten, vor allem Magnetköpfe, brav nach den Moskauer Planvorgaben. Abnehmer war ein sowjetisches Konsortium. Bis zum Kollaps der Sowjetunion kämpfte die Firma mit Produktionsproblemen, Absatzprobleme hingegen kannte man nicht. Dann plötzlich befand sich dieser einzige «Kunde» im Ausland und drohte seinerseits unterzugehen.

Das Management von *Modulis* versuchte, eine neue Produktepalette zusammenzustellen: einfachste Transformatoren, Pannenleuchten fürs Auto, elektrischen Weihnachtsbaumkitsch und Messer. Waren, die weit unter der Kompetenz von *Modulis* lagen. Doch sie hätten, stellte man sich vor, westliche Großhandelskunden interessieren können. Dabei waren dies Produkte, die der Westen längst in Hongkong, Korea, Taiwan und China einkaufte; zu wesentlich günstigeren Konditionen, als sie der sowjetisch geprägte litauische Betrieb hinter den Wäldern hätte bieten können. Aber das wusste bei *Modulis* noch niemand. Man hatte keine Kontakte zu potenziellen westlichen Abnehmern. Diese zu finden, dazu hätte man Devisen gebraucht. Die hatte man nicht, nicht einmal zu einer Dienstreise in den Westen.

Langsam erkannte das Management: Nur der Verkauf an ausländische Investoren konnte den Betrieb retten. Er sei, hatte man mir in Vilnius bedeutet, für einen Dollar zu haben. So tauchte alle paar Tage eine Delegation in Pabradė auf. «Die sind freundlich und interessiert», sagte mir der damalige technische Direktor Antanas Rastenis, «aber dann hören wir nichts mehr.» Eine deutsche Firma habe ihm wenigstens ein paar Muster geschickt.

Modulis starb den langsamen Tod sowjetischer Betriebe.

1992 richtete der wieder erstandene litauische Staat jedem Erwachsenen ein Investitionskonto ein, mit einem je nach Lebensalter und Arbeitsjahren abgestuften Betrag. Mit diesem Geld sollten die Litauer ihr Land privatisieren. Sie würden, hoffte die Regierung, Anteile an Betrieben und Fabriken kaufen. Nur bar auszahlen lassen konnten sie sich das Buchgeld nicht.

Russland gab jedem Bürger einen Privatisierungsgutschein. So sollte der *Homo sovieticus* sich über Nacht in einen Kleinanleger verwandeln. Doch viele verkauften ihre Gutscheine einfach, was es einigen Gewieften erlaubte, in kurzer Zeit ein enormes wirtschaftliches Potenzial anzuhäufen, mit dessen Hilfe sie später große Betriebe an sich rissen.

Das litauische System erschwerte den Transfer dieses Anfangskapitals, machte es indes als Investitionsinstrument auch weniger attraktiv. Die meisten Litauer privatisierten deshalb einfach ihre Wohnung, oder sie kauften den Bauernhof zurück, von dem sie stammten.

Die Sowjetunion war ein Land ohne Geld; der Rubel war wenig mehr als ein System von Gutscheinen. Wichtige Eigenschaften von Geld gingen ihm ab: die Haltbarkeit - man konnte den Rubel nicht sparen und schon gar nicht Gewinn bringend anlegen -, die Universalität - noch so viel Geld in Rubel konnten einem gewisse käufliche Dinge nicht beschaffen, wie etwa Importwaren, eine privilegierte Wohnung, politischen Einfluss, Reisen ins Ausland -, die Anonymität - Geld erlaubt Leuten, die sich nicht kennen oder sich nicht mögen, miteinander ins Geschäft zu treten - und schließlich die Möglichkeit, rasch über weite Strecken transferiert werden zu können. Aufgrund dieser Eigenschaften ist Geld gleichsam das «Blut» moderner Industriegesellschaften, ein System zur Speicherung und zum Transport ökonomischer Energie.

Im Sowjetsystem war der Staat der einzige Investor. Doch er investierte nicht, indem er Kapital bereitstellte, sondern tat dies per Dekret. Entsprechend mussten die Firmen keine Gewinn-und-Verlust-Rechnung erstellen, sondern den Plan erfüllen. Die für ihre Produktion nötige Energie und die nötigen Rohstoffe erhielten sie zugeteilt, auch Lebensmittellieferungen und was sie sonst noch brauchten. Dazu das «Geld», um die Löhne zu bezahlen.

Mit Rubel besorgten sich die Leute ihre Lebensmittel, zahlten ihre bescheidene Miete und zuweilen Theaterkarten oder leisteten sich eine von der betriebseigenen Gewerkschaft organisierte und subventionierte Ferienfahrt. Geld spielte keine große Rolle, man konnte durchaus ohne überleben. Oder fast ohne. Für ein gutes Leben brauchte man vor allem gute Beziehungen. Und während die Leute mit ihrer Barschaft eher achtlos umgingen, pflegten sie ihre Beziehungen sorgsam. Sie hüteten sie geizig.

Respekt und Zurückhaltung, die man - gerade in Skandinavien, jenseits der Ostsee – dem Geld als Lohn harter Arbeit, aber auch als gefährliche Verführung und düstere Macht entgegenbringt, jedenfalls entgegenbrachte, war den Menschen im sowjetischen Gesellschaftssystem fremd.

All dies sollte sich in unserem Jahr null ändern, und möglichst über Nacht. Je länger ein Land für den Übergang von der Kommandowirtschaft zur Marktwirtschaft brauchte, so zeigte sich, umso größer die Reibungsverluste und die Möglichkeiten zur Manipulation.

Aber was ist eine Wirtschaft ohne Geld, lediglich mit Rubel? Eine litauische Währung musste her, eine lettische und eine estnische. Und zwar sofort. Der Litas, der Lats und die Krone.

Finnland standen einst fast sechzig Jahre zur Verfügung, um sich auf seine Unabhängigkeit vom Zarenreich wirtschaftlich vorzubereiten: Es führte bereits 1860 seine eigene Währung ein, wurde aber erst im Zuge der Oktoberrevolution unabhängig.

Litauen entschied sich für einen schrittweisen Übergang. Erst führte man ein Rationierungssystem ein, das die lokale Wirtschaft gegen unerwünschte «Gäste» aus der übrigen UdSSR abschirmte, dann 1992 eine Übergangswährung, den *Talonas.*

Der Litas, die künftige Währung Litauens, lag bereits gedruckt in den Kellern der neu gegründeten Zentralbank.

Mit der Einführung des *Talonas* löste Litauen sich aus der Rubelzone, ohne die künftige Landeswährung zu gefährden und sie etwa einer drohenden Inflationsspirale auszusetzen. 1993 führte es den konvertierbaren Litas schließlich ein, das richtige Geld.

Der Litas war über einen Währungspool zunächst an den amerikanischen Dollar gebunden, nun an den Euro. Damit schaffte Litauen die Bedingungen für eine stabile Währung und eine kontrollierte Inflation, eine Grundvoraussetzung für die Einbindung ins Wirtschaftsgefüge des Westens. Zugleich setzte es sich freilich der Konkurrenz des Weltmarktes aus. Dem waren weite Teile der litauischen Industrie nicht gewachsen; gerade Betriebe nicht, die auf obsolete Sowjetsysteme spezialisiert waren wie *Modulis.* Und die Landwirtschaft bekundete Mühe, die Normen des Westens zu erfüllen.

Noch glaubte der Westen, die bis dahin planwirtschaftlich organisierten Gesellschaften hätten sich einfach ihrem Modell anzupassen. Gesund waren freilich auch die Wirtschaften an der Westküste nicht. Sie hatten einen hohen Preis bezahlt, um sich vom Börsencrash von 1987 und der Rezession der frühen Neunzigerjahre zu erholen. Vielen Banken drohte der Kollaps; einer zu lockeren Kreditpolitik wegen standen sie in der Kreide. Die Arbeitslosigkeit stieg. Strukturreformen standen an. Vor allem aber war das stete Wachstum der Nachkriegsjahrzehnte abgeflacht; eine veränderte Gesellschaft brauchte neue Rezepte.

Finnland strauchelte am heftigsten: Hatte sich in den Perestroika-Jahren sein wichtigster Absatzmarkt dramatisch erweitert, so kamen nun keine Aufträge aus der sowjetischen Staatswirtschaft mehr.

Zudem änderte sich die Haltung der Bürger. Nicht nur in Finnland, mehr noch in Schweden: Der Solidarstaat, der jenen unter die Arme griff, die Hilfe zur Selbsthilfe brauchten und mehr gar nicht wollten, lief Gefahr, zum Selbstbedienungsstaat zu werden, in dem nicht wenige so viel aus dem Staat zu quetschen suchten, wie sie eben konnten. Sie hatten ja das Recht dazu.

Dänemark, neben der Bundesrepublik mit ihrem kurzen Ostseeufer damals das einzige EU-Mitglied an der Ostsee, hatte bereits 1989 begonnen, sich einer offeneren internationalen Wirtschaft zu stellen. Die Reformen seiner Strukturen waren 1991 bereits im Gange.

Der Bundesrepublik stand derweil der «Aufbau Ost» bevor.

In ihrem «Jahr null» hätten die Volkswirtschaften östlich und westlich der Ostsee demnach kaum verschiedener sein können: nicht nur in ihrer Struktur, Organisation und den ihnen vermeintlich zugrunde liegenden «Ideologien», sondern auch in ihren Bewegungen in die Zukunft. Die bislang sozialistischen Gesellschaften befreiten sich aus einer jahrelangen Stagnation, beschleunigten ihre Entwicklung. Derweil ging der Westen allmählich von einer raschen Entwicklung in Stagnation über.

Dort hungrige Gesellschaften im Aufbruch; hier ein nahezu perfektes Wohlfahrtsgebäude in satter Selbstzufriedenheit. Dessen Bürger nahmen noch nicht gar nicht wahr, dass sich ihre beste aller Welten auf eine Krise zubewegte.

Immerhin, so viel war beiden Seiten gemeinsam: Sie mussten ein Staatsgebäude reformieren, in dem eine anonyme, aufgeblasene und am Funktionieren ihrer selbst wenig interessierte Bürokratie den Bürgern immer mehr Verantwortung abnahm. Mit dem großen Unterschied, dass die Leute in den ehemals sozialistischen Staaten diesen Apparat loswerden wollten, derweil vor allem die Schweden dazu keinen Grund sahen. Und sehen.

Die Gesellschaften beider Seiten standen somit an einer Schwelle, und beide Seiten erhofften sich Abhilfe von der Gegenküste. Der Westen «half» der östlichen Hälfte Mitteleuropas, tat dies aber oft so ungeschickt und ohne Verständnis für die Altlasten der sowjetischen Gesellschaft, dass zwar viele kleine Projekte gelangen, von vielen großen indes wenig blieb.

Einige multinationale Konzerne investierten, sie holten sich Rosinen aus dem Kuchen, bauten fortan Turbinen in Sankt Petersburgs *Kirow*-Werken. Und Billigmöbel in Lettland. Oder sie brauten Bier in Tallinn.

Finnland und Schweden traten – eine eher unerwartete Abhilfe gegen die Krise – der EU bei.

Zu Beginn des Öffnungsprozesses war die Ostsee nur in einer Richtung durchlässig. Wer es im Westen zu nichts brachte, konnte im Osten allemal noch ein König werden: Finnmark- oder D-Mark-König. Jene wenigen dagegen, die die Grenze bereits in der Gegenrichtung überwanden, die Erfolgreichen, die schnell gelernt hatten, fanden sich im Westen nur schwer zurecht. Diese Einbahnstraße bestand nicht lange. Immer mehr Menschen von der Ostküste kamen in den Westen, die Bürger der baltischen Staaten und Polens bald ohne Visum. Und «ostdeutsch» meint irgendwann nur noch die Geographie.

Schweden und Finnland richteten sich auf russische Kunden ein, diese zeigen sich spendierfreudiger als die einheimischen. Helsinkis Trödelmarkt verwandelte sich in einen Russenmarkt; zwischen Umzugsramsch findet man dort immer mal wieder Antiquitäten. Und bald mischten russische Gruppen in Helsinki in den Wirtschaftszweigen der Nacht mit, im Kneipen- und Unterhaltungsgewerbe. Finnlands Sex-Industrie spricht fast ausschließlich russisch.

Den Frauenhandel, das Drogengeschäft, die Geldwäscherei, Hehlerei und den Schmuggel – Autoschiebereien etwa – dominierten die Newcomer vom östlichen Ufer bald. Und groß ist die Zahl der Schwarzarbeiter – vor allem aus Polen –, die in der schwedischen Provinz Häuser streichen, auf nordnorwegischen Kuttern anheuern und den Westdeutschen den Garten jäten.

Während der Westen seine neu entdeckten Nachbarn von oben herab behandelte, ganz so, wie die «Herren aus Deutschland» einst *Modulis* in Pabradé besuchten, sich nachher jedoch nicht mehr rührten, näherte sich die Wirtschaft des Ostens dem Westen von unten. Weniger mit einfachen, billigen Produkten als vielmehr durch die Kellertür über Straßenhändler, Hehler, Schmuggler, gewerbsmäßige Kuppler und Schieber.

Zugleich trugen der abnehmende Sinn für eine kollektive Verantwortung in den westlichen Wohlfahrtsstaaten und eine Verknappung der Mittel zur Verwahrlosung des öffentlichen Raums bei. Stockholm ist schmutzig geworden; mit der properen schwedischen Hauptstadt zehn Jahre zuvor nicht zu vergleichen. Derweil Riga, Tallinn und Sankt Petersburg plötzlich herausgeputzt werden, mit ihrem grauen Selbst der kommunistischen Zeit kaum mehr viel gemein haben.

Auferstandene Städte.

Die von den Sowjets ins Baltikum verlagerte Industrie ging zu großen Teilen unter, wie schon einmal nach 1918. Vor allem in Estland und Lettland waren in den letzten Jahrzehnten des Zarenreichs große Industriebetriebe entstanden, die den Verlust ihrer Märkte im russischen Hinterland nicht überlebten. Die drei unabhängigen baltischen Staaten setzten in der Zeit zwischen den beiden Weltkriegen auf intensive Landwirtschaft in mittleren Betrieben, das dänische Modell, wie man das nannte.

Zuvor diente die Landwirtschaft im Baltikum dem Eigenbedarf.

Auch heute versucht man es im Baltikum wieder mit der Landwirtschaft. Und schon drängen sich Finnlands Molkereien nach Estland, um sich für dessen EU-Beitritt einen Vorsprung zu verschaffen.

Der Osten wird zusehends westlicher, aber der Westen zugleich östlicher. Zuweilen hört man Leute über eine «Verostung» des Westens schimpfen.

Die Volkswirtschaften fließen ineinander.

Nur anderthalb Jahrzehnte nachdem Litauen seine eigene Währung eingeführt hat, wird es zum Euro übergehen. Ebenso Lettland und Estland.

Schweden indes, das sich gern als Motor der Ostsee-Integration versteht und bereits von 1873 bis zum Vorabend des Ersten Weltkriegs mit Dänemark und Norwegen an einer Währungsunion teilhatte, schreckt ironischerweise vor der europäischen Einheitswährung noch zurück, wie Dänemark auch.

Wenn sich Polen, Litauen, Lettland und Estland der EU anschließen, wird die Ostsee erstmals seit der hohen Zeit der Hanse zu einem einheitlichen Wirtschaftsraum. Und sobald überall dort auch der Euro eingeführt ist, wird man von Lübeck bis Narwa, von Kiruna bis Pabradė, und weiter bis ans Schwarze Meer, von der Etsch über die Memel hinaus überall mit dem gleichen Geld zahlen können. Und bis ans Mittelmeer und an den Atlantik.

Kogge, Kompass, Computer – vom Fortschritt zur See

Als die *Viking* als erste Ro-ro-Fähre 1959 den Betrieb zwischen Schweden, Åland und Finnland aufnahm, kam das einer Revolution gleich, auch wirtschaftlich. Nach der kurzen Sommersaison 1959 war die Fähre bereits amortisiert. In den wenigen Monaten hatte sie der Reederei ihren Ankaufspreis eingefahren.

Historisch war der Transport zu Wasser jenem zu Lande überlegen, auch im Winter, auf Schlitten. Erst die Einführung der Eisenbahn begann dies zu verändern. Und nach dem Zweiten Weltkrieg der Straßenverkehr. Bei gutem Wind schafften schon die Koggen der Hanse zehn Knoten pro Stunde; von Stockholm nach Åbo brauchte das kleine Postboot im siebzehnten Jahrhundert kaum vier Tage. Seit dem neunzehnten Jahrhundert verkehrten so genannte Nachtboote zwischen Turku/Åbo und Stockholm, kleine Schiffe mit einigen Luxuskajüten mit Voll-Service sowie einer Reihe einfacher Kabinen und Deckplätzen. Selbst auf Letzteren war die Überfahrt teuer. Im Winter ruhte der Verkehr.

Die erste *Viking*-Fähre veränderte das Reisen, demokratisierte es gleichsam. Die Fährpreise waren günstig, man konnte sein Auto selbst an Bord fahren. Auf Deck gab es etwas zu essen, viel zu trinken. Und bald auch zollfrei einzukaufen.

Hinter dieser Revolution stand vor allem ein Mann: Der Åländer Algot Johansson mit seiner Reederei AB Sally, die in ihrer Blütezeit auf allen Weltmeeren Öltanker und Frachter betrieb.

Dabei konnten die meisten Routen, die sich auf der Ostsee angeboten hätten – von Schweden nach Leningrad, Tallinn, Riga, Danzig, Stettin –, nicht befahren werden, solange der Eisige Vorhang geschlossen blieb. Jedenfalls nicht profitabel: Die Bewohner an der Ostküste der Ostsee durften nicht reisen, hatten kaum Geld.

Johansson genügten die Linien zwischen Schweden und Finnland, um selber reich zu werden und seine Heimat reich zu machen. Viele Åländer zählten zu seinen Aktionären. 1980 setzte er mehr Geld um als die öffentliche Hand das Inselreiches. Aber der draufgängerische Reeder und seine Leute wollten höher hinaus; sie expandierten in den Ärmelkanal und in die Karibik – bis zum finanziellen Kollaps, bis die *Viking*-Fähren, diese Goldesel, von den Banken gerettet werden mussten.

Mit der Pleite verlor Åland viel von seinem Seefahrernimbus. Die Fähren kamen noch immer, Mariehamn blieb ihr Heimathafen und auch das juristische Domizil der Reedereien. Das verschafft der Insel einige Büroarbeitsplätze, hat mit dem Unternehmertum auf See, für das Algot Johansson stand, aber nur noch wenig zu tun.

Algot Johansson war ein großer Åländer. Fast zu groß für Åland. Und auch für sich selbst. Eigensinnig und misstrauisch, leutselig, weltläufig und doch ein Hurra-Patriot. Ein typischer Åländer, heißt es in Åland. Er habe schon als Kind Geschäfte gemacht, habe während des Ersten Weltkriegs russischen Soldaten Heu für ihre Pferde verkauft. Fünfzig Jahre später war er der größte Arbeitgeber Ålands. Ein Reeder, Werft- und Druckerei-Inhaber, Pommes-Fabrikant und Immobilien-Hai. Die halbe Insel gehörte auf irgendeine Weise Algot.

Als Kleinhäusler geboren, blieb er ein Leben lang knauserig, zahlte stets bar, auch Fähren, Tanker und Frachtschiffe. Seine Eltern hatten eine Pacht auf anderthalb Hektar, sie besaßen drei Kühe, die Söhne fuhren im Sommer zur See. Ein typisches Åländer Schicksal. In ihrem Roman *Katrina* zeichnet Sally Salminen nach, wie solche Familien von den Herren der Inseln ausgebeutet wurden, meist von Schiffskapitänen, die die Väter und Söhne als Seeleute beschäftigten, derweil die Frauen nach der Landwirtschaft sahen und auf dem Gut der Herrschaften tagelöhnerten.

Algots Vater war Analphabet. Der Reeder selbst verließ die Schule nach zwei Jahren, um seinem Vater zu helfen. Da gehörte Åland noch zum Zarenreich.

1921 wanderte Algot nach Amerika aus, wie so viele – Aksel Sandemose und Knut Hamsun zum Beispiel. Er sprach etwas Russisch, konnte auf Englisch aber nicht einmal bis zehn zählen, wie Hasse Svensson in seiner biographischen Skizze schreibt. Er ging auf den Bau; schickte Geld nach Hause. Und kehrte 1928 mit einer åländischen Braut zurück.

Nun verkaufte er zunächst Galoschen, war an einer Pelztierzucht beteiligt, baute eine Tankstelle; er probierte vieles, bevor er ins Reederei- und Werftengeschäft einstieg.

Auch an der *Parma* war er beteiligt, wenngleich bloß zu vier Prozent. Der Großsegler zum Getreidetransport nahm in der Zwischenkriegszeit an den *Grain Races* teil.

Im Laufe des neunzehnten Jahrhunderts verdrängten Schiffskörper aus Stahl die bisherigen Holzsegler. Nicht für lang, bald sollte sich das Dampfschiff durchsetzen. Nach dem Ersten Weltkrieg begannen die großen Reedereien weltweit, ihre Stahlsegler zu verschrotten. Einige, unter ihnen der Åländer Reeder Gustaf Erikson, hielten das für verfrüht. Erikson kaufte einige der letzten Viermaster. Im Langstreckenhandel, glaubte er, seien die Segler nach wie vor konkurrenzfähig, zum Weizenimport aus Australien etwa.

Besonders seit Finnland zum Russischen Reich kam, boomten auf Åland und entlang der österbottnischen Küste der Schiffbau und die Seefahrt. Es waren meist Bauern, die im Winter auf improvisierten Werften als Schiffszimmerleute Arbeit fanden. Mit der Schneeschmelze wasserte man die neu gebauten Boote. Diese Form des Schiffbaus konnte mit der Stahltechnologie nicht Schritt halten. Åland und Österbotten, die Seefahrtsregionen des sonst bäuerlichen Finnland, die estnischen Inseln und auch die schwedische Küste drohten ihre maritime Größe zu verlieren.

Dagegen bäumte Åland sich auf. Es hatte gar keine Wahl; es gab keine anderen Wirtschaftszweige. Finnland war noch schwach industrialisiert. Für neue Dampfschiffe fehlte das Geld, Holzschiffe dagegen waren günstig zu haben. Zwischen 1880 und 1914 kauften die Åländer etwa 200

Holzschiffe. Und nach dem Ersten Weltkrieg die großen Stahlsegler, die, kaum in Betrieb genommen, bereits als veraltet galten.

Gustaf Erikson setzte seine Windjammer in den so genannten *Grain Races* ein. Seine Schiffe verließen Europa im September; im Dezember erreichten sie Australien. Dort luden sie Weizen. Dann traten sie fast alle gleichzeitig die Rückreise an. Daraus entstand ein von den Medien eifrig verfolgtes Wettsegeln. 1933 schaffte die *Parma* die schnellste Passage vom australischen Port Victoria nach Falmouth in Cornwall: in 83 Tagen. Der Rekord wurde nie gebrochen.

Die *Parma* gehörte der Hamburger Familienreederei *Laeisz* – und zu vier Prozent Algot.

1938 heuerte für die Fahrt, die zum letzten *Grain Race* werden sollte, auf dem Viermaster *Moshulu* von Gustaf Erikson ein neunzehnjähriger Engländer als Lehrling an. Die Agentur *Wurzel*, bei der er dank der Fürsprache seines Vaters untergekommen war, hatte ihren *cereal account* verloren, einen Werbeauftrag für Haferflocken. Und der junge Mann in der Folge seine Stelle. Er schrieb ein Briefchen nach Mariehamn, erhielt Antwort von Gustaf Erikson persönlich und wurde in die Mannschaft aufgenommen: Eric Newby. Er sollte zu einem großen Travel-Writer werden.

Nach dem Zweiten Weltkrieg verschrottete man die meisten Windjammer. Der Viermaster *Pommern*, den Erikson einst dem Konkurrenten Laeisz abgekauft hatte, steht heute im Hafen von Mariehamn, als weitgehend unverändertes Museumsschiff. Die *Moshulu*, mit der Newby fuhr, liegt als Restaurant-Schiff mit Ballsaal in Philadelphia auf dem Fluss Delaware, nicht allzu weit vom einstigen New Sweden.

1937 gründete Algot Johansson endlich seine eigene Reederei: *Sally*, benannt nach der Schriftstellerin Sally Salminen. *Sally* kaufte das erste eigene Dampfschiff, das auch *Sally* heißen sollte. Nein, verliebt sei er in Sally Salminen nie gewesen. Aber warum nicht *Sally*, der Name kostete ja nichts, soll er später gesagt haben. Wenn es schon eine berühmte Åländerin gab, die Erfolg hatte mit dem, was sie tat, warum sollte er diese «Marke» nicht nutzen? Sally Salminen war damals frisch nach New York emigriert, und wer weiß, ob Algot ihr nicht doch eine sehnsuchtsvolle Träne nachweinte.

Nach dem Krieg baute Johansson eiligst aus; er kaufte Schiffe und gründete im Westhafen von Mariehamn, etwas nördlich vom heutigen Liegeplatz der *Pommern*, seine eigene Werft. Dieses Unternehmen hat überlebt, trägt noch seinen Namen. Mehr freilich nicht.

Seitdem Johanssons Imperium einzustürzen begann, wechselte die Werft *Alandia* immer wieder den Eigentümer. Die Zeiten für den Schiffbau waren schlecht, überall in Europa wurden Werften geschlossen. Die Konkurrenz im Fernen Osten und seit 1991 auch in Estland arbeitet billiger. Die Löhne auf Åland sind höher als selbst in Finnland.

Schließlich übernahm die Landschaft Åland die Aktienmehrheit der *Alandia* und ließ sie 1998 in Konkurs gehen.

Das Ende war ein Anfang. Ein halbes Jahr später kletterten in der Montagehalle drei Männer in einem mächtigen Stahlkasten rum, verschweißten dicke Streben. Mit der Reederei *Eckerö* im Rücken hatte der Ingenieur Benny Gustafsson mit Kollegen die Konkursmasse übernommen. Die neue Firma nannte er *Algots Varv*. Dafür rufen ihn manche Åländer nun den «kleinen Algot».

Wenn weniger neue Schiffe gebaut werden, fallen mehr Reparaturen an, so Gustafsson. Also machte er *Algots Varv* zu einer Reparaturwerft. Doch erst musste er mit seinen 35 Arbeitern 400 Tonnen Schrott vom Gelände räumen. Und die Werft selbst reparieren.

Der Stahlkasten in der Montagehalle wuchs allmählich zum Schleusentor für das Trockendock heran, das Algot 1947 zu bauen begann, aber nie fertig stellen ließ. Das fast hundert Meter lange Dock, im März 1999 eingeweiht, verschafft der Werft Revisionsaufträge aus dem ganzen Ostseegebiet. Åland liegt sozusagen in der Mitte, mit Anschluss an alle Seewege. Wie eine gute Tankstelle.

In der Sägerei steht eine alte Bandsäge, Gustafssons Stolz: «Die hat Algot noch gekauft.»

Algots Varv soll dem einstigen Seefahrerreich Åland eine maritime Zukunft jenseits des Yachttourismus und der Autobahnfähren sichern.

Die Landschaftsregierung beurteilt die Zukunftschancen des Schiffbaus skeptisch, Nischen wie jener, in denen sich *Algots Varv* eingerichtet hat, zum Trotz. Zu ähnlichen Schlüssen kommt man anderswo an der

Ostsee, vor allem an der deutschen Küste, obwohl hier nach wie vor Fähren – und in Helsinki auch Kreuzfahrtschiffe – gebaut werden. Und die Ostsee heute dichter befahren wird als je zuvor.

Ein Jahrtausend lang war die Ostsee Seeweg und Fischgrund; der Reichtum ihrer Städte gründete auf ihrer Nutzung zum Handel. Dazu gehörte auch der Bootsbau, von der Kogge bis zum finnischen Eisbrecher.

Die traditionelle Bauernwerft war konservativ, ihre Kunden ebenfalls. Man hatte keine theoretischen Methoden, die Seetüchtigkeit eines Bootes vorab festzustellen. Erst die Wasserung gab Aufschluss. Deshalb hielt man sich an das Bewährte.

Wohin Größenwahn und Übermut führten, hatte schon die *Vaasa* gezeigt, die *Titanic* des siebzehnten Jahrhunderts, das schönste, größte, stolzeste Schiff, das Schweden je haben würde. Einen solchen Luxus konnte sich schon damals nur eine Großmacht leisten. Gleichwohl – oder deshalb – waren es gerade die Neuerungen im Schiffbau, die im Ostseeraum Sprünge der wirtschaftlichen Entwicklung auslösten. Nicht erst in der Neuzeit. Als die Holländer am Ende des sechzehnten Jahrhunderts die Fluite einführten, einen Schiffstyp mit geringerem Tiefgang und einer gegenüber dem Krawel und der Holk verbesserten Besegelung, sicherte ihnen dies entlang der nordeuropäischen Küsten eine drückende Überlegenheit. Die Hanse musste nachziehen und auch Fluiten bauen.

Die Hanse ihrerseits verdankte ihre anfänglichen Erfolge zuerst dem lübischen Schiffbau. Im zwölften Jahrhundert verkehrten auf der Ostsee Wikingerschiffe, schmale, schnelle Boote mit Ruder und Segel, und ein westeuropäischer Seglertyp, rundlich, kurz, breit, langsam. Beide hatten kaum mehr als 30 Tonnen Nutzlast, oder 15 Last, nach dem Maß der Hanse. Für die Kolonisierung des Nordostens war das zu wenig.

Schon kurz nach der Gründung Lübecks begann man an der Trave, Koggen zu bauen. Der völlig neue Bootstyp, ein breitbauchiger Segler, war kürzer als das Wikingerschiff, dafür breiter, mit einem flachen Kiel von etwa drei Metern Tiefgang, in Klinkerbauweise und genagelt, die Nagelspitzen in den Sparren zurückgebogen. Das Wikingerschiff war noch genietet. Das Segel der Kogge war rechteckig und drall, damit konnte sie auch gegen den Wind kreuzen. Zwar war die Kogge weniger wendig als das Wikingerschiff; sie stellte aber auch weniger hohe Anforderungen an die Holzqualität.

Die frühen Koggen hatten ihr Ruder seitlich, frei. Gegen Ende des dreizehnten Jahrhunderts wich es dem fixen Ruder achtern. Schon die ersten Koggen transportierten bis zu 160 Tonnen, 80 Last, mehr als das Fünffache der Wikingerschiffe. Ihre Nachfolger wurden mit der Zeit größer. Man baute ein Kastell aufs Schiffsheck, das Platz für Kajüten bot.

Wo die Kogge ursprünglich entwickelt wurde, ist nicht geklärt. In Utrecht wird schon im zehnten Jahrhundert eine Koggenabgabe erwähnt. Zu seiner Bedeutung im Verkehr auf der Ostsee dagegen kam der Schiffstyp dank der Hanse. Diese eroberte mit der Kogge die Ostsee als ihr Meer. Und wahrte ihre wirtschaftliche Überlegenheit dank ihr über mehrere Jahrhunderte.

Noch konservativer als der Schiffbau war die Navigation. Kompass und Bussole zum Winkelmessen, die im Mittelmeer seit dem dreizehnten Jahrhundert zur Ausrüstung gehörten, hielten an der Ostsee lange keinen Einzug. Die Koggen der Hanse fuhren ohne Navigationsinstrumente. Und sogar ohne Seekarte, wie wir sie kennen.

Stattdessen navigierte man mit dem *Seebuch*, einer Textkarte, die eine genaue Wegbeschreibung lieferte, entlang der Fahrwasser, Häfen, Reeden, Inseln, mit Hinweisen auf besondere Gefahren. Die so genannten Seezeichen, Vorgebirge, Klippen, städtische Wahrzeichen wie Kirchtürme, und Angaben über die Wassertiefe in Faden wiesen den hansischen Skippern den Weg.

Auch im fünfzehnten Jahrhundert war das Lot noch das einzige Navigationsinstrument.

Besonders markante Seezeichen waren die hohen Kirchtürme der Hansestädte. Der Rostocker Petriturm ist bei klarer Sicht von der See her aus 50 Kilometern Entfernung zu erkennen. Auch Leuchtfeuer werden im ältesten erhaltenen Seebuch der Hanse aus dem fünfzehnten Jahrhundert bereits erwähnt. Allerdings wurden sie nur bei schlechtem Wetter entfacht.

Diese Küstennavigation war einst auch im Mittelmeer üblich. Distanzen wurden geschätzt, «Gissung» hieß das. Eines der Maße war eine «kleine Kennung» (12 Seemeilen), ein älteres die «weke sees», die Dauer einer Wache des Steuermanns.

Nach einem alten Seebuch peilte man die Einfahrt aus dem Kattegat in den Sund so an, dass der Steuermann zwischen Kirche und Backhaus der Stadt Helsingör durchsehen konnte. Das Buch von etwa 1470, dessen Original in der Hamburger Commerzbibliothek liegt, ist in Niederdeutsch verfasst, der «Amtssprache» der Hanse. Minutiös beschreibt es die Seefahrtswege vom Skagerrak nach «Revel», oder Tallinn, aber auch nach England und entlang der französischen Küste bis zur Iberischen Halbinsel.

Aus dem Öresund geleitete das Seebuch den Skipper nach Bornholm, die Insel entlang, dann «van bornholme to gotlande nortost ton norden» knapp fünfzig «weke sees», etwa 180 Seemeilen also, während deren die Besatzung knapp fünfzig Wachen abhielt. «Bet vor wissebus», bis vor Visby, Gotland entlang und bis zur «Gotska Sandöe», einer winzigen Inselidylle, heute ein Ferien- und Konferenzparadies. Dort drehte man etwas ab zur Kreuzung der offenen Ostsee ohne Küstensicht: 18 «weke sees» bis zum «Dageder Ort», dem Westzipfel der Insel Dagö, Kõpu. Entlang der Insel fuhr man «fünf weke sees» nach Nordosten bis Sibeness, oder Simpenäs, wo heute der Leuchtturm Tahkuna steht. «Unde wachtet iw zumer vor sibbenesser wik», warnte das Seebuch vor den Klippen des Neckmansgrund.

Die älteste bekannte Textkarte der Ostsee, *Navigatio ex Dania per Mare Balticum ad Estoniam*, auch *Kong Valdemars Jordebog* genannt, wurde vermutlich von Franziskanermönchen um das Jahr 1300 abgefasst. Die Schrift auf Pergamentbögen schildert die Route einer Fahrt des dänischen Königs um die Mitte des dreizehnten Jahrhunderts. Sie führt vom damals dänischen Blekinge die Küste entlang, an Kalmar vorbei, Norrtälje, in die Schären der Ålandinseln, an die Südspitze von Finnland und von dort über die Finnische Bucht nach Reval. Der Text ist lateinisch, die Ortsnamen sind altnordisch. Lange bevor man solche Textkarten niederschrieb, wurden sie mündlich überliefert.

Die Moderne kam mit dem Schweden Johan Månsson, der während des Dreißigjährigen Krieges die Ostsee vierzehn Jahre als Steuermann befuhr, zuletzt 1643 als *Älderstyrman* der schwedischen Admiralität, als der er Übungsexpeditionen befehligte. Sein *Gründlicher und ausführlicher Bericht, aller und jeden rechten Coursen, Land-Kännungen, Streckungen, Einläuffen, oder Einfahrten, Bäncken und Gründen, sambt allen Blinden- und außer Wasser stehenden Klippen der gantzen Ost-See, allen denen Seefahrenden zu nützlicher Unterrichtung* schien erst bloß ein weiteres Seebuch zu werden, wie es sie seit 1568 von skandinavischen Autoren gegeben hat; das erste von Laurentz Benedicht in Kopenhagen. Zuvor hatten die Schweden und Dänen Seebücher deutscher und niederländischer Autoren benützt.

Ebenfalls aus Holland stammt die erste Seekarte überhaupt, die wenigstens einen Streifen Ostseeküste einbezieht, Mecklenburg. Cornelis Anthonisz veröffentlichte sie 1543 als *Caerte von Oostlant.* Auch der große Nordlandforscher Olaus Magnus zeichnete eine Karte der Ostsee; er fügte sogar Kompassangaben bei. Für die Seefahrt taugt sie freilich nicht, sie ist zu ungenau.

Um 1620 beschloss die aufstrebende Großmacht Schweden, ihre alternde Flotte auszubauen. Treibende Kraft war Klas Fleming, der Mann, der als Admiral die Stabilitätstests des Regalschiffs *Vaasa* abbrechen sollte, als das Fahrzeug instabil wurde.

In den Schären, wo die Navigation schwierig war, heuerte die Marine lokale Inselbewohner als Lotsen an. Dafür wurden sie vom Kriegsdienst befreit; und wenn sie ihre Söhne zu Lotsen ausbildeten, diese auch.

Fleming, ein Finnlandschwede, half auch jene schwedische Expedition nach Nordamerika in Gang zu bringen, die zur Gründung Neuschwedens im heutigen US-Staat Delaware führte – ein Glück von kurzer Dauer. Vor allem aber setzte Fleming die Einrichtung einer Seefahrtsschule durch, des Admiralskollegiums. Es eröffnete 1634; einen Lehrplan legte man allerdings erst 1689 fest.

Unter Obhut des Kollegiums verfasste Johan Månsson sein Seebuch, als Lehrbuch gleichsam, das er 1644 veröffentlichte. Ein Jahr später ließ er dem Buch eine Ostseekarte folgen, mit Kurs- und Distanzangaben, gewidmet der schwedischen Königin Kristina. Diese Karte Månssons revolutionierte die Navigation auf der Ostsee, sie begründete das Kompasssegeln. Das Werk blieb über ein Jahrhundert der Standardleitfaden für den Schiffsverkehr auf der Ostsee und mag durchaus zur Überlegenheit der aufsteigenden Großmacht Schweden beigetragen haben Es wurde 1677, 1725, 1743 und 1748–51 wieder aufgelegt, 1669 erschien in Wismar die erste deutsche Ausgabe, der 1701, 1717 und 1725 drei Nachdrucke folgten. Die zwei russischen Editionen erschienen 1721 und 1756, 1735 eine dänische.

Im achtzehnten Jahrhundert dann publizierte die russische Kartographie Ostseekarten von bislang nicht gekannter Qualität. Die neue Großmacht an der Ostsee begann ihrerseits, ihr Reich zu vermarken.

In der Navigation stellt die – auf der Ostsee späte – Einführung von Karte und Kompass einen Meilenstein dar, der allenfalls mit der Einführung der Metallbauweise und der Motorisierung im Schiffbau zu vergleichen ist. Die Eisbrecher schließlich und um die Mitte des zwanzigsten Jahrhunderts das Radar machten die kommerzielle Seefahrt wetter- und wintersicher. Und es geht weiter: Ihren jüngsten Sprung vollzog die Navigation in den letzten Jahren. Seither können auch kleine Fähren und Kutter mit der Präzision einer Eisenbahn auf der Ostsee verkehren.

Auf den Brücken der kommerziellen Fischkutter in Österbotten und an der schwedischen Küste leuchtet ein Bildschirm. Per Mausklick ruft man die Seekarte auf, vergrößert und verkleinert ihren Maßstab, bis ganz Europa oder jeder einzelne Fels im Fahrwasser sichtbar wird. Ein kleines grünes Schiffchen markiert die gegenwärtige Position; das GPS, das Global Positioning System, aktualisiert die Koordination über Satelliten alle paar Sekunden. Fahrt und Richtung sind ebenso abzulesen wie die bisherige Route mit Zeitangaben. Vom Radar registrierte Hindernisse können der Karte überlagert werden, wenn sie beweglich sind, auch mit Route. Und das Echolot «sieht» die Heringsschwärme. Es stellt sie auf dem Bildschirm dar.

Tausend Jahre war die Ostsee Hindernis und Verbindungsweg zugleich, eine Schwelle, deren Überwindung Mut und Kompetenz erforderte, dafür Profit versprach. Die Städte an der Küste verdankten der Seefahrt ihre Größe und ihren Reichtum, ja ihre Existenz. Und die

Hinterländer lieferten und konsumierten, womit die Städte handelten, Fisch, Getreide, Felle, Erze.

Dann blieb sie ein halbes Jahrhundert lang ein undurchlässiger Eisiger Vorhang.

Und heute: eine Verlängerung der Autobahnen über die See, die das andere Ufer zum nächsten Nachbarn macht und bald zu Gliedern desselben Staatenbunds.

Und alles begann mit der Kogge, einer technischen Neuerung im Schiffbau.

Kaufmannshanse, Städtehanse – die See als Metropole

Butter und Erdbeeren, Gebrauchtwagen und Buntmetalle, Bauarbeiten und Sex.

Und Sonntagsreden über das Erbe der Hanse.

Bis zum Fall des Eisigen Vorhangs gab es jenseits der Handelsverträge westlicher Großfirmen mit den Staatsbetrieben am Ostufer der baltischen See keine Wirtschaftskontakte. Die Lifte in den sowjetischen Hotels stammten aus Finnland, die Werkzeugmaschinen in den Fabriken aus Deutschland. Konsumgüter hingegen wurden kaum importiert. Oder bloß schwarz.

Im Sozialismus kontrollierte der Staat den Warenfluss, ganz besonders über die Landesgrenzen. Seine Pseudo-Währungen – der sowjetische Rubel, aber auch die Mark der DDR und der polnische Zloty – konnten nicht frei getauscht werden, weder untereinander noch in westliche Valuta. Wer als Reisender aus dem Westen DDR-Mark, Zloty oder Rubel brauchte, musste diese zu einem absurd überhöhten Kurs von staatlichen Wechselstellen beziehen.

Für Ausländer gab es spezielle Geschäfte, die importierte Waren führten, mit Ausweiskontrollen am Eingang und speziellen Preisen. Wir zahlten in Dollar, deren Besitz, vor allem in der Sowjetunion, normalen Bürgern verboten war.

Gewiss existierte ein Schwarzmarkt, auf dem auch Westgüter gehandelt wurden; die DDR hatte mit ihren Intershops dessen Prinzip sogar verstaatlicht, eine Ladenkette außerhalb des Systems, womit sie den Privilegierten über die Mängel hinweghalf. Überdies konnten Westdeutsche ihren Verwandten über die DDR-Agentur *Genex* Westwaren zukommen lassen.

Doch das waren Ausnahmen. Im Prinzip war der Eisige Vorhang auch für den wirtschaftlichen Austausch undurchlässig. Die zwei Seiten des bis zum Zweiten Weltkrieg integrierten Wirtschaftsraums blieben hermetisch getrennt.

Die östliche Hälfte verwandelte sich nach dem Zweiten Weltkrieg in eine Reihe von Pseudo-Industriestaaten, sozialistisch und planwirtschaftlich; Gesellschaften, in denen, so die Selbstdarstellung der Regime, alle glücklich waren. Diese Wohlfahrtsstaaten waren eine Fiktion, sorgsam gepflegt von der Parteipropaganda und den Staatsmedien. Hinter der Fassade einer potemkinschen Modernität lebte man in großen Ballungsräumen, die nur in Nischen Raum für intellektuellen und ökonomischen Austausch boten.

Am Westrand der Ostsee nahmen derweil das vom Weltkrieg verschonte Schweden und bald auch Finnland, Dänemark und die Bundesrepublik Deutschland den unterbrochenen Aufbau zum modernen Industriestaat mit einem umfassenden sozialen Netz wieder auf, den die Depression der dreißiger Jahre und der Krieg gestoppt hatten. Ihre Gesellschaften wurden immer reicher, die Menschen unabhängiger von ihrer Arbeit und freier in der Gestaltung ihres Alltags.

Hatten sich die Nachbarn Finnland und Estland vor dem Krieg parallel entwickelt – Estlands Modernisierung eilte jener Finnlands voraus –, so öffnete sich nun eine ständig größer werdende Lücke zwischen den Lebensstandards der beiden Länder. Und analog anderswo: Der Westen wurde reicher, der Osten stagnierte im Mief seiner Isolation.

Erst in den letzten Jahren vor dem Kollaps öffneten sich kleinere Lücken. Joint-Ventures entstanden mit westlichem Geld, kleine Firmen, die oft anderen als ihren registrierten Zwecken dienten. Im Westen lebende Esten oder Letten gründeten solche Joint-Ventures, um Fuß zu fassen in der alten Heimat ihrer Eltern und auch um freier ein- und ausreisen zu können. Über Wasser halten konnte sich eine solche «Kooperative» mit geringstem Aufwand, beispielsweise, indem sie einen Computer für den Eigenbedarf einführte, also ohne Zollzuschlag, das Gerät aber nach einigen Monaten verkaufte, womöglich gar an einen staatlichen Betrieb. Vom Erlös dieses einzigen Computers zahlten sich die Inhaber der «Kooperative» über Monate ihre Löhne.

Die Weltwirtschaft wuchs, der Osten der Ostsee und die Sowjetunion schrumpften. Wären die Volkswirtschaften des Sowjetblocks über Nacht verschwunden, es wäre in den Wirtschaftszentren der Welt kaum bemerkt worden. Nur die Öl- und Gaspreise hätten angezogen.

Skandinavien war noch im neunzehnten Jahrhundert arm, seine Lage ähnlich peripher. Die meisten Bauern produzierten bloß für ihre Subsistenz. Schwedens Exporte beschränkten sich auf Holz – sehr zum Schaden der Wälder – und Eisen, dazu Teer und Pech. Finnland und die baltischen Provinzen dagegen industrialisierten sich als Regionen des Russischen Reichs. In Riga entstanden Chemie- und Eisenbahnwerke.

Mit dem Zerfall des russischen Imperiums 1918 brach ihr Markt zusammen. Das war das Ende vieler Industriebetriebe beispielsweise in Riga.

Die Landwirtschaften im Süden und Osten der Ostsee dagegen, Ostpreußen und Polen, produzierten für den Export schon seit der Blütezeit der Hanse. Das ist an den Kornspeichern in Gdańsk und Greifswald bis heute abzulesen. Und war es einst auch in Elbing und Königsberg, einem der wichtigsten Umschlagzentren für Getreide. Honig, Flachs, Wachs und Fisch ergänzten die Palette der Exporte, und natürlich Pelze, deren Handel am Anfang des Ost-West-Verkehrs auf dem Baltischen Meer stand – lange vor der Hanse. Die Nowgorod-Fahrer deckten sich im heutigen Russland mit Pelzen ein.

Die Wikinger handelten mit Sklaven. Dafür brachten sie Tücher aus Friesland nach Nordosten. Auf den Bernsteinhandel erhob der Deutsche Orden ein Monopol.

Das Grundmuster veränderte sich über die Jahrhunderte wenig: Die Ostsee war ein Transitraum; eine Schwelle, deren Überwindung manche ihrer Anwohner reich machte. Hergestellt wurde hier wenig. Der Norden und Osten lieferte dem Süden und Westen Rohstoffe, in der Gegenrichtung brachte die Hanse verarbeitete Güter: Bier, Wein, Tuch, Kleider, Keramik, Waffen. Und Salz, das für die Konservierung von Lebensmitteln – Fisch vor allem – lebensnotwendig war. Die Hanse brachte es von der französischen Westküste über Lübeck nach Nordosten, und vor dem fünfzehnten Jahrhundert aus der Lüneburger Gegend. Nur das Bier brauten die Hansestädte selber.

Die Ostsee war mithin ein Ort des Warentausches; ein kleines Meer als Handelsort, Marktplatz und Börse, eine Welt der Kaufleute und Schiffer: Das sind urbane Qualitäten.

Gesäumt von Städten, brachte die See als Bindeglied die Bürger der Hansestädte zueinander, und mehr noch ihre Waren.

Die Hanse schaffte die Voraussetzungen für junge Männer, an der Gegenküste zu studieren, am häufigsten in Pommern. Sie brachte die Studenten mit ihren Schiffen hin.

Heute bildet die konstruierte Erinnerung an die Hanse, mehr als jede andere historische Vorstellung, jenes Element, das die zentrifugalen Teile des Ostseeraums zu einer wirtschaftlichen und geschichtlichen Einheit verbindet.

Als ob es *die* Hanse so gegeben hätte.

Wer über die Hanse schreibe, schickt der Italiener Angelo Pichierri seiner Rekonstruktion ihres Wirtschaftsmodells voraus, bewege sich auf einem «Gebiet der hochspezialisierten und empfindlichen Experten für hanseatische Geschichte».

Ursprünglich – so auch die Etymologie – war eine Hanse eine Vereinigung seefahrender mittelalterlicher Kaufleute, die sich zusammenschlossen, um für die Gefahren des Fernhandels – Krieg, Piraten, Betrug – gewappnet zu sein. Sie besuchten die Märkte zusammen, reisten im Flottenverband, teilten die Risiken, verbesserten ihre Wirtschaftlichkeit, standen indes zugleich im Wettbewerb.

Seit dem elften Jahrhundert gründeten deutsche Kaufleute Hansen, nicht nur an der Ostsee, auch in London, Brügge und im norwegischen Bergen, in Köln, Dortmund, Soest. Und mit der Kolonisierung des Ostens durch den Deutschen Orden allenthalben entlang der Küste von Holland nach Polen. Sie eröffneten Handelshäuser, genossen juridische

Exterritorialität, Steuer- und Zollermäßigungen. Zu ihren Privilegien gehörte das Recht, unverkaufte Waren zollfrei wieder auszuführen. Bei Schiffbruch behielten sie die Eigentumsrechte – und wenn ein Krieg ausbrach, befreite sie dieser von Abgaben und Leistungen.

Die historisch wichtigste dieser *Kontore* genannten Niederlassungen war Visby auf Gotland.

Wir kennen keine Gründungsurkunde, kein Gründungsdatum der Hanse und auch keines ihrer Auflösung. Sie wird zurückdatiert entweder auf die Gründung der Stadt Lübeck (1143/1159), die Verleihung von Privilegien an deutsche Kaufleute durch Heinrich II. in London, auf die Gotlandfahrergenossenschaft oder den Bund wendischer Städte 1256–1264. Der erste Hansetag – die Generalversammlung – fand freilich erst ein Jahrhundert später statt: 1356. In ihrer Ausdehnung nach Westen hatte die Hanse bloß kommerziellen Charakter. Nach Osten hingegen stellte sie den wirtschaftlichen Arm des deutschen Kolonisierungsprojekts dar, das die Ostsee, bis dahin ein skandinavisch-slawisches Binnenmeer, zum *Mare Teutonicum* zu machen trachtete.

In ihrer ersten Phase waren die Hansen bloß Vereinigungen individueller Kaufleute. Der «gemene Kopman» assoziierte sich mit seinen Konkurrenten, gründete eine Niederlassung. Die Städtehanse entstand später, gleichsam aus den Kaufmannshansen und zu deren Unterstützung. Die Städte setzten sich für den Schutz ihrer Kaufleute im Ausland ein – und bildeten somit eine eigene Vereinigung, *die* Hanse. Der Kaufmann gehörte fortan nicht nur als Mitglied direkt der Hanse an, sondern zugleich indirekt als Bürger einer Hansestadt.

Nach einer Mitgliederliste der Hanse sucht man vergeblich, die Mitgliedschaft vieler Städte blieb absichtlich diffus, das erhöhte ihre politische Flexibilität. Der Deutsche Orden komplizierte die Hanse zusätzlich: Er war zugleich Mitglied, Schutzherr und Konkurrent, wie Pichierri schreibt. Er trug zum Aufstieg der Hanse bei und später zu ihrem Niedergang. Danzig, Elbing, Braunsberg, Königsberg, Culm und Thorn unterstanden seiner Territorialherrschaft. Ab dem vierzehnten Jahrhundert stammte ein großer Teil des Getreides, das die Hanse nach Flandern und England verschiffte, aus den Lagerhäusern des Ordens.

Die Hanse verband die Ostseeregion zu einer Stadtlandschaft flexibler Räume, die sie übers Meer zu einer Arena des Tauschs verdichtete, primär wirtschaftlich, aber auch kulturell. Sie verlangte ein Minimum an Loyalität, vereinigte verschiedenste politische Anbindungen und erlaubte wechselnde Zugehörigkeiten. Sie blieb offen für neue Städte und nahm Abtrünnige und Ausgeschlossene wieder auf.

Die Hanse war eine schlanke Organisation, institutionell auf das Nötigste beschränkt, weitgehend ohne Machtstrukturen oder Bürokratie; die Hansetage oder Tagfahrten wurden unregelmäßig einberufen, nach Bedarf. Einen stehenden Apparat unterhielt die Hanse nicht, sie besaß keine Güter, kein Vermögen, keine Kasse, keine gemeinsamen Agenten und auch kein Siegel, mithin keinen Etat, den sie hätte verteidigen müssen. Das war ihre Stärke. Heute lässt sich von vielen Städten nicht mehr feststellen, zu welchem Zeitpunkt sie der Hanse angehörten und wann nicht. Zumal die kleineren nur dann Vertreter zu den Hansetagen schickten, wenn sie ein Anliegen hatten.

Pichierri hält das Unbestimmte für immanent: Mit einer stets vorläufigen kollektiven Identität konnte die Hanse ohne genau definierte Mitgliedschaft agieren: ein kollektiver Akteur, der im Namen einer diffusen Zahl von Mitgliedern verhandelte. Das war umso wichtiger, als jede Hansestadt, mit Ausnahme der freien Reichsstadt Lübeck, gleichzeitig einer territorialen Herrschaft unterstand, also mehreren Loyalitätsansprüchen zu genügen hatte.

«Das Ganze existierte vor den Teilen», konstatiert Rörig in seinem Buch über die Entstehung der Hanse. Deren jeweiliger Zustand entsprach dem größten gemeinsamen Nenner aller Beteiligten. Nur so konnte sie sich über vier Jahrhunderte behaupten und eine Region, die von allen Seiten als Peripherie gesehen wird, zum Zentrum machen. Nicht als Standort der Macht oder einer Produktion, sondern als Ort des Austausches, des Handels und der Verbindungen: als eine moderne, fragmentierte Metropole, gleichsam *ein* virtueller urbaner Raum von Nachbarstädten, die nur das Wasser trennte; und in diesem Raum konnten sich Berufsleute, Handwerker und Musikanten, Prälaten und Akademiker weitgehend frei bewegen, sich niederlassen und Karriere machen.

Modern, flexibel, heterogen, zeigt die Hanse, wie eine Institution auf die sich wandelnden Bedürfnisse ihrer einzelnen Teilnehmer zugeschnitten werden kann. Zusammengehalten wurde sie von Wirtschaftsinteressen, von einer gemeinsamen urbanen Kultur – etwa der Musik – und ihrer Lingua franca, dem lübischen Niederdeutsch, das 1369 das Latein als Protokollsprache der Rezesse der Hanse ablöste. Auf die deutsche Sprache, vielleicht mehr als auf die Macht der deutschen Städte, mag die Bezeichnung *Mare Teutonicum* zurückgehen.

Die Reformation überstand die Hanse schadlos, das Aufkommen zentralisierter Staaten schränkte ihre Handlungsfreiheit indes ein. Gustav Wasa von Schweden baute eine eigene Handelsflotte von sechzig Schiffen auf, um sich aus der Abhängigkeit von Lübeck zu lösen.

Auf den Vormarsch Schwedens im Dreißigjährigen Krieg fand die Hanse keine gemeinsame Antwort mehr. Das Vertragswerk des Westfälischen Friedens zersplitterte das Deutsche Reich, stärkte die Territorialherren. Und die seither entstehenden Nationalstaaten. Der Vorteil der losen Struktur verkehrte sich allmählich in einen Nachteil.

Ihre Handelswege indes haben sich über das Ende der Hanse hinaus erhalten, und die Handelsmuster ebenfalls: Rohstoffe nach Südwesten, Salz und verarbeitete Güter nach Norden und Nordosten.

Schweden wurde zum wichtigsten Kupferexporteur, Spanien sein Hauptabnehmer.

Im siebzehnten Jahrhundert kamen Zucker und Kaffee, Baumwolle, Südfrüchte, Gewürze und Tabak dazu. Erst waren diese Luxusimporte dem Adel und den Prälaten vorbehalten, doch allmählich konnte sich auch das wachsende Bürgertum in den Städten etwas davon leisten.

Sankt Petersburg wurde bald nach seiner Gründung zum unersättlichsten Schlund für Luxusimporte: Auf den Tischen des russischen Adels fehlte es vom französischen Champagner über die Orangen aus Italien bis zur frischen Ananas an nichts. Derweil versorgten im neunzehnten Jahrhundert die finnischen, ingermanländischen und estnischen Bauern aus der Umgebung die Stadt mit Fisch, Fleisch und frischer Butter, Pilzen und Beeren. Die Bauern brachten ihre Produkte selbst auf die Märkte der Stadt. Diese Kleinexporte kurbelten die Wirtschaft des

Großherzogtums Finnland an. Die Bauern der Region arbeiteten nicht mehr bloß für ihre Subsistenz, sondern stellten sich auf die Bedürfnisse eines Absatzmarktes ein. Auch anderen Professionen bot die zaristische Hauptstadt ein Auskommen: Aus Finnland kamen Dienstboten, Kutscher und Huren. Am Westufer des Baltischen Meeres gab es keine vergleichbare Stadt. Die Anwesen der västerbottnischen Bauern waren zu klein, um eine ganze Familie zu versorgen. Mit Fischerei, Holzen oder in einer Sägerei mussten sie ihre Auskommen aufbessern. Vor allem die Holzunternehmer nutzten diese Abhängigkeit ihrer Arbeiter aus. Das Erhalten ihrer Armut war durchaus in ihrem Interesse.

Nur die dänische Landwirtschaft begann sich bereits im neunzehnten Jahrhundert zu mechanisieren, ihre Strukturen zu modernisieren.

In Schweden hielt sich das alte Außenhandelsmuster – Rohstoffe gegen veredelte und Kolonialwaren – bis ins neunzehnte Jahrhundert; für Russland hat es bis in die Gegenwart Gültigkeit. Oder wieder, seit die Kommunisten die damals neue russische Industrie nach 1917 verstaatlichten und allmählich zugrunde richteten. Russland exportiert heute vor allem Öl, Gas, Gold und Nickel aus Sibirien statt Pelze wie vor zweihundert oder tausend Jahren.

Estland wurde nach 1991 plötzlich zu einem der größten Kupferexporteure, obwohl in Estland kein Kupfer vorkommt. Windige Gesellen hatten einen Weg gefunden, die Kontingente der sowjetischen Rüstungsindustrie abzuzweigen und «legal» über Estland ins Ausland zu verkaufen.

Westeuropa in der Zeit des Kalten Krieges brauchte keine Kaufmannshanse; die Wirtschaft war offen, die Bedingungen klar. In den ersten Jahren der Öffnung indes war in Polen, in den baltischen Staaten und in Russland für Westeuropäer alles fremd. Da entstanden durchaus lose Vereinigungen westlicher Geschäftsleute, die sich in freundschaftlichem Wettbewerb gegenseitig halfen und sich zugleich Konkurrenz machten.

Die Legionen junger Esten, Letten und Russen, Schüler, Studenten und Professoren, die sich zu Beginn der neunziger Jahre im Sommer ein paar Monate Urlaub leisteten, um in Finnland Erdbeeren zu pflücken und sich damit das Auskommen für ein ganzes Jahr zu sichern, sie koordinierten ihre Einsätze lose. Sie fuhren zusammen, vermittelten sich gegenseitig weiter und waren gleichwohl Konkurrenten um die besten Jobs. Aber stets darauf bedacht, dass möglichst alle profitieren.

Die finnischen Gruppen, die Luxusfahrzeuge nach Russland verschieben, die meisten von zwielichtiger Herkunft, sind ähnlich organisiert: Partner und Konkurrenten in einem und unbedingt darauf bedacht, dass keine Dritten in ihr Geschäftsterritorium eindringen. Wenn nötig mit Gewalt. Wie die russische Mafia ohnehin.

Die Shuttle-Trader, Kleinhändler des grauen Marktes, die ihr Geld im Grenzverkehr verdienten – sie «importierten» so viel, wie sie tragen konnten –, fanden sich ebenfalls zu Gruppen. Ihre Netze reichten nach Polen, Rumänien, in die Türkei, nach Westeuropa und bis nach China und Vietnam. Sie hatten dort ihre informellen Kontakte und zuweilen auch «Wintersitzer», waren lose organisiert – und doch stets flexibel.

Vielleicht muss man die Strukturen und Bindungen solcher Gruppen studieren, um das Wesen der frühen Kaufmannshansen zu verstehen. Auch wenn es zunächst abwegig erscheint, windige Kleinhändler des ausgehenden zwanzigsten Jahrhunderts mit den Großkaufleuten der Hanse zu vergleichen.

Obwohl?

Vielleicht bietet das Netzwerk einer losen Kaufmannshanse die adäquate Organisationsform für Geschäfte in unvertrauter Fremde. Im Gegenwind. Und sei es nur in Form von Shuttle-Händlern, Gebrauchtwagendealern, Erdbeerpflückern und Schwarzarbeitern. Die Gesetze der Wirtschaft gelten auch für sie.

Formidabel ist erst, wie aus den Kaufmannshansen die Städtehanse entstand, das übergeordnete Forum, der Marktplatz der Marktplätze. Sie hat die Ostsee zu einem Wirtschaftsraum vereinigt. Zu einem Raum des Austauschs.

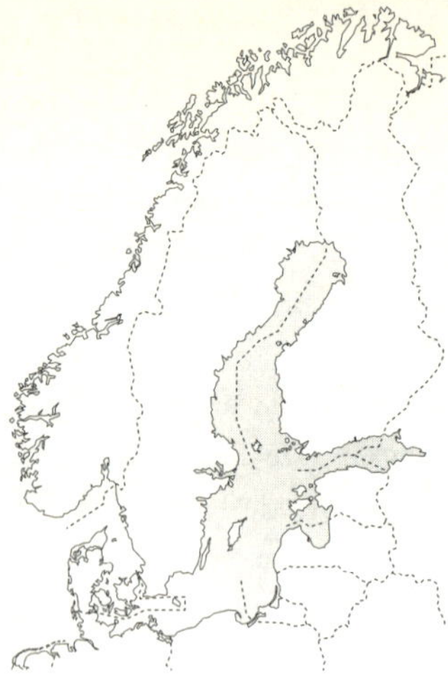

Jenseits der Ostsee – das Außen-vor-Land

Die Beitritte Estlands, Lettlands, Litauens und Polens zur EU verwandeln die Ostsee in eine europäische Binnensee, das einzige ganz europäische Meer. Mit Russland stößt nur noch ein Land an die Ostsee an, das nicht zur EU gehört, und das bloß mit zwei Zipfeln, der Exklave Kaliningrad und der Newamündung mit Sankt Petersburg. Beiderorts hat man schon, was freilich kaum ernst zu nehmen ist, von Autonomie und einer Einbindung ins europäische Gefüge geträumt.

Ganz anders jenes Nicht-Ostseeland, das auf seine Zugehörigkeit zur Ostsee pocht: der Nein-Sager Norwegen.

Geographisch öffnet sich der lange, gebirgige Sonderfall jenseits der Wasserscheide der skandinavischen Halbinsel – des Kjölen – zur Nordsee und zum Atlantik. Definieren wir den Ostseeraum als jenes Gebiet, das sich in die Ostsee entwässert, gehört Norwegen nicht zur Ostsee.

Historisch eigentlich auch nicht. Zwar unterstand Norwegen während vier Jahrhunderten Dänemark, gleichsam als das atlantische Gegengewicht zu den östlichen Besitzungen Kopenhagens: Skåne, Bornholm und vorerst auch Livland. Norwegen tarierte gleichsam Dänemarks Brückenstellung aus, als Großmacht am Eingang zur Ostsee.

In den Napoleonischen Kriegen verlor Dänemark Norwegen an Schweden, das so für den Verlust von Finnland an Russland entschädigt wurde. Auf die «dänische Zeit» folgten neunzig schwedische Jahre, die freilich wenig Spuren hinterließen. Norwegen genoss eine gewisse

Autonomie und bereitete sich auf die Unabhängigkeit vor, in die es Stockholm 1905 friedlich entließ. Die «schwedische» Zeit veranlasst das heutige Norwegen somit kaum, sich zur Ostsee hin zu orientieren.

Im Gegenteil: Es ist kaum Zufall, dass Schweden in der Zeit seiner Ostsee-Hegemonie nicht nach der norwegischen Krone griff. In seinen Plänen, den Ostseeraum unter sich zu vereinigen, lag Norwegen außen vor. Erst der Verlust des Baltikums und später Finnlands richtete Schwedens Blick nach Westen.

Wirtschaftsgeschichtlich gibt es ebenso wenig Grund, Norwegen dem Ostseeraum zuzurechnen. Gewiss stieg die Hanse – neben Salz- und Fellhandel – vor allem mit dem Stockfischimport aus Norwegen im Ostseeraum zu ihrer ersten Größe auf. Sie verfügte im Handel mit Bergen über ein Monopol; die «deutschen Brücken», das Hansekontor, genossen auch hier juristische Exterritorialität. Neben den Händlern und «Wintersitzern», Kaufleuten, die in Bergen überwinterten, stammten auch viele Bergenser Handwerker aus deutschen Städten.

Gleichwohl war die Bergenfahrt weniger ein Kolonisierungsprojekt als die «Aufsegelung» des Ostens. Und wenn ein Hansekontor die Zugehörigkeit zum Wirtschaftsraum der Ostsee implizieren soll, dann sind auch London, die Niederlande, das Rheinland und zum Beispiel die Hansestadt Krakau dabei.

Nein, Norwegens Anspruch, zur Ostsee zu gehören, ist ein Beispiel dafür, wie die Politik sich über die Geographie stülpen kann. Der 1992 ins Leben gerufene Rat der Ostseestaaten entstand aus dem Nordischen Rat, dem seit 1952 um den innernordischen Austausch bemühten «ersten überstaatlichen politischen Organ» Skandinaviens seit der Union von Kalmar, so die Selbstdarstellung. Im Nordischen Rat sitzen Parlamentarier aus fünf Staaten, Dänemark, Norwegen, Schweden, Finnland und Island, und die Vertreter der drei autonomen Gebiete Färöer, Grönland und Ålandinseln.

Zu den Meriten des Nordischen Rates gehört die skandinavische Pass- und Zollunion und die freie Wohnsitz- und Arbeitsplatzwahl über die Landesgrenzen hinaus, lange bevor man in Brüssel an solche Öffnungen dachte.

Vor allem aber bemüht sich der Nordische Rat um den Kulturaustausch. Er verleiht übernationale Preise und Stipendien, subventioniert Literatur und ihre Übersetzungen, oft aus eigentlich gegenseitig verständlichen Sprachen, etwa vom Schwedischen ins Norwegische, und propagiert nordische Filme in den jeweils vier andern Ländern, mit äußerst bescheidenem Erfolg.

Im Nordischen Rat spielt Norwegen eine wichtige Rolle. Die hat es behalten, als sich der Rat und seine Kulturinstitutionen des Baltikums anzunehmen begannen. Oslo trat gar, schon bevor die Einladung an Ostmitteleuropa erging, für eine Integration der baltischen Staaten in die EU ein. Es unterstützt deren Anpassung an Unionsrecht und -gepflogenheiten finanziell.

Das scheint paradox: Norwegen hält sich wie die Schweiz als Nein-Land aus Europa raus. Es nährt seine nationale Identität aus der Ablehnung des Andern, historisch vor allem des Dänischen, dann auch des Schwedischen und Deutschen. Der antidänische Reflex hat sich aus dem achtzehnten Jahrhundert in die Gegenwart erhalten. Er hindert die Norweger freilich nicht, oft und begeistert nach Kopenhagen zu fahren, in die einstige Hauptstadt.

Ohnehin ist aus dem antidänischen längst ein antibürgerlicher und antiurbaner Reflex geworden. In Norwegen misstraut man den Eliten zutiefst, mit Ausnahme der Elitesportler. Akademiker nennen sich lieber «denkende Menschen», der Begriff «Intellektueller» ist verpönt. Er ist zu elitär.

Zweimal haben die Norweger, gegen den Willen ihrer sozialdemokratisch dominierten Regierungen, den Beitritt zur EU verworfen. Auch 1994 noch, nach dem Kollaps der sowjetischen Hegemonie, als sich Europa mit dem Anschluss des Bruderlandes Schweden sowie Finnlands nach Norden ausdehnte. Und schon 1972, während das Kalten Krieges, als Dänemark der EWG (der heutigen EU) beitrat.

1972 machten die EU-Gegner das Überleben der norwegischen Fischerei zum Abstimmungsslogan. Vor allem an den Rändern, der Küste, war man vehement gegen einen Beitritt, je nördlicher, umso heftiger.

Der Abstimmungskampf hat mich, damals ein Teenager, tief beeindruckt. Erst in der Unabhängigkeitsbewegung des Baltikums erlebte ich ähnlich starke politische Emotionen wieder, einen vergleichbar störrischen Optimismus.

Es war ein Nachmittag im August, die See ging schwer, das Postboot nach Svolvær krängte nach Backbord: Nein, nein, nein, hieß es überall, und dazu norwegische Fahnen. Trotz Hundewetter herrschte Hochstimmung auf Deck. Starke Frauen, wirbelnde Kinder, Männer, die Windeln wechselten. Und alle trugen Nein-Ansteckknöpfe: «Nei til EF», «Nein zur EG».

Norwegen war noch ein armes Land, vor allem an den Rändern, aber eigentlich fast überall: im Innern, an der Küste und besonders im Norden. Vom Öl hatte man gerade erst gehört, und bereits mobilisierte sich eine Bewegung gegen die Ölförderung nördlich des 60. oder 62. Breitengrades.

Die jungen Protestler auf der *Hurtigrute* waren kantig, bescheiden und auch etwas naiv. Ihr Nein richtete sich nicht bloß gegen das Fremde aus Brüssel und den «Ausverkauf der Heimat an die Deutschen», sondern auch – und vielleicht noch mehr – gegen Oslo, das diesen «Verrat» betrieb. Die dortige Regierung hatte geglaubt, den EU-Beitritt per Referendum vom Volk reibungslos absegnen lassen zu können.

Zudem richtete sich der Protest gegen das Jante-Gesetz in den Köpfen der Protestierenden selbst: Diese erste EU-Kampagne fiel mit den Anfängen der Studenten-, Umwelt- und Frauenbewegungen zusammen. Plötzlich durfte man auffallen, musste gar, solange man dies in der Gruppe tat. Widerstand wurde zur Bürgerpflicht. Widerstand gegen die Elterngeneration, gegen das Establishment, die USA, den Vietnamkrieg, den Kapitalismus. Und gegen die Ausbeutung der Natur. Gegen alles Große, Glänzende, gegen den «falschen Fortschritt». Oder einfach Widerstand: Auch die norwegische Nachkriegsgeneration fand sich in der Ablehnung der überlieferten Werte ihrer Väter selbst. Sie öffnete damit die Gesellschaft, modernisierte und enttraditionalisierte sie.

Als ausgerechnet die Väter – und dazu zählte auch der Papastaat, der sich noch väterlicher um seine Schäfchen bemühte als der schwedische – eine Modernisierung in Form der Öffnung zur EG einleiten wollten, mobilisierte sich die Jugend an den Rändern zur identitätsstiftenden Gegenbewegung, zur sozialen Modernisierung gegen das Vordringen der Warenwelt. Als wäre Norwegen eine alternative Wohngemeinschaft, patriotisch, links und mit Kuhdreck oder Fischresten an den schweren Schuhen.

Auf Deck des *Hurtigrute*-Bootes nach Svolvær feierten die fröhlichen Rebellen ihren Sieg schon zwei Monate vor der Abstimmung.

Sieht man von den berühmten Radioreportagen über die Olympischen Spiele ab, während deren ganz Norwegen live *seine* Siege bejubelte, zog die EG-Abstimmung – zumal es inzwischen das Fernsehen gab – erstmals alle Aufmerksamkeit des langen zerklüfteten Landes auf ein Thema. Sie stellte mithin eine Gleichzeitigkeit her, die es zuvor nicht gab. Ein «Wir» im «Nein».

Dieses «Wir» erteilte Oslo im September 1972 jene Abfuhr, mit der dort niemand gerechnet hatte. Die Mehrheit der Ablehnenden war dünn, aber wuchtig. Auch die Sympathien vieler, die aus rationaler Überlegung «Ja» gestimmt hatten, gehörten den Gegnern. Symbolisch kehrte Norwegen gleichsam zu seinen Ursprüngen zurück, aufs Land und zu jener Eigenständigkeit, auf die sich schon die erste Nationalversammlung 1814 in Eidsvoll festgelegt hatte. Oder ins vierzehnte Jahrhundert, vor die dänische Zeit. Dass der große Bruder, Schweden, damals nicht an einen EG-Beitritt dachte, gab den Nein-Sagern zusätzlich Auftrieb.

Was ist aus dem armen Nato-Randstaat geworden, der für seine Fischer und Bauern auf das Wohlstandsversprechen aus Europa verzichtete?

1972 ahnte noch niemand, welche Reichtümer Norwegen bald aus seinem Kontinentalsockel pumpen würde. Man förderte gerade das erste Öl. Auch die Lachsaufzucht, eine andere wesentliche neue Einnahmequelle, gab es noch kaum.

In den folgenden zwei Jahrzehnten verwandelte das arme Norwegen sich zum reichsten Land der Welt, dem eine UN-Studie attestierte, die höchste Lebensqualität zu bieten.

So feierte Norwegen sich selbst, gerade auch in unserem Jahr null. Es feierte seine Fußballer und während der Olympischen Winterspiele in Albertville 1992 und 1994 in Lillehammer im eigenen Land seine Ski-, Lang- und Eisschnellläufer. Sie bestätigten den Norwegern, dass sie in der besten aller Welten lebten. Und Landesmutter Gro Harlem Brundtland sagte, es sei typisch norwegisch, gut zu sein.

Während die Völker des Baltikums um eine nationale Identität kämpften, stürzten die Siege von Lillehammer die Norweger in einen kollektiven Taumel, trunken vom nationalen Narzissmus. Und wollte man der norwegischen Presse glauben, starrte die ganze Welt nach Norwegen, um dessen Modelle zu kopieren und Rat zu erhalten.

«Norsk», norwegisch, wies der Sozialanthropologe Thomas Hylland Eriksen nach, wurde zum häufigsten Wort in Norwegens Alltagssprache, verwendet als Synonym für «sehr gut».

Indes melden sich die Arbeitnehmer dieser besten aller Welten öfter krank als in irgendeinem andern westlichen Land. Viele Leute klagen über Stress und Ausgebranntsein. Die Leistungen der Schüler sind, im internationalen Vergleich, lausig; sie lesen schlecht und können nicht rechnen. Wer sich operieren lassen muss, wartet erst in einer langen Schlange.

Andererseits erkennt man Fischerstädtchen wie Svolvær auf den Lofoten kaum wieder. Das Nest mit Hafen und Werft, verwitterten Holzhäusern, wenigen Läden und einfacher Jugendherberge hat sich in ein modernes Kreisstädtchen verwandelt, mit Schnellstraßenanschluss und Yachthafen, Edelwohnungen in neu-alten Holzhäusern auf Pfeilern, Kneipen entlang der neuen Wasserfront, ein Museum seiner selbst.

Im Sommer kommen die Touristen, das Jahr über Teilnehmer verschiedenster Kongresse. Und bald soll auch Svolvær jenseits des Polarkreises sein Badeland erhalten, mit Plastikpalmen und Südsee-Bar.

Das Gleichheitsgebot der Arbeiterpartei, die Norwegens Nachkriegspolitik dominierte, meinte nicht bloß Individuen, sondern auch die Regionen. Mehr noch als in Schweden. Damit fassten die Sozialdemokraten auch dort Fuß, wo es kaum Arbeiter gab. Gezielt schürten sie den Neid der Regionen auf die Hauptstadt. Was einem Osloer Bürger zusteht, so der Grundsatz, eine Bibliothek, Harfenunterricht oder eine spezialärztliche Behandlung, darauf haben auch seine Mitbürger in Rand-Norwegen ein Anrecht, in Svolvær etwa.

Das ist als Prinzip gewiss löblich und hilft, die Ränder am Leben zu erhalten. Das Öl freilich erlaubt Norwegen die Maßlosigkeit jener, die sich jeden Luxus leisten können. Und noch immer nicht zufrieden sind.

Viele Norweger sind empört darüber, dass ihre Regierung die Öl-Gelder unter Verschluss hält und spart, weil sie glaubt, so die Konkurrenzfähigkeit der norwegischen Wirtschaft zu erhalten.

Als die Norweger im Herbst 1994, noch berauscht von *ihren* Siegen in Lillehammer, sich einem neuen, imperfekten Europa öffnen sollten, aus dem Paradies auf Erden herabsteigen in eine immer unreinere Welt, ihr gar gleichgestellt werden, da sagten sie erneut nein.

Fleisch aus dem Ausland sei verseucht mit Salmonellen, lautete eines der wirksamsten Argumente der «Nein-Königin» Anne Enger Lahnstein. Wäre Norwegen der damaligen EG beigetreten, die Salmonellen wären einmarschiert.

Lahnstein malte das Ende der Küstenfischerei an die Wand, der Essenz des Norwegertums. Als ob das Land als Mitglied des EWR, des Europäischen Wirtschaftsraums, sich nicht de facto längst der EG einordnete, nur ohne Stimme. Wirtschaftliche Argumente schmetterte sie ab. Damit gewann sie vor allem die jugendlichen Wähler und die Frauen: Norwegen könne sich den Luxus leisten, außen vor und dafür besser zu sein, hieß es. Man habe ja das Öl.

Nur: Gehört das Öl wirklich den Norwegern? Fragte der Schriftsteller Jan Kjærstad in seinem Roman *Der Verführer.* Und nannte sein Land einen «blinden Passagier», Typ Schiffsratte, «Rattus Norvegicus».

In der norwegischen Geschichte des zwanzigsten Jahrhunderts sei, so Kjærstad, Glück der wichtigste Faktor gewesen. In den fünfziger Jahren hielten norwegische Geologen es für «ausgeschlossen, dass sich unter der Nordsee Öl- oder Gasvorkommen» befänden. Oslo zeigte kein Interesse, die Wirtschaftszone auf 200 Meilen auszudehnen. Erst als ausländische Firmen die Regierung auf mögliche Ölvorkommen hinwiesen, begann man zu suchen. Und stellte erstaunt fest, dass das überreiche Ekofisk-Feld im Dreieck zwischen England, Dänemark und Norwegen – gleichsam zufällig – in der norwegischen Hoheitszone zu liegen gekommen war. Norwegen hatte ein «Schweineglück», schrieb Kjærstad. Wie der Bauer mit den größten Kartoffeln.

Dann verglich Kjærstad sein Norwegen mit den Niederlanden des siebzehnten Jahrhunderts, die den Handel auf der Ostsee dominierten. Sie waren, wie heute Norwegen, zu plötzlichem Reichtum gekommen. Und brachten ihre Kultur zu einer beispiellosen Blüte.

Und was macht Norwegen? Nichts. Die Forschungsbeiträge werden gekürzt, Schulbudgets gestrichen, manche Universitätsinstitute erhalten nur für jene Studenten Staatsbeiträge, die ihre Prüfungen bestehen. Also lassen sie niemanden mehr durchfallen, so schlecht ihre Leistungen auch sein mögen. Zugleich gehen immer mehr Mittelschüler auf die Uni, und jede Fachhochschule wird zur Universität. Als ob ein Universitätsdiplom ein Menschenrecht wäre: Gleichmacherei auf höchstem Niveau.

Norwegen ist zu einem Land der Verwöhnten und Übersatten geworden, die sich krampfhaft um eine Diät oder etwas Selbstdisziplin bemühen. Und die zutiefst überzeugt sind, alles richtig zu machen und besser zu wissen.

Wahrscheinlich hätten die sozialistischen Staaten im Osten, wäre ihnen der wirtschaftliche Erfolg beschieden gewesen, werden sollen, wie Norwegen heute ist. Verzogen, desinteressiert und «selbst-gut», wie ein norwegisches Wort lautet.

Kritik an der kollektiven Selbstherrlichkeit, kommt sie von Norwegern selbst, wird als unnorwegisch abgeschmettert. Oder gar nicht gehört. Erst recht, wenn einer wie Hylland Eriksen das Öl als «größte Tragödie der norwegischen Geschichte» bezeichnet.

Man ist kein kleiner Bruder mehr, man kann sich alles leisten. Auch Ineffizienz und Ignoranz. Und Stagnation. Norwegen hat sich in ein kaltes Emirat am Polarkreis verwandelt.

Vor allem kann man es sich leisten, dem Projekt einer gemeinsamen Zukunft des Nordens fernzubleiben, es bloß als Zahlonkel ein bisschen zu begleiten.

Die Zukunft der Ostsee findet ohne Norwegen statt.

Mobiltelefone und Network-Society – die See der Erfinder

Latzhosen und Naturwolle, Punker und Tanzstudios; wenige Minuten vom Russenmarkt in Helsinki stößt man auf einen Backsteinkomplex, die Kabelfabrik.

Hier stellte *Nokia* Kabel her, größtenteils für den Export in die Sowjetunion, zu den Sonderkonditionen des finnisch-sowjetischen Freundschaftspakts. Bis der sowjetische Markt zusammenbrach. Hier hatten *Nokia*-Ingenieure einst die ersten Versuche mit mobiler Telekommunikation gemacht.

Etwa zur Stunde null des Ostseeraums stellte *Nokia* den Betrieb in der Kabelfabrik ein. Die verfallenden Räume und Hallen waren billig zu mieten, kaum heizbar und mit zerschlagenen Scheiben.

Gleichwohl lockte vor allem eine hundert Meter lange Fabrikationshalle Künstler und Theaterleute in diese städtische Wüste. An einem Theaterabend holte ein Schauspieler auf dem Höhepunkt kaum durchschaubarer Konvulsionen drei Zuschauer auf die Bühne. Auch mich: Ich «durfte» einer nackten jungen Frau den Lakritz-Bikini von der Haut knabbern. Zur Bewusstseinserweiterung wohl.

Einige Jahre später finde ich die Kabelfabrik erst gar nicht: Sie ist umstellt von neuen Bauten, lichten, gläsernen Kästen: *Knowledge Pool* heißt eine der Firmen, auch *accenture*, der Consulting-Riese, ist hier eingezogen. Dazu die Forschungsabteilung von *Nokia*, neue Wohnhäuser und nebenan neue Baustellen.

Man wähnt sich in Silicon Valley, auch angesichts der Schnelle, mit der sich die Stadt verändert. In der Kabelfabrik haben sich Galerien, Museen, ein Jazz-Studio und eine Filiale der Stadtbibliothek eingemietet. Die alte Bruchbude ist zum feinen Kulturzentrum geworden. Von Latzhosen keine Spur mehr, es sei denn, von *marimekko.*

Jenseits der Bucht Seurasaarenselka, die im Winter den Eisanglern gehört, fügen sich in Glas und Stahl filigran umbaute Bürokomplexe in die Landschaft: Das neue Hauptquartier von *Nokia*, Architektur gewordene Zukunft. Von hier aus beherrscht das ehemalige Konglomerat, das Holz verarbeitete, Reifen, Gummistiefel, Fernseher und Kabel herstellte, als hoch spezialisierter Konzern den Weltmarkt für mobile Telekommunikation. Von hier aus hat *Nokia* die Entwicklung vorangetrieben, in einem Jahrzehnt vom backsteingroßen Analog-Telefon im Auto zum Westentaschen-Handy mit integrierter Kamera, Positionierungssystem und Videogames. Und telefonieren kann man damit auch noch: in über hundert Ländern.

Als *Nokia* sich 1992 entschied, ganz auf die Mobiltelefone zu setzen, schätzte die Firma optimistisch, bis zum Jahr 2000 würden weltweit etwa 40 Millionen Handys gebraucht. Eine Nische schien sich aufzutun, zu klein für die Großen, aber allemal lukrativ. Zudem war der finnische Telefon-Markt bereits offen, die Finnen gewohnt, auf andere Kulturen einzugehen. Mit dem skandinavienweiten *NMT*-System hatte *Nokia* bereits Erfahrungen mit dem internationalen Roaming auf andere Netze. Die Idee war also ökonomisch vernünftig.

Die Realität hat alle Schätzung um ein Vielfaches übertroffen. Im Jahre 2002 gab es weltweit bereits über eine Milliarde Mobiltelefonanschlüsse. Und die meisten Geräte hierzu stammten von *Nokia.* Die Firma gehört zu den Großen Europas; der Konzern beschäftigt Techniker rund um die Ostsee, in Sankt Petersburg, im Baltikum, in Polen, Deutschland und Schweden.

Vor allem aber hat *Nokia* Finnland verändert.

An der Ostsee ist die mobile Telekommunikation entwickelt worden, so, wie die Welt sie heute kennt. Mit *Nokia, Ericsson* in Schweden, *Siemens* in Deutschland und ein paar kleineren Herstellern stammen zwei

Drittel aller Mobiltelefone der Welt von der Ostsee. Die Börse von Helsinki ist eine *Nokia*-Börse – ein Drittel ihres Umsatzes gehört dem Telefon-Riesen, dessen Angestellte, trotz Produktionsstätten in aller Welt, noch immer fast zur Hälfte Finnen sind. In den Forschungs- und Entwicklungsabteilungen sogar mehr.

Sind finnische Ingenieure so viel besser? Finnlands Hochschulen seien gut, heißt es bei *Nokia.* Und neuerdings auch die Business-Schulen. Vor allem spiegle *Nokia*, mit seiner Struktur einer «Network-Society» ohne starren Aufbau, die finnische Gesellschaft. Die Finnen mögen Hierarchien nicht; sie waren ein Volk der Bauern; es gab kaum Adel, nur einige Priester und fast matriarchale Familienstrukturen.

Zudem duldet Finnland Individualisten eher als seine Nachbarn, schräge Vögel, Spinner und Sieger. Das Jante-Gesetz wirkt hier eher als Gebot zur Bescheidenheit denn als Instrument der (Selbst-)Kontrolle. Die Finnen, stets ein Volk der Bastler, Erfinder und der technischen Neuerer, reichen viel mehr Patentgesuche ein als ihre Nachbarn. Kaum waren das Telefon oder das Kino erfunden, tauchten sie auch schon in Helsinki auf. *Finnair* war eine der ersten Fluggesellschaften in Europa, die einen regelmäßigen Linienbetrieb aufnahmen: von Helsinki nach Tallinn.

Seit dem Schock der tiefen Rezession zu Beginn der neunziger Jahre setzt das kleine, an Ressourcen arme Land konsequent auf Bildung und Forschung, nicht nur in der Informationstechnologie, sondern auch in der Biotechnik: Der Staat fördert die Wissenschaft gezielt und mit Nachdruck. Er ermuntert die Studenten, unternehmerisch zu denken; Forschergruppen, eigene Firmen zu gründen. Am *Biomedicum* im Zentrum von Helsinki werden Gelenkprothesen entwickelt und künstliches Gewebe produziert, das sich nach einer Implantation allmählich selbst auflöst.

Die Material-Technologen des Projektes sitzen in Kuopio, wo es zuvor keine medizinische Forschung gab – aber Geld. So entstehen Netze von Wissenschaftlern, die das Land überspannen. Oulu am Polarkreis ist ein Zentrum der High-Tech-Forschung geworden.

Während Finnland sich zu einem der kompetitivsten Länder entwickelt hat, und vor allem die Esten von Finnland lernen, hängt Schweden heute zurück. Seine Industrien sind in der Krise, sie ächzen unter der Steuerlast, haben ihren Schwung zur Innovation verloren.

Dabei war im neunzehnten Jahrhundert Schweden das Land der Erfinder. Und schon zuvor. Im Jahre 1656 erfand der Schwede Johan Palmstruch für Europa das Papiergeld, das es in China längst gab. Nach dem Vorbild Frankreichs und auch des Zarenhofes unterhielten die schwedischen Könige eine Schwedische Akademie und eine Akademie der Wissenschaften. So wurde das Land seit der Aufklärung zur Heimat von Entdeckern, Forschern und Erfindern. Und zum besten Argument für die Monarchie, die zuweilen große Projekte wider eine kurzsichtige Skepsis durchsetzt: die Oper in Stockholm zum Beispiel oder das königliche Theater *Dramaten.*

Zu den ersten Mitgliedern der Akademie der Wissenschaften gehörten der Tier- und Pflanzensystematiker Carl von Linné und der Astronom Anders Celsius, der das Thermometer erfand und das Nordlicht erforschte, und Christopher Polhem, der Erfinder des Kachelofens. Der Chemiker Jöns Jacob Berzelius, Schwedens größter Wissenschaftler, gab der Akademie die heutige Ausrichtung auf die Naturwissenschaften.

Dann kam Alfred Nobel, ein Ostseemensch, der in Schweden und in Sankt Petersburg arbeitete. Die Profite aus seiner Erfindung des Dynamits erlaubten ihm, die Nobelpreise zu stiften, mithin Stockholm zur Welthauptstadt der naturwissenschaftlichen Ehre zu machen.

Auch die Streichhölzer und die Dynamo-Maschine sind schwedische Erfindungen, die Dampfturbine, der Telefonhörer und die Melkmaschine.

Im zwanzigsten Jahrhundert entstanden in Schweden, für ein Land dieser Größe beispiellos, Auto-, Eisenbahn-, Flugzeug-, Turbinen-, Haushaltsgeräte-, Kamera-, Elektronik- und Pharmaindustrien, und sie bestehen trotz Krise und Globalisierung bis heute fort. Schwedische Technik ist exzellent und oft ein bisschen anders: *Hasselblad* rüstet die besten Berufsfotografen aus. Die Flugzeugbauer von *Saab* konstruierten 1947 das erste windschlüpfrige Auto, den Saab 92 mit Zweizylindermotor. Er hatte eine Tropfenform, während die Fahrzeuge der Konkurrenz noch Seemannstruhen auf Rädern glichen, mit stärkeren Motoren allerdings. Im Modell 93 steckte ein dritter Zylinder, und dann montierten die Saab-Ingenieure einfach zwei Motoren unter eine Haube und nannte das «Reihensechszylinder».

Zu den genialischen Tüftlern, die Schweden verändert haben, gehörte der in Dalarna aufgewachsene Carl Gustav Patrik De Laval. Als Bergbau-Ingenieur, später als Erfinder und Firmengründer, entwickelte er die Dampfturbine und die Separator-Zentrifuge, die etwa die Sahne von der Milch trennt, vor allem aber die Melkmaschine. Auch hundert Jahre später ist seine Firma *Alpha-Laval* noch weltweiter Marktführer.

L. M. Ericsson, nach *Nokia* der zweite Mobiltelefon-Riese, trägt ebenfalls noch den Namen des Gründers, der wie De Laval aus der schwedischen Provinz stammte.

Lars Magnus Ericsson wuchs auf einer kleinen Farm in Värmland auf. Er verließ die Schule mit vierzehn, arbeitete als Schmied und Bauarbeiter, bis er als Zwanzigjähriger eine Stelle beim Stockholmer Telegraphenbauer Öller fand. Dieser bildete ihn zum Instrumentenmacher aus und empfahl ihn nach sechs Jahren für ein Stipendium, das ihm eine Weiterbildung im Ausland ermöglichte. Ericsson ging in die Schweiz und nach Deutschland, wo er unter anderem bei *Siemens & Halske* lernte – *Siemens*, einem der heutigen Konkurrenten von *Ericsson* und *Nokia*.

Zurück in Schweden, reparierte Ericsson in einer kleinen Werkstatt Elektrogeräte. Er konstruierte einen Telegraphen für die Eisenbahn und begann 1878, ein Jahr nachdem die ersten Telefone nach Schweden kamen, der amerikanischen *Bell Company* Aufträge abspenstig zu machen.

Offen für Neues waren die Menschen im Norden immer, wissbegierig und neugierig auf innovative Technologien. Die kleinen Kommunen auf den Schären gehörten zu den ersten Gemeinden Europas, die mit Broadband-Internet-Verbindungen ausgerüstet wurden.

Die mobile Telekommunikation scheint die schweigsamen Finnen zu öffnen, plötzlich begannen sie zu reden, zumindest am Telefon. *Nokia* hat Finnland verändert, nicht nur seine Wirtschaft. Es ist lockerer geworden, kosmopolitischer, internationaler. Selbstbewusster. Und erstmals reicher als Schweden. Kein Randstaat mehr, ein Pionier. Das erste nordische Land, das den Euro als Währung angenommen hat.

Nun drängen seine Informationstechnologie-Betriebe nach Süden, in die liberalisierten Telekommunikations-Märkte des Baltikums. Dort schaffen sie die technischen Voraussetzungen für jenes Netzwerk, das bald die ganze Ostsee umfassen soll.

Zur jüngsten Generation von Erfindern gehört der Finnlandschwede Linus Torvalds, mit 31 Jahren schon mehrfacher Ehrendoktor. Er entwarf das Computer-Betriebssystem *Linux*, das an *Microsofts Windows*-Monopol kratzt. Torvalds vereinigt das Versponnene seiner Landsleute, ihr Nach-den-Sternen-Greifen mit dem finnländischen Fleiß. Und ist ganz ohne Scheu.

In einem Vortrag in seiner neuen Heimat Kalifornien postulierte der Jungstar *Linus' Law*: Demnach ist die menschliche Motivation in drei Kategorien einzuteilen: Überleben, Sozialleben und Unterhaltung. Zuerst gelte jede menschliche Aktivität dem Überleben, der Sex zuallererst. Bei allen höheren Tierarten spiele Sexualität indes auch eine soziale Rolle, die Menschen trieben es zuweilen zur Unterhaltung. Oder Einstein: Entdeckte er die Relativitätstheorie, weil ihm dies beim Überleben geholfen hätte? Eine besonders soziale Aktivität sei Kernphysik aber auch nicht. Also tat er es zu seiner Unterhaltung.

In kleinen Ländern finden Talente eher Förderung, das zeigen auch die vielen großen Musiker und Schriftsteller aus Finnland und Schweden. Die Ostsee als Welt der Kleinstaaten, integriert in ein europäisches Großgebilde: eine Kultur der Vielfalt, in der man Fremdsprachen lernt, sich der Welt öffnet und sich ihr beweisen will. Eine Netzwerk-Welt.

Die Ostsee kann zu einem Ort der stimulierenden friedlichen Friktionen werden. Polyglott und permeabel, mit guten Schulen und einem Restchen von Bescheidenheit aus Jante. Dies könnten ideale Voraussetzungen für die Zukunft sein, auch wirtschaftlich.

Die Finnen haben sich der Welt einst mit ihren Langstreckenläufern vorgestellt, mit den Olympischen Spielen in Helsinki 1952 und ihren Misses, der Miss Universum von 1952, den Misses World 1957 und 1969. Und bewiesen sich damit vor allem sich selbst. Das war ihnen Ansporn und Bestätigung, nach den Sternen zu greifen. Heute bauen sie die besten Mobiltelefone der Welt, und die meisten.

Estland nimmt sich ein Beispiel. Doch so einfach ist es nicht mehr.

Immerhin stellen die Esten mit Erki Nool bereits einen Olympiasieger in der Königsdisziplin, im Zehnkampf. Und den Schlagerwettbewerb der Eurovision haben sie auch gewonnen. Wenn das kein Ansporn ist.

Die Latzhosen sind aus der Kabelfabrik verschwunden, zumindest jene, die als politisches Statement getragen wurden. In einer Network-Society ist unspezifischer Widerstand keine Tugend mehr.

Der Marktplatz der Alternativen – Christiania

Kopenhagen ist eine Stadt, die zu großen Entwürfen lädt. Wenngleich sie oft Entwürfe bleiben. Eine kleine Großstadt, königlich auf dunkelgrünen Wassern.

Wer aufwächst mit Blick auf Schloss Christiansborg, wie Niels Bohr, der Atomphysiker, wird sich eher große Ideen zutrauen als einer, der aus den Plattenbauten stammt.

Nur eine kleine Welt erlaubt dem Einzelnen, etwas Besonderes sein zu wollen. Einfluss zu haben. Oder anders zu sein.

Geht man über die Knippelsbro, eine alte Hebebrücke, in den Stadtteil Christianshavn, zur Erlöserkirche – mit dem verdrehten Turm, auf den man steigen kann, die stets enger werdende Wendeltreppe hoch, bis es unter dem goldenen Globus nicht mehr höher geht – und noch ein paar Minuten weiter, so kommt man in eine andere Welt: nach Christiania.

Der *Freistaat Christiania*, wie sich das ehemalige Kasernenareal an der Badsmanstræde nennt, hat einst die Welt erregt: als Gegenmodell oder Abgrund.

Am Eingang prangt das Wappen des Freistaates, drei goldene Kugeln auf rotem Grund. Hier verlässt man Dänemark, zumindest den Zugriff seiner Gesetze. Die etwa 800 Christiania-Bewohner bezahlen keine Steuern, die Liebe ist frei, die Drogen auch.

Jedenfalls die weichen. Und wer weiß, wie das mit der Liebe wirklich ist. Ab und zu taucht gleichwohl die Polizei auf, zur Razzia. Und ist freie Liebe wirklich umsonst?

Täglich um 15 Uhr ist Touristenführung. Nur fotografieren darf man nicht. An den Wänden steht: «No Foto».

Das Areal ist überwuchert mit Grün und Gestrüpp, die Gebäude sind bunt bemalt. Wild. Ein Robinsonspielplatz, eine Müllhalde. Es gibt Cafés und eine Kaufhalle mit Gemüse. Ein Rudel Hunde streunt vorbei, kaputte Leute hängen rum. Sie rauchen, nuckeln an einer Flasche Bier. Schon am Morgen.

In Christiania gibt es ein Kindertheater, Musikszenen treffen sich hier. Ein Lokal heißt *Luftschloss*. Man hat ein eigenes Lokalradio. Und zweimal wöchentlich trifft sich die *Befreit das Haschisch*-Bewegung; sie hat dazu ein eigenes Haus, baut auch Hanf an.

Die wichtigste Attraktion ist die Pusherstreet, der Markt. Da gibt es Naturkosmetik, alternative Medizin, und natürlich Bier. Vor allem aber liegen auf den Ständen, schon vormittags, goldbraune Barren: Haschisch verschiedener Güte und Stärke, Maroc, Afghan, Pollen ... Mit Preisschild und Kundenberatung. Dazu Filter, Papierchen, Pfeifen, Wasserpfeifen und Mundstücke. Daneben heißt es «Say no to hard drugs».

Sogar eine eigene Währung soll im Umlauf sein, die Christiania-Münzen: Die Händler nehmen allerdings Kronen.

Christiania ist ein Anachronismus. Inzwischen dreißig Jahre alt, geht es auf die Hausbesetzerszene zurück. Nachdem die dänische Armee das Areal räumte, kam die Alternativbewegung.

Zu Beginn machten die Aktivisten mit spektakulären Aktionen auf sich aufmerksam: 1973 besetzten sie während einer Nato-Tagung den dänischen Rundfunk und berichteten, Dänemark sei von Nato-Truppen besetzt worden. Man war schockiert, viele Zuhörer fielen auf den Scherz rein. Heute würde das als Terrorismus gelten.

Es folgten Jahre des Katz-und-Maus-Spiels mit der Polizei und dem dänischen Parlament. Aber irgendwie ging es immer weiter.

Inzwischen haben auch die Tibet-Freunde ihr Lokal in Christiania, eine eigenwillige Schuh-Designerin ihre Werkstätte, Filmemacher ihre Büros. Einer baut alte Öfen, andere schmucke Eisenmöbel. Am bekanntesten sind vielleicht die Fahrradbauer, die alle möglichen Transporträder konstruieren.

Aus der Gegenwelt ist eine biedere Randerscheinung geworden, idyllisch und ein wenig muffig. Ein Museum der siebziger Jahre, die Reaktion auf den ersten Überfluss.

Auf dem Rückweg auf die Schlossinsel Christiansborg bleibt neben mir an einer Ampel ein Lieferwagen stehen. Der Fahrer, ein junger Däne, pfeift in meine Richtung.

Wem pfeift er? Ich drehe mich um.

Hinter mir geht ein Afrikaner.

Als dieser aufblickt, winkt der Blondschopf ihm zu. Und macht den Hitlergruß.

Wo ist sie denn, die soziale Alternative, die Christiania nicht ist?

Nationen sind Konstrukte, gerade an der Ostsee – Astrid Trotzig

Eine junge Frau sucht sich selbst, fühlt sich fremd im eigenen Land. Eine Schwedin.

Eine Koreanerin.

In den Geschäften in Stockholm, vor allem im Sommer, wird sie oft auf Englisch angesprochen. Man sieht ja, dass sie keine Schwedin ist. Aber sie antwortet auf Schwedisch.

Skinheads pöbeln sie an: «Geh doch zurück nach China.»

Astrid Trotzig, eines von mehreren tausend südkoreanischen Adoptivkindern in Schweden, hat die Suche nach sich selbst in einem tagebuchartigen Buch protokolliert: *Blod är tjockare än vatten*, Blut ist dicker als Wasser.

Fünf Monate alt, kam sie als Park Suh Yeo, ein Findelkind aus Pusan in Südkorea, zu ihren Adoptiveltern nach Stockholm. Hier wuchs sie mit zwei ebenfalls aus Korea stammenden Adoptivgeschwistern auf, in einem Akademikerhaus in einem Stockholmer Vorort.

Wohlhabende kinderlose schwedische Paare holen sich ihre Babys aus der armen Welt; in den siebziger Jahren vor allem aus Südkorea. Heute aus Vietnam, Kambodscha, Kolumbien und immer noch Südkorea. Und einige von der Gegenküste: aus den baltischen Staaten, Ostmitteleuropa und Russland. Südafrika werde Schwedens nächstes «großes» Adoptionsland, meldet die Adoptionsstelle.

Ein schwedisches Kind in Schweden, aber in einem koreanischen Körper. Astrid Trotzig weiß nichts über Korea, will erst gar nichts wissen. Ihre Eltern nahmen den Säugling am Flughafen Arlanda entgegen. Sie haben Astrids Herkunft ignoriert.

Gleichwohl wird sie oft um eine Meinung über Korea gebeten, nach Fakten gefragt. Als Koreanerin.

Heute empfehlen die Adoptionsdienste schwedischen Eltern, mit ihren Kindern aus Korea koreanische Lieder zu singen – zum Beispiel. Ein bisschen Korea zu simulieren, in der Immanuelskirche in Stockholm. Vielleicht auch mit Stäbchen zu essen.

Zuweilen nutze sie ihr anderes Aussehen auch, gesteht Astrid Trotzig im Buch, und spiele die verwirrte Touristin.

Sie möchte, wie wohl jedes adoptierte Kind, etwas über ihre biologischen Eltern erfahren. Und wenn sie sich mit ihrer Mutter streitet, fürchtet sie verstoßen zu werden: Sie ist ja nur adoptiert.

Schließlich fliegt sie nach Seoul. Und fällt zum ersten Mal in ihrem Leben wegen ihres Äußeren nicht mehr auf.

Nun wird sie auf Koreanisch angesprochen, versteht aber nichts. Vermag nicht zu erklären, wonach sie sucht, warum sie in Korea so fremd ist. Sie kann nichts lesen, nicht einmal ein Ladenschild; weiß auch die Gesten der Leute kaum zu deuten.

Sie beschreibt Südkorea mit jenen Vorurteilen, die man von einer schwedischen Touristin erwartet: Es sei laut, verbaut, überlaufen, anonym, verschmutzt. Und Englisch können die Koreaner auch nicht.

Sie will nach Hause, nach Schweden.

Man kann nicht alle seine Probleme auf die Adoption schieben, heißt es irgendwo im Buch. Aber viele. Auf irgendetwas muss man seinen Kummer zurückführen, in Schweden besonders. Eine Ursache finden. Eine Erklärung.

Dafür gründen die Schweden Vereinigungen: eine der adoptierten Koreaner in Schweden zum Beispiel. Die verfolgt Astrid Trotzigs Schriftstellerkarriere genau.

Das Buch löste bei seinem Erscheinen eine heftige Debatte über Adoption aus, vor allem auch über die Einwanderungsadoption. Und die Identität von eingewanderten Schweden.

Aufmerksam geworden sind wir auf Astrid Trotzig, weil ihr Buch im Regal neben den Bänden von Birgitta Trotzig stand, die mit *Moorkönigs Tochter* selber einen Roman verfasst hat über die Fremdheit zu den Nächsten, «falsche» Eltern und die Einsamkeit zwischen Mutter und Tochter; eine eigenwillige, zeitlos schreibende große alte Dame der schwedischen Literatur und Mitglied der Schwedischen Akademie, die den Nobelpreis vergibt. Und eine entfernte Tante Astrids.

Und weil uns der Name Mårten Trotzig etwas sagte.

Auch er war einst eingewandert, als Deutscher um 1580. Mårten Trotzig handelte in Stockholm mit Metallen, kaufte das Wirtshaus *Gripen* beim Järntorget und bald einige weitere Häuser. Er ist reich geworden, zu Ansehen gekommen.

Im *Gripen* ist das Restaurant *Mårten-Trotzig* untergebracht, das einzige Lokal, das wir kannten, in dem man – für etwas weniger Geld – in der Küche essen konnte.

Das Haus liegt an der schmalsten Gasse Schwedens, dem Mårten-Trotzig-Gränd. Der Einwanderer Trotzig konnte es kaufen, weil der eingesessene Schwede Mårten Lenhusen das Familienanwesen verpfänden musste. Er soff. Der fleißige Einwanderer und der dekadente, verschlampende Alteingesessene, eine Geschichte auch aus der Gegenwart.

Trotsgränd hieß die Gasse im siebzehnten Jahrhundert. Zuvor Trappgränd, Treppengasse. 1899 verschwand das Straßenschild. 1902 wurde der Zugang verrammelt, die Gasse war völlig versaut. Die Anwohner hatten hier ihren Müll abgelagert, bis das Unkraut wuchs.

1943 öffnete man die Gasse wieder, nun als Mårten-Trotzig-Gränd.

Ein Sohn Mårten Trotzigs, Johan, der «Reiche», leitete die Kupfergruben in Falun. Der andere, Peter, lebte lange in Amsterdam. Er war Schwedens Faktor in den Niederlanden, eine Art Handelsagent.

Als solcher kaufte er dem Bibliothekar der abgedankten Königin Kristina in Holland die Silberbibel ab, *Codex argenteus,* im Auftrag des Kanzlers Magnus Gabriel de la Gardie. Die schwedischen Truppen hatten die Bibel 1648 in Prag erbeutet; sie landete in der Privatbibliothek Königin Kristinas. Nach ihrer Abdankung überließ diese sie ihrem königlichen Bibliothekar Isaac Vossius. Der brachte sie nach Holland.

1669 schenkte de la Gardie die Silberbibel der Universitätsbibliothek Uppsala. Ihr Käufer Peter Trotzig wurde im selben Jahr geadelt; seither hieß er Trotzenfeldt.

Seither begenetet man in der schwedischen Geschichte immer wieder verschiedenen Trotzigs, sie sind Kriegsräte, Gouverneure. Und Kaufleute. Reiche Leute.

Eine koreanische Schwedin, des deutschen Einwanderers Mårten Trotzig Ur-Ur-Urenkelin. Astrid Trotzig sucht sich selbst. Und findet mit dem Buch ihre literarische Stimme. Um Adoption geht es dabei auch, aber mehr ums Erwachsenwerden.

Liebe ist dicker als Blut, heißt es am Schluss im Buch.

Sie haben Schweden immer wieder geöffnet, die Einwanderer; seit Mårten Trotzig, und schon vor ihm. Die hansischen Kaufleute, die Hugenotten. Die Juden im Zweiten Weltkrieg, die Esten, Letten, viele Polen, die Chilenen. Die Kurden.

Und die adoptierten Kinder.

Manche kamen als Flüchtlinge; andere überwanden das Wohlstandsgefälle. Alle kamen für ein neues, besseres Leben. Auch die Adoptionskinder; nur hat niemand sie gefragt.

Die Identität, die Astrid Trotzig sucht, ist offen. Nationalitäten verfließen, sie sind Konstrukte. Man kann seine nationale Identität auch wählen, oder erfinden: Die Finnen haben es gezeigt. Die Ostsee hat schon viele Völker adoptiert.

9. Gleiten ins Zwielicht

Saltsjöbaden – dem Abend entgegen

Gibt es Glück? An der Ostsee, dem Meer der Biederen, Fleißigen, dem Meer der Genügsamkeit, des Mittelmaßes und der Langenweile, an diesem Meer der bösen Nebel und beißenden Winter, gezeichnet von Geschichte und Rechtschaffenheit?

Ja, es gibt Augenblicke eines kleinen Glücks:

Wenn Nils Holgersson die Pracht der im Meer versunkenen Stadt Vineta aus seinem Traum in der realen Stadt Visby wieder erkennt.

Wenn wir uns am samländischen Strand nach unzähligen Holzsplittern gebückt haben und endlich ein Stück Bernstein finden: eine Träne der litauischen Seegöttin Juraté, die gefesselt in ihrem Unterwasserpalast weint. Oder, wie die Sage auch oft erzählt wird, ein Splitter ihres Bernsteinschlosses, das der Donnergott Perkunas mit einem Blitz zerschlug, weil Juraté sich in den Fischer Kastytis verliebt hatte.

Oder als am 7. Oktober 1988 in Vilnius fast das ganze Land zusammenkam, um zu sehen, wie nach über vier Jahrzehnten auf dem Gediminas-Turm wieder die litauische Fahne gehisst wurde: Die Sowjetherrschaft schien zu Ende. Für einige Tage erfasste eine unnordische Euphorie die Litauer; die «Italiener des Baltikums», wie sie auch genannt werden. Das war ein großes Glücksgefühl – aber ein kurzes.

Glück auch am Gegenufer: ein Spätsommertag in der historischen Holzbadeanstalt bei Saltsjöbaden vor Stockholm. Das Wasser ist weich und warm, die Sonne bereits herbstlich mild. Dies könnte der letzte Badetag des Jahres sein.

Gleichenorts, auf der Rückseite des Jahres, an einem Sonntagnachmittag im März, gleiten wir auf Glaseis zur Badeanstalt. Im Hintergrund das *Grand Hotel*, in dem Unternehmer und Gewerkschaften 1937 ihren Arbeitsfrieden vereinbarten. Davor die Bronzeplastik eines unbekannten Eisschnellläufers.

Verschwitzt, ermattet und mit weichen Knien machen wir die letzten langen Schritte; das Glaseis scherbelt, die Schlittschuhkufen rattern durch die oberste Schicht. Wir richten uns auf, gleiten langsam aus, drehen uns, setzen uns auf jene Holzplanke, auf der wir uns im Sommer sonnten.

Glücklich erschöpft schnallen wir die Kufen ab, öffnen die Schnürsenkel.

Glaseis ist dünnes blankes Obereis, das sich nach Regen und Tauwetter über einer alten Eisschicht bildet. Wenn es trägt, gleiten die Kufen auf Glaseis fast so schnell und sanft wie auf Schwarzeis, neuem Süßwassereis. Aber wer nicht aufpasst, kann leicht durch das Glaseis in die unterliegende Luft- oder Wasserschicht brechen.

Wir liefen über Apfelsinenschalen-Eis, Knäckebrot-Eis und an Frostrosen vorbei. Meist war es Braucheis, oder Familien-Eis – so nennen die Eisläufer problemlos zu befahrendes Eis. Nur an wenigen Stelle mussten wir zu Fuß gehen, über Tellereis – runde kleine Packeisschollen mit harten, vorstehenden Kanten, festgefroren in einer frischen Eisschicht.

Eis kann man lesen wie Gesichter; Eis verrät seine Geschichte, das Wetter der letzten Tage, zeigt seine Schwächen und wo es zuverlässig ist.

Mit den so genannten Långfärd-Schlittschuhen könnte man dieser Tage bis nach Finnland laufen, bis in den Norden des Bottnischen Meeres, nach Tallinn, Riga und bis nach Russland, nach Sankt Petersburg. Oder nach Klaipéda auf das Kurische Haff, das vor dem Zweiten Weltkrieg das Mekka der Eissegler war. Und vielleicht bald wieder sein wird. An die polnische und deutsche Küste. Wenn die Fähren und Eisbrecher keine Schifffahrtsrinnen freihalten würden, wäre die ganze Ostsee ein Natureispark.

Fernweh ist eine romantische Leidenschaft, der die Ostsee eine Heimat ist. Meint das Fernweh Skandinavien, so nennt man es Nordsehnsucht, zumal in jener Poesie, die aus Winter und Wildwuchs ein nordisches Traumland erschuf. Der prominenteste deutsche Nordlandfahrer der Romantik war Ernst Moritz Arndt.

Im Norden vermutete die deutsche Kultur die Zeugen eines reineren, ursprünglicheren Germanentums. Im «Dritten Reich» wurden vor allem die Norweger dann zu den reineren Ariern; Ernst Moritz Arndt erlebte eine prekäre Renaissance. Die Uni Greifswald heißt erst seit Sommer 1933 *Ernst-Moritz-Arndt-Universität.*

Der Winter, so der Historiker David Kirby in seiner Geschichte Nordosteuropas, war, sehr zur Überraschung früher Reisender, eine Zeit großer Aktivität. Auf der Newa in Sankt Petersburg herrschte schon im neunzehnten Jahrhundert ein buntes Jahrmarktstreiben; mit Spiel, Sport, Suppenküchen und Pferdeschlitten.

Das Eiswandern auf gefrorenen Gewässern über lange Strecken ist hingegen noch jung: Es eroberte die Ostsee von Schweden aus. Man verwendet etwas längere und ein bisschen breitere Kufen als zum Eisschnelllauf, die die Schläge des Natureises besser auffangen. Diese Kufen lassen sich wie Skier vom Schuh abschnallen.

Wie Wildgänse ziehen kleine Eiswanderergruppen über Seen und durch die Schären, gestaffelt oder in einer Kolonne. Bei einer Insel kommen sie an einem Schwarm Eissegler vorbei, die nervös wie riesige Wintermücken zwischen den Schären kreuzen. Manche Segler fahren im Dezember zum ersten Schwarzeis auf die finnischen Seen, dann nach Masuren, nach Mecklenburg oder auf den Wannsee: neuartige Zugvögel, stets auf der Suche nach dem besten Eis.

Sie machen keine Unterschiede mehr zwischen Ost und West. Vielleicht wird irgendwann der erste von ihnen um die ganze Ostsee ziehen; auf dem Ufereis, entlang der Eiskante. Wie im Sommer die kleinen Yachten: die ganze Ostsee in einem Wintertörn.

Allmählich senkt es sich auch ins Bewusstsein der Anwohner: Die

Ostsee ist keine Grenze mehr, sondern *ein* geographischer Raum – nicht nur für die Eisläufer und Sommersegler. Der geschichtliche Großraum wächst zu *einem* heterogenen, wieder vereinigten Kulturraum zusammen: Nordosteuropa, wie der Berliner Historiker Klaus Zernack ihn nennt.

Ein Zwischenraum der kleinen Völker, die Peripherie von Großmächten, das nördliche Pendant zu Ostmitteleuropa. Gegen eine Vereinnahmung durch die Großen haben sich die Ostseeanrainer meist gewehrt: gegen den Papismus, gegen die Orthodoxie, gegen den Sowjetismus.

Selbst von der Hanse hat sich die Region nie vollständig vereinnahmen lassen: Der finnische Historiker Matti Klinge sieht in der «ganzen dänischen Geschichte eigentlich eine Anti-Hanse-Identität».

Nur einmal, im Dreißigjährigen Krieg, schien sich der Ostseeraum zur Großmacht im eigenen Recht aufzuschwingen: als ein von Schweden geführtes *Imperium lutheranum*. Es zerbrach, bevor es sich gefestigt hatte. Dennoch wurzeln die «Tugendsysteme» der Ostsee, wie Klinge das nennt, besonders das Schul- und Universitätswesen, in der «Luther-Kultur». Auch jene von Sankt Petersburg: Die Hauptstadt der Romanows war – und ist es bis heute – eher vom lutherischen Denken geprägt als von der Moskowiter Orthodoxie.

Der russische Nordwesten hat stets zu diesem Ostseeraum gehört: Nowgorod, die Newamündung, Karelien und der Ladogasee, gerade kulturell, auch wenn die baltischen Völker dies nur widerwillig hinnehmen. Viele Esten, Letten und Litauer wollten lediglich die Seite wechseln: In Litauen steht heute unweit der verschrotteten sowjetischen Radaranlage Linksmakalnis ein hochempfindlicher Horchposten der Nato, als ob der Kalte Krieg weiterginge. Gewitzt von ihrer jüngsten Geschichte, begegnen die wieder erstandenen jungen Nationen dem russischen Bären mit Misstrauen. Erst recht, wenn die Europäische Union versucht, Russland ins Ostseegefüge einzubinden. Doch ohne Russland geht es nicht.

Die Zukunft der Ostsee liegt in ihrer vielleicht virtuellen Urbanität, in ihrem Integrationsvermögen. Stadtkultur ist nicht national, im Ostseeraum war sie es nie. Im Gegenteil, die Städte an der Ostsee waren polyglott und multiethnisch. Im Urbanen manifestiert sich die Vielfalt, das gemeinsame aller Ostseevölker, mithin das Europäische. Nicht von ungefähr beriefen sich die Nationalbewegungen des neunzehnten Jahrhunderts auf die Antistadt, auf das Bäuerliche, Ursprüngliche.

Gewiss sprachen die mittelalterlichen Städte an der Ostsee deutsch, ihr Stadtrecht war lübisch. Auch ihre Ästhetik, Architektur und Musik wurden vom deutschen Denken geprägt, die erste Industrialisierung ohnehin. Die baltischen Eliten fühlten sich dem deutschen Reich der Gelehrsamkeit zugehörig. Aber deutsch waren ihre Städte deswegen noch lange nicht. Zumal sich das Antistädtische – die Romantik – und der Nationalgedanke, das Schwärmen vom Ungebändigten auch vom deutschen Denken nährte. Es waren Romantiker – meist Baltendeutsche –, die das Antistädtische in die Städte zerrten, das Exotische an die Universitäten und die die Natur zum Tourismus- oder Sporterlebnis machten. Dass Ostsee-Landschaften Gefühle spiegeln können, haben deutsche Romantiker entdeckt.

So ist vielleicht auch das Gleiten übers Ostsee-Eis im Kern eine deutsche Metapher für Glück, meine eigene Nordsehnsucht. Und das Schreiben darüber erst recht. Unseren schwedischen und finnischen Läuferfreunden ist es bloß Winterspaß und Freiluftvergnügen, eine reine Freude; allenfalls Stoff für Poesie, aber keiner langen Rede wert.

Das lose zusammengehaltene deutsche Reich der Gelehrsamkeit ist nur noch Geschichte. Die Ostsee ist so sehr ein Mittelmeer der Hanse, wie sie ein dänisches Meer ist, ein schwedisches *Mare nostrum lutheranum* oder ein sowjetisches Binnenmeer. Sie alle sind Geschichte wie die schwedisch-dänische Feindschaft, von der sich die beiden Nachbarn vier Jahrhunderte haben dominieren lassen. Geschichte wie nun auch der Kalte Krieg.

Mit dem Kollaps der Sowjethegemonie ging auch am Ostufer der Ostsee das neunzehnte Jahrhundert zu Ende. Die Zukunft kann beginnen. Die Anrainerstaaten haben die historische Gelegenheit, ihr Nordosteuropa unter dem Dach der EU zu *einem* Raum zusammenzufassen. Als gleichberechtigte Staaten – ohne sich dem Begehren einer Macht jenseits der Ostsee fügen zu müssen wie einst: den Holländern im siebzehnten, den Franzosen und Briten im neunzehnten und den USA und Sowjets im zwanzigsten Jahrhundert.

Ein geeintes Europa könnte an der Ostsee gewaltsame Konflikte – und selbst ein Gleichgewicht der Abschreckung – so undenkbar machen, wie dies zwischen ehemaligen Erzfeinden wie Dänemark und Schweden oder Deutschland und Frankreich undenkbar geworden ist.

Das Eis der Ostsee hat über die Jahrhunderte mehr Meldeläufern und Armeen zum Erreichen der Gegenküste verholfen als Schlittschuhläufern oder Eisseglern zum Winterspaß: Schon auf der 1539 von Olaus Magnus gezeichneten Ostseekarte setzen Soldaten auf Pferdeschlitten von Österbotten nach Västerbotten über. Jaan Kross schickt in seinem Roman um Balthasar Rüssow zu Beginn der Livländischen Kriege einen Boten mit der Kriegsmeldung von Reval zum Bischof nach Åbo.

1658 griff Karl X. Gustav über den Belt die Dänen an. Vor der Insel Fünen brachen während einer Schlacht zwei seiner Ritterschwadronen ein, Mann und Ross versanken unter den Eisschollen. Achtzehn Jahre später jagten sich die dänischen und schwedischen Heere wieder übers Eis, diesmal soffen mehrere hundert dänische Ritter ab.

Im März 1809 marschierte das russische Heer über die gefrorene Ostsee von Finnland nach Åland. Derweil flohen die schwedischen Truppen von Åland aufs schwedische Festland, ebenfalls übers Eis.

Und in der DDR enthielt das Handbuch der Eiskunde für Eissportler auch Angaben über die Tragfähigkeit von Eis für Panzer. Noch im Kalten Krieg plante man offenbar für den Eiskrieg auf der Ostsee.

Heute ist ein Krieg auf der Ostsee kaum mehr vorstellbar: Wir stehen am Beginn einer neuen Epoche, in der Morgendämmerung eines Neuanfangs. Den Völkern der Ostsee bietet sich die einmalige Gelegenheit, alte Feindschaften zu begraben, sich als politisch und wirtschaftlich geeinten Großraum in der Gegenwart zu konstituieren, einen währenden Frieden zu schaffen. Das ist kein kleines Glück, sondern die Chance des einundzwanzigsten Jahrhunderts. Ein mühsames Glück allerdings; eines, das Verhandlungen und Ausgleich erfordert, Kompromisse.

Wenn es gelingt, die Gegensätze zu überwinden und das Gefälle.

In Finnland gehörten die kleinsten Gemeinden zu den ersten, die vernetzt wurden, etwa die winzige Insel Utö, bekannt geworden, weil die *Estonia* in ihrer Nähe liegt. Die Unterschiede zwischen Stadt und Land haben sich verringert. Groß sind die Städte ja ohnehin nicht. Dennoch krankt auch Finnland an Landflucht. Das seit dem Zweiten Weltkrieg zu Russland gehörende Karelien ist arm und rückständig. An der Gegenküste, im Baltikum, haben die Städte sich verwestlicht: Estland will Finnland die weltweite Führung in Internet-Nutzung abspenstig machen. Seinen Schrotthändlern hingegen musste es noch Mitte der neunziger Jahre den Ankauf von Kupferdraht verbieten, weil in einem Jahr 700 Kilometer Telefon- und Stromkabel gestohlen wurden, die man als Altmetall verkaufen konnte. Viele Menschen hatten eines Morgens keinen Strom mehr, Diebe hatten die Freileitung geklaut.

Der Eisige Vorhang hat sich nicht nur dem Austausch, den Investitionen, Studenten, Wissenschaftlern, Verwandten und Touristen geöffnet, sondern auch der Kriminalität und dem Schmuggel.

Die neue Ostsee ist keine Utopie. Wenn sie ihre Probleme anpackt, kann sie zu einer lebenswerten gemeinsamen Realität werden für die Menschen, die an ihrer Küste leben.

Mittags ließ die Märzsonne die Eiszapfen am Dach des Bades tropfen, doch jetzt ist sie blass, steht tief über dem Wald. Ich mag noch nicht zurück zu den Büchern, schnalle die Kufen noch einmal an, gleite in den Abend, allein. Schon morgen könnte es tauen, oder regnen, dann wäre die Herrlichkeit vorbei.

In der Umgebung von Stockholm werden immer mehr breite Bahnen auf den Seen gepflügt, Eisstraßen für Långfärd-Läufer. Am Wegesrand Würstchenbuden, die auch heißen Apfelsaft anbieten, und am Bootsplatz ein Schleif-Service. Mütter auf Schnelllaufstiefeln schieben Kinderwagen vor sich her. Väter schleppen die Größeren im Plastikschlitten mit. Ein Spaßvogel lässt sich von seinem Hund ziehen. Inzwischen gibt es auch Långfärd-Wettläufe, den Sollentuna-Lauf, ein Marathon, oder das Viking-Rennen von Uppsala nach Stockholm.

Zunächst war der Schnee übrigens nicht für die Läufer vom Eis gepflügt worden, sondern für die Fische. Nach langen Wintern kam es zum Fischsterben. Bis jemand entdeckte, dass etwas Licht die Fische stärkte. Das musste man den Eisläufern nicht zweimal sagen.

Richtige Långfärd-Enthusiasten weichen ungern auf gepflügte Bahnen aus, die sind nur ein schaler Ersatz. Sie suchen die Einsamkeit, die Weite und die Stille. Die romantische Metapher vielleicht auch. Und den Kitzel, sich stets weiter hinauszuwagen, bis an die Eiskante. Mit Karte und Kompass entdecken sie neue Routen. Die ersten Märzwochen sind die eisreichste Zeit; in guten Wintern ist dann fast die ganze Ostsee zugefroren.

Ich fliege ins Zwielicht, dem Abend entgegen; in der Dämmerung fühle ich mich noch schneller als sonst. Das Eis ächzt, wummert, knackt. Eis arbeitet besonders während des Einnachtens, wenn die Temperaturen fallen, und stöhnt dabei wie ein Sterbender.

In Gedanken gleite ich schon auf die Schwibbögen von Tallinn zu, oder von Stralsund, setze mich in Gdańsk auf einen Beischlag, um die Kufen abzuschnallen. Laufe unter den Sankt Petersburger Brücken auf den Winterpalast zu. Oder nach Kurland, zum Leuchtturm Ventes Ragas, wo der Vogelzug an der Ostsee erforscht wird.

Und bin doch nur einige Kilometer von Saltsjöbaden entfernt auf dem Baggensfjärden. In der Ferne dröhnt eine Autobahn.

Es blubbert unter mir. Wenn ein neuer Riss entsteht, knallt es; ich höre, wie sich das Dröhnen unter der Eisfläche bis ans Ufer fortpflanzt. Ein Eisbeben. Es dunkelt, die Risse und Aufwerfungen sind kaum noch auszumachen, außer jene Faltungen, aus denen dünne weiße Platten wachsen. Die sind leicht zu überspringen.

Niemand sollte im Dunkeln aufs Eis; allein schon gar nicht. Ich brauchte gar nicht einzubrechen, ein Sturz und ein gebrochener Knöchel genügten. Und am nächsten Morgen fände man mich: erfroren.

In der Stille ist nur das leise Zischen und Knistern des Eises zu hören. Meine Schritte sind mein einziges Zeitmaß. Mein Körper pendelt; aufsetzen, gleiten, stoßen, aufsetzen, gleiten, stoßen, möglichst quer zu den Spalten. Noch ein paar Züge. Und dann wieder zurück, nach Saltsjöbaden. Ich schwebe. Der Stockholmer Himmel glimmt rötlich, das weiße *Grand Hotel* rückt näher. Ein paar Schritte noch, und dann wieder über das scherbelnde Glaseis vor dem Bad: Glück ist auch, wenn man auf dünnem Eis etwas zu viel wagt.

Ausgewählte Literatur und Quellen

Abukhanfusa, Kerstin (Hrsg.), *Mare Nostrum: om Westfaliska freden och Östersjön som ett svenskt maktcentrum.* Stockholm 1999.

Alopaeus, Marianne, *Drabbad av Sverige.* Stockholm 1983.

Alten, Jürgen von, *Weltgeschichte der Ostsee.* Berlin 1996.

Andersen, Hans Christian, *Märchen und Geschichten.* Hrsg. v. Gisela Perlet. München 1996.

Andersson, Greger (Hrsg.), *Musikgeschichte Nordeuropas: Dänemark, Finnland, Island, Norwegen, Schweden.* Stuttgart 2001.

Arndt, Ernst Moritz, *Reise durch Schweden im Jahre 1804.* Tübingen 1976.

Ascherson, Neal, *The Struggles for Poland.* London 1988, deutsch: *Der Traum vom freien Vaterland: Polens Geschichte bis heute.* Köln 1987.

Bakhtiarov, Anatolii Aleksandrovich, *Briukha Peterburga: ocherki stolichnoi zhizni.* Sankt Petersburg 1994.

Bång, Trygve, *Typiskt danskt, Uptäcktsresor på andra sidan Øresund.* Stehag 2001.

Bater, James, *St. Petersburg: Industrialization and Change.* London 1976.

Berlin, Isaiah, *Der Magus in Norden: J. G. Hamann und der Ursprung des modernen Irrationalismus.* Berlin 1995.

Berlin, Isaiah, *Four Essays on Liberty.* Oxford 1969, deutsch: *Freiheit: vier Versuche.* Frankfurt am Main 1995.

Berlin, Isaiah, *The Crooked Timber of Humanity.* London 1990, deutsch: *Das krumme Holz der Humanität, Kapitel der Ideengeschichte.* Frankfurt am Main 1992.

Blomkvist, Nils (Hrsg.), «Kulturkonfrontation oder Kompromiß? Die Europäisierung des Ostseeraums 1100–1400». *Acta Visbyensia* XI (1998).

Bobrowski, Johannes, *Die Gedichte.* Stuttgart 1998.

Bonsdorff, Göran von (Hrsg.), *Securitas Baltica: Security in the Baltic Region.* Helsinki 1996.

Brodsky, Joseph, *Less Than One.* New York 1986, deutsch: *Erinnerungen an Leningrad.* München 1987.

Brust, Alfred, *Die verlorene Erde.* Berlin 1926.

Bruun, Staffan, und Wallén, Mosse, *Boken om Nokia.* Stockholm 1999.

Bruun, Staffan, *Club Domina.* Esbo 1992.

Burckhardt, Carl Jacob, *Meine Danziger Mission 1937–1939.* München 1962.

Burckhardt, Carl Jacob, «Städtegeist». In: *Gesammelte Werke,* Band 5. Bern 1971.

Burkhardt, Johannes, *Der Dreißigjährige Krieg.* Frankfurt am Main 1992.

Büthe, Julia-K. (Hrsg.), *Studien zur Geschichte des Ostseeraums II. Die Städte als Vermittler von Kultur 1240–1720.* Odense 1997.

Carpelan, Bo, *Axel.* Stockholm 1986, deutsch: *Axel.* Münster 1997.
Carpelan, Bo, *Urwind.* Stockholm 1993.
Chwin, Stefan, *Tod in Danzig.* Berlin 1997.
Cohen Kiel, Anne (Hrsg.), *Continuity and Change: Aspects of Contemporary Norway.* Oslo 1993.
Corbin, Alain, *Meereslust: das Abendland und die Entdeckung der Küste, 1750–1840.* Berlin 1990.
Custine, Astolphe de, *Empire of the Czar: a Journey through Eternal Russia.* New York 1989, deutsch: *Russische Schatten. Prophetische Briefe aus dem Jahre 1839.* Nördlingen 1985.

Dahlberg, Hans, *Östersjön, Vallgrav och forbindelselänk.* Stockholm 1992.
Davis, Norman, *Heart of Europe: A Short History of Poland.* Oxford 1984.
Dembinska, Maria, *Food and Drink in Medieval Poland: Rediscovering a Cuisine of the Past.* Hrsg. v. William Woys Weaver. Philadelphia 1999.
Dohrn, Verena, *Baltische Reise: Vielvölkerlandschaft des alten Europa.* Frankfurt am Main 1994.
Dollinger, Philippe, *Die Hanse.* Stuttgart 1998.
Dostojewski, Fjodor, *Arme Leute.* Ditzingen 1985.
Dostojewski, Fjodor, *Aufzeichnungen aus dem Kellerloch.* Frankfurt am Main 1988.

Edgren, Sven, und Mathisson, Carl, *Ubåtsdramaet.* Karlskrona 1981.
Ehn, Wolter, *The Baltic Sea: a Cultural Transmitter.* Kotka 1988.
Ehrensväld, Ulla, *Mare Balticum. 2000 Jahre Geschichte der Ostsee.* Helsinki 1996.
Eimer, Brigitta, *Gotland unter dem Deutschen Orden und die Komturei Schweden zu Årsta.* Innsbruck 1966.
Ekdahl, Sven (Hrsg.), «Kirche und Gesellschaft im Ostseeraum und im Norden von der Mitte des 13. Jahrhunderts». *Acta Visbyensia* III (1967).
Ekdahl, Sven (Hrsg.), «Kultur und Politik im Ostseeraum im Norden 1350–1450». *Acta Visbyensia* IV (1973).
Ekman, Kerstin, *Händelser vid vatten.* Stockholm 1993, deutsch: *Geschehnisse am Wasser.* Kiel 1995.
Englund, Peter, *Förflutenhetens landskap.* Stockholm 1991, deutsch: *Die Marx-Brothers in Petrograd: Reisen in die Landschaft der Vergangenheit.* Berlin 1993.
Englund, Peter, *Ofredsår: om den svenska stormaktstiden och en man I dess mitt.* Stockholm 1993.
Engman, Max, *Peterburgska Vägar.* Esbo 1995.
Engström, Johan (Hrsg.), «Mellan björnen och örnen: Sverige och Östersjöområdet under det första världskriget, 1914–1918». *Acta Visbyensia* IX (1993).
Enquist, Per Olov, *Kartritarna.* Stockholm 1992, deutsch: *Der Kartenzeichner. Fragile Utopien.* München 1997.
Enquist, Per Olov, *Legionärarna.* Stockholm 1968.
Enquist, Per Olov, *Musikanternas Uttåg.* Stockholm 1978, deutsch: *Auszug der Musikanten.* München 1982.
Enquist, Per Olov, *Sekonden.* Stockholm 1971, deutsch: *Der Sekundant.* München 1979.
Estonia-Havarie, Report der Untersuchungskommission: www.webandwire.com/summary.html

Fagerholm, Monika, *Underbare kvinnor vid vatten.* Stockholm 1994, deutsch: *Wunderbare Frauen am Wasser. Ein Roman über Geschwister.* Wien 1997.
Figes, Orlando, *A People's Tragedy: a History of the Russian Revolution.* London 1996, deutsch: *Die Tragödie eines Volkes. Die Epoche der russischen Revolution 1891–1924.* Berlin 1998.
Fligge, Jörg, und Schweitzer, Robert (Hrsg.), *Bibliotheca Baltica: Symposium vom 15. bis 17. Juni 1992 in der Bibliothek der Hansestadt Lübeck im Rahmen der Initiative Ars Baltica.* München 1994.
Foberg, Maria, *Fakta om Östersjön.* Stockholm 1997.
Fritze, Konrad, *Seekrieg der Hanse.* Wiesbaden 1989.
Frost, Robert I., *The Northern Wars: War, State, and Society in Northeastern Europe, 1558–1721.* New York 2000.
Fukuyama, Francis, *The End of History and the Last Man.* New York 1992, deutsch: *Das Ende der Geschichte: wo stehen wir?* München 1992.
Furman, Eeva, *Östersjön: naturen och människan.* Helsinki 1998.

Gerner, Kristian, *Centraleuropas historia.* Stockholm 1997.
Gerner, Kristian, und Hedlund, Stefan, *The Baltic States and the End of the Soviet Empire.* New York 1993.
Gerste, Ronald D., *Der Zauberkönig. Gustav III. und Schwedens Goldene Zeit.* Göttingen 1996.
Glants, Musya, und Toomre, Joyce (Hrsg.), *Food in Russian History and Culture.* Bloomington 1997.
Gogol, Nikolai, *Der Mantel.* Frankfurt am Main 1989.
Grass, Günter, *Danziger Trilogie: Die Blechtrommel. Katz und Maus. Hundejahre.* Darmstadt 1980.
Greenhill, Basil, und Hackman, John, *The Grain Races. The Baltic Background.* London 1986.
Gustafsson, Lars, *Das Familientreffen.* München 1976.
Gustafsson, Lars, *Sigismund.* München 1977.
Gustafsson, Lars, *Wollsachen.* München 1974.

Haavikko, Paavo, *Die Macht bleibt nicht stehen: zwei Poeme.* Helsinki 1986.
Haavikko, Paavo, *Herbstland: Gedichte aus den Jahren 1987–1990.* Salzburg 1991.
Hamm, Michael F. (Hrsg.), *The City in Late Imperial Russia.* Bloomington 1986.
Hansischer Geschichtsverein: www.hansischergeschichtsverein.de
Hegel, Georg Friedrich Wilhelm, *Vorlesungen über die Philosophie der Geschichte.* Stuttgart 1961.
Helling, Stig, *Från mjöd till Martini, Alkoholens Historia I Sverige.* Stockholm 1987.
Herder, Johann Gottfried, *Ideen zur Philosophie der Geschichte der Menschheit.* Darmstadt 1966.
Herzen, Alexander, *Gescheiterte Revolution, Denkwürdigkeiten aus dem 19. Jahrhundert.* Frankfurt am Main 1988.
Herzen, Alexander, *Kindheit, Jugend und Verbannung.* Zürich 1989.
Hippius, Sinaida, *Petersburger Tagebuch.* Berlin 1993.
Høeg, Peter, *Frøken Smillas fornemelse for sne.* Munksgaard 1992, deutsch: *Fräulein Smillas Gespür für Schnee.* München 1994.
Högnäs, Sten, *Kustens och Skogarnas Folk, om synen på svenskt och finskt lynne.* Stockholm 1995.
Holm, Ingvar, *Miranda, På Kryss genom Östersjökulturen.* Kristianstad 1980.
Holmér, Hans, *Åttan.* Stockholm 2000.
Holmér, Hans, *Igloo.* Stockholm 1993.
Holmér, Hans, *Loppan.* Stockholm 1993.
Holmér, Hans, *Masken.* Stockholm 1995.
Holmér, Hans, *Monika.* Stockholm 1994.
Holmér, Hans, *Olof Palme är skjuten!* Stockholm 1992, deutsch: *Tod in Stockholm: Der Mordfall Olof Palme.* München 1991.
Hoppe, Bert, *Auf den Trümmern von Königsberg: Kaliningrad 1946–1970.* München 2000.
Huelle, Pawel, *Weiser Davidek.* Frankfurt 1990.

Isaksson, Anders, *Alltid mer, aldrig nog: Om medborgaren, staten och välfärden.* Stockholm 1994.

Johnston, Carolyn (Hrsg.), *The «Domostroi»: Rules for Russian Households in the Time of Ivan the Terrible.* Ithaca 1964, deutsch: *Altrussisches Hausbuch – Domostroi.* Darmstadt 1989.
Jopp, Mathias, und Arnswald, Sven (Hrsg.), *The European Union and the Baltic States Visions, Interests and Strategies for the Baltic Sea Region.* Band 2. Helsinki, Bonn 1998.

Kjærstad, Jan, *Forføreren.* Oslo 1993, deutsch: *Der Verführer.* München 2001.
Kalevala: finsk folkdikt. Stockholm 2001, deutsch: *Kalevala: das finnische Epos des Elias Lönnrot.* Stuttgart 1985.
Kalevipoeg. Borås 1999, deutsch: *Kalewipoeg.* Hrsg. v. W. Reiman. Tallin 1996.
Kant, Immanuel, *Zum ewigen Frieden.* Berlin 1995.
Kent, Neil, *The Soul of the North: a Social, Architectural, and Cultural History of the Nordic Countries, 1700–1940.* London 2001.
Kierkegaard, Søren, *Early Polemical Writings.* Princeton 1990.
Kirby, David, *Northern Europe in Early Modern Times, The Baltic World 1492–1772.* London 1990.
Kirby, David, *The Baltic World 1772–1993, Europe's Northern Periphery in an Age of Change.* London 1995.
Kirby, David, und Hinkkanen, Merja-Liisa, *The Baltic Sea and The North Sea.* London, New York 2000.
Kiwi, Alexis, *Seven Brothers.* Helsinki 1973.

Klinge, Matti, *A Brief History of Finland.* Helsinki 1983, deutsch: *Geschichte Finnlands im Überblick.* Helsinki 1995.
Klinge, Matti, *Östersjövärlden.* Stockholm 1994.
Klinge, Matti, *Runebergs Två fosterland.* Helsinki 1983.
Klinge, Matti, und Kolbe, Laura, *Helsingfors, Östersjöns dotter, en kort biografi.* Helsinki 1999.
Konwicki, Tadeusz, *Die polnische Apokalypse.* Frankfurt am Main 1982.
Konwicki, Tadeusz, *Modernes Traumbuch.* München 1964.
Konwicki, Tadeusz, *The Polish Complex.* New York 1982.
Kramer, Mark, «Jaruzelski, the Soviet Union, and the Imposition of Martial Law in Poland: New Light on the Mystery of December 1981». In: *CWIHP-Bulletin* 11 (1999).
Kross, Jaan, *Das Leben des Balthasar Rüssow.* Berlin 1986.
Kross, Jaan, *Der Verrückte des Zaren.* München 1990.
Kross, Jaan, *Professor Martens Abreise.* München 1992.
Kross, Jaan, *Vier Monologe Anno Domini 1506: Historische Novellen.* Helsinki 1985.
Krüger, Arnd (Hrsg.), *The Story of Worker Sport.* Champaign 1996.
Kuritz, Henry, *Alfred Brust – eine monographische Studie.* Magisterarbeit. Technische Universität Dresden 1998. Siehe: rcswww.urz.tu-dresden.de/˜kuritz/alfred_brust/kuritz.pdf
Kürtz, Jutta, *Badeleben an Nord- und Ostsee.* Heide 1994.

Lachauer, Ulla, *Die Brücke von Tilsit.* Berlin 1994.
Lagercrantz, Olof, *August Strindberg.* Stockholm 1979, deutsch: *Strindberg.* Frankfurt am Main 1984.
Lagerlöf, Selma, *Nils Holgerssons wunderbare Reise durch Schweden.* Zürich 1948.
Laidre, Margus, *Segern vid Narva, Början til en stormakts fall.* Stockholm 1996.
LeDonne, John P., *The Russian Empire and the World, 1700–1917.* Oxford 1997.
Le Rider, Jacques, *Mitteleuropa: Auf den Spuren eines Begriffes.* Wien 1994.
Lieven, Anatol, *The Baltic Revolution: Estonia, Latvia, Lithuania, and the Path to Independence.* New Haven 1993.
Lindh, Kurt, *Det åländska samhället.* Saltvik 1998.
Lindquist, Sven-Olof (Hrsg.), «Economy and Culture in the Baltic 1650–1700». *Acta Visbyensia* VIII (1989).
Lindquist, Sven-Olof (Hrsg.), «Society and trade in the Baltic during the Viking Age». *Acta Visbyensia* VII (1985).
Lindroth, Bengt, *Sverige och Odjuret, en essä om den goda svenska traditionen.* Stockholm 1994.
Linton, Michael, «Die preußischen Hansestädte und die schonischen Pfandschaften». In: *Acta Visbyensia* IV (1973).

Magnus, Olaus, *Historia om de Nordiska Folken.* Hedemora 1976.
Mankell, Henning, *Hundene I Riga.* Stockholm 1992, deutsch: *Hunde von Riga.* Berlin 1993.
Mann, Thomas, *Die Buddenbrooks: Verfall einer Familie.* Zürich 1995.
Månsson, Johan, *Een siö-book, som innehåller om siöfarten i Ostersiön.* Lund 1925.
Marklund, Liza, *Sprängaren.* Stockholm 1998, deutsch: *Olympisches Feuer.* Hamburg 2000.
Matthes, Eckhard, *Verbotene Erinnerungen: die Wiederentdeckung der ostpreußischen Geschichte und regionales Bewußtsein der russischen Bevölkerung im Gebiet Kaliningrad 1945–2001.* Bietigheim-Bissingen 2002.
Mickiewicz, Adam, *Pan Tadeusz.* Wien 1977.
Montanari, Massimo, *Der Hunger und der Überfluss: Kulturgeschichte der Ernährung in Europa.* München 1999.
Mörner, Magnus, *Människor, landskap, varor & vägar; Essär från svenskt 1600- och 1700-tal.* Stockholm 2001.

Neidhart, Christoph, *Nach dem Kollaps: Die ehemaligen Sowjetrepubliken.* Zürich 1993.
Neidhart, Christoph, «Die Ostsee: neue Nachbarschaft im Mare Balticum». In: *du* 7/56 (1996).
Neidhart, Christoph, *Russia's Carnival: The Smells, Sights and Sounds of Transition.* Lanham 2002.
Newby, Eric, *The Last Grain Race.* Boston 1956, deutsch: *Das letzte Weizenrennen.* Berlin, Bielefeld 1968.
Nirk, Endel, *Estonian Literature: Historical Survey with Biobibliographical Appendix.* Tallinn 1987.

Ochs, Ekkehard (Hrsg.), *Musica Baltica: interregionale musikkulturelle Beziehungen im Ostseeraum.* Frankfurt am Main 1997.

Olsson, Anders, *At skriva Dagen, Gunnar Björlings poetiska värld.* Stockholm 1995.

Öresundbrücke: ww.oresundskonsortiet.dk

«Ostsee». *Geo Special* 3 (1998).

«Ostsee: Die Magie des Vertrauten». *mare* 32 (2002).

Ostseefluchten, Ausstellung des gleichnamigen Vereins: www.ostseefluchten.de

Paasilinna, Arto, *Kollektivt självmord.* Stockholm 1997.

Pagel, Karl, *Die Hanse.* Braunschweig 1983.

Paravincini, Werner (Hrsg.), *Mare Balticum. Beiträge zur Geschichte des Ostseeraums in Mittelalter und Neuzeit. Festschrift zum 65. Geburtstag von Erich Hoffmann.* Sigmaringen 1992.

Peterson, Martin, und Åberg, Martin (Hrsg.), *Baltic Cities, Perspectives on Urban and Regional Change in the Baltic Sea Area.* Lund 1997.

Phillips, Laura L., *Bolshevik and the Bottle: Drink and Worker Culture in St. Petersburg.* DeKalb 2000.

Pichierri, Angelo, *Die Hanse – Staat der Städte: Ein ökonomisches und politisches Modell der Städtevernetzung.* Opladen 2000.

Platzöder, Renate, *The Baltic Sea: New Developments in National Policies and International Cooperation.* Den Haag 1996.

Poutiainen, Kari, *Inuti Labyrinten: om mordet på Olof Palme.* Stockholm 1995.

Preußen-Chronik: www.preussen-chronik.de

PreußenJahrBuch, Ein Almanach. Berlin 2001.

Puhle, Matthias, *Die Vitalienbrüder: Klaus Störtebeker und die Seeräuber der Hansezeit.* Frankfurt am Main 1992.

Rauch, Georg von, *Geschichte der baltischen Staaten.* München 1990.

Rewald, Sabine (Hrsg.), *The Romantic Vision of Caspar David Friedrich: paintings and drawings from the U.S.S.R.* New York 1990.

Roder, Hartmut (Hrsg.), *Piraten – die Herren der Sieben Meere.* Bremen 2000.

Roding, Juliette und van Voss, Lex Heerma (Hrsg.), *The North Sea and Culture, (1550–1800): Proceedings of the International Conference Held at Leiden, 21–22 April 1995.* Hilversum 1996.

Rohde, Peter, *Sören Kierkegaard.* Reinbek 1959.

Rothstein, Bo, *Vad bör staten göra? Om välfärsstatens moraliksa och politiska logik.* Stockholm 1994.

Runeberg, Johan Ludvig, *Fänrik Ståls sägner.* Stockholm 1991.

Runeberg Projekt: www.lysator.liu.se/runberg

Saarinen, Hannes, *Bürgerstadt und absoluter Kriegsherr: Danzig und Karl XII. im Nordischen Krieg.* Helsinki 1996.

Salminen, Johannes, *Den blå stenen, Anteckningar om öst och väst.* Helsinki 1994.

Salminen, Sally, *Katrina.* Helsinki 1967, deutsch: *Katrina.* Reinbek 1964.

Sandemose, Aksel, *En flyktning krysser sit spor.* Oslo 1933, deutsch: *Ein Flüchtling kreuzt seine Spur.* Berlin 1973.

Sandemose, Aksel, *En sjøman går i land.* Oslo 1931.

Schleuning, Horst, *Danzig, Geschichte einer Stadt im Spiegel ihrer Denkmäler.* Bremen 1997.

Schlögel, Karl, *Jenseits des Großen Oktober: Das Laboratorium der Moderne; Petersburg 1909–1921.* Berlin 1988.

Schlögel, Karl, *Promenade in Jalta und andere Städtebilder.* München 2001.

Schmidt, Alexander, *Geschichte des Baltikums: von den alten Göttern bis zur Gegenwart.* München 1992.

Schubert, Ernst, *Nowgorod, Brügge, Bergen und London: Die Kontore der Hanse.* In: Concilium medii aevi V (2002). Siehe: www.cma.d-r.de/5-02/schubert.pdf

Schulz, Uwe, *Immanuel Kant.* Reinbek 1965.

Segal, Boris M., *Russian Drinking: Use and Abuse of Alcohol in Pre-Revolutionary Russia.* New Brunswick 1987.

Siedler, Wolf Jobst, *Abschied von Preußen.* Berlin 1991.

Silamiķzyelis, Valentīns, *Baltutlämningen.* Stockholm 1996.

Simpura, Jussi, *Drinking, Context and Social Meaning of Drinking.* Helsinki 1983.

Sjöberg, Anders, «Orthodoxe Mission in Schweden im 11. Jahrhundert?». In: *Acta Visbyensia* VII (1985).

Skansjö, Sten, *Skånes Historia.* Lund 1997.

Sørensen, Søren, *Øerne i Østersøen, förr och nu.* Visby 1992.

Spielhagen, Friedrich, *Sturmflut.* Leipzig 1900.

Stoob, Heinz, *Die Hanse.* Graz 1995.

Stössinger, Jutta, *Badeleben. Literarischer Reisebegleiter von Wismar bis Danzig.* Stuttgart 1996.
Strindberg, August, *Werke in zeitlicher Folge.* Frankfurt am Main 1987.
Svanström, Gunnar, «Häuser und Höfe der handeltreibenden Bevölkerung im Ostseegebiet und im Norden vor 1500: Beiträge zur Soziologie des Wohnens». In: *Acta Visbyensia* V (1976).
Svensson, Hasse, *Algot, En obändig ålänning.* Mariehamn 1998.

Tammsaare, Anton Hansen, *Karins Liebe.* Weimar 1988.
Thullberg, Per, und Östberg, Kjell (Hrsg.), *Den svenska modellen.* Lund 1994.
Topelius, Zacharias, *Boken om Vårt Land.* Esbo 1998.
Trotzig, Astrid, *Blod är tjockare än vatten.* Stockholm 1996.
Trotzig, Birgitta, *Dykungens Dotter.* Stockholm 1985.
Tygielski, Woiciech, «Between Gdansk and Amsterdam: Journey and Observation of Giacomo Fantuzzi, a Papal Diplomat, 1652». In: *Acta Visbyensia* VIII (1989).

Vasamuseet: www.vasamuseet.se
Venclova, Tomas, *Native Realm Revisited: Mickiewicz's Lithuania and Mickiewicz in Lithuania,* Wiktor Weintraub Memorial Lecture, Harvard University, 2. April 1998
Vierimaa, Irma (Hrsg.), *Balticum, A Coherent Musical Landscape in 16th and 18th Centuries.* Helsinki 1992.

Walicki, Andrzej, *History of Russian Thought: From the Enlightenment to Marxism.* Oxford 1980.
Walicki, Andrzej, *The Slavophile Controversy: History of a Conservative Utopia in Nineteenth-Century Russian Thought.* Notre Dame 1989.
Wassenaer, Cornélie de, *A Visit to St. Petersburg, 1824–25.* Norwich 1994.
Westfälischer Friede, Forschungsstelle: www.lwl.org/westfaelischer-friede/wfd-dok.htm
Westö, Kjell, *Drakarna över Helsingfors.* Stockholm 1997.
Wilson, Paula, *Bengtskär: fyr, hem och slagfält.* Esbo 2001.
Wise, Arthur, *Das Seebuch der Hanse.* Kiel 1998.
Wolff, Larry, *Inventing Eastern Europe: The Map of Civilization on the Mind of the Enlightenment.* Stanford 1994.

Zernack, Klaus, *Nordosteuropa: Skizzen und Beiträge zu einer Geschichte der Ostseeländer.* Lüneburg 1993.

Wichtige Zeitschriften:

Moderna Tider
Nordisk Literatur, Jahrbuch
Nordost-Archiv, Zeitschrift für Regionalgeschichte
Osteuropa-Archiv

75 150 225 300 km
N
S
NORWEGEN
Oslo
SCHWEDEN
Stockholm
DÄNE-
MARK
Kopen-
hagen
DEUTSCHLAND
Kaliningrad/
Königsberg
Gdańsk/Danzig
Berlin
POLEN
RUSSLAN

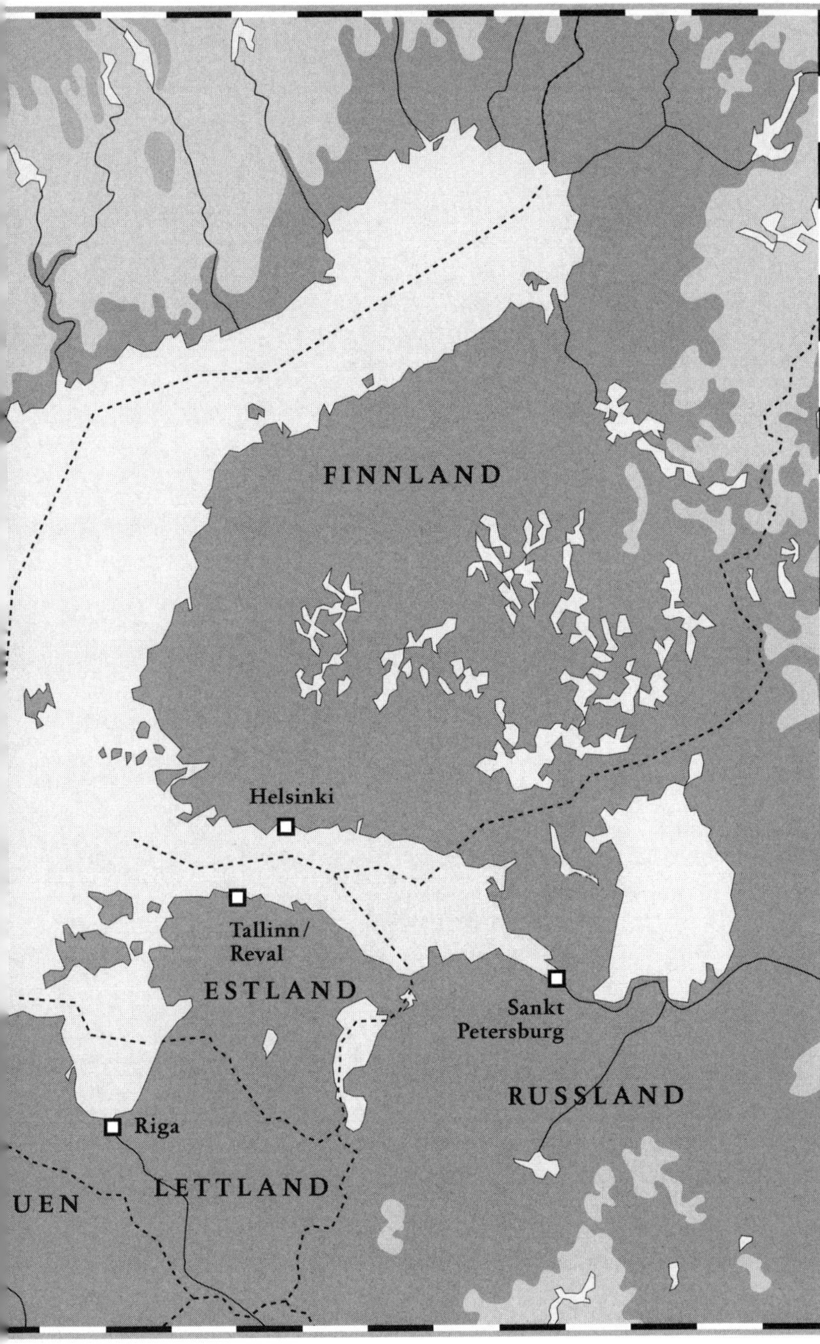
FINNLAND
Helsinki
Tallinn/
Reval
ESTLAND
Sankt
Petersburg
RUSSLAND
Riga
LETTLAND
UEN

Thurston Clarke

Die Insel

Eine Welt für sich. Aus dem Amerikanischen von John von Düffel und Peter von Düffel. 460 Seiten mit 30 Abbildungen. Serie Piper

Das Buch über die leidenschaftlichste und langlebigste Liebe aller Zeiten – die Beziehung zwischen Mensch und Insel. Die Insel fasziniert den Menschen von jeher wie kein anderer Ort. Inseln sind einzigartig und allgegenwärtig: Thurston Clarke entführt uns in 13 Reiseporträts zu magischen Inseln vom Nordpol bis in die Karibik, um der Faszination »Insel« auf die Spur zu kommen. Daniel Defoe schrieb mit »Robinson Crusoe« den Inselroman schlechthin. Clarke hat das definitive Sachbuch zum Thema Insel verfasst.

»Ein hervorragendes Stück Reiseliteratur – Insulmanen wird die Sehnsucht packen.«
Natur & Kosmos

05/1786/01/L

Alexandra Morton

Die Sinfonie der Wale

Mein Leben mit den Riesen der Meere. Aus dem Englischen von Thomas Bertram. 375 Seiten mit 16 Seiten farbigem Bildteil. Serie Piper

Sie sind ein Wunder der Natur, ihre Intelligenz herausragend, ihre Gesänge faszinierend und rätselhaft. Die amerikanische Biologin Alexandra Morton widmet ihr Leben den Schwertwalen und betreibt am Pazifik ihre eigene Walforschungsstation. Seit Jahrzehnten beobachtet sie die intelligenten Meeressäugetiere in freier Natur, begleitet sie mit dem Boot, belauscht ihr Familienleben und erforscht ihre Sprache. Ein eindrucksvolles Dokument über das Leben der sanften Meeresriesen.

»Alexandra Morton entführt uns in die magische Welt unter Wasser, wo wir Kreaturen begegnen, die zu den intelligentesten der Erde gehören. Sie ist eine exzellente Wissenschaftlerin, aber am tiefsten beeindruckt hat mich ihre Liebe zu den Walen.«
Jane Goodall

05/1792/01/R

Ellen MacArthur

Ich wollte das Unmögliche

Wie ich allein die Welt umsegelte. Aus dem Englischen von Karl-Heinz Ebnet. 351 Seiten mit 13 Schwarzweißfotos und 16 Seiten Farbbildteil. Serie Piper

»Ich habe 26 000 Seemeilen zurückgelegt, und ich wünschte, es wären noch mal so viele.« Ellen MacArthur hat ihren größten Traum wahrgemacht: Mit nur vierundzwanzig Jahren hat sie das härteste Rennen der Welt geschafft, die Vendée Globe, die Weltumsegelung im Alleingang. In ihrem spannenden Buch schildert sie die Geschichte einer Leidenschaft und ihren persönlichen Weg zum Erfolg.

»Das Buch ist nicht nur eine echte Bereicherung für jeden aktiven Segler, es ist auch die Geschichte einer ungewöhnlichen Frau, die selbst Nichtsegler faszinieren und emotional berühren wird.«

Welt am Sonntag

05/1719/01/L

Bertrand Piccard, Brian Jones

Mit dem Wind um die Welt

Die erste Erdumkreisung im Ballon. Aus dem Englischen von Anja Hansen-Schmidt und Thomas Pfeiffer. 397 Seiten und 60 Farbfotos. Serie Piper

Am 1. März 1999 starteten der Schweizer Bertrand Piccard und der Engländer Brian Jones in eines der größten Abenteuer, das die Welt noch zu bieten hatte – die erste Nonstop-Umrundung der Welt per Ballon. Im fairen Wettstreit mit ihren Konkurrenten gelang das ehrgeizige Vorhaben. Nach genau 19 Tagen, 21 Stunden und 47 Minuten waren die beiden am Ziel und haben damit wahrgemacht, wovon schon Jules Verne träumte. Ein atemberaubender dokumentarischer Bericht über das letzte Abenteuer des 20. Jahrhunderts.

Süddeutsche Zeitung

05/1721/01/R

SERIE PIPER

Holger Afflerbach

Das entfesselte Meer

Die Geschichte des Atlantik. 358 Seiten mit 62 teils farbigen Abbildungen. Serie Piper

Als Christoph Kolumbus 1492 auf Guanahani landete, hatte er mehr entdeckt als eine neue Welt: Der Atlantik, die bisherige Grenze der Welt, war überwunden, ein neuer Horizont hatte sich der Menschheit eröffnet. Unterstützt von eindrucksvollen historischen Bildern und Landkarten, schildert Holger Afflerbach die Geschichte des Atlantik von der Antike bis zur Gegenwart: Mythen und Legenden, Piraten und Abenteurer, Drachenboote, Segelschiffe und Luxusliner – ein Buch, das die Faszination des Meeres in seiner ganzen Spannbreite zeigt.

»Ein wahrhaft grenzüberschreitendes Buch.«
Neue Ruhrzeitung

05/1533/01/L

Joachim Feyerabend

Das Jahrtausend der Orkane und Fluten

Entfesselte Stürme bedrohen unsere Zukunft. 306 Seiten mit 28 Abbildungen. Serie Piper

Orkane und Fluten gehören zu den Naturgewalten, die der Mensch nicht zähmen kann. Wenn ein Hurrikan seine Schneise der Zerstörung schlägt, bleibt nur die Flucht. Joachim Feyerabend beschreibt als ausgewiesener Kenner der Materie äußerst lebendig das Wüten der Stürme auf unserem Globus. Er erzählt von Jahrhundertorkanen und Jahrtausendfluten und erklärt, welche Arten von Stürmen es gibt, wo sie auftreten und wie sie entstehen. In seinem fesselnden und informativen Buch blickt Feyerabend auch in die Zukunft: Denn die Zahl der Stürme wird noch dramatischer zunehmen – Europa steht vor einem Jahrtausend der Orkane.

»Feyerabends Buch ist eine Warnung – mit deutlicher Botschaft.«
Die Presse, Wien

05/1534/01/R